Angola e Moçambique

Estudos Literários 20

RITA CHAVES

Angola e Moçambique
Experiência Colonial e Territórios Literários

Copyright © 2005 by Rita Chaves

Direitos reservados e protegidos pela Lei 9.610 de 19 de fevereiro de 1998.
É proibida a reprodução total ou parcial sem autorização, por escrito, da editora.

Dados Internacionais de Catalogação na Publicação (CIP)
(Câmara Brasileira do Livro, SP, Brasil)

Chaves, Rita
Angola e Moçambique: Experiência Colonial e Territórios Literários / Rita Chaves. – 2. ed. – Cotia, SP: Ateliê Editorial, 2022. – (Coleção Estudos Literários)

ISBN 978-65-5580-068-5

1. Literatura angolana – História e crítica 2. Literatura angolana (Português) 3. Literatura moçambicana – História e crítica 4. Literatura moçambicana (Português) I. Título II. Série.

22-107265   CDD-AF869.09

Índices para catálogo sistemático:
1. Literatura africana: Português: História e crítica   AF869.09

Maria Alice Ferreira – Bibliotecária – CRB-8/7964

Direitos reservados à

ATELIÊ EDITORIAL
Estrada da Aldeia de Carapicuíba, 897
06709-300 – Granja Viana – Cotia – SP
Tel.: (11) 4702-5915
www.atelie.com.br / contato@atelie.com.br
facebook.com/atelieeditorial | blog.atelie.com.br

2022
Printed in Brazil
Foi feito o depósito legal

*Para o Zé Luís,
Entre São Paulo e Maputo, o
afeto multiplicado nos mapas de cada dia.*

Sumário

Introdução 9

I. Signos da Identidade na Literatura de Angola . . . 19

   1. José Luandino Vieira: Consciência Nacional e
Desassossego. 21

   2. O Passado Presente na Literatura Angolana. 49

   3. Poesia Angolana: Contra a Corrente, a Favor da
Esperança. 69

   4. O Projeto Literário Angolano: A Identidade a
Contrapelo 75

   5. A Geografia da Memória na Ficção Angolana 83

   6. Pepetela: Romance e Utopia na História de Angola . . 91

   7. A Palavra Enraizada de Ana Paula Tavares 115

   8. A Poética de Ruy Duarte de Carvalho: Memória
e Cumplicidade. 127

II. A Poesia em Português na Rota do Oriente 143

1. José Craveirinha: A Poesia em Liberdade 145
2. Eduardo White: O Sal da Rebeldia sob Ventos do Oriente na Poesia Moçambicana. 169
3. Dados Biográficos e Matéria Poética na Escrita de José Craveirinha 195
4. A Ilha de Moçambique: Entre as Palavras e o Silêncio . . 217
5. Entrevista: José Craveirinha. 231

III. LITERATURAS EM LÍNGUA PORTUGUESA: A UTOPIA EM TRÂNSITO SOB OS VENTOS DO IMPÉRIO 251
1. Angola e Moçambique: O Lugar das Diferenças nas Identidades em Processo 253
2. Imagens da Utopia: O Brasil e as Literaturas Africanas de Língua Portuguesa 269
3. O Brasil na Cena Literária dos Países Africanos de Língua Portuguesa. 283
4. Vida Literária e Projeto Colonial: Tradição e Contradição no Império Português 295

IV. PASSAGENS PARA O SÉCULO XXI 313
1. Os Rios e os Guerrilheiros de José Luandino Vieira: Sobre a Mobilidade do Vivido e Alguns Cantos Heroicos. 315
2. Ruy Duarte de Carvalho: Antropologia e Ficção na Representação do Mundo. 335
3. Ruy Duarte de Carvalho em Sua Desmedida Viagem. . .349
4. Notas sobre a Ficção e a História em João Paulo Borges Coelho 369
5. Cidades em Cena na Ficção Africana: Luanda e Maputo em Contraponto 387
6. *De Rios Velhos e Guerrilheiros*, os Novos Livros de José Luandino Vieira. 415
7. Ondjaki e Seu Espanador de Tristezas 419
8. As Viagens da (e com a) Poesia de Nelson Saúte . . . 425

Introdução

Com raras exceções, os textos aqui reunidos já viveram a experiência do contato com outros olhos e vozes. Cronologicamente, o conjunto abrange um esforço iniciado no final da década de 1980, quando a relação com as Literaturas Africanas de Língua Portuguesa ganhava força e mobilizava, cada vez mais, o interesse por esse impressionante universo de reflexões que as culturas africanas despertam em quem vê na atividade literária a possibilidade de revelar, com profundidade, modos de estar no mundo e reconhece na África matrizes do nosso patrimônio cultural.

O que caracteriza essa seleção é exatamente a diversidade de origem dos textos, alguns deles inéditos, outros já publicados em revistas e/ou apresentados nos colóquios, encontros e congressos que constituem a agenda do professor universitário hoje. De uns bons anos para cá, a vida na Universidade confunde-se com uma roda-viva, envolvendo-nos numa corrente de compromissos que, ao dificultar a demorada reflexão, interdita-nos aquele ócio produtivo que está na base das obras de referência.

O ritmo hoje, sob a égide da produtividade cobrada pelos órgãos que regem a carreira universitária, é outro. Vemo-nos todos pressionados a "mostrar serviço", quando a vontade maior é de trabalhar serenamente, dedicar aos temas que nos apaixonam a nossa atenção integral, procurando extrair da pesquisa o conhecimento compensador: aquele que se enriquece no contato com os alunos, na interlocução com os colegas. Essa voragem explica a multiplicação de livros coletivos e de reuniões de ensaios que buscam dar corpo ao esforço que fazemos para atender às regras em vigor nos jogos em que estamos inscritos. O epíteto de "improdutivo" paira sobre as nossas cabeças como uma nuvenzinha ameaçadora, contra a qual vamos erguendo alguma proteção.

Esse livro é mais um desses casos. Os textos nasceram em diferentes momentos, e algumas vezes sofreram transformações, foram incorporando dados à reflexão proposta. Muitos foram escritos durante algumas viagens de estudo aos países africanos, outros resultaram do material que a investigação permitia acumular. Tudo isso explica a sua diversidade, a pluralidade de objetos a que pude dedicar olhares mais ou menos demorados, interesses mais antigos ou mais recentes. A destinação também determinou os seus limites e, algumas vezes, o próprio enfoque. Ou seja, tudo é vário, fazendo, talvez, com que o conjunto careça de unidade. A aproximá-los, todavia, posso apontar a mesma vontade de compreender o universo africano, em especial as Áfricas que se materializam nas páginas das literaturas de Angola e Moçambique.

Desde 1978, quando, orientada por Vilma Arêas, na Universidade Federal Fluminense, descobri o meu caminho para o continente africano, foram muitas as travessias. Primeiro foram as viagens pelos textos, percorrendo florestas, savanas e cidades representadas no verbo vigoroso de José Luandino Vieira, Manuel Rui, Pepetela, Ruy Duarte de Carvalho. O fogo e os ritmos da poesia de Agostinho Neto, António Jacinto, Costa Andrade e Viriato da Cruz, para citar apenas alguns mais velhos, alimentavam o desejo de conhecer as terras e as gentes. As viagens, ao longo dessas décadas, intensificaram-se e incluíram as margens do Índico na poesia viva de José Craveirinha, Eduardo White, Luís Carlos Patraquim, além da prosa envolvente de Mia Couto.

A inclusão de novos roteiros, com o encontro de outras obras, não alterou a preocupação central: a relação literatura e sociedade. Nos mais diversos autores, nas mais variadas obras, é essa uma questão fundamental para mim e é ela que confere alguma unidade a esse conjunto diverso de textos. Daí derivam as variações que se tornam o tema dos estudos: a memória, a experiência, o sentimento nacional, a relação com o Brasil. Orientada por cada autor, pelas indicações que seus textos me traziam, procurei seguir as linhas que me levavam a compreender o peso da História na sua vida e na sua produção. Sobre essas literaturas, vou refazendo as minhas cartografias, buscando trilhas que me ajudem também a compreender o legado que nos coube de tanta gente trazida nos porões dos navios que transportavam a força de trabalho que viria construir o Brasil.

É, portanto, disso que falam esses textos: dos jogos que a literatura estabelece com a História, das perguntas e respostas que elas mobilizam, nesses diálogos incansáveis que os escritores africanos fundam com a sua própria história, com a história de seus países, com a história da literatura. Em suas narrativas e em seus poemas, vamos localizando os sinais que eles nos apontam no processo de constituição de sua busca para compreender os mapas que as invasões e a resistência materializaram. No centro de tudo, está uma grande preocupação: perceber na literatura as formas de representação da experiência literária, captando as diferentes formas de ler e escrever as contradições que se inseriram no cotidiano dessas gentes. As marcas, os limites, os dilemas, as contingências de cada tempo e sua superação projetam-se nos textos; nosso desafio é, nos desenhos cifrados, procurar as linhas d'água que os distinguem.

Nos confrontos que precisaram exercitar, os povos africanos marcaram e foram marcados pelos contatos que, em meio a uma extraordinária taxa de violência, puderam desdobrar-se em trocas culturais. Com o Brasil, as relações foram intensas e estão caldeadas no patrimônio cultural que apresentamos ao mundo como traço de distinção da sociedade que nos define. Por isso, conhecer a África é, sem dúvida, abrir os olhos a matrizes que nos compõem, que interferem em nosso modo de ser, em nossa forma de estar no mundo. Perceber as similitudes e as diferenças é um dos objetivos que anima o estudioso e esteve presente no desenvolvimento de algumas reflexões que têm lugar nesses artigos.

Oferecendo caminhos para um conhecimento vertical a respeito da história de tantos povos, o repertório literário escrito em Língua Portuguesa pelos africanos manteve-se distante das preocupações dos centros de pesquisa e ensino das literaturas nas universidades brasileiras. Se é certo que tem superado algumas limitações, frequentemente associadas às fronteiras do preconceito, só recentemente o estudo dessas obras vem se transformando em objeto de real interesse no cenário acadêmico brasileiro. As razões que explicam essa distância prolongada no tempo e o iniciar-se de uma nova e produtiva relação com as letras africanas são, elas próprias, um tema de investigação para os estudiosos do fenômeno literário e da nossa sociedade. Felizmente, nos últimos anos, alguns passos foram dados e as travessias realizadas já nos autorizam a acreditar numa mudança de direção. Este livro tem como objetivo integrar-se a esse movimento que, com ventos de lá e de cá, prepara-nos para um contexto de novas referências, propondo-nos maneiras diversas de ver o continente africano e novas abordagens das matérias que estão na base da nossa formação.

Os textos estão divididos em três partes. Na primeira, o foco é a literatura de Angola, meu território primeiro, o objeto mais constante de minha pesquisa. A partir da obra de autores como António Jacinto, Costa Andrade, Luandino Vieira, Paula Tavares, Pepetela, Ruy Duarte de Carvalho, procuro compreender algumas das linhas de força que definem a literatura angolana em seu complexo diálogo com a história do país e com a história das literaturas em língua portuguesa. Na segunda parte, o olhar recai sobre Moçambique, terreno de incursões mais recentes,

o que explica a concentração em dois autores e um fenômeno. Os autores são José Craveirinha e Eduardo White. O fenômeno é a Ilha de Moçambique, essa matriz poética de tanta força no imaginário dos escritores do Índico. Integra esse segmento uma entrevista realizada com José Craveirinha, numa tarde quente de fevereiro de 1998, em sua casa em Maputo, que terminou com uma incursão, guiada pelo poeta, pelas ruas da Mafalala. Toda essa aventura foi partilhada por Omar R. Thomaz e Cris Bierrembach, numa especial parceria, pela qual repito minhas palavras de gratidão.

A terceira sequência trata de relações literárias no espaço da língua portuguesa. A questão das identidades e a utopia como referência essencial são dois problemas que se redimensionam pelas linhas do comparativismo. Finalizando o livro está um texto também situado no campo dos estudos comparados: "Vida Literária e Projeto Colonial: Tradição e Contradição no Império Português", resultado inicial de uma pesquisa que procura investigar as insidiosas ligações entre a produção literária identificada como colonial e os projetos de literatura nacional. À Fundação de Amparo à Pesquisa do Estado de São Paulo, que apoiou a primeira etapa da investigação, desenvolvida em Moçambique, eu agradeço.

A tentativa de apresentação só pode se encerrar com outras palavras de agradecimento, que registro com gosto e entusiasmo. A Benjamin Abdala Jr., minha gratidão pela confiança, desde lá longe, em tempos de tanta aspereza, e pelos caminhos divididos. À Fátima Mendonça, ao Francisco Noa e ao Lourenço do Rosário, pelas muitas pistas para percorrer Moçambique. Ao Luandino Vieira, agradeço, uma vez mais, as descobertas das tantas Luandas que a cidade abriga e a sua literatura multiplica. E à Tania Macêdo, companheira dessas expedições, a terna cumplicidade e a inesgotável interlocução. À Vilma Arêas, a água bendita de sua inteligência e generosidade – desmedidas fontes.

E, uma vez mais, ao Zé Luís, a quem volto a agradecer o roteiro de 1996 e a quem dedico o meu empenho, nem sempre bem-sucedido, de compreender os mundos que, desde então, ele me vai revelando.

*

* *

A reedição desse volume leva-me a repensar pontos que foram assinalados na introdução daquela primeira edição há quinze anos. Nesse período, naturalmente, outros problemas, autores e obras mobilizaram minha atenção, todavia, para não alterar substancialmente o corpo do livro, a opção foi associar apenas alguns artigos e algumas resenhas, em geral publicados fora do Brasil, que indicam a permanência de objetos de interesse e simultaneamente marcam a localização temporal no século XXI do *corpus* principal de cada texto. Nessa seleção pode-se observar também que à rota do oriente a que se associava o repertório moçambicano foi incorporado o selo da narrativa aqui representada pela prosa de João Paulo Borges Coelho.

Os textos acrescentados indicam que as opções teóricas que orientaram os primeiros textos não foram abandonadas, entretanto a relação continuada com os escritores africanos propiciou um diálogo com novos autores e permitiu a incursão por outros caminhos críticos. Nesses últimos anos, a reiterada leitura das narrativas de Ruy Duarte de Carvalho, para além de ampliar meu interesse por suas estratégias de escrita, me apontou alguns temas e tópicos da produção literária africana em Língua Portuguesa, favorecendo o encontro com outros pontos para o debate à volta das intrincadas relações entre as obras e a experiência histórica plasmadas nos diferentes projetos literários. Se durante muito tempo os laços com a História estiveram no centro das abordagens, o repertório africano produzido nas últimas décadas, sem o condicionamento mais incisivo das pressões impostas pelo código do sistema colonial, propiciou novas hipóteses para a conversão da realidade referencial em matéria estética.

A percepção de novas linguagens na expressão de novos e antigos problemas constituiu um dos legados da proximidade com o pensamento de Ruy Duarte de Carvalho. A familiaridade com os seus trabalhos consolidou convicções geradas por pensadores como Ángel Rama, Antonio Candido, Beatriz Sarlo, Edward Said e Mary-Louise Pratt, para não alongar a lista, possibilitando novas maneiras de aferir conexões tão particulares que os estudos africanos colocam em pauta. No percurso com as inquietantes narrativas do poeta, antropólogo, cineasta e ficcionista angolano, a incursão pelas diversas paisagens que propõem um mapa para além dos limites de Angola ressaltou questões ligadas ao espaço não só como elemento estrutural da narrativa mas como um dado decisivo no conjunto de atos que organizam a visão de mundo. A geografia, cuja força tinha sido tocada em alguns dos meus trabalhos ainda nos anos de 1980, ganhou densidade e me conduziu também para os laços entre a literatura e a antropologia. Por essas veredas, tenho tentado captar as linhas de força da produção que o próprio autor identifica como "meia-ficção-erudito-poético-viajeira" intensamente cultivada por ele sobretudo a partir de 1999. Entre o instigante *Vou lá Visitar Pastores* (1999) e o surpreendente *A Terceira Metade*, de 2009, a mobilidade instalou-se como uma espécie de método para examinar e representar o mundo em um movimento que intensifica o diálogo entre o pensamento antropológico e a linguagem estética atualizada por Ruy Duarte de Carvalho. À volta dessas questões se organizam dois artigos que decidi aqui incorporar: "Ruy Duarte de Carvalho: Antropologia e Ficção na Representação do Mundo" e "Ruy Duarte de Carvalho em sua Desmedida Viagem".

No campo da Literatura Angolana, José Luandino Vieira mantém-se como uma constante presença. O lançamento de *O Livro dos Rios* (2007) e de *O Livro dos Guerrilheiros* (2009) reafirmou-o em nossa agenda de leituras e ratificou a sua relevância na história da escrita em língua portuguesa. Com *O Livro dos Rios*, que integra uma prometida trilogia, ainda à espera do terceiro volume, após um silêncio prolongado, ele reassumiu de forma marcante o seu lugar de escritor. Desde 1978, ano da publicação de *Lourentinho, Dona Antónia de Souza Neto & Eu* (1978), composto por narrativas ainda escritas na prisão, o jejum a que os leitores ficamos condenados foi apenas parcialmente rompido por duas vezes: em 1998 a edição do opúsculo *Kapapa: Pássaros e Peixes*, como parte do programa da Expo-98 em Lisboa, antecipava o que seria desenvolvido na trilogia e, em 2003, *Nosso Musseque* dava título a um romance com textos escritos no começo dos anos de 1960. Ou seja, o contato efetivo com uma narrativa nova e completa só viria em 2007 e seria amplamente saudado pelos estudiosos. A Editora Ndjira, de Moçambique, optou por associar as duas primeiras partes dessa anunciada trilogia em um só volume e em 2010 publicou *De Rios Velhos e Guerrilheiros*, com o prefácio que incluo nessa versão ampliada. Também incorporo um artigo intitulado "Os Rios e os Guerrilheiros de José Luandino Vieira: Sobre a Mobilidade do Vivido e Alguns Cantos Heroicos", cuja versão inicial foi publicada no volume *Itinerâncias* (2010), em Portugal, a cujas organizadoras reitero meus agradecimentos.

Além desses dois autores que já estavam presentes na edição de 2005, a inclusão de escritores que vêm ganhando destaque nas duas últimas décadas dá notícia do meu interesse por esse período que no contexto dos países africanos de língua portuguesa corresponde a um tempo de consolidação das independências, tempo temperado pela emergência de outros problemas a serem considerados pela literatura. João Paulo Borges Coelho e Ondjaki, que investem em propostas literárias de grande vitalidade, aqui compareçem. "Notas Sobre a Ficção e a História em João Paulo Borges Coelho" foi dos primeiros artigos escritos sobre o ficcionista moçambicano, autor que, embora só publicado entre nós em 2019, vem sendo bastante estudado nas universidades brasileiras. O artigo integrou o volume *Moçambique – Das Palavras Escritas*, organizado por Margarida Calafate Ribeiro e Maria Paula Meneses, às quais também agradeço a autorização para incluir na presente edição. Em "Cidades em Cena na Ficção Africana: Luanda e Maputo em Contraponto", João Paulo Borges Coelho volta a ser visitado, agora na companhia de José Luandino Vieira, Manuel Rui, Ondjaki e Pepetela. Trata-se de um texto construído à volta da representação literária das cidades de Luanda e Maputo, as capitais dos países que motivam esse livro. O eixo das reflexões ali desenvolvidas é o conjunto de articulações que o espaço aciona em textos fulcrais das literaturas em português. Vale dizer que o artigo resulta de um projeto de pesquisa intitulado PIELAFRICA – Pactos e Impactos do Espaço nas Literaturas Africanas de Língua Portuguesa (Angola e Moçambique), que, em parceria com o professor Dr. Nazir Ahmed Can, da UFRJ, está em desenvolvimento. Inédito no Brasil, o texto foi incorporado no livro *Memória, Cidade e Literatura*, recentemente publicado em Portugal, sob a coordenação de Margarida Calafate Ribeiro e Francisco Noa, que também autorizaram a sua inclusão aqui.

Muito embora o meu trabalho se detenha sobretudo na prosa narrativa, com especial interesse pelo romance, esse volume contempla textos que resultaram do contato com dois poetas: Ondjaki e Nelson Saúte. Ondjaki, um dos mais vigorosos escritores da Literatura Angolana nesse conturbado século, abordado no texto acima citado, é focalizado em uma resenha do livro *Materiais para Confecção de um Espanador de Tristezas*. E de uma passagem pelo Índico, por onde a viagem se vai adensando, trago um texto que foi publicado como prefácio do *Livro do Norte e Outros Poemas*, de Nelson Saúte, cujo repertório tenho acompanhado com muito interesse. A justificar essa inclusão está também o desejo de chamar a atenção para livros que mereceriam, sem dúvida, uma edição brasileira.

Em contraste com a constância do foco que o acréscimo desses textos indica e, em relação ao contexto que nos cercava em 2005, as mudanças são muitas e duras, impondo amplos e indesejados reflexos no quadro que envolve os estudos africanos no Brasil. Após vários anos de forte investimento estatal nas relações com o continente africano, mergulhamos em um período de afastamento a traduzir do discurso oficial o desejo de negação do inestimável legado que a vinda dos africanos assegurou ao nosso país. Diante do corte de recursos para a área de Ciências Humanas e do manifesto desapreço pelo continente africano, resta-nos a capacidade de insistir e buscar formas de reverter a inaceitável imposição. É a nossa forma de recordar e reaprender diariamente que a indiscutível dose de violência, inscrita na história das nossas relações sociais e raciais, não interditou a criação de produtos e de valores culturais que nos identificam. Desde o seu surgimento, as literaturas africanas, em todas as línguas, nos ensinam que a força das trocas, sob o signo da assimetria, configurando o que Mary-Louise Pratt chama de "zonas de contato", inscrevem-se na história da resistência, cuja consolidação reclama o empenho de cada um para recuperar outros espaços de interlocução, tendo no nosso horizonte a urgência de romper o desequilíbrio.

A história forjou um patrimônio cultural do qual não podemos e não devemos reduzir a relevância e precisamos afirmar a academia como local de resistência. Sem perder de vista os limites que nos condicionam, podemos dificultar o cultivo pela exclusão e enfrentar o desprezo pelo conhecimento que nos ameaça. Cada trabalho pode ser assim definido como uma aposta na esperança que a sala de aula abriga e multiplica, certeza que me faz juntar aqui um especial agradecimento aos meus alunos e a Nazir Can, colega que, com sua indiscutível competência e seu afeto solidário, me ensina, todos os dias, lições de energia contra o desalento.

Rita Chaves

I

Signos da Identidade na Literatura de Angola

1

José Luandino Vieira: Consciência Nacional e Desassossego[*]

Com dez livros editados, José Luandino Vieira é um dos nomes mais prestigiados da ficção africana em língua portuguesa. Os prêmios acumulados e os textos traduzidos para várias línguas comprovam a definição de seu lugar e atestam a relevância de sua produção no terreno da literatura contemporânea. Sem publicar títulos novos desde 1981, o escritor é tema constante nas reflexões a respeito da Literatura Angolana[1]. As singularidades da sua obra e também a interrupção de sua escrita há tantos anos são fenômenos de interesse em debates de natureza vária. É certo que as razões de seu prolongado silêncio inquietam leitores e críticos, no entanto a perplexidade gerada não esbate a convicção de que o repertório apresentado assegura-lhe a posi-

---

[*] Texto publicado na *Revista de Letras*, vol. 40, editada pela Universidade Estadual Paulista.
[1]. Quando este artigo já estava iniciado, o autor surpreendeu-nos com *Kapapa, Pássaros e Peixes*, uma narrativa belíssima, que integra uma coleção editada por ocasião da Expo 98 em Lisboa. Em 2003, foi publicado *Nosso Musseque*, escrito em 1962, segundo o autor. A relação completa de seus títulos consta das Referências Bibliográficas ao fim do texto.

ção conquistada ainda nos anos 1960. No conjunto de sua obra é possível perceber a fisionomia madura de um projeto literário gestado num contexto bastante especial, se tomamos em conta os padrões via de regra utilizados para examinar a relação entre literatura e sociedade. As condições concretas que cercaram a produção de seus textos, a situação daqueles duros anos de guerra, a particularidade de sua situação pessoal no desenho dos conflitos de que foi parte, tudo isso impõe dados um tanto raros à discussão sobre o exercício literário.

Tal como é comum suceder nos espaços periféricos, a história das Letras em Angola se mistura ostensivamente à história do país. Para sermos precisos, vale dizer que ali o processo literário se fez seguindo a linha das lutas para conquistar a independência nos mais diversos níveis. Surgindo no aperto do contexto colonial, a Literatura Angolana marcou-se pelo selo da resistência e, sobretudo a partir dos anos 1940, alinhou-se entre as forças decididas a construir a nacionalidade angolana, participando de movimentos empenhados na construção de uma identidade cultural.

Iniciado através da força impetuosa da poesia, o esforço para produzir uma literatura diretamente comprometida com os objetivos políticos traçados pelos homens que viriam fazer a independência do país vai ganhar mais energia e novas formas na prosa de Luandino Vieira – esse escritor visceralmente ligado ao país que escolheu e lucidamente vinculado ao projeto que sonhou para essa sua terra. Com a eclosão do movimento dos Novos Intelectuais de Angola, em fins da década de 1940, a vida cultural em Luanda é sacudida por uma série de atividades (concursos literários, lançamento de jornais e revista, fundação de cineclubes etc.) cuja finalidade era aglutinar pessoas e mobilizar as discussões sobre a situação colonial, alimentando a consciência da necessidade de pôr fim à ordem em vigor. Nesse clima de efervescência, forma-se o adolescente José Mateus Vieira da Graça, filho de portugueses, nascido em Portugal, de onde havia chegado ainda muito criança. A infância vivida nos bairros populares, em comunhão com os meninos negros e mestiços e a gente pobre da cidade, deixaria marcas fortes e seria convertida em poderosa experiência. Da memória dessa experiência iria compor-se uma das matrizes do narrador que seus textos nos apresentam. Se o apego aos dados biográficos diz ainda pouco da obra, o recurso não deixa de introduzir pontos que podem ser desenvolvidos na abordagem de alguns de seus textos. O método, útil e limitado como qualquer outro, apoia-se nas sempre lúcidas lições do prof. Antonio Candido, para quem

[...] na medida em que nos interessa também como experiência humana, não apenas como produção de obras consideradas projeções, ou melhor, transformação de modelos profundos, a literatura desperta inevitavelmente o interesse pelos elementos contextuais. Tanto quanto a estrutura, eles nos dizem de perto, porque somos levados a eles pela preocupação com a nossa identidade e o nosso destino, sem contar que a inteligência da estrutura depende em grande parte de se saber como o texto se forma a partir do contexto até se constituir uma independência dependente (se for permitido o jogo palavras)[2].

A inserção no espaço e a identificação com as propostas político-culturais que animavam a Geração de Mensagem – seus "Mais-velhos", como gosta de referir – reforçariam a ligação do ainda adolescente com a então colônia e, sobretudo, com a cidade capital. O amor por Luanda invade-lhe o nome: o pseudônimo, utilizado inicialmente para assinar os desenhos editados num dos jornais, ficaria definitivamente incorporado a sua figura e a sua personalidade. Na vida do cidadão e no itinerário do escritor, a imagem de Luanda é dos signos mais fortes. Espaço por excelência de seus textos, é por suas ruas que transitam os personagens mais significativos; negros, pobres, brancos, imigrantes da metrópole ou das outras colônias percorrem os becos que ligam e separam os caminhos de areia das avenidas de alcatrão. O Makulusu, o Kinaxixe, a Cidade Alta, o Bairro Operá-

---

2. "A Literatura e a Formação do Homem", em *Remate de Males*, Campinas, IEL/Unicamp, 1999, p. 82.

rio, mais que referências geográficas, constituem, nos textos de Luandino, representações culturais de um mundo em mudança. Vista à luz da transformação, a cidade transfigura-se, torna-se a *Luuanda*, como indica o título do volume de estórias com que redireciona a sua produção.

Livro chave na história do escritor, também por razões extraliterárias, *Luuanda* marca o início de um processo de escrita que seria radicalizado nos textos seguintes. Afastando-se da ótica neorrealista predominante em *A Cidade e a Infância* e presente na montagem de *A Vida Verdadeira de Domingos Xavier*, as três narrativas que compõem o volume – "Vavó Xíxi e seu Neto Zeca Santos", "Estória do Ladrão e do Papagaio" e "Estória da Galinha e do Ovo" – são tingidas por uma peculiar atmosfera na qual as marcas da terra deixam de ser apenas conteúdo para impregnarem a estrutura de cada uma das narrativas. A comunhão entre o narrador e o narrado integraliza-se, redesenhando o roteiro da nacionalidade planejada. Tratada desse modo, a cidade legitima-se enquanto palco de aventuras que vão conduzir o fio da história de Angola.

Em *João Vêncio: Os Seus Amores*, o simpático marginal, que divide com o intelectual o espaço exíguo da cela, é enfático na paixão pela cidade "à beira mar azul". Seu explícito desprezo pelas pessoas que a habitam ("os camundongos dum raio!") não turva o ilimitado encanto, que em entusiasmo confessa:

> Muadiê: eu gramo de Luanda – casas, ruas, paus, mar, céu e nuvias, ilhinha pescadórica. Beleza toda eu não escoiço. Eu digo: Luanda – e meu coração ri, meus olhos fecham, sôdade. Porque eu estou cá, quando estou longe. De longe é que se ama[3].

Visitada, ocupada, habitada ou sonhada, Luanda ganha corpo, quase se personifica no discurso apaixonado dos personagens. Sob os efeitos da guerra aberta no interior do país, em *Nós, os do Makulusu*, a cidade reflete os conflitos de que o tiro com que se abre a narrativa é uma poderosa metonímia. Pelo seu ca-

---

3. José Luandino Vieira, *João Vêncio: Os Seus Amores*, p. 81.

minhar, Mais-Velho, o personagem narrador, recria a geografia de um espaço que, mais que um cenário, desvela-se como uma projeção das contradições reveladoras das relações entre os homens e dos homens com a terra naqueles anos balançados pela guerra colonial. Também na ligação com a cidade, na divisão que estabelecem entre os lugares que ela abriga, Mais-Velho e Maninho, os dois irmãos protagonistas dos dilacerantes acontecimentos reunidos no enredo, espelham as suas conflituosas formas de integração naquele mundo tornado seu:

> Maninho sorri, todo ele se deixa encharcar de sol na ruela, olha-lhe e eu sei o que ele está a dizer-lhe nesse riso: que, da nossa terra de Luanda, eu gosto só os sítios poucos; que, da nossa terra de Luanda, chamo só Luanda à Rua dos Mercadores, à Rua das Flores, à Calçada dos Enforcados, aos musseques do antigamente…
> Insulta-me,
> Ruas de escravos …
> É um jogo secreto, nosso só, telepatia das palavras tantas vezes ditas – ruas escondidas ao progresso … ruas de utopias … ruas personalizadas, coloniais, colonialistas, ruas de sangue…[4]

As referências toponímicas são constantes e permitem que o mapa da cidade se descortine aos olhos do leitor, sempre mantido em suspensão pelo narrador que constrói sua narrativa guiado pela corrente da emoção. Atravessado pelo redemoinho da memória que a dor incontornável da morte do irmão destrava, o roteiro é desordenado, mas por ali vamos conhecendo as ruas (das Flores, do Sol, da Sé, dos Mercadores), os bairros (Bairro Operário, Kinaxixe, Bairro Azul, Cidade Alta, Makulusu) e outros nomes que se enraizaram como lugares míticos na literatura angolana: a Ilha, o Mussulo, a enigmática lagoa do Kinaxixe. A expressão infinitamente reiterada pelo narrador "nossa terra de Luanda" – um *Leitmotiv* da obra – concorre para a instauração de uma mitologia sedimentada sobre o espaço urbano.

---

4. José Luandino Vieira, *Nós, os do Makulusu*, p. 13.

As palavras desses personagens de Luandino erguem uma imagem da cidade que, em muito, difere das indicações dadas pela história de sua fundação e de seu desenvolvimento. Fundada em 1576, por Paulo Dias de Novais, essa primeira cidade construída por europeus na África ao sul do Sahara, segundo Pepetela, "nasceu apenas para ser uma base de rapina, um acampamento de trânsito, fator que marcou indelevelmente sua estrutura e seu caráter durante três séculos". A pesar ainda contra ela estavam as dificuldades de sua localização geográfica e características físicas: a distância de rios, as águas pútridas de suas lagoas, os solos paupérrimos, a rala vegetação, tudo apontava para o seu desaparecimento. Mas nem mesmo o clima nefasto e a ameaça constante da malária, que dizimava grandes contingentes que para ali vinham em busca de riqueza ou para cumprir pena, puderam abalar a resistência da incipiente povoação que sobreviveu e cresceu, tornando-se o centro político e o centro militar da colônia.

Mantendo a improvisação como método, a pequena urbe vai atravessando o tempo e, sob o signo da precariedade, seu crescimento intensifica-se no século xx, tornando-se particularmente acelerado a partir da década de 1940. Sem infraestrutura adequada, sem planejamento, sem oferecer respostas ao processo de urbanização que o aumento da população exigia, a cidade contrariamente ao que se poderia esperar, converte-se num polo de atração para quem vivia no interior. Ainda que esburacadas, desordenadas, exibindo as mazelas herdadas de toda a história de sua ocupação, suas "avenidas de alcatrão e suas montras" ofereceriam um encanto especial aos habitantes de toda a colônia, fenômeno muito bem apanhado pelos escritores, e Luanda ganha força na ficção narrativa que vai indicando os caminhos da formação nacional.

Já nos romances de Castro Soromenho, o mar de Luanda desperta o encantamento dos pobres homens que vivem no chão poeirento da distante Lunda. A cidade seria também objeto de preocupação de Óscar Ribas em *Uanga (Feitiço)*, um romance, que tendo como protagonista a população pobre que habitava seus bairros periféricos, focaliza, no cenário da ainda acanhada capital, tradições e costumes de suas populações, atentando para as referências históricas de sua ocupação. As longas descrições sobre a vegetação, o desenho das casas, a topografia e o registro dos cuidados necessários para um desenvolvimento mais harmonioso traduzem a dimensão do espaço na realização do processo literário angolano. A força desse espaço sobre os personagens e sobre o narrador seria presentificada também nos contos de Arnaldo Santos e António Cardoso. Mas é na obra de Luandino Vieira que a literatura parece cumprir mais enfaticamente o papel de dar asas ao imaginário para que um mundo oculto pelas evidências se possa revelar, subvertendo a opacidade traiçoeira das aparências. Pela voz dos personagens, sinaliza-se de muitas maneiras o amor do escritor orientando o olhar através de becos e musseques, abrindo ao leitor um universo de experiências onde a diversidade e o inesperado constituem a fonte de situações por cujas frestas se podem ler as ambiguidades do jogo colonial.

Cumpre ressaltar que, sofrendo o impulso da modernidade, a formação do nacionalismo no projeto literário angolano exprime a opção por um sentimento nativista que, na base, difere daquele que subjaz, por exemplo, às nossas obras românticas, produzidas na fase em que os nossos escritores mostravam-se mais enfaticamente preocupados com a ideia de fundar a nacionalidade brasileira. O apreço pelo localismo como força moduladora se imprime dinamicamente, apoiando-se não nos rincões distantes dos efeitos da colonização, mas no burburinho dos lugares, onde marcas do estrangeiro somam-se aos chamados valores de raiz. Em lugar da homenagem às idílicas e/ou misteriosas paisagens da terra, o processo enquadra a turbulenta cidade. Diluem-se as noções de pureza racial, de retorno a uma África imaculada, de regresso a uma cultura original, anterior à invasão. À hipotética magia da natureza africana, tão aclamada pelos autores da literatura colonial, sobrepõe-se a importância das gentes que se podem tornar atores da mudança.

Palco de situações expressivas da atmosfera predominante naquele momento histórico, a cidade de Luanda funciona estrategicamente como uma alegoria do projeto de nação imaginado e perseguido pelos militantes. Em seus bairros mesclavam-se representantes da pluralidade de raças, etnias, línguas de que se compunha a população oprimida pelo sistema colonial. A coexistência desses grupos e indivíduos procedentes dos mais diversos lugares apontava metaforicamente para a diversidade a ser considerada na construção do estado nacional e na definição da identidade cultural de um povo que precisava ser conquistado para a sua própria libertação. Nesse sentido, a escolha particular do escritor supera a dimensão individual e insere-se na direção de um projeto coletivo. O espaço urbano ergue-se como a configuração potencial da práxis atualizada na mata, onde a luta armada se desenvolvia. Compõe-se, assim, um contexto caracterizado fundamentalmente pela busca da angolanidade, expressão com que os angolanos procuravam definir a necessidade de conhecer a terra e reconhecer os seus valores.

A obra de Luandino, escrita fundamentalmente nos anos 1960, é tributária das décadas que a antecederam. Seu texto vale-se, sem nostalgia, da tradição que revitaliza, imprimindo à prosa de ficção o vigor que havia aberto os caminhos à poesia. Convertido em palavra de ordem já no final dos anos 1940, o grito "Vamos Descobrir Angola", permanecia orientando os militantes que, para a atividade artística, traziam o desejo nucleador e a vontade de resistir ao processo de diluição da identidade. As propostas da Geração de Mensagem reatualizavam-se nessa atmosfera de conflito armado e faziam nascer poemas, nos quais, sem evasivas e sem hesitações, o conteúdo ético articulava-se à dimensão estética. António Jacinto, um dos principais nomes desse movimento, procura desmistificar a natureza do jogo. Em entrevista ao estudioso francês Michel Laban, esclareceria:

> Porque o movimento literário dos inícios dos anos 1950 já descambava para isso: já eram mais posições políticas do que verdadeiramente literárias. Até porque na altura, eu e outros nos considerávamos escri-

tores muito medíocres, poetas medíocres, mesmo, principiantes... O que era preciso era dar uma mensagem política. Os meios? O que era acessível era a poesia: então, pois, seria poesia. Se houvesse outra possibilidade, seria outra. [...] Através do conto, da poesia, a preocupação era de ordem política[5].

A clareza política de Jacinto e a sua modéstia como escritor apontam certamente para um aspecto do grupo, mas acabam por omitir ou, pelo menos, minimizar outros. "Carta do Contratado", "O Grande Desafio" e "Monamgamba", de sua autoria, e poemas de Viriato da Cruz como "Namoro" e "Makezu" constituem exemplos significativos de que a beleza do compromisso pode se enriquecer com o compromisso da beleza, para usar a expressão de Simone Weil. Destaca-se na produção poética dessa fase uma impressionante capacidade de combinar a dimensão ética daquela hora com elementos estéticos solidamente identificados com a direção do projeto. Entre tais procedimentos, inseria-se a opção por uma linguagem de matriz popular, calcada ainda no aproveitamento de traços das línguas nacionais. Nos versos de Jacinto, Viriato, e ainda Aires de Almeida Santos e Mario António, sem dúvida, projetava-se o desejo de aproximação das fontes da oralidade, essa energia dominante nas relações culturais em Angola. Em contraposição ao código imposto a partir da invasão colonial, a afirmação da identidade requeria a eleição dos signos da terra como valores a serem defendidos, posição que se completava com a incorporação dos marginalizados que o sistema tratava de multiplicar. Na realidade, em linhas mais fundas, o que se propõe como alternativa ao modelo colonial não é propriamente a substituição pura e simples de certos valores por outros, mas fundamentalmente o banimento da exclusão como norma.

O desejo de ruptura com a metrópole não pressupunha, dessa maneira, o culto do isolamento e mostrava-se particularmente fecunda a ligação com propostas políticas e estéticas em circulação noutros pontos do planeta. Do Brasil, de Cuba, da

---

5. *Encontro com Escritores, Angola*, Porto, Fundação António de Almeida, 1991, p. 149.

Itália e mesmo da metrópole colonizadora chegavam impulsos e sugestões com que se dinamizava o exercício da arte. Os contatos com outros universos culturais propiciavam a multiplicação de formas expressivas, num processo que não interditava a sede de comunhão com a terra, porque a seleção dos influxos se fazia no ritmo das necessidades e aspirações internas. Nesse sentido, tal como aspectos do Neorrealismo Italiano, por exemplo, as lições do romance regionalista brasileiro revelavam-se adequadas à elaboração de um discurso literário orientado por um princípio ético de natureza popular. Assim, Jorge Amado, José Lins do Rego e Graciliano Ramos, escrevendo do Nordeste e sobre problemas sociais daquela sociedade, encontravam em Angola leitores interessados, gerando, ainda que sem saber, uma fértil interlocução. Nesse circuito, entraria José Luandino Vieira.

Exercitando algumas vezes o poema, é na prosa de ficção que Luandino, com muito maior frequência e segurança, irá expressar o seu talento e a originalidade de seu projeto literário. Nos romances ou nos textos que ele prefere chamar de *estórias*, podemos detectar o desenvolvimento de problemas reveladores da complexidade daquele mundo por ele eleito para objeto de seu olhar cuidadoso. De *A Cidade e a Infância* (o primeiro livro publicado) a *Lourentinho, D. Antónia de Sousa Neto e Eu*, o autor compõe um painel da vida luandense que nos oferece muito mais do que a descrição da vida difícil, do quadro de carências e injustiças, sempre ligados à sociedade colonial. Pelos levantamentos estatísticos da época é fácil conhecer o grau das injustiças, o nível de miséria e exploração a que se condenava o africano; a obra de Luandino vai muito além: focaliza as armadilhas do poder e as estratégias utilizadas pelo oprimido para garantir a sua sobrevivência numa ordem que só lhe assegurava a morte. Em seus textos, toma-se contato com outras dimensões da vida no interior desse espaço selado por iniquidades. Por entre as muitas diferenças que a sua obra vai instalando, de uma ponta a outra percebe-se o lugar da nacionalidade em processo, cuja construção supera as vias institucionais.

Ao contrário do que é comum encontrar na literatura diretamente envolvida com um projeto político, a obra de Luandino não é povoada apenas por personagens exemplares, protótipos de heróis e mártires, prontos para morrer pela causa. Assinala-se em suas páginas o apreço pelos personagens marginais e, ao lado de militantes empenhados na transformação, de homens que assumem o compromisso de mudar a realidade, transitam aqueles que, situados fora da ordem, vão fazendo da exclusão o seu traço de identidade. Pelas ruas que ele desenha circulam os trabalhadores explorados, sapateiros, alfaiates, quitandeiras, vendedores de loteria, representantes da população pobre da periferia de Luanda. Mas o autor não para nessa seleção e vai ainda buscar aqueles postos completamente fora dos limites da chamada sociedade organizada. São os malandros, os desempregados, os pequenos ladrões, pobres diabos que usam o expediente, a pequena trapaça como recurso para escapar à fome de cada dia. A esses vêm juntar-se as mulheres e as crianças, personagens atuantes, às vezes decisivos nos enredos com que tematiza a vida dos musseques.

A opção por desvelar a multiplicidade de faces que se mesclam no universo em questão permite ao autor certos procedimentos na arte de contar as histórias que inventa. O problema da resistência, a que está ligado o empenho pela nacionalidade, recebe diferentes tratamentos. Distante ainda da chamada consciência revolucionária trabalhada, por exemplo, em *A Vida Verdadeira de Domingos Xavier* e em *Nós, os do Makulusu*, nos contos de *Luuanda* o ato de resistir associa-se essencialmente à percepção da injustiça do que se apresenta como norma e à adoção de certos métodos para escapar às armadilhas da sorte. Sem o sentido da mítica exemplaridade predominante na elaboração do personagem Domingos Xavier e sem a sofisticação do dilaceramento existencial presente em Mais-Velho, de *Nós, os do Makulusu*, os personagens das três estórias de *Luuanda* afirmam-se seres impulsionadas para reagir ao roubo autorizado pela força de um direito ilegítimo, constituindo manifestações de um dos temas mais caros ao escritor: a resistência popular em contraposição ao poder sem legitimidade. Contra a injustiça de atitudes centradas apenas na hierarquia instituída, os pobres e marginalizados respondem com o insólito de algumas soluções. Nesse caso, o logro não pode ser visto como crime, porque se converte em condição para superação da impossibilidade inicial.

Nos situações apresentadas pelas estórias, os impasses são em princípio dimensionados pelo problema da desigualdade. Desqualificado para o tipo de batalha que a situação exige, o dominado vê-se em geral enredado por códigos que, embora por ele compreendidos, parecem-lhe injustos e, portanto, passíveis de serem contornados. A discussão inicial, via de regra, à lei do mando procura contrapor parâmetros humanitários. Definida a impropriedade do método, resta sempre o recurso da peripécia: a arte da malandragem aparece, para aquela comunidade de excluídos, como modo de conquistar uma ponta de humanidade contra aridez do mundo que para eles parece reservado – lição que nos ensinam as mulheres e as crianças de "A Estória da Galinha e do Ovo". Contextos como esses fazem do humor o procedimento narrativo adequado para veiculação das verdades defendidas pelos textos. Personagens e narrador parecem comungar da crença de que a ironia e a graça são armas válidas e eficientes para derrotar o monstro sagrado do poder que abusa e desconsidera outros valores. Se os primeiros vencem, através da trapaça, a autoridade que representa a força hierárquica, o segundo, criador de linguagens, opta por violar a autoridade da norma gramatical e balança as cordas da Língua Portuguesa. A introdução da marca popular na fala dos personagens enraíza a sua produção, porque faz com que a resistência, ultrapassando a esfera do conteúdo penetre o tecido interno da estrutura. A proposta de nacionalização da língualiterária (um dos postulados do Modernismo Brasileiro) atualiza-se na composição textual, impregnando o diálogo dos personagens e o discurso do narrador. Essa comunhão exprime a proximidade das perspectivas e revela um ponto de vista ético.

Tal como seus personagens, o narrador de Luandino situa-se além da fronteira estabelecida pelo asfalto que divide a cidade. Se tal ligação se fez mais forte em *Luuanda* e nas narrativas que se seguiram a *Nós, os do Makulusu*, seus índices estão marcados também nos contos "bem comportados" de *Vidas Novas*. Distinguidas com o prêmio João Dias em 1962, essas narrativas, escritas entre 28 de junho e 28 de julho desse mesmo ano, no Pavilhão Prisional da PIDE, em Angola, se não apresentam o grau de ruptura dos outros títulos citados, trazem já a linguagem tocada pela gramática do falar coloquial angolano. Além do léxico povoado de expressões vindas das línguas nacionais como *maka, malembe malembe, cazumbis, monandengues* etc., chama atenção a força das interferências no nível da sintaxe, em que as elipses, as repetições, as alterações no plano das regências redimensionam a língua portuguesa. Entre os muitos exemplos, podemos observar algumas passagens extraídas do conto "Dina", com que se abre o volume:

O sol já tinha fugido todo, lhe deram berrida nas estrelas invejosas e a lua nasceu, pelejando nas nuvens para lé do Rangel. Um silêncio mais grosso caiu, mesmo com o roncar dos jipes teimosos, em cima das cubatas escondidas e encostadas nas pequenas ruas e quintais. Pela cara da noite corre um vento amu que arreganha as chapas de zinco e levanta papéis e folhas pelo musseque fora. E é nos pés desse vento que chega o barulho da confusão, de gritos de "agarra, agarra", das portas se fecharem com barulho e mais choros e gritos de monandengues arrancados nas suas brincadeiras, escondidos dentro das cubatas. Pelo areal, esquivando entre os quintais, o homem corre, e tiros, ninguém que sabe mesmo onde estão sair, passam a cantar na boca do escuro.

É um velho, e os olhos grossos do medo brilham parece é brasas, corre e tropeça, cansado, e a voz rouca e medrosa fica atrás, deixa suas palavras soltas no meio das cubatas:

– Não sou eu! Não sou eu!

Na zuna, atrás dele, correm os perseguidores e sujam as sombras nas paredes assustadas, berram e gritam parece é festa e tem mesmo outra vez tiros de pistola que vão bater pelas paredes[6].

---

6. José Luandino Vieira, *Vidas Novas*, pp. 20-21.

Nesses contos de Luandino, cujos enredos são protagonizados pelos habitantes do setor mais pobre e marginalizado da cidade, divisam-se a cada página sinais que atestam a relação do narrador com a matéria narrada. A beleza de algumas imagens com que dá o tom de seu talento, ainda não completamente apurado nessa obra, repousa sempre na simplicidade dos elementos, com a ênfase recaindo no símile como recurso estilístico preferencial. O aproveitamento de expressões tipicamente orais, onde se podem perceber algumas marcas do uso da língua portuguesa pelos falantes das línguas nacionais, demonstra o ponto de vista a ser defendido. Mesmo procurando manter-se na perspectiva da terceira pessoa, o foco narrativo espelha a opção do narrador, que em seu discurso não se afasta do falar dos homens, mulheres, crianças e velhos que desfilam seus pequenos grandes dramas aos olhos do leitor:

A noite, no princípio ainda, não estava fria. Agosto já tinha chegado e era mesmo a lua desse dia que ia dar berrida no cacimbo cinzento que pinta de triste as águas azuis e verdes. Os pés largos nos quedes faziam chorar a areia e a noite espreitava o andar do homem com os seus olhos pequenos e brilhantes das janelas das estrelas.

No lado direito o mar estava falar, mas João Matias não lhe ligava, habituado dessa conversa de sempre, desde pequeninho no dongo até agora na traineira de mestre Rufino, da Ilha do Cabo. As palvras pequenas e mansas vinham na boca das águas fazer barulho na areia e o vento, em cima de tudo, dicanzava nos coqueiros lá longe, na Pescaria.

....

A conversa tinha começado mesmo quando nessas noite de pesca, mar dentro, quando chegava na hora do turno descansar e compadre Zuza vinha sempre junto dele xingar-lhe essa vida na loja do branco Kamuanhu, do vinho, essas pelejas sempre lá na sanzala e outros casos que o velho falava ele devia ter mas é vergonha mesmo[7].

---

7. *Idem*, pp. 27-29.

Sem grandes volteios, as estórias inserem-se num jogo pedagógico, no qual estão assinalados os valores edificantes imprescindíveis ao movimento de transformação ali tematizado. O ato narrativo em terceira pessoa, predominante nessa obra, revela-se apenas uma tática para se fingir uma neutralidade, atitude desmentida pelo próprio narrador que, em alguns momentos, deliberadamente se inclui no grupo, marcando sobretudo sua adesão ao espaço, como se pode notar no parágrafo final do conto "À Espera do Luar":

> Então nessa hora mesmo, desistiu esperar o companheiro ou o luar. Deixou-se ir no fundo, com um barulho macio para não magoar as águas e os peixes do nosso mar[8].

Se em "À Espera do Luar", o pronome "nosso" referindo-se ao mar esclarece a integração do narrador, em "Cardoso Kamucolo, Sapateiro" a cumplicidade se anuncia já no primeiro parágrafo:

> Se não matarem todos os monandengues da nossa terra, eles contarão mesmo para seus filhos e seus netos dos tempos bons que vêm aí. Contarão, porque os olhos ainda pequenos e burros guardaram essas confusões e conversas, os tiros das noites ficaram sempre nos corações, o pai que não apareceu mais em casa, morto no areal, o irmão mais velho que lhe vieram buscar no jipe com porrada logo ali mesmo e insultos e asneiras e cubatas incendiadas brilhando no escuro.
> Então nessas noites calmas dos tempos novos em que as pessoas ouvem mesmo o dormir de gato dos motores elétricos das fábricas a chegar no vento, enchendo os jardins de suas casas com música nova, ou veem a lua grande e bonita acender o candeeiro dela por cima das lavras de milho grande, mais que um homem, a mandioca a crescer verde como nunca foi, o algodão de flores branquinhas e aquele vermelho cereja do café pondo talvez lembranças do antigamente, mas com a mata a guardar para sempre o cheiro bom, o cheiro maluco dessas

---

8. *Idem*, p. 41.

florzinhas brancas, que já foram vermelhas de sangue ou negras, queimadas nas bombas ou torcidas no fogo, eles vão contar[9].

Como se pode claramente notar pelo fragmento transcrito, neste conto, Luandino evoca a atmosfera da narrativa oral, seja na construção da cena narrativa, seja no tratamento da linguagem, toda ela caracterizada pelas imagens elaboradas com base no conjunto harmonioso de coisas muito simples. Toda a delineação de um ideal *naïf* tonaliza o texto que contará a história de um desses homens pobres e desconhecidos, tornado herói pelo impulso incontrolável de salvar uma criança negra perseguida por um grupo de adultos brancos e racistas. As lições de exemplaridade típicas das fábulas com que se povoa o imaginário popular ali estão, combinando-se muito bem com o verbo no futuro do presente anunciando um tempo já transformado: "os tempos bons que vêm aí". O clima de conflito aberto exige posições definidas e, sem medo da precariedade de raciocínios esquemáticos, o autor cede à necessidade de posicionar-se, expondo-se na ordenação de pares dilemáticos para composição de seu texto. Entre brancos e negros, entre pobres e ricos, entre empregados e patrões, entre passado e futuro, entre centro e periferia, o antagonismo é o motor que move a narrativa. A ideia de harmonia, possível se a perseguição contra crianças da terra – o conflito central da estória – for interrompida, está posta em outro tempo, quando a nova ordem se fizer presente.

É fato que não se pode contar até o momento com pesquisas de fundo que permitam conhecer com verticalidade a realidade linguística de Angola, o que torna difícil estabelecer com exatidão os limites entre a simples incorporação do registro coloquial dos falantes e o que é produto da criatividade do escritor. No entanto os trabalhos já realizados e o contato direto com aquela sociedade amparam a afirmação de que, no exercício de sua rebeldia, Luandino sabe combinar os fenômenos observados no uso da língua pelos falantes angolanos com procedimen-

9. *Idem*, pp. 73-94.

tos orientados pela concepção de linguagem literária enquanto resultado da potencialização das possibilidades abertas pelo sistema. Dizendo de outra maneira, o escritor não hesita em "apanhar carona" nas mudanças promovidas pelos usuários da língua. Devemos aqui recordar que a imposição do Português como língua obrigatória nas ex-colônias africanas não se fez acompanhar por medidas que, de fato, pudessem torná-la acessível às várias camadas da população. O esforço para falar uma língua que não conhecia gerou um curioso processo de contaminação, através do qual são transferidos para a segunda língua certos mecanismos que regem a gramática da língua materna. Sem constituir propriamente um ato organizado, tais variações seriam, na realidade, uma consequência natural dessa aprendizagem naquele contexto em que as línguas banto são predominantes, segundo Perpétua Gonçalves, para quem "os desvios a esta norma não são produzidos conscientemente por uma comunidade de falantes que quer construir a sua identidade linguística nacional – para além daquela que as diversas línguas banto facultam – mas resultam em geral da falta de exposição à norma de referência, que poderia permitir a convergência com a língua-alvo"[10].

Desse modo, podemos compreender que as modificações perpetradas pelos falantes, por um lado, derivam de sua necessidade de usar aquilo que não conhecem a fundo; por outro lado, traduzem a vivacidade de quem percebe certa incongruência entre a língua e o mundo que ela deveria exprimir. A "imperfeição" no uso se redimensiona e vira selo de apropriação. As "limitações" e as "complementações" no texto literário devem ser interpretadas como uma forma de sancionar esse uso "imperfeito" da língua em lugar de aderir à norma padrão do idioma de fora trazido. Juntando-se ao poeta brasileiro Manuel Bandeira, Luandino admira aqueles que, por qualquer razão, não partici-

---

10. Agradeço a autora que, antes mesmo da publicação, cedeu-me o texto "Para uma Aproximação Língua-literatura em Português de Angola e Moçambique". O mesmo está publicado no n. 3 da *Via Atlântica*, revista da Área de Estudos Comparados em Literaturas de Língua Portuguesa da FFLCH-USP.

pam do bloco dos que se destacam por "macaquear a sintaxe lusíada". A eles se junta. Cabe-lhe, como escritor dessa terra onde a língua portuguesa não pode ser a única forma de expressão, assumir a consciência do desencontro e promover a fenda a selo de qualidade. Dar estatuto literário a marcas da transgressão é, então, uma maneira de corrigir o curso das coisas.

E, assim como a rebeldia dos habitantes dessa Luanda localizada fora dos *caminhos do alcatrão* manifesta-se nos gestos insólitos empregados para ganhar a vida e driblar a morte, a rebeldia do escritor materializa-se nas rupturas que impõe à língua imposta pelo colonizador. Modificá-la, ampliando o léxico e alterando-lhe a sintaxe, é, sem dúvida, uma maneira de apropriar-se dela. O padrão normativo identificado com o colonizador é rejeitado e em seu lugar emerge uma língua transformada, revigorada pela circulação dos elementos da terra, revitalizada pela aproximação com as línguas nacionais, num processo de apropriação capaz de converter um objeto do dominador num signo da angolanidade que se quer aprofundar. Desse modo, o legado compulsório torna-se objeto de uma conquista. Vale referir nesse fenômeno a atuação dinâmica das linhas da oralidade.

Se na poesia a incorporação do ritmo da oralidade é algo que não surpreende, no romance a aproximação da tradição oral põe em causa um elemento fundamental nas reflexões sobre o narrador moderno. Basta lembrar aqui os textos magistrais de Walter Benjamin, para quem o romance nasce do corte com a tradição oral e está centrado na substituição da *experiência* pela *informação*. Nas obras de Luandino, evidencia-se a vontade de cultivar o reencontro com as matrizes da tradição, recuperando a possibilidade de intercambiar experiências que os tempos modernos barraram. É de se imaginar que, numa sociedade afrontada pelas leis do colonialismo, esse desconcerto em que se torna a vida moderna organize-se de forma ainda mais pesada, com a comunicabilidade comprometida por impedimentos de muitas ordens. Nos dois romances citados e em "Kinaxixe Kiami", uma das estórias de *Lourentinho, D. Antonia de Sousa Neto e Eu*, a incomunicabilidade (tal como o esforço para derrotá-la) emerge como um sinal preponderante na organização da narrativa. Em *Nós, os do Makulusu*, a explosão da guerra, coroada pela morte do Maninho, desnuda a crise e revela a inviabilidade da conciliação. Se a palavra já não é forma de encontro, a linguagem há de ser apenas forma de registrar os pedaços de um mundo em decomposição.

Nos outros dois textos, os personagens cujas vozes organizam o discurso narrativo estão presos. Do interior apertado das celas é que veem o mundo e ali recordam as experiências de um mundo misturado. O cenário ameaçador da guerra e os penosos limites da prisão são, sem dúvida, elementos que apontam para um quadro desumanizador, onde a desesperança é a ração diária. No entanto, para enfrentar os fantasmas da desumanização, recorre-se ao caminho da memória, evocando um narrador apoiado numa noção de sabedoria aberta pela experiência. Assim, nos três textos a palavra é assumida por narradores que insistem em falar do que viveram e são as experiências vividas a engendrarem o corpo das narrativas, marcando e manchando os discursos de que se compõem. No confronto com a experiência que a memória quer recuperar, o código herdado do colonizador revela-se pobre, incapaz de abrigar o múltiplo movimento das vidas a serem contadas. Consciente das insuficiências da capacidade comunicativa da palavra, o narrador busca incansavelmente outras formas de dizer, investindo na procura de uma dimensão concreta da linguagem. Para esse fim, tudo é preciso e tudo é válido: o código herdado do colonizador será atravessado por uma infinidade de elementos cuja expressividade pode funcionar como um recurso para recriar a comunicação e fazer frente ao silêncio esterilizante que a ordem colonial tenta disseminar. A nacionalização da língua, portanto, não pressupõe apenas a inclusão de palavras novas, provenientes do quimbundo. Mais complexa, a operação solicita uma lógica especial, fazendo com que a economia discursiva se nutra de expressões em latim, de neologismos, de construções metalinguísticas, de todos os meios que permitam questionar o senso do absoluto que o colonialismo cultua.

Cumpre reiterar que o recurso da memória não equivale a uma atitude nostálgica, de mecânica recuperação do passado. A inexorabilidade do tempo revela-se a todo momento e não deve ser vista apenas num quadro negativo. A dimensão utópica do projeto de construção da nacionalidade sugere, dialeticamente, uma concepção de futuro em que é necessário investir. A atmosfera de dilaceramento de *Nós, os do Makulusu*, por exemplo, não anula a importância do que há de vir. Antes mesmo do início da narrativa, já na epígrafe, a ideia se recorta: "... mukonda ku tuatundu kiá, ki tutena kumona-ku dingi kima. O kima, tu-ki--sanga, kiala ku tuala mu ia" ("... de onde viemos, nada há para ver. O que importa está lá, para onde vamos"). As palavras expõem um sentido, relativizado, porém, pelo fato de a inscrição aparecer em quimbundo, uma língua que certamente não será a do futuro. Eis assim uma das chaves do projeto em que se insere a prosa de Luandino: os passos para avançar pressupõem a incorporação da sabedoria que não prescinde do conhecimento enraizado no passado.

Já vimos que a presença do quimbundo pode ser entendida como um reflexo da inserção no universo angolano, mas a estratégia de Luandino não se encerra aí. Em sua concepção de nacionalidade, é possível também detectar a intervenção de elementos que poderíamos situar no campo de uma troca horizontal. Trata-se da interferência no corpo das narrativas (e na composição do perfil de cada narrador) de dados que materializariam o diálogo com outros repertórios. Estamos aludindo aqui ao fenômeno da paródia, que permite a apropriação de tantas fontes: o discurso bíblico, o discurso jurídico, o discurso literário, as referências históricas, os ditados populares. No conjunto da obra, tudo isso aparece, filtrado pela veia irônica disposta a dessacralizar qualquer verdade imobilizadora. Em *Nós, os do Makulusu*, o tom dramático se reforça no dilaceramento da linguagem a especular o despedaçamento do mundo inapelavelmente desorganizado com a eclosão da guerra colonial. Incapaz de ordenar o caos, o discurso passa a refleti-lo. Entre o narrador e essas fontes de referência que cercam o seu imaginário e a sua tradição de homem dividido por cisões da História, predomina uma relação contraditória, em que o fascínio pelos versos de Antero não vêm dissociados de uma certa hesitação. Em seu patrimônio cultural, figuram dados de vários mundos que a morte do irmão aponta como inconciliáveis, como se essa quebra fosse o anúncio definitivo da barbárie que se impõe, destruindo a ilusória civilização de que a escrita é símbolo.

Ao procurar enxergar a realidade sem as manchas que se tentou colar às retinas do colonizado, o escritor percebe a necessidade de remexer a relação entre os nomes e as coisas, o que significa pôr em questão o caráter imotivado do signo linguístico. A arbitrariedade dessa relação exprime-se na fala de João Vêncio que, incansável, repete: "As palavras mentem". Para que se aproximem da verdade, é preciso investir contra a opacidade do senso comum, da trivial aparência dos fatos. Marginal às leis, delas descrendo, João Vêncio, cujo discurso é o esteio da narrativa a que dá nome, contrapõe-se às convenções, elegendo como alvos principais a escola e os tribunais, esses dois centros onde se reproduz o pensamento autoritário. Lugar do estatuído, esses representantes da ordem colonial são execrados em sua função de regular, estipular comportamentos e nomear atos, catalogando modelos e exemplos, funções que o mulato rejeita. Em sua "sede de belezices", espanta-o negativamente a capacidade de a certas atitudes atribuir nomes feios, palavras que não conseguem apreender os muitos sentidos de cada gesto, de cada história:

> Veja: o puto escalavrado, helênico bacoco que eles me etiquetaram – sexopata, na alínea dê. Isto é palavra de gente civilizada? Fiz mal para me xingarem assim com uma palvrona de abrir-boca? Esses muadiés da justiça, doutores delegados e a curibeca toda deles são surdos. Se eu fosse defensor tribuno eu só ia usar as belas palavras: se não é crime feio, então elas acasalam; se é crime feionga, elas servem para absolver a humana natura[11].

11. José Luandino Vieira, *João Vêncio: Os Seus Amores*, p. 71.

Contra as verdades ocas ensinadas na escola e defendidas nos tribunais, Vêncio defende a beleza da transformação, a hipótese de recolher da palavra não a ilusória univocidade da correspondência entre forma e sentido, mas a possibilidade de desfrutar de uma outra dimensão que a linguagem guarda. Apaixonado pela retórica, o marginal tem seus eleitos: o padre Vieira, o latim, os dicionários:

> Banza-o o léxico, o patuá? Eu já lhe dei o mote: meus tribunais, a Bíblia, mas o etcétera é que explica a regra. padre sô Viêra, do Seminário. Ele mesmo me abriu as orelhas. Ele soprou-me o vento dos latins e eu esqueci os números e o desenho eu gostava. Eu, depois, só queria o rosa-rosis, o galo-bélico. Dor que ainda dói é minha expulsão – eu sou todo de gostar de missa mas para dizer, não é para sentir só. Eu queria ainda ser sô padre vicário, o senhor do sábado[12].

O encantamento despertado pelos hinos e tudo o mais que compõe os ritos não reduz a aversão às instituições, da qual a igreja não escapa:

> Em igreja eu nem nunca que tive lá paz, serenidade. Eu entrava, molhava minha mão na benzida água e logo-logo o fogo ardia. Os meus diabos queriam fugir – eu todo me torcia, cada palavra dos latins era uma gota fresca em cima do inferno e os diabos mordiam-me dentro do coração, cães ululantes aos latins putos de padre Viêra. Eu não fugava missa dele. Era apóstolo, o discípulo... O que eu mais gosto em missa de católico é isso mesmo: os putos latins caçando os demônios, aguilhões nos cuses vermelhos deles, guinchadores. Mas latim é palavra sem querer dizer dela, o mero som: música d'órgão, no domingo do Senhor[13].

Muito distante do "politicamente correto" que habitualmente pontua a literatura empenhada, o protagonista de Luandino vai firmemente atacando os pilares da ordem colonial. O princípio da unidade – expressa em "Um só deus, uma só lei, uma só lín-

---

12. *Idem*, p. 40.
13. *Idem*, p. 43.

gua", uma das máximas da empresa colonial – é a todo o tempo atacado. Plural em sua posição, o malandro busca a riqueza que acredita vir da multiplicidade que o sistema pretendia uniformizar. Por isso, fascina-o o crioulo falado por vizinhos caboverdianos, língua inventada em resposta a situações de dominação. Por isso, é seduzido pelo que ostenta a capacidade de mudar: o mar, por exemplo:

> Agora eu rimembro!: o camarada companheiro é do mar, é da terra, é do ar, barco, pés e pássaros! Então, embora vamos. Senhor gosta do mar numa só cor? Ou ele mesmo é que tem, a cor só, unicã, de azul, azulão ou marelo de costa? Cada peixe, seu fundo; cada onda sua espuma dela. Cada céu, cada mancha. O mar é diverso, vário – é a beleza[14].

O sentido do movimento é, pois, a busca desse personagem, segundo o qual "Doutoro, juiz, delegado e outros maiorais das leis, eles só veem a linha recta, não sabem a porta estreita". Ele, ao contrário, cuidadoso das histórias que deseja narrar, não hesita em recorrer à ajuda do outro, o "muadié", para fazer ainda mais interessantes os casos que recorda e quer dividir, inicialmente com esse estranho companheiro que ele acredita ter "luzes". Em sua memória está assentado todo um inventário cujo registro depende do saber do outro, ou seja, cada um representa uma forma de sabedoria. Base do conhecimento do narrador original, a tradição oral não supera o alcance da voz. Conhecedor dessa "limitação", João Vêncio solicita o apoio de quem conhece a escrita e pode, portanto, perpetuar as verdades de suas complicadas estórias. Initialmente distantes, até contraditórias em sua origem e definição, as duas expressões se aproximariam para dar conta desse arsenal de sensações e conhecimentos que o quadro dessa sociedade em ebulição condiciona.

Tematizado por tantos estudos nos vários campos das ciências humanas, o choque cultural atinge nas sociedades africanas níveis efetivamente surpreendentes. Premidos entre duas or-

---

14. *Idem*, p. 75.

dens, os homens se veem em contato direto com valores, modelos, símbolos e objetos representativos de vivências não processadas por eles. As noções de "civilização" que lhe são trazidas chegam por pacotes, o que determina que a apreensão se faça aos pedaços, deixando também em bocados o próprio patrimônio acumulado. Abaladas por tantas quebras, as noções sobre as quais se baseariam o modo de estar no mundo perdem o senso do equilíbrio e tendem a produzir lógicas estranhas, permeadas por uma sequência muito acelerada de mudanças. As passagens de um modelo a outro se fazem sem a maturação necessária, daí decorrendo não raro um acentuado grau de violência. O que poderia ser uma conquista, torna-se, tantas vezes, uma fator de desestabilização. A respeito do confronto entre a força da oralidade na tradição africana e a intervenção da tecnologia que atualiza certas leis da sociedade industrial, o escritor angolano Arlindo Barbeitos, ao problematizar o lugar da escrita, elabora uma significativa imagem:

À noite, os camponeses sentados, em roda junto à fogueira, falam, como se fosse no antigamente, mas as suas palavras entrechocam-se com as do transistor dependurado numa árvore[15].

Equacionar essa fusão de mundos que se ergue a partir de complicadas cisões é um dos desafios da literatura angolana. Para fazer frente a esse jogo, o narrador de Luandino Vieira não crê que se possa contentar com o que oferece a norma. Na subversão às suas determinações, vai, então, lançar mão de construções metalinguísticas, do recurso às elipses e a invenção de palavras. São procedimentos mais que estilísticos que concorrem para despedaçar a língua com que se quer revelar um universo inegavelmente fragmentado.

Em *João Vêncio: os seus Amores*, tal como ocorrera em *Nós, os do Makulusu*, a postura é de radicalização. Alinhando-se segun-

---

15. "O Problema do Intercâmbio Cultural entre as Comunidades Afro-asiáticas para a Compreensão e a Solidariedade Internacional", em *Teses Angolanas*, Lisboa, Edições 70, 1981, p. 127.

do parâmetros da modernidade artística, ambos os romances ignoram as fronteiras entre os gêneros literários e beneficiam-se de recursos próprios da arte poética. As leis da contenção e da continuidade centrada na utilização correta dos nexos sintáticos cedem lugar aos pleonasmos, aos oxímoros, à constância dos assíndetos, à paronomásia e outras figuras de linguagem que revelam o cultivo intencional da ambiguidade como forma de fugir ao cerco da língua imposta.

Limitados em seus gestos, seja pelas paredes da prisão concreta, seja pela rede opressiva de uma lógica estranha à sua sensibilidade, os personagens libertam-se por meio de formas de linguagem que atentam contra o modelo rígido de uma língua que, não sendo instrumento de comunicação, apresenta-se como mais um meio coercitivo e redutor da sua humanidade. Libertar a língua significa, pois, apropriar-se dela e moldá-la de forma que ela possa ser a expressão desse universo pleno de marcas, valores, símbolos, medidas, crenças anteriores à sua própria chegada. Esse patrimônio misturado é a expressão de um mundo quase às avessas, para lembrar as palavras de Guimarães Rosa, um ficcionista tão visitado por Luandino. Nesse movimento que é também de nacionalização da língua, o autor segue em duas direções: lança mão de modificações presentes na variante angolana do português, incorporando usos que os falantes da terra criaram e dá asas a seu próprio processo criativo, inventando caminhos para fazer com que a língua exprima o universo de seus personagens. Nesse aspecto, o autor não economiza meios e investe sem hesitação na produtividade de processos já perceptíveis na fala corrente do universo sociocultural de onde saem os protagonistas de suas estórias. As dificuldades de decodificação da mensagem não resultam do narcisismo próprio de certos códigos celebrados pela chamada pós-modernidade. O tempo de seu ofício é outro, misturado à história de um processo de que sua obra faz parte e ajuda a mover.

Contrapondo-se ao previsível quando se trata de conceber um projeto literário afinado com o esforço para construir a nacionalidade que seria a base da construção de um país, a literatura de Luandino Vieira embrenha-se no chão de sua terra mas recusa a imobilidade como condição. Ao apanhar o ritmo da sociedade em transformação que se espalhava pelas ruas de Luanda, sua narrativa se nutre vivamente da radical experiência de viver na urgência do tempo um conjunto de mudanças mediado pela contradição. Nas estórias ou nos romances, a prosa desse escritor estabelece parâmetros próprios, enriquecendo-se nas relações que permitem compreender mais profundamente a cisão que àquela terra e àqueles povos foi imposta.

A língua em estilhaços, o ritmo desgovernado da memória, o entrecruzamento de referências culturais, o aproveitamento possível de elementos identificados com a tradição, a incorporação de procedimentos associados a outros contextos culturais, o gosto pela invenção integram a estratégia desse autor na composição de uma obra tão original e tão essencial à construção da nacionalidade angolana. Na convergência desses gestos não se deve ler, porém, a obediência a um programa interno; nem o desejo de satisfazer a sede de exotismo do consumidor externo à realidade do país. O que, com a criatividade extraordinária que o distingue, José Luandino Vieira nos apresenta são, antes, sinais desse conjunto de complexas ligações a que o escritor angolano se apega, não por docilidade aos modismos, mas pela consciência de ser a expressão de um mundo ele próprio em desassossego.

REFERÊNCIAS BIBLIOGRÁFICAS

BARBEITOS, Arlindo. "O Problema do Intercâmbio Cultural entre as Comunidades Afro-asiáticas para a Compreensão e a Solidariedade Internacional". *Teses Angolanas*. Lisboa, Edições 70, 1981.

CANDIDO, Antonio. "A Literatura e a Formação do Homem". *Remate de Males*. Campinas, IEL/Unicamp, 1999.

GONÇALVES, Perpétua. "Para uma Aproximação Língua-literatura em Português de Angola e Moçambique". *Via Atlântica*, 4:212-213, 2000 (São Paulo, USP).

LABAN, Michel. *Encontro com Escritores. Angola*. Porto, Fundação Engenheiro António de Almeida, 1991.

VIEIRA, José Luandino. *Luuanda*. Lisboa, Edições 70, 1972.

_____. *A Vida Verdadeira de Domingos Xavier*. Lisboa, Edições 70, 1974.

_____. *No Antigamente da Vida*. Lisboa, Edições 70, 1974.

_____. *Velhas Estórias*. Lisboa, Plátano, 1974.

_____. *Macandumba*. Lisboa, Edições 70, 1978.

_____. *A Cidade e a Infância*. Lisboa, Casa dos Estudantes do Império, 1980.

_____. *Lourentinho, Dona Antónia de Souza Neto e Eu*. Lisboa, Edições 70, 1981.

_____. *Vidas Novas*. Luanda, União dos Escritores Angolanos, 1985.

_____. *João Vêncio: Os Seus Amores*. 2. ed. Lisboa, Edições 70, 1987.

_____. *Nós, os do Makulusu*. São Paulo, Ática, 1991.

_____. *Kapapa. Pássaros e Peixes*. Lisboa, Expo 98, 1998.

2
O Passado Presente na Literatura Angolana*

Profundamente marcada pela História, a literatura dos países africanos de língua portuguesa traz a dimensão do passado como uma de suas matrizes de significado. A brusca ruptura no desenvolvimento cultural do continente africano, o contato com o mundo ocidental estabelecido sob a atmosfera de choque, a intervenção direta na organização de seus povos constituíram elementos de peso na reorganização das sociedades que fizeram a independência de cada um de seus países. Tão recentes, e feitas no complexo quadro da conjuntura internacional dos anos 1970, essas independências não dariam conta do desejo de acertar o passo na direção do projeto utópico que mobilizara os africanos. Como herança, o colonialismo deixava uma sucessão de lacunas na história dessas terras e muitos escritores, falando de diferentes lugares e sob diferentes perspectivas, parecem assumir o papel de preencher com o seu saber esse vazio que a consciência vinha desvelando.

* Texto publicado pela *Revista Scripta*, do Centro de Estudos Portugueses, da PUC--Minas.

Uma visão panorâmica da literatura angolana, por exemplo, permite ver que a valorização do passado é, sem dúvida, um dos tópicos do programa elaborado pelo grupo de escritores que se propõe a fundar a moderna poesia de Angola. Em fins dos anos 1940, reunidos em torno da revista *Mensagem*, António Jacinto, Agostinho Neto, Viriato da Cruz, para ficar com apenas três nomes, vão formar a famosa "Geração dos Novos Intelectuais", que, elegendo como palavra de ordem a frase "Vamos Descobrir Angola", procura lançar uma nova concepção de poesia. A expressão "Novos Intelectuais" alude a um grupo anterior que sacudiu Luanda na passagem do século XIX ao XX com propostas que, embora menos radicais, foram objeto de repúdio e perseguição por parte do governo português. A noção de recuperação de uma franja do passado se confirma no uso da palavra "descobrir". Tratava-se, pois, de uma depuração, buscando destacar o que seria o genuinamente angolano, ou seja, o que lá estava antes da contaminação imposta pela sociedade colonial.

Compreender a relevância da proposta de recuperação do passado, mesmo que tal processo se faça através de uma reinvenção, pressupõe desvendar a natureza do colonialismo, atentando-se para dados que, ao ultrapassar a esfera da exploração econômica a que foram submetidos os povos oprimidos, exprimem a política de despersonalização cultural própria da empresa. Em estudos dedicados à relação entre racismo e cultura, Frantz Fanon lança luzes sobre vários aspectos desse problema, apontando as estratégias de inferiorização do dominado como fundamentais para a justificação das desigualdades a serem perpetuadas pelo colonialismo, ainda que o discurso procurasse difundir as hipóteses de redução e até extinção das mesmas. Sua intervenção no I Congresso de Escritores e Artistas Negros realizado em Paris, no ano de 1956, enfatizava a ligação estreita entre colonialismo e racismo:

Il n'est pas possible d'asservir des hommes sans logiquement les inferioriser de part en part. Et le racisme n'est que l'éxplication émotionnelle, affective, quelquefois intellectuelle de cette inferiorisation[1].

Nesse espírito, o processo de submissão demanda ações que conduzam a uma total desvalorização do patrimônio cultural do dominado. No limite, ele deve ser desligado de seu passado, o que significa dizer, exilado de sua própria história. No lugar, acenam-lhe com a possibilidade de integrar uma outra, mais luminosa, mais sedutora, cujo domínio lhe asseguraria um lugar melhor na ordem vigente. A artificialidade se impõe, desfigurando o sujeito que tem cortada a ligação com seu universo cultural sem chegar jamais a ter acesso efetivo ao universo de seu opressor. O artifício, quando eficiente, transforma o colonizado numa caricatura. Daí que, para Fanon, a libertação esteja diretamente associada ao momento em que se percebe a armadilha e se decide escapar desse jogo perverso. E o primeiro passo se dá na revalorização da tradição rompida, que nunca é completamente destruída, uma vez que ficam sempre, mesmo que dormindo sob a terra, alguns traços desse inventário:

On retrouve le sens du passé, le culte des ancêtres ...
Le passé, désormais constellation de valeurs, s'identifie à la Vérité.
Cette redecouverte, cette valorisation absolue d'allure quasi déréelle, objectivement indéfensable, rêvet une importance subjective incomparable. Au sortir de ces épousailles passionnées, l'autochtone aura décidé, "conaissance de cause", de lutter contre toutes les formes d'exploitation et d'aliénation de l´homme. Par contre l'occupant à cette époque multiplie les appels à l'assimilation, puis à l'integration, á la communauté. [...] Nul néologisme ne peut masquer la nouvelle évidence: la plongée dans le gouffre du passé est condition et source de liberté[2].

---

1. *Pour la révolution africaine*, Paris, François Maspéro, 1964, p. 47.
2. *Idem*, pp. 49-50.

Com efeito, embora estivesse mais familiarizado com o colonialismo francês na Argélia, Fanon oferece argumentos válidos para se entender o funcionamento do colonialismo português em Angola. Também ali as tentativas de apagamento da história anterior à chegada dos europeus se fizeram sentir em muitos níveis. Nunca é demais lembrar que o ponto de vista apresentado era sempre o do homem europeu, culto, cristão, superior na civilização de que se fazia representante. E o processo de alienação ia mais longe, ao impor também a geografia da metrópole como repertório de conhecimento: nas escolas eram ensinados os nomes dos rios de Portugal, descritas as suas montanhas e as suas estações climáticas. O espaço africano ficava apagado e o homem que ali vivia, jogado na abstração de referências impalpáveis.

A desterritorialização, mais que um conceito, tornava-se uma experiência diária. Como "recompensa", oferecia-se a falácia de uma assimilação que jamais seria completa e nunca renderia o que o discurso oficial prometia. No caso português, além de outros motivos, a fragilidade da economia nacional constituía, já na origem, um impedimento ao acesso de uma maior parcela da população ao universo definido como civilizado. A assustadora taxa de analfabetos na altura da independência é reveladora do fracasso ou das mentiras do projeto: em Angola superavam os 90%.

Não é de estranhar, portanto, que a ideia de libertação que marca o processo literário angolano seja assim atravessada por esse desejo de resgate de um passado distante. Regressar no tempo seria também um modo de apostar numa identidade tecida na diferença. Para os outros fins que apenas começavam a ser projetados, já nos anos 1940, parecia produtiva a noção de unidade subjacente a essa ideia de passado, tal como no Brasil a literatura romântica do século XIX procurara fazer do índio, enquanto habitante da era pré-colombiana, um dos símbolos da identidade brasileira. Num universo tensionado pela ocorrência de tantas rupturas, o apego a certas marcas da tradição se ergue como um gesto de defesa da identidade possível.

Emblemáticos dessa postura são os poemas "Namoro" e "Makezu", de Viriato da Cruz, ambos publicados em *No Reino de Caliban II*, uma antologia organizada por Manuel Ferreira[3]. Em ambos, se depreende o intuito de valorização de elementos da prática popular como um patrimônio identificado com a resistência que era preciso alimentar. A dança como elemento de integração, no primeiro, e o alimento tradicional como explicação de uma distinta energia, no segundo, ganham estatuto de signos de uma identidade a ser preservada. Contra as imagens reificadas da literatura colonial, os poetas selecionam alguns daqueles que seriam os sinais positivos de uma visão de mundo própria do meio que queriam libertar.

O passado, como se vê, é, então, localizado na história pré-colonial, ou mesmo num tempo em que as cores da dominação não surgiam tão carregadas. Nesse novo tempo de aspereza, nostalgicamente se impõe como recurso o regresso a um período outro, onde se podiam plantar as sementes de uma nova ordem. Dessa forma, que poderia parecer um tanto retrógrada, configura-se um dinamismo que torce o movimento: os poemas desnaturalizam a situação em vigor e aludem à hipótese de transformação. Assim postas as coisas, voltar ao passado se transforma numa experiência de renovação e é a partir dessa estratégia que são lançadas as bases para uma literatura afinada com o projeto de libertação. Como marcas dessa investida estarão presentes aquelas imagens associadas à natureza e às formas de cultura popular: a mulemba, o imbondeiro, as frutas da terra, as músicas, as danças etc.

No corpo desse programa, a noção de passado aparecerá também em ligação com a infância, fase da vida em que o desenho da exclusão social se revela atenuado. Para além da referência ao estreito contato com a mãe, matriz primordial na literatura de Angola, seja a própria, seja como metonímia da

---

3. Manuel Ferreira, *No Reino de Caliban II*, pp. 164-167.

terra africana, o universo infantil é retomado como um mundo em comunhão, onde o código da cisão não tinha se projetado. Um excelente exemplo dessa linha está em "O Grande Desafio", de António Jacinto[4], poema que oferece um painel da sociedade luandense, trabalhando dois tempos da vida dos homens que ali viviam. Na primeira fase, a infância é evocada como um tempo de plenitude, delineado pelo senso de igualdade que superaria a discriminação de raças e classe social. O jogo de futebol – o desafio – constitui um espaço lúdico de afirmação dos valores positivos. Na segunda fase, a idade adulta faz saltar a crueza da separação dos caminhos. O dado da exclusão se levanta, expondo com nitidez as fronteiras que se criaram. A injustiça do presente, todavia, não parece uma fatalidade, pois o poema termina registrando a esperança de um novo desafio, ou seja, a esperança de um tempo que reinstale as leis da comunhão que vigoraram no passado.

Se esse apego ao passado pode ser percebido na escolha temática, no domínio da estrutura poética podemos detectar outros sinais desse enraizamento. Estamos pensando na presença da tradição oral que sutilmente corta essa produção literária. Surge, explicita ou implicitamente, um tom de conversa sugerindo a interlocução própria da oralidade. Sem descurar do trabalho com as imagens que remarca a dimensão poética de seus textos, em todos eles há uma história que se conta e, assim, o poema ganha densidade quando lido em voz alta. Comportando uma certa carga dramática, a tonalidade narrativa tinge a cena poética, daí decorrendo um especial jogo lírico.

A presença do passado nesses termos é mais funda e marcada pela contradição que sela a condição colonial. Num mundo em que a escrita vem inserida num clima de trágicas transformações, a relação com a tradição oral se dá como um dilema, um dos tantos com que se debate o escritor angolano. Sobre o assunto, pronunciou-se o poeta e ficcionista Manuel Rui em

---

4. *Idem*, p. 139.

dois brilhantes ensaios nos quais aborda a complexidade das relações entre esses dois universos culturais de que se forma a identidade angolana. Para ele, a postura invasiva do europeu estabelece uma incompatibilidade que só é revertida pela força da transformação que a resistência assegura. Sintetizada no jogo entre a escrita e o oral, a questão se abre:

E agora? Vou passar o meu texto oral para a escrita? Não. É que a partir do momento em que eu o transferir para o espaço da folha branca, ele quase que morre. Não tem árvores. Não tem ritual. Não tem as crianças sentadas segundo o quadro comunitário estabelecido. Não tem som. Não tem dança. Não tem braços. Não tem olhos. Não tem bocas. O texto são bocas negras na escrita, quase redundam num mutismo sobre a folha branca.

O texto oral tem vezes que só pode ser falado por alguns de nós. E há palavras que só alguns de nós podem ouvir. No texto escrito posso liquidar este código aglutinador. Outra arma secreta para combater o outro e impedir que ele me descodifique para depois me destruir.

Como escrever a história, o poema, o provérbio sobre a folha branca? Saltando pura e simplesmente da fala para a escrita e submetendo-me ao rigor do código que a escrita já comporta? Isso não. No texto oral já disse não toco e não o deixo minar pela escrita arma que eu conquistei ao outro. Não posso matar o meu texto com a arma do outro. Vou é minar a arma do outro com todos os elementos possíveis do meu texto. Invento outro texto. Interfiro, desescrevo para que conquiste a partir do instrumento escrita um texto escrito meu da minha identidade.

[...] Só que agora porque o meu espaço e tempo foi agredido para o defender por vezes dessituo do espaço e tempo o tempo mais total. O mundo não sou eu só. O mundo somos nós e os outros[5].

A consciência da ruptura aberta pelo colonialismo é clara e ilumina a inevitabilidade da situação que mesmo a independên-

---

5. Manuel Rui Monteiro, "Eu e o Outro – o Invasor (ou em Três Poucas Linhas uma Maneira de Pensar o Texto)", em Cremilda Medina, *Sonha, Mamana África*, p. 357.

cia não pôde solucionar. Diante do panorama que se abre, não há regresso, e a sugestão do poeta é só uma: dinamizar o legado, apropriar-se daquilo que outrora foi instrumento de dominação e foi, seguramente, fonte de angústia. A recuperação integral do passado é inviável. Seu esquecimento total se coloca como uma mutilação a deformar a identidade que se pretende como forma de defesa e de integração no mundo. A harmonia – tal como era, ou deveria ser – foi atingida e não podendo ser recuperada, há de ser reinventada com aquilo que o presente oferece. *Interferir, desescrever, inventar* apresentam-se como palavras de ordem nesse processo de revitalização do território possível. Destituído de tanta coisa, o africano recupera-se na desalienação, ponto de partida para afirmação de seu mundo, para sua afirmação num mundo que já é outro, no qual ele precisa conquistar um lugar. Não seria legítimo nem produtivo falar em pureza de raça, etnia, cultura. A empresa colonial levou muita coisa, mas deixou outras. Trata-se, pois, de aproveitar a herança, conquistar seu uso, tal como se conquistou a bandeira, para citar uma das imagens tão caras ao mesmo Manuel Rui.

Foram muitas as rupturas agenciadas pelo colonizador. Entre as mais drásticas, está o afastamento entre o colonizado e sua língua de origem. E, nesse campo, a situação atinge um patamar dramático. Porque aqui se impõe um corte de caráter irreversível. Impedido de falar a sua língua, o dominado também não tem total acesso à língua do colonizador. Seu universo fica assim comprometido pelo risco da incomunicabilidade, que levaria à morte de toda e qualquer forma cultural. Para fugir à situação de emparedamento, a saída deve se guiar pelo pragmatismo, ou seja, para expressar a luta contra o mal que se abateu sobre o seu mundo, é necessário valer-se de um dos instrumentos de dominação: a língua do outro. Praticamente toda a literatura angolana é escrita em Português. Mas a aceitação não será passiva. E a resistência aí se vai mostrar na insubmissão à gramática da ordem. No campo semântico, lexical e até sintático, registram-se construções que procuram aproximar a língua poética da fala popular. Essa mesclagem confirma a direção da travessia:

o encontro com aqueles grupos mantidos até então à margem. Ali certamente estava a reserva de originalidade que o discurso poético vai buscar para se reciclar, em contraposição ao que lhe oferece a fala do ocupante.

Nesse aspecto, é preciso esclarecer que a maestria de alguns escritores se manifesta de forma inequívoca. Sua atitude não é propriamente a de reproduzir simplesmente os desvios praticados por aqueles que não dominam o chamado registro culto do código linguístico que são obrigados a usar. A "imperícia" dos falantes é transformada em virtualidade estilística pelos autores que se valem das potencialidades da língua enquanto sistema, para introduzirem variações que, sem mimetizar estaticamente a fala da camada social da qual recortam seus principais personagens, refletem a capacidade de apropriação de um instrumento que também serviu para oprimir.

Um grande exemplo dessa prática constitui a obra de José Luandino Vieira. Autor de contos (estórias, como ele prefere chamar) e romances, Luandino traz para o seus textos, escritos predominantemente entre o início da década de 1960 e meados dos anos 1970, marcas particulares do processo criativo plenamente identificado com o desejo de autonomia em relação ao padrão lusitano. A desobediência traduz-se na adoção de procedimentos que envolvem o campo lexical, morfológico e sintático, valendo-se de neologismos, de empréstimo das línguas banto e de tudo o mais que considere válido para conferir uma feição africana à linguagem. A utilização de expressões do kimbundo, a língua banto falada na região em torno de Luanda (como *muadié*, *monandengues*, *maka*), o recurso aos provérbios veiculados nas línguas nacionais, a criação de termos através de processos de contaminação entre várias línguas, a transferência de normas gramaticais das línguas banto para o português e o uso sem preconceitos de corruptelas próprias da fala popular constituem a base do fenômeno da apropriação do idioma imposto. Tal como surge em narrativas como as de Luandino, a língua já não é a que os colonizadores trouxeram. Na desobediência do escritor exprime-se a identificação com esse universo de excluídos aos quais o colonialismo arrancou quase tudo. Na "deformação" linguística mediada pela presença das línguas dos antepassados, portanto, também se vislumbra a ponta de um tempo anterior a cortar o presente hostil.

Após a independência, a essa noção de passado instaurado no período pré-colonial, junta-se outra. A euforia da vitória converte em passado o próprio tempo colonial. É o momento então de centrar-se nesse período como forma de engrandecer o presente. A celebração eleva as antinomias: aos heróis do passado remoto se vão aliar os heróis que participaram na construção desse presente em contraposição àqueles que o discurso colonialista apresentava como vencedores do mal. No embate entre os mitos, manifesta-se o contraponto entre dilemáticas visões de mundo. "Havemos de Voltar", famoso poema de Agostinho Neto parece atualizar-se na conquista conseguida. As marimbas, o quissange, o carnaval, "as tradições" inscrevem-se como sinais da identidade projetada, num processo correspondente ao que movia a escolha dos codinomes dos guerrilheiros na luta real. Hoji Ya Henda, Ndunduma, Kissange, Pepetela, extraídos das línguas africanas, são alguns exemplos dessa opção que fazia da luta pela independência política uma batalha pela construção da identidade cultural.

Instrumento de afirmação da nacionalidade, a literatura será também um meio de conhecer o país, de mergulhar num mundo de histórias não contadas, ou mal contadas, inclusive pela chamada literatura colonial. Duas narrativas, *Nzinga Mbandi*, de Manuel Pedro Pacavira, e *A Konkhava de Feti*, de Henrique Abranches, já nos primeiros anos, vão fazer da incursão pela mitologia, de base histórica ou não, o seu método de compreensão do passado muito remoto para interpretação do presente. Personagens lendários são recuperados no recorte que interessava às circunstâncias do momento, o que significava erguer um ponto de vista diverso daquele que até então vigorava. Tratava-se, sem dúvida, de voltar-se contra o processo de reificação que está na base do modo colonial de ver o mundo. Para alcançar a complexidade do procedimento, que nem chega a ser inesperado, podemos recorrer às lições sempre iluminadas de Eric Hobsbawm. Em "O Sentido do Passado", que integra o volume *Sobre História*[6], o famoso historiador inglês sintetiza:

[...] A atração do passado como continuidade e tradição, como "nossos antepassados" é forte. Mesmo o padrão do turismo presta testemunho disso. Nossa simpatia espontânea pelo sentimento não deve, porém, nos levar a negligenciar a dificuldade de descobrir por que isso deve ser assim. [...] Os novos burgueses buscam pedigrees, as novas nações ou movimentos anexam a sua história exemplos de grandeza e realização passadas na razão direta do que sentem estar faltando dessas coisas em seu passado real – quer esse sentimento seja ou não justificado.

No que se refere ao quadro colonial, aprendemos com Fanon que tal comportamento é perfeitamente justificável. O mecanismo, se bem que não completamente racionalizado, obedece a um impulso de compensação que visa a repor a autoestima. Essa contraposição ao vazio deixado é uma maneira de ressignificar a conquista da independência, legitimando aquela ideia de comunidade imaginada de que nos fala Benedict Anderson em *Nação e Consciência Nacional*[7].

A relevância do contexto nesse momento de afirmação coletiva é profunda, o que assegura a presença de um forte conteúdo edificante à produção dessa fase. Acreditava-se, então, na necessidade premente de separar as águas, e a retórica do entusiasmo com a sua dose de ingenuidade contagia a linguagem, porque contagia a própria visão de mundo em curso. A poesia, sobretudo, é espaço de um vibrante engajamento. Em seu interior, sem hesitação, condena-se o passado colonial e, na sagração do passado mais remoto, louva-se esse presente que deveria ser assentado em outros valores. Movimentados por um projeto utópico, de investimento no futuro, o passado seria uma espécie

---

6. Eric Hobsbawn, *Sobre História*, p. 33.
7. Benedict Anderson, *Nação e Consciência Nacional*, São Paulo, Ática, 1989.

de ponto de partida de uma viagem que teria ficado ao meio com a invasão colonial. Reatar as duas pontas dessa corrente põe-se como condição para a conquista da utopia que mobilizara a luta. Não podemos esquecer que a independência angolana, assinada em novembro de 1975, vinha bafejada pela euforia de outras independências de Estados africanos e do fim da ditadura salazarista em Portugal. Tudo, portanto, parecia convergir para um tempo novo. Parte do repertório poético de Manuel Rui, ao celebrar a resistência e a vitória, é bastante representativa desse sentimento.

O entusiasmo, contudo, não foi capaz de sustentar os planos e dar corpo aos sonhos. Logo nos primeiros anos que se seguiram ao período colonial, à alegria e ao entusiasmo vieram se somar as frustrações, a consciência pesada dos limites, a sensação de impotência. A energia da palavra não faz frente aos obstáculos postos pelos complicadores econômicos e políticos dos novos Estados. O período chamado pós-colonial é também uma usina de perturbações. Segundo o professor Russell Hamilton, em palestra proferida na USP, é necessário entender bem o sentido desse prefixo "pós" quando aplicado à situação colonial. Para tal, o estudioso estabelece um paralelo com a expressão pós-modernismo:

> O pós-modernismo transcende o modernismo, tanto o científico, racional do iluminismo como, no âmbito literário, o romântico e realista do século XIX e, no século XX, o Modernismo Hispano-Americano e Brasileiro. Portanto, em termos estéticos, o pós-modernismo é uma espécie de vanguardismo. Com respeito ao pós do pós-colonialismo, penso que temos que levar em conta que o colonialismo, ao contrário do modernismo, traz logo à mente uma carga de significadores e referentes políticos e socioeconômicos: Portanto, os antigos colonizados e os seus descendentes, mesmo com o fim do colonialismo oficial, avançam para o futuro de costas, por assim dizer. Isto é, ao contrário dos pós-modernistas, que carregam o passado nas costas mas que fixam os olhos no futuro, os pós-colonialistas encaram o passado enquanto caminham para

o futuro. Quer dizer, que por mal e por bem o passado colonial está sempre presente e palpável[8].

Sem entrar nas polêmicas abertas em torno das teorias da pós-colonialidade, interessa-nos apenas discutir aspectos da realidade que se abre após a independência, e sobretudo quando o tempo se marca pelo desencanto. Assim chegamos aos anos 1990, que viriam consolidar a sensação de perplexidade diante da inviabilidade do projeto acalentado. A continuidade da guerra, as imensas dificuldades no cenário social, o esvaziamento das propostas políticas associadas ao estatuto da independência, a incapacidade de articular numa concepção dinâmica a tradição e a modernidade compuseram um panorama avesso ao otimismo. Novamente, regressa-se ao passado, a várias dimensões do passado, para se tentar compreender o presente desalentador. Como um processo que não se totaliza, porque deve ser, por natureza e definição, revitalizado a cada passo, a construção da identidade incorpora indagações e questionamentos também sobre os anos da luta que levou ao 11 de novembro, dia em que se proclamou a independência do país. Novas vozes são convocadas num evidente processo de desmistificação. A retrovisão, instrumento poderoso do historiador, é apropriada pela literatura e refazem-se os ciclos.

Ainda sob o calor dos fatos muito recentemente vividos, uma significativa parte da produção literária angolana se vai dedicar à pesquisa histórica como base da criação. Romances de Pepetela e de José Eduardo Agualusa, donos de dois percursos tão diversos, encontram-se nessa opção pela incursão no passado. Pepetela, autor de *Mayombe*, um romance que traça a épica da luta guerrilheira, fará, anos mais tarde, uma espécie de balanço dessa geração que apostou na independência e que, enquanto grupo, se esfacela na experiência complicadíssima de gerir o país que a utopia queria ter construído. Em *A Geração da Utopia*, publicado em 1992, os fantasmas de certa forma anunciados

---

[8]. "A Literatura dos PALOP e a Teoria Pós-colonial", *Via Atlântica*, 3:16-17, 1999.

já em *Mayombe* tomam forma, ganham nomes e tornam quase dissoluta a ideia de nação. Agora identificado com o período de gestação da liberdade, o passado não é nem glorificado, nem rejeitado. Transforma-se em objeto de reflexão mesmo para quem tão vivamente participou desse itinerário.

No centro dessa procura, não é demais referir, permanece a questão da identidade, uma das linhas de força que organizam a literatura angolana. Discutido, questionado, reformulado na produção ensaística das chamadas ciências sociais em vários países, em Angola esse problema é enfaticamente abordado pelo repertório literário. Sociólogo por formação, Pepetela, esse grande romancista da língua portuguesa, exercita o gosto pela investigação, tomando emprestados à historiografia alguns métodos e fontes. Em *Lueji*, publicado em 1989, o interesse pelos documentos se manifesta na estruturação da matéria ficcional.

Assentada em dois planos temporais, o tempo mítico da Rainha Lueji – a fundadora do Império Lunda – e o final do milênio, a narrativa procura articular as bases do que deveria ser a nação angolana. Escrito no final dos anos 1980, o romance situa no final da década de 1990 o presente das ações a serem narradas. Um tempo recuado e um tempo prospectivo constituiriam o suporte de uma identidade que vincularia ao resgate da tradição a noção de modernidade necessária à sobrevivência daquele povo. E, para conhecimento dessa tradição, o escritor vale-se de muitos recursos. A bailarina Lu (codinome de Lueji), uma espécie de alter ego do autor, na montagem do bailado que configura uma das ações do enredo, vale-se de uma rigorosa pesquisa, consultando antropólogos, historiadores e até mesmo os diários de Henrique de Carvalho, militar português que em viagens pelo nordeste do país recolhera o que ele chama a lenda de Lueji. Mas vale-se, também, em rico contraponto, do depoimento da avó, pertencente à linhagem da rainha mitológica. Com os olhos postos nos documentos que examina no Arquivo Histórico e no Museu do Dundo e os ouvidos atentos aos registros da memória que a mais-velha com ela compartilha, Lu se torna portadora de duas vertentes de um saber que quer dividir com a gente de seu tempo – os espectadores do balé que vai apresentar. Na concepção de seu trabalho artístico, a apropriação da modernidade não dispensa a evocação dos bens de raiz. Com isso se cruzariam dois tempos e dois espaços, apontando-se para a noção de totalidade que, em outros níveis, também foi roubada ao homem moderno.

A perspectiva do romance, incorporando o senso histórico, não dispensa a invenção. Pelo contrário, a imaginação do escritor percorrerá os espaços vazios, as frestas que os discursos já formulados não conseguem preencher e, de forma deliberada, a história se vai completar apoiando-se, agora, na consciência de quem não quer ocultar a sua intervenção no modo como se constroem as versões, os mitos e/ou as lendas em torno dos fatos que ganham consistência, tenham de fato ocorrido, ou não. As fronteiras tornam-se difusas, esbatidos que ficam os limites entre o factual, o científico, o analítico e o artístico. Tudo a partir de uma noção do real para que outras noções se criem. O passado, assim visto, é matriz de indagação, é porto para se interrogar a respeito do presente, é exercício de prospecção do futuro.

Esse apreço pela memória, noutros textos de Pepetela, surge em jogo com o conhecimento que parece resultar da experiência. Somos colocados diante de situações que se podem enquadrar no conjunto das sugestões trazidas pelos tempos no espaço que é sempre angolano. Se *Yaka*, cuja primeira edição é de 1984 – uma espécie de visita pela genealogia dos Semedo, família que chegara a Angola no começo do século XX – permite conhecer aspectos diversos da ocupação colonial e seus agentes, em *A Geração da Utopia*, serão radiografados os protagonistas da campanha que levara à fuga daqueles ocupantes. Objetos do olhar atento do narrador, os personagens angolanos apresentam-se como sujeitos da História, da que foi vivida e da que é contada, quase convertida em ficção. Ou melhor, transferida para o universo ficcional, a base histórica mescla-se às subjetividades, compondo certamente um quadro maior do que o oferecido por uma eventual descrição ou mesmo análise de dados extraídos da sequência de fatos.

O conceito de História que o romance atualiza aproxima-se de um registro da memória coletiva em que a multiplicidade de vozes é um vetor apto a conduzir o balanço das ações sobre o qual o leitor deve refletir. O narrador já não dispõe da autoridade total porque lhe falta a fé no absoluto. Sua atitude é de desconfiança e os sinais da relatividade pontuam o texto projetando por tantas páginas a sombra da desilusão. Nesse compasso, dramaticamente, elabora-se a experiência da perda protagonizada por uma geração que ao rever tão criticamente o passado despede-se ao mesmo tempo da ideia de futuro, como aponta Isabel Pires de Lima num ensaio intitulado "Em Busca de uma Nova Pátria: O Romance de Portugal e de Angola após a Descolonização"[9]. O desencanto, de tão intenso, descolore as formas de utopia que iluminara o projeto político e dera contornos ao processo literário.

Esse voltar-se para trás, com base em documentos, constitui igualmente um dos instrumentos utilizados por José Eduardo Agualusa, que não partilhou da experiência de acompanhar de perto o nascimento do país. Com menos de quarenta anos, Agualusa nasceu e viveu no Huambo até ir para Portugal, logo após a independência. Ali escreve o belíssimo romance *A Conjura*, premiado pela União dos Escritores Angolanos em 1989. Na composição do enredo lá está uma insurreição contra o domínio português organizada por um grupo de representantes do que comumente se identifica como a elite crioula, que em várias fases da história ocupou um lugar assinalável na sociedade angolana. Misturando a imaginação às informações que resultam de consultas a documentos, utilizando-se de uma linguagem arguta e elegante, o romance é ilustrativo dessa vertente de recontar a História abrindo espaço a vozes até então abafadas.

Em *Nação Crioula*, publicado em 1996, também escrito fora de Luanda, uma vez que o escritor vivia nesse tempo em Portugal e fez parte da pesquisa no Brasil, o procedimento se mantém. A estória se constrói a partir de elementos registrados, revelados

---

9. Em *Via Atlântica*, 1:128-141, 1997.

ou sugeridos a partir dos arquivos consultados. Mais uma vez é o século XIX que se oferece como palco onde se desenrolam ações ligadas ao tráfico de escravos, ao funcionamento da sociedade colonial, à fictícia ocupação da África pelos portugueses, à campanha abolicionista no Brasil. Entre os personagens criados pela imaginação do autor, circulam outros já inventariados pela História ou por outros autores de ficção. Assim é que Fradique Mendes salta da obra de Eça de Queirós para ser transformado em protagonista desse romance cuja estrutura é definida pelo recurso das cartas. O retomar do passado, dentro de modelos variados e com intenções diferentes, com efeito, converte-se numa prática recorrente na prosa de ficção contemporânea daquele país.

Qualquer operação colonial, embora esteja centrada na exploração econômica, não se descuida da dimensão simbólica de que se devem revestir suas ações. Os fenômenos ligados aos cultos, à ideologia, às culturas são efetivamente envolvidos numa atmosfera favorável à dominação imposta. Sobre a questão, vale a pena citar o Professor Alfredo Bosi:

> A colonização é um processo ao mesmo tempo material e simbólico: as práticas econômicas dos seus agentes estão vinculadas aos seus meios de sobrevivência, à sua memória, aos seus modos de representação de si e dos outros, enfim aos seus desejos e esperanças.
>
> Dito de outra maneira: não há condição colonial sem um enlace de trabalhos, de cultos, de ideologias e de culturas.
>
> ....
>
> Nessa lavra de antigas semeaduras e novos transplantes, nem sempre os enxertos são bem logrados. Às vezes o presente busca ou precisa livrar-se do peso do passado; outras, e talvez sejam as mais numerosas, é a força da tradição que exige o *rittornelo* de signos e valores sem os quais o sistema se desfaria[10].

Assim sendo, também a ruptura da dependência reclama ações que ultrapassem a esfera material. O desejo de construção

---

10. Alfredo Bosi, "Olhar em Retrospecto", *Dialética da Colonização*, p. 377.

de uma identidade nacional que sela a configuração do sistema literário em Angola explica, então, a relevância que se dá ao espaço no repertório de seus autores justificadamente preocupados com a necessidade de simbolicamente realizarem a apropriação do território invadido. Do mesmo modo, no plano da memória, assoma a necessidade de uma depuração. Não se trata de um regresso ao tempo que precedeu à cisão para recuperar na totalidade os signos daquela ordem cultural, mas sim de resgatar alguns dos referentes que se podem integrar aos tempos que se seguem.

Em confronto muito direto com a ruptura imposta por esse complicado processo histórico, conhecendo e formando-se numa sociedade em que a fragmentação é um dado do cotidiano, o gesto de refletir incisivamente sobre a formação da realidade que o rodeia e as formas que ela vai ganhando é um ato de resistência quase natural ao escritor angolano. Vivendo a experiência de um presente hostil, experimentando o breve alívio de uma conquista a ser celebrada, ou vivenciando um tempo de futuro tão incerto, o escritor de Angola tem o seu imaginário povoado por dimensões do passado e, quase sempre, o regresso a esse tempo anterior conduz o seu exercício de pensar a sua contemporaneidade e vislumbrar hipóteses para um mundo que, por razões diversas e em variados níveis, lhe surge como um universo à revelia.

Maputo, novembro de 1999.

REFERÊNCIAS BIBLIOGRÁFICAS

AGUALUSA, José Eduardo. *A Conjura*. Luanda, União dos Escritores Angolanos, 1989.

_____. *Nação Crioula*. Rio de Janeiro, Griphus, 1998.

ANDERSON, Benedict. *Nação e Consciência Nacional*. São Paulo, Ática, 1989.

BOSI, Alfredo. *Dialética da Colonização*. São Paulo, Companhia das Letras, 1993.

FANON, Frantz. *Pour la révolution africaine*. Paris, François Maspéro, 1964.
FERREIRA, Manuel. *No Reino de Caliban II*. Lisboa, Plátano Editora, 1988.
HAMILTON, Russell. "A Literatura dos PALOP e a Teoria Pós-colonial", *Via Atlântica*, Revista da Área de Estudos Comparados e Literaturas de Língua Portuguesa, São Paulo, USP, 3:12-22, 1999.
HOBSBAWN, Eric. *Sobre História*. São Paulo, Companhia das Letras, 1997.
LIMA, Isabel Pires de. "Em Busca de uma Nova Pátria: o Romance de Portugal e de Angola Após a Independência", *Via Atlântica*, Revista da Área de Estudos Comparados de Literaturas de Língua Portuguesa, São Paulo, USP, 1:128-141, 1997.
MONTEIRO, Manuel Rui. "Eu e o Outro – o Invasor (ou em Três Poucas Linhas uma Maneira de Pensar o Texto)". *In:* MEDINA, Cremilda. *Sonha, Mamana África*. São Paulo, Epopeia, 1987.
PEPETELA. *A Geração da Utopia*. 2. ed. Lisboa, Dom Quixote, 1993.
_____. *Lueji*. Luanda, União dos Escritores Angolanos, 1988.
_____. *Mayombe*. São Paulo, Ática, 1980.
_____. *Yaka*. São Paulo, Ática, 1984.

3
Poesia Angolana: Contra a Corrente, a Favor da Esperança*

Para António Jacinto

Superando os limites das reflexões sobre o problema da nacionalidade na literatura angolana, a poesia produzida nos últimos cinquenta anos em Angola coloca-nos diante de uma questão essencial para a teoria da literatura e para a crítica literária: o lugar do poeta num universo convulsionado, balizado por um código que legitima a atomização da sociedade e a desintegração do homem.

Marcado pela cisão, o mundo moderno parece roubar à poesia a possibilidade da comunhão, interditando-lhe aquela velha faculdade de promover a aliança entre o homem e a natureza, entre a arte e a sociedade, entre o homem e os outros homens. Assim, quando, nas belas palavras de Alfredo Bosi, "o estilo capitalista e burguês de viver, pensar e dizer se expande a ponto de dominar a terra inteira"[1], impõe-se ao escritor que não se quer cúmplice da destruição a tarefa de formular poeticamente respostas que expressem, a despeito das fortes pressões, a nossa crença na resistência. Imprensado, portanto, contra os invisíveis muros da in-

---

* Texto publicado na *Revista África*, n. 16-17, do Centro de Estudos Africanos da USP.
1. Alfredo Bosi, *O Ser e o Tempo da Poesia*, p. 142.

terdição, o poeta pode evitar o caos quando consegue assegurar à palavra o direito e o poder de continuar fundando utopias.

Nesse sentido, o itinerário da poesia em Angola, constituindo uma impressionante história de resistência à dominação e de confiança numa ordem diversa daquela que o colonialismo impunha, integra-se, ao mesmo tempo, numa luta mais ampla que é a luta do homem contra a dor, a luta da palavra contra o esquecimento, a luta do canto contra o silêncio, a luta da vida contra a morte. Da década de 1960, quando eclode o grito "Vamos Descobrir Angola", que sintetizava todo o espírito e disposição de um grupo de nacionalistas até os nossos melancólicos anos 1990, os poetas angolanos têm combinado a magia de suas imagens com a beleza de uma ética que não dispensa o compromisso com a transformação. Assim, da "Carta do Contratado", famoso poema de António Jacinto, ao *Hábito da Terra*, de Ruy Duarte de Carvalho (Prêmio Nacional de Literatura em 1989), passando pela poesia de guerrilha, habilmente trabalhada por Costa Andrade, temos diante de nossos olhos o perfil de uma produção que, assumindo a força de sua tradição cultural, não renuncia àquele conjunto de procedimentos artísticos que, mesmo produzidos noutras latitudes, compõem um patrimônio da humanidade.

Emergindo como um modo específico de perceber o fenômeno poético e uma forma particular de conceber o exercício literário, essa poesia tem como um de seus fundamentos a relação entre literatura e experiência. A aventura concreta posta pela vida, de onde já não se pode banir a sombra da dor e do sacrifício, apresenta-se como um fator a ser transformado em linguagem. O contato com a vida, aí incorporadas as linhas da História, faz-se matéria literária num jogo que não desiste de evocar a possibilidade de se recuperar o caráter sagrado da existência em algum momento muito distante subtraído aos homens. No caso específico da terra angolana, esse momento é frequentemente associado à chegada do colonizador, quando entram em vigor as leis do silêncio, cuja quebra vai requerer o recurso da memória. Através dela, resgata-se a crença na utopia e vislumbra-se a chance de ultrapassar a barbárie colonial.

Como uma energia que guarda os sinais de um passado mais que remoto e impulsiona a consciência que modela o futuro, o poderoso lastro da memória perfaz o projeto da identidade cultural, assegurando-lhe a riqueza determinada pela pluralidade de faces de uma realidade, acima de tudo, múltipla. Numa perspectiva dinâmica, tudo se vai converter em matéria poética: a explosão da bomba no peito do guerrilheiro, as buganvílias vermelhas dos quintais luandenses, as ruas escuras dos musseques, o nutritivo *makezu* evocando as raízes de um povo marginalizado pelo cativeiro da desigualdade.

Esse apego pela memória, no firme desejo de recuperar um universo que a invasão colonial pretendeu arrasar, remete-nos ao contexto do Romantismo que sacudiu a Europa no final do século XVIII e chegou entre nós já no século XIX. Daquele projeto artístico, a literatura foi buscar os aspectos que o definiam como um movimento revolucionário. Importa aqui, no entanto, chamar a atenção para o vivo trabalho de atualização que a produção poética aí realiza. Afastando-se da ideia de um comportamento anacrônico, como quer fazer acreditar uma certa crítica ainda aferrada à visão colonialista, tal aproximação se dá num contexto equacionado sobre coordenadas perfeitamente inseridas na atmosfera dos anos 1960, quando eclode a luta armada, consolidando o processo de transformação gestado na década de 1940.

Ressurgindo como mais um lance na cena protagonizada pelo sonho, a paixão romântica, durante os anos 1960, vai, na verdade, contagiar os ares dos quatro cantos do mundo. Se em Angola a luta de libertação nacional apresentava-se como a motivação essencial, em outros lados assistia-se a uma movimentação também voltada na direção de fortes mudanças. Nesse sentido é que se pode dizer que nos maquis em que se travavam as batalhas africanas, nas praças de Paris ou Praga, nas calçadas de Berkeley, nas ruas do Rio ou de São Paulo, eram visíveis os gestos (e as palavras) que tinham como fim o erguer de um novo mundo. Com dimensões específicas, contra forças diferenciadas, essa aposta no sonho constitui um elemento que conferia certa unidade a esses distantes pontos do planeta. Em um artigo sobre a rua Maria Antonia, onde ficava a Faculdade de Filosofia da Universidade de São Paulo, palco de famosas agitações, o sempre Professor Antonio Candido, numa bela imagem, desvela o espírito geral das mudanças pretendidas nesses anos. Estávamos, pois, diante de "um mundo coberto de moços". A inscrição do sonho angolano se dava, portanto, entre os limites de um tempo tomado pela utopia, cujo calor infelizmente não pôde barrar os gelados ventos da violenta reação desencadeada pelos cultores da desigualdade.

Se o entusiasmo pela mudança define-se como um traço essencial na cosmovisão desses poetas, é possível rastrear em sua obra toda uma série de elementos que vem assinalar a marca da herança romântica no processo de sua realização. Além da presença do senso de historicidade que o Romantismo imprimiu à pele da literatura, a poesia angolana se vai valer de conquistas bastante caras à modernidade como a diluição das fronteiras entre os gêneros literários. Essa atitude, longe de configurar apenas a importação fácil de um modismo, vai concorrer para a expressão de tempos fortes, quando já não é possível isolar o individual do social. Para a materialização dessa voz que procura dizer o que, de tão estilhaçado, parece indizível, convergem a Épica e a Lírica, fundando o modo possível de olhar o mundo quando as angústias pessoais e as contradições coletivas se entrelaçam reivindicando uma multiplicidade de recursos que, de saída, recusaria a contenção do lirismo clássico.

Em contraposição ao equilíbrio clássico, a estética da angolanidade vai se pautar por uma organização que privilegia a multiplicação, concretizada no poema tanto pela presença dominante de imagens cumulativas quanto pelo uso da repetição como recurso estilístico – traduzindo uma nítida atração pelas estruturas paralelísticas – que, sendo próprio da poesia, não é refratário à dicção da narrativa. A necessidade de tudo dizer revelando o desejo de aderir à experiência imediata acaba por atribuir à linguagem o papel de passar a vida a limpo. Tudo é, desse modo, assunto para o texto poético. Ao lado da irrevogabilidade das grandes questões da História, surgem os cacos da vida cotidiana, da história miúda, fatia que coube ao sujeito viver entre os fios cortados pela opressão. Ao poeta, cabe ordenar o descompasso dos sinais emitidos pelas notas de cada universo. Por isso, entre as grandiosas imagens que procuram espelhar a partida para a guerrilha, ato heroico que a hora solicitava, emergem as lembranças dos retratos fugazes, a compra do jornal diário, do pão ou do leite de manhã.

Dessa vontade máxima de expressão resulta ainda o apego à plasticidade que caracteriza a produção de que falamos. Usando abusivamente a sinestesia, há nessa poesia sinais que apontam para a formação de um lirismo calcado nos sentidos, sugerindo a ideia de uma linguagem em movimento que precisa dar conta de um mundo em si movente. Do desejo de ser totalizante nasce a necessidade de se aproximar do terreno das artes plásticas e da arquitetura, reservando um lugar bastante especial à cor e ao concreto como elementos de significação no texto. Porque ligadas aos fenômenos físicos, as imagens que ali se constroem oferecem uma corporeidade que parece querer compensar o sentimento de provisoriedade vivido na rede de carências que a instabilidade do mundo emoldura.

Não nos parece gratuito o fato de pelo menos três dos maiores poetas angolanos da contemporaneidade também se destacarem no campo de outras artes. Costa Andrade, Henrique Abranches e Ruy Duarte de Carvalho trazem para o domínio da literatura o legado da aprendizagem proveniente do exercício de outras linguagens, notadamente o das artes plásticas e do cinema. A familiaridade com a música, muito comum na relação com a literatura, perde espaço, no caso da poesia angolana, para a pintura e o cinema, formas artísticas centradas no poder da imagem, o que certamente requer uma interpretação particular. No momento, arriscamo-nos a dizer que o senso do concreto, plasmado pela corporeidade do signo visual, pode contribuir de modo mais explícito para que a poesia resista melhor à tentação de se reduzir a um mero exercício metalinguístico que, muitas vezes, faz do poema apenas uma ilha, postulando o isolamento como a aceitação dessa condensação de tempos tão duros. A opacidade que a pós-modernidade converte em hermetismo e sagra como verdade poética é recusada em nome da comunhão que precisa ser resgatada, ainda que como projeto.

Ao assumir a resistência como pedra que dá sentido à obra literária, a poesia angolana não tem (como ainda é comum ouvir de certos críticos) renunciado ao projeto estético que, ao longo dos anos, pôde formular. Afastando-se da noção de símbolo fechado que autofagicamente se consome no paraíso vanguardista de tantas pós-modernidades, esses poetas vêm apostando no canto comunitário que deseja e busca o eco de outros cantos. Assim, a tradição que se dinamiza na roda da História permite o resgate produtivo de um Romantismo em que a nostalgia só tem lugar para redimir as cinzas do presente. E a memória, como impulso enriquecedor, vai recolhendo os fios de uma tradição cultural que se espalha pelo universo das lendas, do mito, da geografia, da música e da História, numa operação que precisa, ao mesmo tempo, exorcizar os resíduos mortos de toda retórica ultrapassada. Desse modo, a experiência do caos, que acaba sendo um fim em certas líricas ocidentais, tem sido para a poesia angolana uma terrível força a que ela vem procurando contrapor a energia impetuosa de sua esperança. A despeito dos tempos e das correntes.

REFERÊNCIAS BIBLIOGRÁFICAS

ABRANCHES, Henrique. *Cântico Sonoro.* Luanda, UEA, 1987.
ANDRADE, F. Costa. *Poesia com Armas.* 4. ed. Luanda, UEA, [s.d.].
ANDRADE, Maria de. *Antologia Temática da Poesia Africana. I: Na Noite Grávida de Punhais.* Lisboa, Sá da Costa, 1975.
_____. *Antologia Temática da Poesia Africana. II: O Canto Armado.* Lisboa, Sá da Costa, 1979.
BOSI, Alfredo. *O Ser e o Tempo da Poesia.* São Paulo, Cultrix, 1977.
CARVALHO, Ruy Duarte. *Hábito da Terra.* Luanda, UEA, 1988.
ERVEDOSA, Carlos. *Roteiro da Literatura Angolana.* 3. ed. Luanda, União dos Escritores Angolanos, 1979.

4
O Projeto Literário Angolano: A Identidade a Contrapelo*

Situado no centro de uma cruel engrenagem, o homem angolano, desde um remoto passado, teve que reconhecer no eixo de seu universo cultural as questões trazidas pelo colonialismo. Ao examinarmos o seu itinerário na História percebemos que um traço que o define é precisamente o seu empenho na luta para minar os bloqueios impostos pela dominação portuguesa. E, se eram demais os perigos dessa vida, fazia-se indispensável investir ali toda a energia de que se dispunha. Desse modo, a arte, enquanto um importante elemento constitutivo da cultura angolana, não iria, em nenhum momento, ausentar-se desse jogo. Cabe-nos, nesse trabalho, examinar a função que a literatura soube desempenhar nesse processo, a partir da leitura dos procedimentos utilizados para que ela corporificasse um lugar de resistência à missão civilizadora levada pelo "ilustre peito lusitano" às "terras viciosas de África e Ásia".

* Esse trabalho reúne resultados parciais de uma pesquisa sobre literatura angolana contemporânea desenvolvida junto à Universidade de São Paulo, com apoio da Fapesp. Texto publicado no livro *Políticas de Comunicação*, São Paulo, Edições Paulinas/UCBC, 1988.

A relevância do compromisso com a história do país constitui sempre uma característica expressa da literatura angolana. Comprova-o documento assinado pelos escritores quando, logo após a libertação, se funda a União dos Escritores Angolanos. Ali se pode ler:

> A história de nossa literatura é testemunho de geração de escritores que souberam, na sua época, dinamizar o processo de nossa libertação exprimindo os anseios profundos de nosso povo, particularmente o das camadas mais exploradas. A literatura angolana surge assim não como simples necessidade estética, mas com arma de combate pela afirmação do homem angolano.

Se o documento assinala a intenção, a produção de seus autores vai revelar que a clareza do compromisso com a necessária mudança social não implicaria o esvaziamento da dimensão estética de seus textos. Isto significa que a preocupação com a construção de um projeto nacional não excluiria o compromisso com a arte, o que permitiu que, em muitos momentos, a literatura angolana alcançasse aquela "extraordinária liberdade que transcende as nossas servidões"[1], para citar as palavras utilizadas por Antonio Candido para definir a marca essencial do texto literário.

Nascida num solo notadamente marcado por fendas de todas as naturezas, a literatura em Angola parece atribuir-se a função de desenhar o rosto de um povo ainda sem ele, de dar voz a uma gente ainda condenada ao silêncio. Essa tarefa se vai cumprir entre as malhas de um tecido elaborado por um jogo em que se vislumbra a discussão de um projeto ideológico e seu desdobramento estético. Na pauta desse debate estavam, sem dúvida, a construção da nacionalidade e a convicção de que era necessário renunciar à assimilação para que o homem angolano conquistasse sua libertação através da reconquista de si mesmo e de sua dignidade autônoma.

1. "Literatura de Dois Gumes", *A Educação Pela Noite*, São Paulo, Ática, 1987, p. 163.

A situação apresentava-se clara: era preciso promover o corte dos laços com a metrópole, era indispensável exorcizar a condição colonial. Sob esse aspecto, tendo em sua base o desenvolvimento de condições materiais concretas, o verbo se oferecia como coisa eficaz na preparação da rebeldia que o corpo social iria consolidar. Nesse processo, um dos passos seria dado com a tentativa de nacionalizar essa literatura, trazendo para o centro da criação todo um conjunto de temas e procedimentos teóricos que pudesse concretizar o afastamento do repertório do colonizador. Essa ruptura com o modelo da matriz começa ao mesmo tempo em que se inicia o diálogo com outra nação também empenhada na conquista de sua autonomia cultural. A literatura brasileira assume, então, o papel de principal interlocutora da produção literária angolana.

Dialogando com Jorge Amado, Graciliano Ramos, Manuel Bandeira, entre tantos, essa literatura volta-se para o nosso repertório, procurando selecionar aqueles elementos que pudessem compor a expressão de seu momento. Assim, o modernismo brasileiro, definido por Mário de Andrade como a fusão de três princípios fundamentais – a estabilização de uma consciência nacional, a atualização da inteligência artística brasileira e o direito permanente à pesquisa –, surge como um espelho em que os angolanos gostavam de se mirar, procurando, contudo, sua própria face.

Sem perder de vista a visão de processo que remarca a produção angolana, podemos observar que três faces se desenham no projeto que se pode chamar de angolanização da literatura. Teríamos, desse modo, um primeiro momento que se marca pelo Movimento dos Novos Intelectuais de Angola; um segundo que emerge no período de guerrilha; e um terceiro que se dimensiona já com a perspectiva da libertação. Angolanizar a literatura, tentativa configurada também como uma tradução local do sentimento de africanidade que percorria todo o continente, passava pela atitude de pensar a própria questão da língua em que iriam expressar as novas verdades. Aos sentidos atentos uma indagação logo se abriu: como exprimir uma cultura nova, identificada com a libertação, através de um código que foi também instrumento de dominação?

Tendo que achar uma resposta, o angolano se vê na contingência de lidar com esse estranho material através do qual pretende construir e anunciar uma nova e diferente realidade. E com uma dose de realismo nem sempre presente nos estudos sobre o tema (que alimentam frequentemente o sonho de reencontrar uma África utópica e irremediavelmente perdida), o escritor prefere encontrar caminhos concretos para a solução de seu impasse.

Considerando a língua como um fator de cultura, que reflete e produz, a um só tempo, um conjunto de condicionamentos internos e externos, o artista procura recursos que lhe permitam utilizar o português sem que um tal uso implique a perda da identidade de seu projeto sociopolítico-cultural. Remarque-se aqui a acuidade crítica de um dos seus mais conhecidos escritores ao declarar que a língua portuguesa deve ser assumida como um despojo de guerra. Estamos falando de Luandino Vieira, para quem o português constitui hoje um patrimônio do povo angolano que o soube conquistar juntamente com sua independência política.

Para essa tarefa de nacionalização da língua, condição básica para a nacionalização da literatura, vai concorrer a operação de rupturas nas mais diferentes áreas da expressão linguística. Corroer a tradição, do plano lexical ao sintático, seria, afinal, um meio de garantir uma tessitura mais autêntica ao seu discurso. O modelo luso representava o tempo europeu e sua superação, materializada na fundação do tempo africano, constitui um desejo que se poderia traduzir na adoção do bilinguismo.

A dualidade cultural, decorrente do inevitável contato entre os dois universos, define-se como um dos polos geradores da temática do regresso a um tempo perdido, do mesmo modo que consolida a convicção de que tal regresso não ultrapassa os limites de um sonho condenado ao reino do inatingível. Exprimir a rica tensão desse processo, num texto que se faz da mesclagem de línguas e da coexistência de dois mundos, constitui uma das alternativas para construir a angolanidade da obra.

A consolidação desse processo se dá também na incorporação de marcas da oralidade nos textos escritos. Ratifica-se aí o elo entre a poesia (e todo o seu conteúdo libertário) e a tradição das comunidades angolanas, fenômeno que selaria a aliança do poeta com seu chão. O diálogo com os textos orais, na perspectiva que se dá na poesia angolana, tende a ressacralizar o texto literário, na medida em que busca recuperar a sua capacidade de expressão da memória coletiva.

Iniciado com a poesia, o processo de angolanização se deu mais lentamente na prosa. Trazendo para a cena textual a figura do africano, as primeiras narrativas que pontuam a história da literatura angolana não conseguem despir-se completamente de uma visão lusa. Nesses textos, surgidos até a década de 1950, o angolano aparece aos nossos olhos quase como um elemento do cenário, ou seja, como peça de uma África plantada ainda em jardins do exótico.

Observamos, contudo, que as limitações que hoje podemos assinalar nessas obras não invalidam a sua presença no conjunto literário angolano. Na verdade, a inconsistência do angolano como personagem das narrativas é, em certa medida, referência a sua inconsistência como personagem de sua história. Desprovido do direito – mero e, ao mesmo tempo fundamental – do uso da linguagem, o colonizado é tão somente objeto do discurso do outro.

Impedido de usar a linguagem, cuja articulação, juntamente com o trabalho, constitui, segundo F. Engels, uma operação essencial à transformação do macaco em homem, o angolano precisava conquistar a voz para percorrer o caminho que o levaria à reconquista de sua terra, à recuperação de sua liberdade. Esse caminho na direção da conquista da dignidade humana configura um dos temas caros, por exemplo, à obra de José Luandino, especialmente em *A Vida Verdadeira de Domingos Xavier* e em vários contos de *Vidas Novas*.

Em *A Vida Verdadeira de Domingos Xavier*, a despeito de sua ótica naturalista, verifica-se a ultrapassagem do aspecto puramente documental e a obra reafirma o seu estatuo de literatura ao penetrar o terreno da experiência poética. Queremos dizer que, ao abordar a trajetória de um homem, nesse texto, que é também a história de uma mulher, passando pela reflexão sobre as relações entre dominador e dominado, o autor não minimiza o problema da expressão e institui uma linguagem que, partindo de elementos da tradição, situados mesmo no campo da oralidade, atinge um plano literário mais complexo.

A prática de retomar a tradição e reinventá-la define-se também como uma das bases do romance *Mayombe*, de Pepetela. Ali, o mito de Prometeu conversa com Ogum, atualizando o diálogo entre o universo grego e o africano, aproximando do Olimpo a floresta Mayombe, redimensionando a força da literatura angolana.

Do texto de Pepetela, podemos dizer ainda que ele trabalha, sem complexos, a mesclagem de linhas externas com elementos da tradição angolana. Evitando o caminho da falsa originalidade, calcada no plano do exótico, a narrativa realiza um processo de apropriação ao selecionar e acolher modelos que transforma ao transpô-los para sua realidade. Nesse sentido, podemos afirmar que *Mayombe* materializa a crença de que a inter-relação entre diferentes universos – desde que afastado o perigo da neutralização de verdades particulares – pode ser incorporada de forma positiva. E dessa certeza alimenta-se a convicção de que Angola é parte de uma cultura mais ampla. Ao superar a atitude extremada que busca negar todos os valores que não se definam como inteiramente angolanos, a literatura opta por um procedimento antropofágico, um dos eixos do Modernismo Brasileiro, tão bem acolhido pela arte angolana.

Mayombe, tal como ocorre em outras obras datadas da década de 1970, revela que a literatura angolana não se define como um conjunto de ilhas utopicamente situadas no mar do exótico. A capacidade de inovar também no plano da expressão, criando suas próprias marcas, livra o texto do risco do pitoresco sem que isso implique a assimilação de um comportamento culturalmente servil. Solidamente plantada na realidade de seu chão, a consciência social do escritor atua também na busca de soluções de linguagem que atendam à representação das questões formuladas pelo projeto ideológico. Narrativas como *Nós, os do Makulusu*, de Luandino Vieira, *Memória de Mar*, de Manuel Rui e "Estória Completa da Confusão que Entrou na Vida do Ajudante Venâncio João e da Desgraça do Cunhado dele Lucas Manuel", de Jofre Rocha, materializam o princípio de que, sem abrir mão do compromisso com as tarefas de libertação e reconstrução nacionais, o texto literário pode transcender os limites de uma obra que se queira também um documento ideológico.

Afastando-se da concepção de literatura que trabalha a homologia com a realidade concreta, autores como Uanhenga Xitu, Ruy Duarte de Carvalho e Octaviano Correia, além dos já citados, respondem, de forma plural, às questões que seu momento coloca. Assim, à crise social, política, cultural, o texto responde com uma crise interna tendo em vista seus elementos estruturais. Negando-se a falar simplesmente da crise, os textos incorporam-na enquanto um componente intrínseco do homem empenhado em repensar a sua condição no mundo e, a partir daí, falam a própria crise.

Distanciando-se da objetividade naturalista que caracteriza o processo literário angolano até a década de 1960, esse repertório publicado a partir dos anos 1970 modifica-lhe o desenho sem, todavia, desviar-se dele. Ao redimensionar propostas de seu projeto cultural, essa produção, ao apropriar-se de outros modelos, impõe-lhe traços da fisionomia que o país vai conquistando. Dessa forma, dialogando também pela diferença com o sistema literário que integra, a literatura, valendo-se inclusive da paródia, vai construindo a sua identidade, uma identidade que recusa a linha dos sentidos únicos e se faz sobretudo a contrapelo.

REFERÊNCIAS BIBLIOGRÁFICAS

MONTEIRO, Manuel Rui. *Memória do Mar*. Lisboa, Edições 70, 1980.
PEPETELA. *Mayombe*. Lisboa, Edições 70, 1982.
ROCHA, Jofre. "Estória da Confusão que Entrou na Vida do Ajudante Venâncio João e da Desgraça de Seu Cunhado Lucas Manuel". *Estória do Musegeu*. São Paulo, Ática, 1980.

VIEIRA, José Luandino. *A Vida Verdadeira de Domingos Xavier*. Lisboa, Edições 70, 1974.
_____. *Vidas Novas*. Luanda, União dos Escritores Angolanos, 1985.
_____. *Nós, os do Makulusu*. São Paulo, Ática, 1971.

5
A Geografia da Memória na Ficção Angolana*

> *Imponho à tela que teci distante*
> *(e que transporto do país do sonho)*
> *a forma testemunho da memória.*
> *A minha percepção faz-se madura.*
>
> RUY DUARTE DE CARVALHO

Os versos do poeta Ruy Duarte de Carvalho escolhidos para epígrafe desse trabalho parecem ilustrar aquilo que poderíamos identificar como um roteiro do processo literário angolano. Nas linhas de seu poema, as marcas do percurso de um projeto que, recusando a linearidade, incorpora rupturas, atrai ausências, constrói-se de lapsos, acumula regressos e, catalisando as direções oblíquas, tal como o escritor, renova a "nitidez das referências"[1].

---

* Texto apresentado no 2º Congresso da Associação Brasileira de Literatura Comparada, realizado em 1990 na Universidade Federal de Minas Gerais.
1. Ruy Duarte de Carvalho, "Tempo em Ausência", *A Decisão da Idade*, 4. ed., Luanda, União dos Escritores Angolanos, 1977, p. 29.

Situada na difícil margem de um quadro confuso, dimensionado por inequívocas convulsões históricas, a produção literária angolana conheceu dilemas e viu-se, muitas vezes, na contingência de corporificar um lugar de resistência às conhecidas missões do império lusitano. No entanto, é sempre bom destacar que a consciência literária de escritores como Arnaldo Santos, José Luandino Vieira, Manuel Rui, Pepetela e Ruy Duarte de Carvalho, entre outros, não permitiria que a urgência histórica de um projeto ideológico justificasse a fragilidade estética de seus textos. Ao problema da identidade cultural, imposto pela condição colonial, esses escritores formulam respostas variadas, valendo-se de estratégias discursivas que investem no ato de fundar um novo lugar na História – da sociedade e das letras angolanas. E esse novo lugar se faz na composição de uma geografia cujas dimensões ultrapassam os limites da cidade de Luanda, capital do país e espaço onde se inicia a conquista da terra e da palavra que vai modular a nova História.

O repertório literário produzido a partir dos anos 1960, quando se consolida a prosa de ficção angolana não deixa dúvida: são as ruas de Luanda que remarcam o cenário preferencial das histórias. Entre a Baixa e os musseques, transitam os personagens que imprimem no chão urbano o peso de seus passos e contam a vida naquele contexto, assumindo o discurso até então interditado pela força de valores extraliterários. O Kinaxixi e o Bairro Operário de Arnaldo Santos, o Sambizanga de Jofre Rocha e o Cazenga de Boaventura Cardoso são alguns dos microcosmos da cidade, apanhados com a força narrativa de quem precisa, a um só tempo, flagrar a inteireza de um universo e inventar a linguagem que pode desnudá-lo.

À cidade capital estão explicitamente associados uma obra e um escritor que marcariam a trajetória da literatura angolana. Refiro-me, naturalmente, à coletânea de estórias a que o autor – José Luandino Vieira – deu o sugestivo título de *Luuanda*. Do ponto de vista histórico, a relevância dessa obra amplia-se pela sucessão de fatos decorrentes de sua premiação em concurso promovido pela Sociedade Portuguesa de Escritores em 1965.

À concessão do prêmio sucederam-se, como conhecemos, o fechamento da entidade e a prisão dos componentes do júri que escolhera a obra: os escritores Alexandre Pinheiro Torres, Augusto Abelaira e Manuel da Fonseca são castigados pela ousadia de premiar um escritor já punido pela violência da ditadura salazarista. Segundo Abelaira, a máquina repressiva do regime fascista "transformara um prêmio literário num escândalo político" e o autor da obra, a partir deste fato, estaria fixado numa "fotografia não apenas para a história da língua portuguesa (e ele não precisava disso) mas para a história da liberdade"[2].

Na perspectiva da história literária, o salto estaria garantido graças aos elementos responsáveis pela economia interna do texto. Na fatura de sua obra, Luandino aposta na ruptura do pacto realista e investe, sem mistificação, na incorporação de marcas da tradição oral. Através do resgate do antigo, opera-se a transformação e o resultado é a construção de um texto onde se patenteiam expressões e gestos que evocam o universo da oratura. O essencial é que apenas evocam, pois que as dimensões do real inviabilizam a recuperação daquele reino. Como bem afirma o escritor Manuel Rui:

[...] a partir do momento em que eu o [o texto oral] transferir para o espaço da folha branca, ele quase que morre. Não tem árvores. Não tem ritual. Não tem as crianças sentadas segundo o quadro comunitário estabelecido. Não tem som. Não tem dança. Não tem braços. Não tem olhos. Não tem bocas. O texto são bocas negras na escrita, quase redundam num mutismo sobre a folha branca[3].

Quatro anos após a aventura de *Luuanda*, José Luandino Vieira aprofundaria suas incursões pela cidade, mergulhando asfaltos e periferias. Sob uma árvore do campo de concentração de Tarrafal, em Cabo Verde, emerge a escrita de *Nós, os do*

---

2. Augusto Abelaira, em Manuel Costa e Silva, *Os Meus Amigos*, Lisboa, Dom Quixote, 1983.
3. Manuel Rui, "Eu e o Outro", em Cremilda Medina, *Sonha, Mamana África*, São Paulo, Epopeia, 1987.

Makulusu, texto em que o plano da memória se preenche, de acordo com o próprio autor, do acúmulo de recordações e das transmutações dos aspectos biográficos e autobiográficos. Dessa matéria, o autor inventa uma autobiografia que, superando os limites do real empírico, refaz um tempo retecendo um espaço. No caos reordenado da toponímia luandense, a cidade surge diferenciada, reconhecida na esfera do imaginário matizado pela voz de um narrador que a revisita através de pedaços de sonho, doídas lembranças e do desejo improvável de um futuro menos angustiante. Recortadas pelas fendas de uma História viva, as referências geográficas compõem mais do que o cenário, irrompendo no texto como senha de um projeto cuja materialização pressuponha a articulação de outros sinais.

A conquista da identidade como um dos pontos desse projeto traça-se, portanto, no riscar de um mapa que se redesenha nos sulcos de uma memória reinventada. Refazer o reino da memória é resgatar sentidos e valores, reocupando espaços enfumaçados pela imposição de um outro código. Assim, a utopia de uma nação angolana parece passar pela posse, também literária, da terra. Desse modo, sem que se fale de um programa definido, o olhar atento sobre as produções literárias permite detectar procedimentos que apontam no sentido da incorporação do território, mesmo que o ato de escrever se faça da capital, onde reside a maioria dos escritores do país.

Dos becos de Luanda podemos, então, saltar para muitos pontos. Aqui, inicialmente fixaremos nossa atenção no interior do *Mayombe*, floresta tropical situada ao norte, na província de Cabinda, e que dá nome ao famoso romance de Pepetela. Distante centenas de quilômetros da capital, a floresta articula-se com ela na medida em que, durante a guerra de libertação, acolhe, entre suas árvores, os guerrilheiros de uma das frentes de combate. O calor da hora faz com que ali se reúna gente de toda parte do país, conferindo à floresta um caráter cosmopolita, onde se pode perceber todo um mosaico de problemas que traduzem a complexidade das contradições legadas pelos séculos de colonialismo. Aqui, a construção da memória se faz no avançar sobre o tempo. O texto de Luandino parecia querer capturar o momento do curto-circuito, o passado antevisto pelo canto dos olhos; o de Pepetela antecipa fatos, espalhando-se pelo que viria a ser o país, como uma câmera capaz de gravar o que ainda não se pode ver, mas pressente-se.

A natureza plural da cultura angolana impunha ainda novos e diferentes percursos. O mesmo Pepetela, já após a independência, assume a tarefa do escritor viajante e, no tempo e no espaço, empreende voos que, até o momento, já cobriram os céus do sul e do nordeste do país. Em *Yaka*, publicado em 1984, a imagem da câmera que parecia guiar a nossa incursão por *Mayombe* ressurge, concretamente assumida pela estátua yaka, responsável pelo título do romance. A cena agora se desloca para o sul do país – província de Benguela – e, através dos olhos da estátua, vamos percorrendo a história da libertação do país na perspectiva de uma família ainda marcada pela origem portuguesa. Partindo do redimensionamento do romance histórico, o autor trabalha a ficção como um espaço de reinterpretação da terra. O passado, transcriado, é ponto para reflexão, e a memória literária constitui matéria vasta para a consecução daquele sonho utópico já vislumbrado no texto de Luandino.

Aliando à ocupação do espaço as coordenadas do tempo, Pepetela, em *Lueji*, romance recém-publicado, abre fraturas no tecido linear do discurso histórico e revisita mitos presentes na origem do Império Lunda, um dos povos africanos integrantes do que hoje reconhecemos como a República Popular de Angola. Colocando em cena Lueji, a rainha da Lunda e Lueji, uma bailarina luandense dos anos 1990, o narrador busca atar duas pontas do tempo e projeta na memória as sombras de uma nacionalidade que se consolida vivamente, a cada dia, no cotidiano das guerras e nas dobras de uma paz ainda mais sonhada que vivida. Ali se revelam os sinais de uma identidade cultural que se define na interpenetração de passado e presente, traduzindo textualmente uma coesão estrutural própria do romance enquanto gênero literário. A memória, nesse sentido, funciona como um lugar onde se confrontam experiências, através das quais se processam os traços de uma forma literária capaz de abordar a totalidade da vida reclamada pelo homem em sua historicidade.

Essa consciência da historicidade como um fator de identidade se registra também na obra de outro escritor que escolhe as savanas do sul como eixo de seu olhar. Em suas incursões pela prosa, o poeta Ruy Duarte de Carvalho, já citado na epígrafe, também se inscreve como um viajante que, percorrendo o solo do país, escreve-o orientado por uma sensibilidade especial na tarefa de selecionar imagens. Na base de seu repertório impõem-se a terra e os contornos de uma sensualidade cuja dimensão resulta, também, da capacidade revelada pelo escritor de exprimir no concreto a grandeza dos momentos que procura presentificar. As linhas sinuosas de seu discurso fogem do terreno do comum, do repetido e projetam-se no mapa de uma terra ainda em combustão, paisagem viva, integrada no processo de reordenar horizontes.

Em *Como se o Mundo Não Tivesse Leste*, Ruy Duarte de Carvalho traz para a sua ficção a alquimia de sua poética, revelando-nos um texto onde as referências refazem o perfil do real, conferindo-lhe uma profundidade maior que a do simples relato de uma crônica sobre o outro, sobre o diferente. Ali, o concreto e o sensível se aliam na montagem de um espaço memorialístico capaz de sair do local e do particular para alcançar o sentido mítico do universal. As particularidades não restringem; ao contrário, garantem a individuação que pode assegurar o caráter coletivo, evitando, ao mesmo tempo, o perigo da folclorização que costuma ameaçar a apreensão de um mundo que ainda não está integrado no código do dominante. A geografia textual se amplia verdadeiramente pois que incorpora para além das savanas onde se deslocam as personagens que fazem mover a roda das estórias.

A leitura desses três autores, cujas obras podem revelar algumas das estratégias artísticas atualizadas pela literatura angolana contemporânea, permite depreender relações que se articulam na construção da memória como forma de se pensar a identidade de uma nação definida pela presença de fraturas adquiridas no tempo e materializadas também no espaço. Para buscar a inteireza de sua face é que essa literatura se empreende na busca de práticas discursivas para onde confluem o documental e o ficcional, retomando e refazendo imagens identificadoras daquela utopia associada à crença na recuperação de uma fala maior, que possa superar as fronteiras do individual, apoiando-se numa noção de singularidade diretamente ligada ao caráter plural dessa cultura.

É essa concepção de memória apresentada pela narrativa angolana contemporânea que convida a um trabalho de aproximação com obras produzidas num outro espaço geográfico. Então o olhar do crítico se pode recordar que, em terras situadas na outra margem do Atlântico, a partir de estratégias diferenciadas, no curso de outros projetos estéticos, alguns escritores também redimensionaram a natureza do texto memorialístico. Estou pensando em Carlos Drummond de Andrade e em Pedro Nava, mas também naquelas obras que costumam ser referenciadas como "as memórias do exílio". Atingindo diferentes níveis de realização artística, Fernando Gabeira, Herbert Daniel e Renato Tapajós também fecundaram o seu texto com a bagagem das experiências que viveram, fazendo da narrativa o espaço entrecruzado de atos de vida e fatos da memória de um tempo convulso, em que as recordações trazem ainda o travo sobressaltado de balanços recentes.

Sob os abismos do tempo colonial e/ou sob as nuvens ambíguas de um país ainda distante de um céu democrático, faz-se uma literatura que, mesclando registro e invenção, intensifica aquele desejo de saber de que barro somos feitos. Desse modo, o escritor insere-se no conjunto de homens voltados para uma pesquisa que, sem minimizar o artístico, abre-se para os ventos da História. Ou, para aproveitar, uma vez mais, as belíssimas imagens de Ruy Duarte de Carvalho, concluo dizendo que, exercendo assim o seu ofício, o escritor transforma-se em um homem que:

[...] vem fundir geografias, polarizar as forças da manhã deserta, vem fecundar as latitudes nuas e violar segredos de falésias. Um homem vem, destrói a derradeira proteção da lenda, transita triunfante a bruma do silêncio, afaga, da idade, o corpo descuidado, revolve-se na febre, despoja-se de si e oferece o peito[4].

REFERÊNCIAS BIBLIOGRÁFICAS

ABELAIRA, Augusto. "Luandino Vieira por Augusto Abelaira". *In*: COSTA E SILVA, Manuel. *Os Meus Amigos*. Lisboa, Dom Quixote, 1983.
CARVALHO, Ruy Duarte de. *A Decisão da Idade*. 4. ed. Luanda, UEA, 1977.
_____. *Como se o Mundo Não Tivesse Leste*. 2. ed. Luanda, UEA, 1985.
MONTEIRO, Manuel Rui. "Eu e o Outro – Invasor". *In:* MEDINA, Cremilda. *Sonha, Mamana África*. São Paulo, Epopeia, 1987.
PEPETELA. *Mayombe*. Lisboa, Edições 70, 1982.
_____. *Lueji, o Nascimento de um Império*. 3. ed. Lisboa, Dom Quixote, 1997.

---

4. Ruy Duarte Carvalho, "Um Homem Vem Ardendo", *op. cit.*, p. 49.

6
Pepetela: Romance e Utopia na História de Angola*

Para o Zé Antônio, passageiro e inventor de utopias.

Em entrevista concedida a Michel Laban, em 1988, e publicada no livro *Encontro com Escritores. Angola*, ao falar sobre *Muana Puó* e as diferentes fases de sua obra, Pepetela observa:

> Parece-me que as preocupações de fundo em *Muana Puó* são as mesmas de todo o resto que foi escrito depois. Há um tema que é comum, que é o tema da formação da nação angolana. Isso faz o denominador comum[1].

Antes de buscarmos a pista dada pelo autor, é interessante, para nos aproximarmos de "todo o resto que foi escrito depois", examinar a sua bibliografia, tarefa que permite também situar a sua dimensão no sistema que integra. Reunindo já treze títu-

---
* Texto publicado no número 4 da *Via Atlântica* – Revista da Área de Estudos Comparados de Literaturas de Língua Portuguesa da FFLCH-USP.
1. *Encontro com Escritores, Angola*, Porto, Fundação Engenheiro António de Almeida, 1991, p. 771.

los, dos quais apenas três publicados no Brasil, Pepetela divide com José Luandino Vieira o estatuto de escritor mais conhecido e premiado de Angola. Para citar apenas dois, apontamos o Prêmio da Associação Paulista de Críticos de Arte (em 1993) e o Prêmio Camões (em 1997). O levantamento de sua produção demonstra, ainda, que a repercussão de seu trabalho já vai além das fronteiras da língua portuguesa. Para muito além, eu diria mesmo, uma vez que *Mayombe* foi publicado inclusive no Japão, numa edição "linda, onde só se pode reconhecer os números das páginas e um mapinha de Angola na contracapa", segundo bem-humorada declaração do próprio romancista.

A leitura do conjunto da obra, incluindo-se os títulos publicados após a entrevista, vem, com efeito, confirmar a construção da nacionalidade como um tema constante que, sob vários ângulos e perspectivas, constitui um elemento matriz em seu repertório. Se saímos do particular e alcançamos o geral, ou seja, o conjunto da literatura de Angola, reconhecemos que a formação da identidade nacional é, na realidade, uma das linhas de força da consecução desse sistema literário. Com décadas de diferença, os escritores angolanos passam pela experiência que viveram os nossos românticos e, de maneira diferenciada, os nossos modernistas reviveram: fazer uma literatura que interviesse no processo de definição do país. Se a questão nos parece antiga, há que recordar que o país é novo: passaram-se apenas poucas décadas desde a sua independência, e o problema da função da obra literária e do papel social do escritor se recoloca, senão com outras cores, pelo menos, com novos matizes. É preciso examiná-los, ainda que não se disponha da perspectiva histórica, que o tempo há de abrir, e que o instrumental analítico tenha sido forjado para o estudo de outros universos culturais.

Se o tema central não singulariza Pepetela no interior do sistema literário angolano, há outro elemento capaz de marcar a sua diferença: ele é hoje o único nome quase que exclusivamente identificado com o romance como forma de expressão. Associado ao mundo da escrita, esse gênero literário exerceu desde sempre uma impressionante atração sobre os escritores angolanos, em que pese a sua inserção num universo cultural marcado pela tradição oral. A despeito desse fascínio, a obra de seus companheiros, como José Luandino Vieira, Arnaldo Santos, Costa Andrade, Manuel Rui, Henrique Abranches, entre outros, divide-se entre contos e romances, romances e poemas, poemas e contos. Embora tenha publicado alguns contos nas antologias da famosa Casa dos Estudantes do Império, ainda no tempo de estudante em Lisboa, e, por duas vezes, se tenha enveredado pelo teatro, é como autor de narrativas longas que ele se inscreve no projeto literário angolano. Até o momento são dez as já editadas, se aí incluímos *As Aventuras de Ngunga* (obra escrita em circunstâncias especiais com destinação também especial). De *Muana Puó* a *A Gloriosa Família*, passando por *Mayombe, Yaka, O Cão e os Caluandas, Lueji, A Geração da Utopia, O Desejo de Kianda*, e a *Parábola do Cágado Velho*, o autor tem se mantido fiel ao gênero que cedo escolheu para dar curso ao seu projeto literário.

Na composição desse repertório, Pepetela não hesita em seguir variados caminhos: recorre a mitos, vai às fontes da História, subverte-as; reinventa o passado; e critica, satírica ou acidamente, o presente. O fato é que, se variam os procedimentos, um dado se mantém: a preferência pelo romance como gênero capaz de projetar as verdades que ele recolhe, veicula, inventa. Graças à sua capacidade de combinar capacidade analítica com uma dose de transfiguração do real, o gênero se mostra ao escritor uma via adequada para melhor abrigar as suas interrogações e discutir os fragmentos apanhados da realidade angolana, mesmo que escreva de Berlim, onde esteve por dois anos, de Lisboa, onde passou recentemente algum tempo, ou do Brasil, onde seria bem-vindo.

Aproveitando do gênero o senso de historicidade, a lógica da causalidade histórica, Pepetela organiza a sua visão do que tem sido aquela sociedade. E, combinando elementos internos ao quadro literário angolano com as marcas provenientes de outros processos, ele vai escolhendo as referências que melhor podem servir à sua proposta. Assim, do lado de dentro, é possível ver a sua obra como tributária da produção de Castro Soromenho, escritor que constitui um curioso caso no terreno da nacionalidade. Filho de pais caboverdianos, Soromenho nasceu em Moçambique, foi funcionário do governo colonial português em Angola, esteve por um bom período em Portugal, exilou-se em Paris, e veio a morrer no Brasil, onde participou da organização do Centro de Estudos Africanos da Universidade de São Paulo. Em meio a essa pluralidade de países, Castro Soromenho optou por Angola como marca de identidade e é sobre a região da Lunda, situada no nordeste do país, que ele concentra o seu olhar de escritor. Num paralelo com Pepetela, a convergência aponta a natureza ensaística dos textos (através da familiaridade com as lições da Antropologia, da Etnologia, da Sociologia e da História). No campo dos elementos estruturais do romance, destaca-se a relevância dada ao espaço na organização textual. Sobretudo em *Terra Morta*, *A Chaga* e *Viragem*, os sinais da terrível crise do sistema colonial projetam-se na terra. Toda a aridez do tempo faz-se refletir no chão poeirento que asfixia as personagens e anuncia a falência da ordem instalada. Essa concepção do espaço que se eleva e atua como elemento de forte significado na ordem narrativa será também um traço decisivo em obras como *Yaka*, *O Cão e os Calus* e *O Desejo de Kianda*, para citar apenas três de Pepetela.

Na relação com os elementos externos, podemos assinalar a marca das propostas do Neorrealismo português, da literatura norte-americana (Hemingway, Steimbeck e S. Fittgerald) e do romance brasileiro voltado de modo direto para as questões sociais. Nesse campo, tal como ocorreu com a maior parte dos escritores africanos de língua portuguesa a partir dos anos 1940, a fonte será sobretudo o nosso regionalismo da década de 1930. A Jorge Amado, José Lins do Rego e Graciliano Ramos associa-se na preferência por uma linguagem mais direta, um estilo seco, calcado no desejo de revelar as agruras de uma situação injusta e, por isso, passível de mudança. Nessa grande família, aproximada pela dimensão popular presente em seus projetos, procurou se situar Pepetela, sempre ligado a um projeto apto a catalisar questões que pudessem definir o ser (e o estar) angolano.

Fortalecido com os ensinamentos que, sem preconceito, retira da experiência de escritores de outras terras, mas apoiado na sua própria experiência, Pepetela firma o seu itinerário e organiza as linhas de uma obra onde se podem recolher fios expressivos da própria história de Angola. Talvez mais do que em qualquer outra produção, estejam visivelmente assinalados na sua as representações, os impasses e as contradições da história recente do país. A indisfarçada preocupação com os problemas em torno da formação da nacionalidade pode explicar a continuidade de um projeto em cujo interior se manifestam as diversas rupturas que o próprio desenvolvimento da História impõe. Se tomamos o tema da utopia como uma chave central, é possível, sem esquecer as particularidades do texto literário, ver de que modo se operam os avanços, os recuos e os desvios no projeto elaborado nos anos 1950.

FAZ-SE UMA UTOPIA E NASCE UMA NAÇÃO

Para fazer essa travessia, um bom ponto de partida é o romance *Mayombe*, cujo enredo desvela as dimensões várias daquelas horas em que se está gestando a utopia da libertação nacional. Na floresta situada em Cabinda, os guerrilheiros fazem a luta e discutem sobre sua realização e seus desdobramentos. Ali, ameaçados por tantos perigos, perdem-se em longas conversas a respeito do que deverá ser o país após a independência. Impressiona na montagem textual a atmosfera de diálogo marcando diversos níveis da narrativa. Sob o céu verde, conversam os guerrilheiros entre si, conversam os homens com a natureza, dialogam consigo mesmo (e com o leitor a quem, sutil ou diretamente, se dirigem) os muitos narradores a quem o narrador titular abre espaço para que exprimam a sua leitura das coisas. As infindáveis discussões, ao revelarem as dificuldades e prenunciarem impasses, exprimem também a necessidade e a vontade de maior compreensão entre os vários mundos que precisam se fundir para enfrentar o inimigo maior, que ameaça suas vidas, e a terra por onde se movem e onde estão instaladas muitas outras vidas.

Confirmando a importância do espaço como elemento essencial em seu texto, o autor faz da floresta muito mais do que um palco para as ações que serão narradas. Atribuindo-lhe um papel dinamizador naquele momento da história de Angola, ele investe na sua personificação. Invadida, destruída, maltratada pelo colonizador, a natureza não chegou a ser por ele compreendida, e agora se converte ela própria em ameaça. Sua exuberância, tão cantada nas páginas da chamada literatura colonial, como evidência da grandiosidade do império português, parece revelar agora a face infernal de um mundo nunca dominado. A fragilidade de quem se julgou invencível espelha-se, então, na incapacidade de decifrar os mistérios abrigados em seus caminhos não traçados.

Inversamente, porém, os oprimidos, transformados nessa etapa em guerrilheiros, têm da floresta uma outra visão. Sua identidade com o espaço permite-lhes estabelecer com ele uma relação dinâmica, onde o imprevisto nem sempre é fonte de angústia. A imagem do labirinto pode aqui ser evocada: desconhecido, o espaço precisa ser conquistado, operação que exige argúcia e empenho de quem a ela se arrisca, daí decorrendo um roteiro de aprendizagem, no qual os atos se desenrolam como uma espécie de rito mediado também pela paixão. Não há, portanto, sinais de submissão entre os atores e o espaço; são ambos forças complementares de um especial movimento, processado sob o signo da sedução, aquele que pode levar à libertação. Sob o signo da sedução, o quadro não se arma com as formas da monotonia, e a relação entre a floresta e os homens é atravessada pela imprevisibilidade, numa composição em que o temor se mistura a uma dose de cumplicidade. A mata é o deus que inspira medo mas também oferece proteção, sentimento dúbio a distinguir os colonizados dos colonizadores:

> O passeio ao Sol ardente ainda o enfureceu mais. Não estava habituado ao Sol, sempre escondido na sombra protetora do Mayombe[2].

2. Pepetela, *Mayombe*, p. 93.

[…] pois deviam ir de rastos sobre as pedras. Por vezes tinham de entrar na água pouco profunda. A água estava fria e a roupa molhada colava-se em arrepios ao corpo. O Mayombe já recuperara o arco-íris verde. Sem Medo recebeu-o como um primeiro sinal de boas-vindas[3].

A singularidade da situação exprime-se também na força dos diálogos com que se compõe o romance. Descrito pelo narrador titular como o espaço do silêncio, o Mayombe transfigura-se, na verdade, no reino da palavra. O diálogo se faz sempre: pelo dito, pelo não dito, realizam-se as conversas. Conversam os personagens e a mata, conversam os personagens entre si, conversam personagens e narrador. Através de expressões interrogativas que parecem convocar o leitor à discussão, introduz-se um possível destinatário que inicialmente não estaria integrado à trama. Em meio à densidade da mata, os guerrilheiros abrem caminhos e, de algum modo, abrem-se para uma produtiva troca de experiências. A tensão é patente, mantida pelo perigo externo e pela inevitabilidade de conflitos internos; no entanto, pode-se perceber também a importância da palavra como processo de organização das consciências e meio usado de forma exaustiva para assegurar a comunicabilidade entre homens, histórias e projetos. Assim, fazendo da narrativa, alegorizada pela floresta, o espaço do diálogo, narrador e personagens, em *Mayombe*, constroem-se a partir de um processo vivo que reúne identidades e diferenças, coincidências e dissidências, homologias e rupturas. Se consideramos que uma das estratégias do colonialismo era impedir a circulação das ideias, bloqueando as trocas culturais entre os vários grupos, percebemos a importância desse clima de exteriorização de valores e diferenças como já um ato subversivo.

A contracenar vivamente com o espaço está o foco narrativo. Assumido por vários narradores, cujas falas são organizadas por uma espécie de narrador titular, o fio narrativo é dividido e comungado pelos elementos que vivem as ações do enredo. A divisão, todavia, naquele contexto onde tudo convida à comu-

---

3. *Idem*, p. 245.

nhão, não deve ser entendida como fragmentação propriamente, mas como um sinal de que a autoridade, de que a palavra é manifestação, é, em certa medida, partilhada. A essas marcas da democratização da voz, articula-se o mencionado peso dos diálogos, nesse texto concebido inicialmente, segundo afirmou o autor numa entrevista que lhe fizemos em 1987, para ser um roteiro cinematográfico. E nesse clima de diálogo, percebe-se a formação da utopia como um princípio esperança, para citar a expressão com que Ernst Bloch intitula o seu livro[4].

Organizados contra um inimigo comum e mais poderoso, os guerrilheiros devem vencer também os fantasmas deixados como herança pelo sistema colonial: o racismo, o tribalismo, o regionalismo como conflito. O "tuga", como eram chamados os portugueses, já não tem sequer estatuto de personagem essencial. Como uma espécie de figuração é só uma sombra que corta o caminho dos guerrilheiros. Embora a situação da guerra colonial seja evidente no texto, o romance, escrito mesmo nos intervalos do combate por um escritor fisicamente empenhado na luta, avança no tempo e refere-se a problemas que virão depois.

Prevista, a vitória é assumida como um dado de realidade, e essa certeza converte-a numa forma de inexorabilidade que ergue impasses e registra a necessidade de soluções. A situação aguda da crise não esbate a consciência de que a vitória significará harmonia; a relativização do alcance dos resultados é indício da profundidade de visão de quem não hesita em investir na ação. As várias falas dos narradores, compondo um vivo mosaico de propostas e sensibilidades, sinalizam para a precariedade da integração que ali se vive. Contra os riscos da desagregação como norma, abre-se uma rede utópica permeada também pelas nuances de um discurso edificante. Tomemos como exemplo alguns parágrafos da fala de Muantiânvua, o ex-marinheiro que, como guerrilheiro, assume nome de imperador na tradição cultural de Angola:

---

4. Ernst Bloch, *Le Principe Espérance*, Paris, Gallimard, 1976, 1982, 1989, 3 tomes.

Meu pai era um trabalhador bailundo da Diamang, minha mãe era um kimbundo do Songo.

O meu pai morreu tuberculoso com o trabalho das minas, um ano depois de eu nascer. Nasci na Lunda no centro do diamante. O meu pai cavou com a picareta a terra virgem, carregou vagões de terra, que ia ser separada para dela se libertarem os diamantes. Morreu num hospital da companhia, tuberculoso. O meu pai pegou com as mãos rudes milhares de escudos de diamantes. A nós não deixou um só, sequer o salário de um mês. O diamante entrou-lhe no peito, chupou-lhe a força, chupou, até que ele morreu.

O brilho do diamante são as lágrimas dos trabalhadores da Companhia. A dureza do diamante é ilusão: não é mais que gotas de suor esmagadas pelas toneladas de terra que o cobrem.

Nasci no meio de diamantes sem os ver. Talvez porque nasci no meio de diamantes, ainda jovem senti atrações pelas gotas do mar imenso, aquelas gotas-diamante que chocam contra o casco dos navios e saltam para o ar, aos milhares, com o brilho leitoso das lágrimas escondidas.

O mar foi por mim percorrido durante anos, de norte para sul, até a Namíbia, onde o deserto vem misturar-se com a areia da praia, até ao Gabão e ao Ghana, e ao Senegal, onde o verde das praias vai amarelecendo, até de novo se confundir com elas na Mauritânia, juntando a África do Norte à África Austral, no amarelo das suas praias. Marinheiro do Atlântico, e mesmo do Índico eu fui. Cheguei até a Arábia, e de novo, encontrei as praias amarelas de Moçâmedes e Benguela, onde cresci. Praias de Benguela, praias da Mauritânia, praias da Arábia, não são as amarelas praias de todo o Mundo?

....

Onde eu nasci, havia homens de todas as línguas vivendo nas casas comuns e miseráveis da Companhia. Onde eu cresci, no Bairro Benfica, em Benguela, havia homens de todas as línguas, sofrendo as mesmas amarguras. O primeiro bando a que pertenci tinha mesmo meninos brancos, e tinha miúdos nascidos de pai umbundo, tchokue, kimbundo, fiote, kuanhama.

....

Querem hoje que eu seja tribalista?

De que tribo? pergunto eu de que tribo, se eu sou de todas as tribos, não só de Angola, como de África? Não falo eu o swahili, não aprendi eu o haussa com um nigeriano? Qual é a minha língua, eu, que não dizia uma frase sem empregar palavras de línguas diferentes? E agora, que utilizo para falar com os camaradas, para deles ser compreendido? O português. A que tribo pertence a língua portuguesa?

Eu sou o que é posto de lado porque não seguiu o sangue da mãe kimbundo ou o sangue do pai umbundo. Também Sem Medo, também Teoria, também o Comissário, e tantos outros mais.

A imensidão do mar que nada pode modificar ensinou-me a paciência. O mar une, estreita, o mar liga. Nós também temos o nosso mar interior, que não é nem o Kuanza, nem o Loje, nem o Kunene. O nosso mar, feito de gotas-diamante, suores e lágrimas esmagados, o nosso mar é o brilho da arma bem oleada que faísca no meio da verdura do Mayombe, lançando fulgurações de diamante ao sol da Lunda.

Eu, Muatiânvua, de nome de rei, eu que escolhi a minha rota no meio dos caminhos do Mundo, eu, ladrão, marinheiro, contrabandista, guerrilheiro, sempre à margem de tudo (mas não é a praia uma margem?), eu não preciso de me apoiar numa tribo para sentir a minha força. A minha força vem da terra que chupou a força de outros homens, a minha força vem do esforço de puxar o cabo e dar à manivela e de dar murros na mesa duma taberna situada algures no Mundo, à margem da rota dos transatlânticos que passam, indiferentes, sem nada compreenderem do que é o brilho-diamante da areia duma praia[5].

No discurso do personagem, temporariamente alçado à condição de narrador, projetam-se as verdades que se identificariam com a emergência desse momento novo na história de Angola, de que a guerrilha constitui uma espécie de rito de passagem. Ali, onde a grande tarefa política consiste em formular uma prática que, unificando as vozes, venha conferir unidade a esse punhado de povos, raças, tradições, circula um homem que já compreendeu o que o projeto de independência não conseguira ainda ensinar a todos. A voz, associada à sabedoria, anunciado-

5. Pepetela, *Mayombe*, pp. 138-140.

ra do mundo que se deve abrir, é, não por acaso, a voz do marinheiro, acumulador das experiências que as viagens trouxeram. A referência logo conduz às observações de Walter Benjamin a respeito das matrizes do narrador tradicional[6]. Recordamos, então, a ruptura entre a tradição oral e o romance como um gênero do mundo burguês, relação tão bem discutida pelo pensador alemão. Incorporado por um projeto literário que se faz no ritmo impulsionado das transformações de base, quando estão abalados os pilares que sustentam a ordem ainda em vigor mas já em decomposição, o romance, no contexto angolano, tem ele próprio relativizado um de seus pontos estruturais.

Se não há possibilidade de recuperar a inteireza do narrador da tradição oral, a narrativa de Pepetela não abre mão de referir-se ao desejo de intercambiar experiências. Irrompendo contra a ordem burguesa – ali diretamente colada à empresa colonial –, a narrativa, mesmo se consciente dos limites da mudança a ser efetivada, sinaliza a vontade de superar a incomunicabilidade. Ainda que extemporânea, a aposta na utopia se vai reiterando ao longo das muitas páginas do *Mayombe*. No desdobramento do projeto utópico de que a fala do Muatiânvua é emblemática, um certo apego à exposição didática – via de regra construída numa relação direta entre a imagem e a situação que ela quer exprimir – pode explicar a tonalidade crua das metáforas. A reiteração de alguns elementos, como o brilho do diamante em contraste com a opacidade das vidas dominadas pela exploração e pela carência, reforça a convicção desse ponto de vista onde se recortam as linhas da exemplaridade reputada como imprescindível ao esforço do momento. Se parece raso o voo da imaginação na composição da linguagem, os limites devem ser vistos em consonância com a inserção do texto na história que a literatura ajuda a fazer e a contar.

Reconhecendo um movimento especial na floresta, o narrador escapa às tendências folclorizantes e converte-a em algo

---

6. "O Narrador (Considerações Sobre a Obra de Nikolai Leskov)", em *Obras Escolhidas*, vol. 1, *Magia e Ténica, Arte e Política: Ensaios Sobre Literatura e História da Cultura*, pp. 197-221.

mais que um cenário exótico. Para seu interior é transplantada a complexidade da vida urbana, o que significa que existem ali aspectos que impedem que se veja nela certas marcas para satisfazer a sede de exotismo de quem procura na literatura africana o colorido típico dos folhetos de turismo e que caracterizava, *grosso modo*, as páginas da literatura colonial. O destaque conferido à floresta, a ênfase com que se descreve a sua exuberância, a atmosfera meio mágica de seu interior não concorrem para sua idealização. Politizado, o Mayombe é lugar de conflito e contradição, podendo, portanto, ser visto como uma representação de Luanda, a capital do país, onde a luta ia ganhando força e onde, em novembro de 1975, se proclama a independência do país.

FAZ-SE UMA NAÇÃO E PERDE-SE UM SONHO

Os anos que separam no tempo a escrita do *Mayombe* do momento em que Pepetela escreve *A Geração da Utopia* foram vividos de forma intensa pelo escritor e pelo país que se formou após a declaração da independência em onze de novembro de mil novecentos e setenta e cinco. Quase vinte anos depois, a história de Angola – particularizada por um cotidiano de impressionantes dificuldades, sob a brutal atmosfera de uma guerra que vai conhecendo aspectos, aparências, razões e repercussões diferentes – comprova no jogo do cotidiano a dimensão insuspeita dos limites da vitória conquistada. Muito mais do que ousou prever o Comandante Sem Medo, o herói do *Mayombe*, os fantasmas perpetuaram e, com a intervenção de outros elementos, sacudiram a frágil sustentação da utopia que mediara o empenho, fundindo ética e estética no projeto literário angolano.

Escrito no começo dos anos 1990 na cidade de Berlim (onde se instalou o autor para gozar de uma bolsa de criações oferecida pelo Serviço Alemão de Intercâmbio Universitário, fundação do governo alemão), o novo romance procura fazer um balanço da utopia que, bem ou mal, havia mobilizado a geração que assina a independência. Será esse grupo, mobilizado de algum modo para a aventura do *Mayombe*, o objeto central dessa narrativa cuja tônica é dada pelo desgaste, pela sombra, pela amarga diluição de um projeto a duras penas imaginado. Se a tarefa é de avaliação, o movimento fundamental é o da memória que resgata fatos que possam propiciar a compreensão dos caminhos escolhidos. Revisitados, alguns locais e épocas viabilizam um olhar novo, despido agora do sonho e já tingido pelas cores do desencanto. De acordo com a proposta de rever e avaliar, o *espaço* secundariza-se, e o ponto fulcral é o *tempo*, elemento estrutural que assume a primazia na condução do processo narrativo. O destaque dado ao termo "geração" com que se nomeia o romance será confirmado pelo desenvolvimento da narrativa.

Cronologicamente é longo o tempo do enredo: as ações se iniciam em 1961 e o último capítulo se fecha com um sugestivo "a partir de 1991". Durante essas três décadas, iniciou-se a luta armada pela independência, nasceu o país, ensaiou-se o projeto socialista, transcorreu a guerra de agressão movida pelo regime racista da África do Sul, intensificou-se a guerra civil entre o MPLA e a UNITA, assinaram-se alguns tratados de paz jamais concretizados na íntegra, optou-se pelo neoliberalismo, o multipartidarismo sucedeu o regime de partido único. As transformações foram, sem sombra de dúvida, extraordinárias e de tudo isso, em alguma instância, essa geração participou. Coube-lhe gestar o projeto nacionalista, instituir um modelo de Estado, investir na construção ou na fraude de uma sociedade orientada pelos valores socialistas, viver a passagem para os padrões neoliberais, enterrar, alterar ou arquivar a utopia que catalisara a resistência ao colonialismo. Desses problemas se ocupa o romance, procurando desvendar os enigmas que insidiosamente transformaram a projeção utópica do Mayombe nas sombras que obscurecem o país libertado.

Abrindo o texto que coloca essa geração como protagonista das grandes mudanças, o narrador remonta a um exame oral de seu tempo de estudante recém-chegado à metrópole. Ao iniciar uma frase com a palavra "portanto" – um traço do falar angolano –, o aluno é acidamente repreendido pelo professor que, em sua arrogância, humilha-o, associando a peculiaridade de seu uso da língua à ignorância de quem vem das colônias. Desse modo, a singularidade, que poderia ser entendida como um traço de identidade, converte-se em "deficiência", prova, portanto, de inferioridade:

> Portanto, só os ciclos eram eternos.
> (Na prova oral de Aptidão à Faculdade de Letras, em Lisboa, o examinador fez uma pergunta ao futuro escritor. Este respondeu hesitantemente, iniciando com um portanto. De onde é o senhor?, perguntou o professor, ao que o escritor respondeu de Angola. Logo vi que não sabia falar português, então desconhece que a palavra portanto só se utiliza como conclusão dum raciocínio? Assim mesmo, para pôr o examinando à vontade. Daí a raiva do autor que jurou um dia havia de escrever um livro iniciado por essa palavra. Promessa cumprida. E depois deste parêntesis, revelador de saudável rancor de trinta anos, esconde-se definitiva e prudentemente o autor)[7].

Como se pode notar, o incidente é retomado em tom de blague por aquele que, quando nada, conquistou, ao longo dessas décadas, pelo menos, o direito de empregar na dimensão mais sagrada da escrita a expressão rejeitada no plano da oralidade por um representante da prepotência colonial. A "deficiência" ganha estatuto de estilo no palco glorificado da criação literária. Na referência, indicia-se o ambiente da metrópole povoada pelos preconceitos em relação ao que vinha da África e, sutilmente, remarca-se a tonalidade irônica que tingirá a narrativa. Cumprida a promessa de trinta anos atrás, o narrador, ao fechar o parêntesis, anuncia que o autor se vai retirar da cena: *definitiva e prudentemente* – promessa que não será cumprida. Visceralmente ligada ao processo que relata, sua fala é contagiada pelos fatos que o olhar vai selecionando. O parágrafo seguinte, dominado pela sensação de distanciamento dada pelo uso do verbo no pretérito imperfeito do indicativo, não será propriamente

7. Pepetela, *A Geração da Utopia*, p. 11.

paradigmático da totalidade da obra que virá, frequentemente, entremeada de interrogações, expressões dubitativas, sintomaticamente cortada por construções indicativas da perplexidade em relação à história vivida.

Cobrindo um longo período de tempo – dos anos que antecedem à aventura do Mayombe à fase já posterior à independência –, o enredo acompanha a gestação, a tentativa de implantação e a falência do projeto utópico que estaria na base da história recente do país e no processo de criação de uma obra cujo eixo gira, como fomos previamente informados, em torno da formação da nacionalidade. Dos quatro capítulos, dois referem-se à preparação e conquista da independência e dois abordam a fase posterior. Em todos eles, porém, avivam-se sinais negativos e o leitor pode, desde as primeiras páginas, captar a dimensão das dificuldades a inviabilizar a utopia. Prenunciados na etapa ainda sonhadora do Mayombe, os problemas se ampliam e intensificam-se, deixando pouca margem para o otimismo.

As ações preconizadas, os procedimentos entrevistos, os modelos defendidos e as atitudes condenadas que compuseram o universo do Mayombe se vão desenrolando no decorrer do tempo e da narrativa dividida em quatro longos capítulos: "A Casa (1961)", "A Chana (1972)", "O Polvo (1982)" e "O Templo (a partir de 1991)". A recorrência a marcas espaciais que aí verificamos é logo relativizada pelo peso do tempo, materialmente referido na sequência do título de cada segmento do romance. A explicitação dos períodos revela também que o tempo de duração dos episódios se vai reduzindo, o que significa que as mudanças de que trata o texto se fazem de forma cada vez mais rápida. Observe-se ainda que o último capítulo inicia-se com um "a partir de", sugerindo a continuidade de uma situação que deixa apreensivo quem de alguma maneira embarcou na travessia do Mayombe.

O contato com o texto comprova que, sob o compasso da memória, a dimensão temporal aciona a máquina que, ao rever lugares e situações, encontra na perspectiva da distância as chaves com que agora julga necessário abrir os cantos que ficaram obscurecidos pela urgência da mudança. Inversamente à ordenação meridiana do enredo do *Mayombe*, o romance expressa estruturalmente as hesitações, as angústias, as atormentadas vivências no interior de um processo cercado pelos perigos que não se extinguiram com o fim do colonialismo português. Os abalos na cronologia, com a incorporação do ritmo às vezes alucinado da memória, materializam-se no uso do discurso indireto livre, na intromissão desordenada de um narrador que se aproxima, se afasta, se mistura ao narrado, como um reflexo das contradições que atravessam os atores dessa História.

Em "A Casa", a narrativa centra-se, como não é raro na obra de Pepetela, na perspectiva de um olhar feminino que procura compreender as rupturas em processo no grupo de estudantes da Casa dos Estudantes do Império e perceber as linhas da crise detonada com o início da luta armada em Angola. A agudização dos problemas raciais em Portugal, o cerco da Polícia Política, a animosidade surgindo na relação entre os que se tinham como companheiros, as crenças e opções da juventude fora da terra, tudo isso vai armando um quadro significativo de referências dessa época de difíceis definições. De um lado, as exigências, os programas e as interdições; do outro, Angola e um complicado processo de luta. Narrado em terceira pessoa, acolhendo dados que confirmam a onisciência da voz que conta, o capítulo, a todo momento, é povoado pelas interrogações de Sara, uma estudante de medicina, nascida em Benguela, filha de comerciantes brancos economicamente bem situados. Sensível e progressista, ela vive a experiência das tensões raciais que se levantam com a eclosão da luta armada com repercussão quase imediata na metrópole. No momento em que o ânimo geral se prende à formulação de projetos para a construção nacional, ela funciona um pouco como uma espécie de duplo desse narrador claramente envolvido com aquilo que narra.

No segundo capítulo, "A Chana", cujas ações se localizam já no espaço da luta concreta, tendo os guerrilheiros como personagens centrais, altera-se o tom e o ponto de vista da narrativa. Radicalizando alguns sinais captados nas matas do Mayombe, aqui é perfeitamente possível detectar as contradições e insuficiências que levariam aos desvios do projeto em parte tão alimentado em "A Casa". Na dureza das ações, a solidariedade já não é a tônica, e os procedimentos divisionistas cumprem a terrível função de anunciar a precariedade da vitória. O desencanto parece chegar antes do fim da guerra de libertação, e o discurso do narrador não oculta o sentimento de frustração a prenunciar a descrença. O clima favorável à identidade dos primeiros tempos da luta se dilui. A possibilidade de comunhão, de que a terna aproximação entre o narrador e Sara parecia ser uma imagem, converte-se em discreto afastamento, numa relação que se faz também com as pontas de uma boa dose de ironia.

O clima de diálogo, predominante em *Mayombe*, desaparece e as conversas são atravessadas pelos sinais da incomunicabilidade. A incompreensão, a rivalidade, as intrigas manifestas ou tão somente sugeridas fazem prever a irrealização dos propósitos que teriam levado à luta. O projeto de uma nação livre se vai estilhaçando na condução de um processo inicialmente banhado pela generosidade de um sonho coletivo. A utopia tem como adversário os próprios homens que investiam em sua construção. As diferenças deixam de ser diversidade para se transformarem em capital de negociação, em patrimônio para obtenção de vantagens na sociedade ainda em formação.

Os anos saltam no desenrolar do enredo e o terceiro capítulo, "O Polvo", tem como vetor Aníbal, o Sábio, como ficou conhecido nos anos de guerra e clandestinidade. A sabedoria aí está diretamente ligada aos valores cunhados na esfera da lucidez, da responsabilidade, da coerência. O tempo correu, a luta pela independência política se fez, o inimigo comum foi derrubado, todavia se levantaram os fantasmas previstos e mais aqueles que não se fizeram prever. O leitor depara-se com uma sociedade marcada pela corrupção, pela falta de escrúpulos, pela irresponsabilidade social. A causa revela-se perdida e o duplo do narrador mistura-se ao cáustico olhar daquele que, farto de ser derrotado pela imposição de um conjunto de normas que pensou ver afastado com o fim do colonialismo, retira-se para um lugar distante e ali empenha sua incrédula resistência.

Com o foco centrado no olhar de um homem que se posta ao longe, esse capítulo tem o clima balizado por uma espécie de acerto de contas que se faz mediado pela exposição de vários confrontos. Nessa etapa, retomam-se alguns fios deixados soltos no contexto de Lisboa: Sara e Aníbal levam à raiz a comunhão já experimentada nos tempos de estudantes; remanescências do projeto revolucionário presentificam-se, exigindo que a situação se confronte com a própria História: ali se colocam frente a frente os vencedores e os novamente vencidos. Mais que todos esses, porque se revela emblemático, situa-se o encontro de Aníbal com o polvo. Dando continuidade a um episódio contado por ele a Sara, no primeiro capítulo, Aníbal que, orientado pelo seu desencanto retira-se para a praia da Caotinha, mergulha naquelas águas sempre mobilizado pelo desejo de reencontrar o polvo, o enorme polvo que sua memória convertera em entidade mitológica. Para aquele pedaço do país, afastado da capital e de qualquer centro de decisão, fica transferido o palco onde se vai dar um grande combate, o combate de um homem disposto a preservar-se inteiro com seus próprios monstros, com seus medos e seus limites. Inteiro, mas isolado, impotente para lutar contra outras feras, Aníbal compõe a imagem do espírito das chanas do Leste, miticamente identificado com o sonho que o conduziu à luta pela independência. A alusão a essa força no fim do capítulo exprime a hipótese de que, adormecida, a utopia pode um dia acordar.

Se o terceiro capítulo se fecha com a possibilidade, ainda que longínqua de mudança, o quarto e último faz cair sobre os leitores uma sombra desanimadora. O palco é a cidade de Luanda, e os personagens que por ela circulam de maneira sinistra em nada permitem lembrar a crença num país novo e justo que havia mobilizado a geração. O empenho, a ingenuidade, a convicção política, mesmo a leve irresponsabilidade, enfim todos os elementos que se misturavam para compor a atmosfera de "A Casa" desaparecem, cedendo lugar à perversidade de um ambiente dominado pela mesquinharia. O vazio sobrepõe-se a tudo e, se a dimensão religiosa do marxismo podia ser apontada como um patrimônio arcaico, a modernidade erguida sobre os valores do neoliberalismo desaba sobre o país e institui o caos. A sociedade que investiu numa proposta socialista, que nunca se consumou, assiste à implantação de um outro projeto do qual a solidariedade não consta, sequer como palavra de ordem.

O foco central recai sobre Vítor, o antigo guerrilheiro agora ministro, e Malongo, o ex-jogador de futebol, tornado empresário. Ligados ambos a "A Casa", tiveram suas trajetórias apartadas durante as décadas de luta e de fundação do novo país. Vítor postou-se no centro das decisões, vivenciou de perto as mudanças desses anos. Malongo viveu fora e só regressa à terra quando, abandonada a opção socialista, a liberalidade da economia abre-se como uma promessa "a quem sabe investir". Separados por muito tempo, os dois reúnem-se em torno do projeto de enriquecer, operação que será facilitada pela ligação com Elias, estranho personagem, cujo cinismo revestido por um discurso religioso será providencial para dar corpo ao desejo dos outros dois.

Nesse capítulo, consagra-se a diluição de qualquer sinal na direção de uma sociedade mais justa. Como é dominante nos países periféricos, com o neoliberalismo instala-se o jogo do "salve-se quem puder". A ordem é acumular e cada um há de usar o capital de que dispõe. Aos que estão no centro do poder ou em suas imediações, apresenta-se o recurso de privatizar em seu próprio nome os bens públicos que deveriam administrar. Se o estado de orientação socialista mostrava-se ineficiente, o modelo que o vai substituir será baseado na apropriação indevida, na capitalização do prestígio pessoal ou institucional, nas técnicas da rapinagem, ali cobertas pelos eufemismos que o próprio sistema elabora para se autojustificar. O quadro apresentado não deixa margem para expectativas outras. O enfraquecimento do poder público, apontado pela cartilha neoliberal como um fator de progresso, depara-se com uma sociedade civil desorganizada, despreparada para regulamentar, fiscalizar, corrigir abusos. Insidiosamente, a descrença transforma-se na nota dominante e eleva-se como força mediadora das relações entre os homens.

Sob essas sombras, a narrativa vai se aproximando do final. Seguindo a evolução cronológica dos fatos, a organização dos capítulos registrou alguns dos impasses e as tantas limitações do projeto acalentado tendo por horizonte a libertação do país. A matéria é vasta, e as dificuldades que impõe talvez expliquem certas fragilidades do romance. Diante da multiplicidade de elementos com que se depara, o narrador parece também ele fadado ao papel de vítima de um mundo em turbilhão. Muito diferentemente do que acontece em *Mayombe*, onde as contradições vêm enriquecer o ponto de vista da narrativa, em *A Geração da Utopia* as perplexidades desse universo em decomposição insinuam-se, atingindo a voz que se queria soberana na narração dos fatos. O texto, assim, parece-nos em certos momentos aquém da proposta; como se a ironia sentida nas primeiras páginas se esvaísse impotente no embate com os monstros contra os quais se lança. Diante da lembrança do arrogante professor, o narrador ergue-se debochado, atualiza o desprezo acumulado durante anos e cumpre a promessa de começar um romance por "portanto". Envolvido na insidiosa sequência dos fatos que interditam a utopia, ele é asfixiado e, em certas passagens, o leitor pode sentir que lhe falta fôlego. Como não se define propriamente como um recurso de expressão, essa aparente debilidade do narrador contribui para que se reduza em alguns momentos a fluência da narrativa.

Esse processo de esvaziamento da força narrativa pode ser percebido, por exemplo, no confronto entre a abertura e os parágrafos que antecedem o fecho do romance. No primeiro capítulo, inclusive as passagens anteriormente aqui transcritas, primam por uma força que, nascendo da concisão, sugere a imagem de um narrador convicto dos procedimentos que escolhe. A energia descritiva se articula com tonalidades poéticas, dando ao texto um ritmo especial capaz de combinar trechos digressivos com certos sinais que sintomatizam o tom acelerado de algumas ações ali apanhadas. As imagens ricas ganham ainda maior densidade no jogo discursivo em que os diálogos se mesclam com as voltas do discurso indireto livre. Os planos se misturam, resultando num interessante painel para exprimir a riqueza de uns anos tocados pela utopia. A vivacidade do momento é acompanhada pela linguagem, e o texto espelha de forma dinâmica as relações que compõem o contexto.

Tal como a ambiência da "casa" referida no título, o romance promete. Mas, acompanhando a trajetória da sociedade a que está ligado, os sentidos se confundem, diluindo-se bastante a energia pressentida nesse começo, indicando, quem sabe, que o beco sem saída em que a sociedade angolana se vê sitiada não abre muitas possibilidades de expressão. Para fugir ao cerco, opta-se pelo delírio como vetor da linguagem, e as últimas páginas são povoadas por uma sucessão de frases descosidas, onde as elipses alternam-se com as repetições, a sintaxe dispensa a pontuação convencional, tudo contrariando a objetividade que um balanço requer. A intencionalidade desses procedimentos é nítida, todavia o resultado fica aquém dos objetivos. Até mesmo a racionalidade da argumentação do sábio Aníbal, malgrado suas sérias intenções, se esbate sem dar conta dessa realidade multiforme em sua desagregação.

Num mundo assim, onde os cinco sentidos mostram-se insuficientes para compreender o real, a linguagem também parece frágil para refletir vivamente os movimentos dos seres e das coisas. Por isso, talvez, ao acabar a leitura, guarde-se um gosto de insatisfação. Ao leitor ficam, pelo menos, duas hipóteses: se num primeiro momento tende a atribuir esses sinais de frustração à imperícia do narrador, numa segunda leitura pode interpretar o fenômeno como sintoma de coerência entre o campo temático e o plano estrutural. O fato é que também nós, os leitores, nos ressentimos do sonho perdido durante esses tempos que acreditávamos ser de construção da nação angolana.

PERDE-SE UMA NAÇÃO. DESFAZ-SE A UTOPIA?

Fechado o último capítulo, o narrador – que não cumprira a promessa de "definitiva e prudentemente" ocultar-se – reaparece no espaço a que chama *epílogo* para *não encerrar a estória*. A frase é curta e, fugindo às conclusões a que as análises devem conduzir, investe, uma vez mais, na continuidade da dúvida. Renovada, a perplexidade não permite respostas: abre-se a narrativa para o mundo que se eterniza em movimento. Em constante rotação, tal como a história do país que ajuda a fazer e a contar, a obra de Pepetela redimensiona-se e, ao pessimismo trazido pela derrota, juntam-se algumas franjas da utopia despedaçada pela dureza de um contexto hostil. Nas obras seguintes, os problemas serão retomados, o processo histórico de Angola outras vezes revisitado, confirmando que o tema da construção nacional permanece, seja nas imagens multiplicadas da ruína de Luanda, alegoria central de *O Desejo de Kianda*, seja na memória do escravo mudo que em *A Gloriosa Família* relata as aventuras da família Van Dum na cidade sob o domínio dos holandeses.

Entre a empolgação que cercou os anos 1970 e os desencantados anos 1990, a sociedade angolana viveu convulsivamente os dilemas e as impossibilidades a que está sujeito um país em construção. Após décadas de guerra, o panorama é ainda feito de anúncios de paz que se sucedem, sem que a população consiga ver além da destruição impiedosa das cidades, dos massacres no campo, da inviabilidade da vida intensificando o sentido de urgência de quem não ousa prever a hora seguinte. A violência diária e a imprevisibilidade do momento seguinte constituem fatores de perturbação elevada mesmo no cotidiano de uma gente que aprendeu a conviver com a precariedade e o enfrentamento.

Tudo levaria ao desânimo. Todavia, a consciência da amargura desse tempo não permite que se dê a história por encerrada. Por entre os espaços mínimos, a literatura angolana, que se consolidou com o projeto da libertação, vai encontrando brechas para driblar a desesperança. Por isso, mesmo fragilizado pela força dramática do contexto a que claramente se refere, mesmo apresentando (ou representando?) alguma debilidade no exercício de sua função, mesmo parecendo (com seus duplos) impotente para projetar a trágica multiplicidade da ordem que habita, o narrador prefere, retomando a ironia, exercitar a fina arte da desconversa e, declara:

Como é óbvio, não pode existir epílogo nem ponto final para uma estória que começa por portanto[8].

Portanto...

REFERÊNCIAS BIBLIOGRÁFICAS

BENJAMIN, Walter. "O Narrador (Considerações Sobre a Obra de Nikolai Leskov)". *Obras Escolhidas, I, Magia e Técnica, Arte e Política: Ensaios sobre Literatura e História da Cultura*, 7. ed. São Paulo, Brasiliense, 1996, pp. 197-221.

BLOCH, Ernst. *Le Principe Espérance*. Paris, Gallimard, 1976, 1982, 1989. 3 tomes.

CASTRO SOROMENHO. *Terra Morta*. Rio de Janeiro, Casa do Estudante do Brasil, 1949.

_____. *A Chaga*. Lisboa, Sá da Costa, 1979.

_____. *Viragem*. 3. ed. Lisboa, Sá da Costa, 1979.

LABAN, Michel. *Angola. Encontro com Escritores*. Porto, Fundação Engenheiro António de Almeida, 1991.

PEPETELA. *Mayombe*. Lisboa, Edições 70, 1982.

_____. *A Geração da Utopia*. Lisboa, Dom Quixote, 1993.

_____. *Muana Puó*. Lisboa, Edições 70, 1978.

_____. *A Gloriosa Família: O Tempo dos Flamengos*. Lisboa, D. Quixote, 1997.

_____. *Yaka*. Lisboa, UEA, 1988.

_____. *O Cão e os Caluandas*. 3. ed. Lisboa, Dom Quixote, 1996.

_____. *Lueji*. 3. ed. Lisboa, Dom Quixote, 1997.

_____. *O Desejo de Kianda*. Lisboa, Dom Quixote, 1995.

_____. *Parábola do Cágado Velho*. Lisboa, Dom Quixote, 1996.

---

8. *Idem*, p. 316.

7
A Palavra Enraizada de Ana Paula Tavares[*]

As pouco mais de setenta crônicas que compõem o volume *O Sangue da Buganvília*, editado em 1998 pelo Centro Cultural Português de Cabo Verde, foram em princípio escritas para serem lidas em programa da Rádio de Difusão Portuguesa, com emissão também para os países africanos de língua portuguesa. A vinculação dos textos ao meio de transmissão poderia levar-nos a pensar que Ana Paula Tavares, autora de poemas caracterizados pelo apuro da linguagem e a delicadeza do estilo, teria, afinal, cedido à pressão desses tempos mais afeitos à pressa e à exposição, marcas que se contrapõem ao reino dos valores qualitativos em que costumamos situar a literatura. Se os jornais já nos parecem tomados pelo espírito massificante, mais aptos a trivializar as experiências do que a permitir a apreensão do pessoal e do único, o que esperar do rádio, em que a transmissão oral parece (e tantas vezes se torna) tão presa ao circunstancial?

[*] Texto publicado no número 4 de *Via Atlântica*, revista editada pela Área de Pós-graduação em Estudos Comparados de Literaturas de Língua Portuguesa da FFLCH-USP.

São expectativas que, se alimentadas, começam por se desfazer já no primeiro parágrafo da primeira página da primeira crônica. "Língua Materna", o texto de abertura da coletânea vem avisar-nos que não há ali concessão à trivialidade, à banalização. E a leitura das que lhe sucedem vão confirmar que o caminho trilhado leva a outra direção: o trabalho da cronista define-se pelo esforço de recuperar as verdades e a beleza escondidas pelas neblinas enganosas do cotidiano que, longe de serem desfeitas, são, não raramente, alimentadas pelos chamados órgãos de informação. No livro de Ana Paula, a cada crônica, o leitor se certifica da dimensão da tarefa assumida pela escritora e percebe que pode efetivamente confiar nas palavras com que João Nuno Alçada compôs o seu prefácio, registrando a existência de "seres privilegiados que se debruçam sobre a vida para a explicar com a sabedoria poética dos provérbios e ditos antigos, com o conhecimento ancestral dos pequenos fenômenos, ou mistérios profundos que nos vêm desde a Criação do Mundo"[1].

Tendo publicado em 1985 um pequeno livro de belíssimos poemas, Ana Paula Tavares é daqueles casos em que a estreia revela a escrita madura de quem é mesmo do ramo. A força de seus textos em *Ritos de Passagem* motivou, durante anos, uma grande ansiedade dos leitores que aguardavam a nova fornada para confirmar a qualidade do trabalho inaugural. Em 1998, portanto treze anos depois, quando todos esperávamos o segundo livro de poemas, sai esse volume a causar surpresa àqueles privados do privilégio de ouvir a leitura dos textos pelo rádio. O impacto, no entanto, é passageiro: a mudança – do poema para a prosa – que envolve o espaço de expressão de sua voz limita-se à transmutação do gênero, apenas; porque se mantém a concepção da palavra abraçada desde o início.

Na redação dessas crônicas, cuja natureza é tocada pela brevidade do espaço a ser ocupado e pela fugacidade do instante a ser apreendido, estão preservadas algumas das peculiaridades que encontramos no exercício de sua poesia. E, dentre elas, des-

---

1. *O Sangue da Buganvília*, Praia – Mindelo, Centro Cultural Português, 1998.

tacamos o apreço pelo essencial, pelo sentido agudo, refratário ao barateamento das palavras, um dos males da vida mundana. Insurgindo-se contra a loquacidade fácil, como que a ratificar sua posição, a autora não se inibe e declara: "[…] custa tanto a ouvir a palavra desperdiçada nas ocasiões festivas, usadas como enfeite na lapela nas ocasiões solenes, banalizada em discurso de ocasião, manifesto de boas e más intenções mais uma vez a adiar a vida" (p. 49). Constatamos que à volatilidade da transmissão não está ligada a superficialidade da mensagem, nesse caso ciosa do seu dever e seu direito de, em certa medida, transformar o meio.

O gosto pela essência, que a faz desviar-se do supérfluo, não limita o arco dos assuntos a serem tratados. A gama temática nesse conjunto de textos é ampla, refletindo o espetáculo igualmente vário que é o mundo. Mas o que salta à sensibilidade do leitor, mais que a variedade da pauta, é a argúcia do olhar da narradora, cuja capacidade narrativa confere unidade a uma série em princípio descompromissada com a continuidade. A diversidade dos temas, portanto, não espelha a fragmentação do ponto de vista, todo ele recortado pela coerência que resulta da feliz combinação entre o conhecimento adquirido pela leitura e a aprendizagem assegurada pela experiência. Essa "sabedoria", mais próxima do próprio processo de aprendizagem do que de um repositório de conhecimentos, permite que a palavra transite por muitos universos, pois o mundo sobre o qual se debruça também ele é cenário de movimento, e, no quadro a ser delineado, tanto cabe a reflexão sobre a perda e a resistência de tantas utopias como nele se pode inserir a descrição do funge do almoço, tradição quase ritualística nos sábados angolanos.

Ressalte-se, aliás, entre os textos, a atenção que recebe o trabalho feminino, os mais elementares, apreendidos na imprescindibilidade de sua execução. São as oleiras "de mãos que parecem asas" (p. 63), são as mais velhas que, ao preparar o funge e outras iguarias, dão provas de transportar "a secreta ciência dos sabores" (p. 50), são as lentas mulheres que "afastam o sono e iluminam a pouca noite que ainda resta, transformadas em recipientes de várias cores e percorrem as ruas da cidade velha pelos caminhos diários da demanda das fontes" (p. 52). E é também Mary Kingsley, a inglesa que, entre os nomes masculinos – Livingstone, Richard Burton, Henrique de Carvalho, e tantos mais –, imprimiu a marca feminina às narrativas de viagens. Associada ao campo do trabalho, em ações mescladas de arte, empenho, coragem e sofrimento, a mulher tem assinalada a sua dignidade. Diluem-se os mitos vazios de um feminismo retórico ou de um tradicionalismo exotizante, para dar lugar à visão de um grupo que intervém na sociedade em que está inserido. Dessa maneira, Ana Paula não fala pelas mulheres de sua terra ou de outras, fala com elas, reconhece-lhes o lugar que elas já ocupam. É essa uma das maneiras de denunciar uma das muitas injustiças dos tempos que não param de correr.

Avessa aos fundamentalismos, sabe resistir à tentação da idealizar a decantada fragilidade do sexo. Porque é preciso saber distinguir o trigo do joio e de outros cereais, não pode condescender quando a imagem feminina se deixa colar às artimanhas do logro. Em "A Princesa e os Meninos à Volta da Fogueira", uma das mais impressionantes crônicas do livro, desvela-se com lucidez o pacto da hipocrisia celebrado pela mídia. O contraponto entre a gravidade do drama vivido pelas crianças angolanas e o exercício sem pudor de uma bondade de ocasião faz emergir a face cruel de uma imagem emoldurada pelo brilho. A mercantilização da dor de quem não tem nada para vender revela até onde pode chegar o abuso dos civilizados. As cores e formas da devastação e o rosto da "princesa loura e boa" são elementos de uma equação que bem reflete o grau de desigualdade. A serviço de uma causa que não é a declarada, a princesa converte-se em vampiro:

> A guerra, o abandono e a fome são o pano de fundo de seres que a terra mãe nem sempre adotou como devia. Seres crescidos antes do tempo e que se desenvolvem a meio caminho entre uma improvável chegada ao mundo dos adultos e a imprevisível, porque assente numa longa combinação de imponderáveis, construção do dia que passa.

O rosto mais visível da devastação e da guerra tem olhos de criança, tão grandes e espantados como os símbolos solares das pinturas rupestres mais antigas.

A sua trajetória fez-se em câmara lenta num filme de terror com uma duração igual e coincidente com as suas próprias vidas.

É preciso que descansem e possam lamber, em paz, as suas próprias feridas. Mas a princesa loura e boa está atenta, espelho meu, e no seu belíssimo cesto de maçãs, transporta o veneno da exposição, a falta de pudor para falar das feridas dos outros, os seus atos de boa vontade encomendados.

Alimenta-se de sangue e nunca foi ao Huambo: rebenta minas no cinema, na televisão e na rádio (p. 93).

Engana-se, porém, quem pense que o texto investe apenas contra a celebração individual da princesa eleita pela mídia como a portadora dos valores humanitários. A crítica é mais contundente e, ao denunciar a lógica da comunicação no mundo moderno, essas duas páginas abordam pontas ocultas do horror e da iniquidade ainda servidos aos desvalidos. Com base em signos como espelho, duendes, dragões, caçadores e todo um universo de magia, a narradora destaca a inviabilidade da própria fantasia quando as feridas da guerra são o pão de cada dia. A espoliação assim chega ao nível máximo e como compensação parece restar apenas a solidariedade de encomenda, que mais serve a quem finge oferecer do que a quem precisaria receber. A harmonia do *happy end* dos contos de fada é manchada: não é gratuita a alusão ao cesto de maçãs que, nas histórias infantis, faz parte da bagagem das bruxas interessadas em derrotar as princesas. Na composição da figura da heroína, a ambiguidade é fonte de perturbação e contamina a generosidade, o desvelo, o desprendimento, todos os traços de um comportamento vendido como reserva de humanidade em tempos tão sombrios. Com fina sensibilidade, a inteligência da autora demonstra que o que parece uma exceção é, na realidade, a expressão desses tempos – pois, instrumentalizados, os bons sentimentos apenas realçam a intensidade da exclusão. A conclusão é capital: num mundo assim organizado, até mesmo a imemorial ligação entre a infância e o reino dos príncipes e princesas está quebrada.

Nessa era de extremos, como bem chamou Eric Hobsbawn, o célebre historiador inglês, é necessário construir novos instrumentos para compreensão das coisas. A lâmina da poesia tem sido uma ferramenta adequada para penetrar em câmaras fechadas, em cantos escuros, por isso a ela a cronista se apega e seus textos atestam que a opção pela prosa, e pela prosa curta, não postula uma ruptura com o lírico. Ao contrário, através dos textos, vamos percebendo que a intimidade com a poesia manifesta-se de modo vivo, uma comunhão materializada no inesperado das imagens, na busca do insólito para falar do desconcerto do mundo. O gesto de escrever parece simultâneo ao ato de compreender as coisas em torno, a observação direta completando-se, sem inibição, na interlocução que procura estabelecer com outros artistas da palavra. E novamente a ausência de preconceito dá o tom. Muitos de muitas paragens são convocados e comparecem ao texto, seja em forma de epígrafe, de citação, ou de objeto do olhar. Gente diversa, identificada com terras e origens numerosas. Do Leopold Senghor ao compositor brasileiro que se faz presente pelo verso curtinho: "Oh, insensatez..." E o cortejo se completa com Sophia de Mello Breyner, André Brink, Luandino Vieira, Mia Couto, Ruy Duarte de Carvalho, Honorat Aguessy, Eduardo Lourenço, Virgínia Woolf, Georges Duby, Antonio Callado, Leite de Vasconcellos, David Mestre, Ungulani Ba Ka Khossa, Gabriel Mariano, Beatriz... Historiadores, antropólogos, escritores, pessoas anônimas e celebridades, todos são convidados a integrar essa rede de estórias acolhidas nas crônicas.

Se o mundo da poesia é o campo onde, por excelência, sua pena circula, a linguagem é tratada com cuidado. As imagens são cultivadas, a escolha dos vocábulos recebe grande atenção; a crença na ilusória objetividade da função denotativa é abandonada, instituindo-se a capacidade de sugerir como critério de seleção dos termos. A aparente referencialidade que pensamos encontrar na prosa solta é pretexto para falar de coisas fundas que o dia a dia acaba por turvar. Sem prejuízo da inteligibilidade que convém ao texto para ser ouvido – em lugares nem sempre apropriados para o ato –, a escrita refina-se no uso dos recursos que definem a força da economia poética: a adjetivação recusa o exagero, as metáforas fogem ao previsto, os nomes procuram reduzir o abismo entre eles e as coisas. O predomínio da coordenação, eixo predominante na língua oral, combina-se com o imprevisto das associações com que se recorta o desenho de cada cena apresentada. Entre a voz que narra e o mundo narrado não existe o distanciamento da épica convencional, e as palavras traduzem a contração expressando a porosidade de um narrador nítida e serenamente comprometido com o que declara.

Na composição, impõem-se as sugestões do espaço primordial. Sem cruzar as linhas de um nacionalismo militante, a cronista deixa nítida a geografia que marca o seu modo de ver o mundo. É, pois, essencialmente africana a paisagem que orienta os seus sentidos. Congo, Cabo Verde, Kinshasa, Guiné, Wiriamu, Kalahari e tantos outros topônimos despontam confirmando as marcas da origem. Mas é principalmente Angola que nos surge a cada passo: as serras da Huíla (sua província natal), as pedras da Kibala, o Huambo atingido pela guerra, o Dondo, o Kiapossi, as ruas maltratadas de Luanda… Seguindo talvez o exemplo de António Cadornega, sobre qual se detém num de seus textos, ela parece ter igualmente percebido que "a história não é imune à consistência dos lugares onde se passa e que, por sua vez, a perpassam" (p. 17).

Com efeito, os lugares e suas marcas constituem uma das presenças relevantes em todo o livro. Sem se confundir com um diário, a coletânea incorpora traços dos livros de viagem, investindo na memória como uma via de conquista do que parece perdido. As incursões realizam-se, então, também na dimensão temporal, e a viagem se faz e se refaz, buscando alcançar o distante, no espaço e no tempo, sem ignorar a energia e a relevância do contemporâneo e do contíguo. Nas revisitas ao passado, desmancha-se a atmosfera nostálgica, para que a recordação, colhida em jogo dinâmico, venha iluminar o presente, remarcar as linhas e as cores que delineiam a vida atual. A memória atua na organização do presente, o que já aconteceu funciona como um impulso no difícil exercício de compreender os fatos e seus ritmos.

Tão importante, a memória é ela própria um dos temas frequentes entre as crônicas. Em pelo menos três, a discussão aparece ligada à questão dos museus e sua organização. Fala aqui também o cuidado da historiadora, sempre sensível às trapaças do tempo. A relação, todavia, não foi sempre de total adesão. Em "Achados e Perdidos", a confissão está clara:

> Durante muito tempo havia uma relação confusa de profundo mal-estar quando olhava aquelas máscaras alinhadas segundo critérios de tamanho e conveniências de feitio. Era um mal-estar provocado com a dimensão funerária de tudo aquilo do qual me era tão difícil separar. Cemitérios de estátuas cegas mortas de gesto, de linguagem e de corpo (p. 100).

Contra a reação, atuou a consciência de que essa história um pouco aprisionada, frequentemente retida tão longe do contexto onde foi vivida, tem seu dinamismo, guarda sua magia na existência de um "outro museu detrás das coleções expostas". Na recuperação do papel da instituição que permite "atravessar os espelhos da memória e a procurar identidades perdidas no chão dos antepassados onde vivemos" (p. 101), reflete-se, sob outro prisma, a capacidade de perscrutar o oculto dessas crônicas.

Delas pode-se dizer ainda que refletem uma extraordinária consciência do ato de escrever. A presença flagrante da metalinguagem projeta a atuação de uma inteligência que se dispensa de artificialismos e que assume, sem qualquer traço de arrogância, uma certa dimensão pedagógica que a literatura pode desempenhar. Nesse domínio, podemos incluir as citações de eruditos e populares, a capacidade de transitar por ordens culturais diferentes, recusando-se a hierarquizar os valores e ensinamentos que daí retira. À vontade, em atitude francamente favorável à circulação de ideias e verdades, permite-se associar Barthes aos mais velhos Cokue e Lunda, os teóricos da literatura francesa à Beatriz – a dona da panela de histórias ouvidas na infância. A disponibilidade para aprender e dividir a aprendizagem transforma-se num antídoto contra a descrença e, apesar de muitos apesares "nestes tempos da cólera perturbado e doente" (p. 139), parece possível e saudável escapar ao niilismo a que tanta coisa convida, especialmente a certeza de um (o seu) continente a arder. Nesse sentido, a prática metalinguística deixa de configurar um ato de fechamento, um modo de exprimir a autonomia do literário, como, segundo Alfredo Bosi, ocorre nas realizações da poesia assombrada pelo pessimismo[2].

Ao refletir sobre o código de que se vale, a autora relativiza o conhecimento, questiona certezas, mas não subscreve essa espécie de tratado negativista das teorias pós-modernas. Talvez resíduo de uma restante utopia, revela-se o desejo de acreditar que o texto funcione para além de si mesmo. Levemente, em tom de rebeldia sutil, deixa escapar:

> Felizmente a palavra dissidente ficou de fora, pronta a usar: exerce sobre nós a enorme sedução do fruto proibido, durante tanto tempo, do sabor a loengos selvagens: corta os lábios, fere a boca, mas cura a sede e apazigua a fome.
> Colocada lado a lado da responsabilidade que nos cabe na transformação deste mundo dos homens e das mulheres, sabe a pouco, mas como é bom usar! (p. 91)

Identificadas com o presente, como é próprio do gênero e do veículo para o qual foram destinadas, as crônicas de Ana Paula propiciam formas de se estender a força do instante captado. O passado, visitado através da evocação, associa-se ao futuro anunciado com jeito de vaticínios, o que faz com que o texto persiga a função desempenhada na tradição oral. Basta lembrarmos das lições de Walter Benjamin, para quem a ação

---

2. *O Ser e o Tempo da Poesia*, São Paulo, Cultrix/Edusp, 1977.

do narrador tradicional residia no conhecimento acumulado pela força da experiência[3]. Eco de uma realidade pautada pela transição, a palavra constrói-se revelando-se também um ato de fronteira, deslizando entre o campo e a cidade, e a autora reforça sua autoridade colhendo de positivo o que essas matrizes podem oferecer. Na cidade, a extração tem lugar nos livros e nos museus, essas catedrais do saber codificado pela escrita e pela pesquisa. No campo, a colheita se oferece no contato direto com os sábios que têm na memória (sempre ela) a fonte essencial. Com esses narradores fadados à extinção pela impessoalidade do universo dominado pela informação, Ana Paula insiste em aprender, seduzida pela capacidade de trocar experiências tão rarefeita na contemporaneidade.

Cabe observar que é bastante reduzido o espaço ocupado pela crônica na história da literatura em Angola. Povoada por grandes poetas e expressivos ficcionistas, seu repertório não reúne uma galeria significativa de cronistas, muito embora seja patente o grande interesse da produção de Ernesto Lara Filho, no passado, e hoje já se possa assinalar a atuação em alguns jornais, sobretudo portugueses, de escritores como Pepetela, Ruy Duarte de Carvalho e José Eduardo Agualusa. Mesmo as relações tão frutuosas com a literatura brasileira – em cujo repertório têm lugar destacado nomes que vão de Machado de Assis aos poetas Manuel Bandeira e Carlos Drummond de Andrade, passando por verdadeiros cultores do gênero como Rubem Braga, Paulo Mendes Campos, Fernando Sabino, Otto Lara Resende – não tiveram forte repercussão nesse campo. Também por isso, merece muita atenção a atividade de Ana Paula, que, na opção por uma atmosfera peculiar, com base no uso de uma linguagem tingida por um certo aspecto solene, estabelece um caminho muito próprio. A comunicabilidade por ela pretendida passa ao largo, por exemplo, do clima de coloquialidade muito presente entre os brasileiros ci-

---

3. "O Narrador (Considerações Sobre a Obra de Nikolai Leskov)", *Obras Escolhidas, 1: Magia e Técnica, Arte e Política: Ensaios sobre Literatura e História da Cultura*, 7. ed., São Paulo, Brasiliense, 1996, pp. 197-221.

tados. A voz que se desata em cada texto parece bem mais próxima da família dos narradores da tradição oral, convicta, portanto, do seu papel de matriz de ensinamentos, ainda que se permita confessar perplexidades impostas pela confusão ou pelo vazio da vida na sociedade balizada por valores quantitativos.

Diante de cada crônica, agora impressa nas páginas do livro, o leitor, atento, vai percebendo que os textos, de fato, se lidos em voz alta, potencializam-se, porque guardam na elaboração de seus argumentos uma densa ligação com a oralidade. Uma oralidade que não é de comício, como alguns dos poemas orientados para o contato com as massas, nem de salão, como aqueles adequados aos saraus românticos. As crônicas de Ana Paula Tavares remetem, suavemente, à roda da fogueira, lugar de aprendizagem e crescimento na tradição africana. Ao investir nessa evocação, a escritora não consegue recuperar, evidentemente, a inteireza de um passado irremediavelmente perdido (como, aliás, qualquer passado), mas consegue manter viva uma referência fundamental de seu patrimônio cultural. Delicadamente, sua proposta confirma a viabilidade do rádio como uma atualização do tambor tribal, expressão utilizada por McLuhan, o famoso teórico da comunicação, para quem "o rádio é uma extensão do sistema nervoso central, só igualada pela própria fala humana"[4]. Da dimensão de aldeia, comumente associada a esse veículo de comunicação que fique, contudo, afastada a velha ideia de massificação de verdades com que se ameaça qualquer franja de autonomia. Num mundo onde os meios são cada vez mais a mensagem, Ana Paula relativiza o caráter autoritário que pode ter a voz quando mediada pela tecnologia ao escolher a carga sugestiva da poesia como instrumento de revelação.

Assumindo o compromisso contra a fragmentação que vitima o homem, a autora reclama para a sua obra algumas das funções pouco prestigiadas no mundo mercantilizado do presente: a função de satisfazer a necessidade de fantasia que distingue os homens, a função educativa, e a função de conhecimento do

4. *Os Meios de Comunicação*, p. 340.

homem e do ser. Ou seja, nas palavras de Antonio Candido, a função humanizadora que é a "capacidade de confirmar a humanidade do homem", exprimindo-o e atuando em sua própria formação[5]. A aposta na humanização em pleno reino da mercadoria ajuda-nos a compreender, inclusive, a escolha da buganvília que dá título ao volume. Segundo a voz autorizada da cronista:

Assim as nossas raízes de ferreiros muito antigos vão resistindo ao vento e à tempestade destes últimos tempos que, mais que o vento ou a areia do deserto, nos experimenta os corpos e vai retorcendo as almas.

Por isso, às vezes tenho dúvidas e dificuldades quando a conversa tem que ver com buganvílias. É que estas coisas de parentesco são muito difíceis de conhecer bem e distinguir nas nossas terras.

De uma coisa estou certa, venha quem vier, mudem as estações, parem as chuvas, esterilizem o solo, somos cada vez mais como as buganvílias: a florir em sangue no meio da tempestade. (p. 35)

REFERÊNCIAS BIBLIOGRÁFICAS

BENJAMIN, Walter. "O Narrador (Considerações Sobre a Obra de Nikolai Leskov)". *Obras Escolhidas. I: Magia e Técnica, Arte e Política: Ensaios sobre Literatura e História da Cultura*, 7. ed. São Paulo, Brasiliense, 1996, pp. 197-221.

BOSI, Alfredo. *O Ser e o Tempo da Poesia*. São Paulo, Cultrix/Edusp, 1977.

CANDIDO, Antonio. "A Literatura e a Formação do Homem". *Remate de Males. Antonio Candido,* (especial): 81-89, 1999 (Campinas, IEL-Unicamp).

MCLUHAN, Marshall. *Os Meios de Comunicação*. São Paulo, Cultrix [s.d.].

TAVARES, Ana Paula. *O Sangue da Buganvília*. Praia – Mindelo, Centro Cultural Português, 1998.

_____. *Ritos de Passagem*. Luanda, União dos Escritores Angolanos, 1985.

---

5. "A Literatura e a Fomação do Homem", *Remate de Males, Antonio Candido* (especial):81-89, 1999.

8
A Poética de Ruy Duarte de Carvalho: Memória e Cumplicidade

Para Danilo, amigo imenso.

Sinto-me colorido de todos os matizes do infinito. Nesse momento, eu e o meu quadro somos um só. Somos um caos irisado. Vou ao encontro do meu motivo, perco-me nele.

CÉZANNE

As palavras do grande pintor, destacadas pelo ensaísta brasileiro Davi Arrigucci Jr. em seu famoso ensaio sobre o poeta Manuel Bandeira[1], erguem-se como sinais adequados à iluminação da obra poética de Ruy Duarte de Carvalho. Esse desejo de tudo e a comunhão, a um só tempo tensa e harmoniosa, entre o sujeito e seu objeto materializam-se em seu trabalho com a força que a arte inquietamente lúcida permite. Nos movimentos que compõem o encontro entre o poeta e a poesia – matéria e luz – ela se reinventa, como um fazer constante, lugar onde o sentido do concreto se funde com a emoção do inesperado, quase indizível. Ao fixar-se no objeto, cujos contornos deve perseguir, o olhar

---

1. Davi Arrigucci Jr., *Humildade, Paixão e Morte: A Poesia de Manuel Bandeira*.

do poeta reconhece que precisa, simultaneamente, exercitar a percepção que o ofício reclama e extrair a carga simbólica que ali se guarda. Desse modo, a poesia se faz conhecimento e ultrapassa a dimensão de gratuidade de que também se pode valer:

> Sei medir hoje, enfim, com muito mais rigor, a força da distância
> Sei decompô-la em tempo, espaço, velocidade e som.
> ....
> Das viagens não conservo uma noção que exceda um breve
>   sono, sonho, lapso de altura, vertical perfil.
> Vou arriscar uma noção de ausência a elaborar humilde na hora
>   do encontro / reencontro.
> Imponho à tela crua que teci distante
> (e que transporto do país do sono)
> a forma testemunho da memória
> A minha percepção faz-se madura[2].

Associado ao plano da memória, que "a forma testemunho" vem assegurar, o exercício poético reassume a função quase mágica, em tempos de abstração e egoísmo, de reacordar sentidos, retecendo malhas caracterizadas pelo corte – fendas que situam o homem no espaço desconcertado do desencontro. Movimento em direção ao outro, a poesia se define como uma energia que acredita e, portanto, busca a aliança com o outro, força mítica que, na pluralidade do tempo poético, vai assumir diversas formas.

Essa necessidade de avançar num tempo pouco favorável à comunhão parece indicar a Ruy Duarte o caminho da epopeia como um recurso capaz de garantir a superação dos obstáculos que a passagem implica. O seu é mesmo o destino de um caminhante, lúcido na tarefa heroica de percorrer todas as paisagens; inclusive aquelas que vão, através dos ciclos, sendo inventadas:

---

2. Ruy Duarte Carvalho, *A Decisão da Idade*, p. 29.

Venho de um sul
medido claramente
em transparência de água fresca de amanhã.
De um tempo circular
liberto de estações.
De uma nação de corpos transumantes
confundidos
na cor da costa acúlea
de um negro chão elaborado em brasa[3].

A mesclagem desses elementos, que, de algum modo, integram uma espécie de mitologia pessoal do poeta, não abstrai da cena poética a presença revitalizada do real. Através de uma diversidade de procedimentos artísticos, sua opção afirma-se numa outra direção: recoloca-se, tal como ocorre na obra dos grandes poetas universais, o potencial literário da realidade. A lírica, conjugada com os valores e modelos da épica, redimensiona-se numa articulação que apreende a emoção estética num esforço de desbanalização do mundo que passa, essencialmente, pela compreensão da palavra enquanto poder simbólico. Não se pode ignorar, nesse sentido, que a autonomia relativa de que se reveste, como símbolo, será concretizada no ato de redesenhar o mapa do real. A imagem de um "negro chão elaborado em brasa" configura-se como um indício desse projeto ancorado na superação que não despreza os limites do chão em que se funda, mas que salta sobre eles, trazendo-os consigo, feito um voo que não se desprende da sombra que projeta.

O processo de juntar realidade e poesia, resgatando do repetido e insólito jogo da vida o sentido mágico que o cotidiano pode turvar, constitui uma tarefa que exige o domínio e, não raro, a fabricação dos instrumentos necessários à expressão das verdades que se querem anunciar. É nesse instante que a sondagem lírica afia as suas armas e, associando-se ao terreno épico, aponta para um dos signos da modernidade literária: a diluição

---

3. *Idem*, p. 13.

das fronteiras entre prosa e poesia. Assim, já em *A Decisão da Idade*, primeiro livro de Ruy Duarte de Carvalho, deparamo-nos com a presença maciça do verso livre, procedimento estilístico que também encantou os modernistas brasileiros. Em "Chagas de Salitre", a inconstância do metro alia-se a uma especial seleção do léxico para compor um quadro poético cuja marca é a assimetria e a dissonância:

> Olha-me este país a esboroar-se
> em chagas de salitre
> e os muros, negros, dos fortes
> roídos pelo vegetar
> da urina e do suor
> da carne virgem mandada
> cavar glórias e grandeza
> do outro lado do mar.
> Olha-me a história de um país perdido:
> marés vazantes de gente amordaçada,
> a ingênua tolerância aproveitada
> em carne. Pergunta ao mar,
> que é manso e afaga ainda
> a mesma velha costa erosionada.
> ....
> Olha-me amor, atenta podes ver
> uma história de pedra a construir-se
> sobre uma história morta a esboroar-se
> em chagas de salitre[4].

No plano fônico, o predomínio do som consonantal da vibrante simples sonora ("muros", "negros", "urina", "história" etc.) confere ao processo rítmico uma impressão de aspereza que enfatiza a atmosfera inóspita de um tempo preenchido pela noção de carência. A dureza de um espaço histórico cruzado por "rios renovados de cadáveres / os rios turvos do espesso deslizar /

---

4. *Idem*, pp. 9-10.

dos braços e das mãos do meu país"[5] não se pode exprimir no compasso de doces acordes, nas cordas ritmadas de suaves sequências. A suavidade – eco do confortável e do previsto – é, portanto, banida. Com ela, porém, não se afasta a esperança, sutilmente anunciada na "história de pedra a construir-se / sobre uma história morta a esboroar-se / em chagas de salitre"[6].

Ainda que os versos citados falem por si, prenunciando a obra em forma mais completa, vale reiterar que a aproximação com a prosa, longe de assinalar um empobrecimento da poética de Ruy Duarte, proporciona, na verdade, uma manifestação do notável domínio do poeta. Livre, seu verso trabalha na concepção de uma convenção poética que nasce precisamente da comunhão da poesia com a terra e com a consagração de um universo que ele escolheu como o espaço privilegiado para demarcar a sua viagem. Poeta transumante, Ruy Duarte pastoreia as palavras e, com elas, propõe novos sentidos que o leitor pode (e deve) acordar.

A adesão do poeta a temas próprios daquele campo que se cola ao seu ângulo de visão revela o à vontade com que ele transita pelas *anharas* que elegeu como solo de sua poesia. A noção do concreto borda-se na escolha de palavras tonalizadas pela força material. Essa organização artística, adensada pela nitidez das referências do universo ainda pouco percorrido, mesmo pelos poetas angolanos, tem por base um conjunto de princípios que amplia a complexidade da literatura, sobretudo na representação estética de uma dicção que escapa aos limites da fala luandense, recorte até então privilegiado no panorama literário de Angola. No texto de Ruy, impõe-se o coro de outras vozes, que irrompem de outros quadrantes do país e vão, sem dúvida, contribuir para a conquista do canto coletivo que ali precisa nascer.

O deslocar-se para outros terrenos, pouco devassados inclusive pelo olhar atento dos leitores dessa literatura, constitui um dos motivos singularizadores da arte de Ruy Duarte. Sua per-

---

5. *Idem*, p. 9.
6. *Idem*, p. 10.

cepção percorre as terras do país, matura a energia com que se pode captar a multiplicidade de um mundo onde as noções de unidade e diversidade necessitam coexistir concertadamente. Exercício de conhecimento de uma realidade cambiante e vibrátil, escrever define-se, então, como um jogo em que se deve aprender a natureza heterogênea do real, buscando a totalidade que se identifica com a fisionomia múltipla e plasmada do caos. Sob esse aspecto, cada objeto é também a sombra que projeta, imagem que não pode, assim, ser desprezada, sob pena de se oferecer uma visão mutiladora do instante que se quer flagrar.

Inserida num tecido social em que o novo e o desigual compõem a nota dominante, a adoção do verso livre traduz uma atitude artística especial, até porque diferenciada em relação a alguns espaços onde ele também foi utilizado. Do mesmo modo que se dá no Brasil, o uso desse recurso não evidencia uma "crítica de estereótipos da vida moderna e do avanço da reificação"[7], mas associa-se ao esforço da descoberta de diferentes ângulos e do desvelamento de situações várias. São essas, cumpre assinalar, operações coerentes com a concepção de poesia como ato de conhecimento, traço já por nós destacado no gesto poético de Ruy Duarte. A atitude literária converte-se, desse modo, em investigação da realidade, em passo para a sua compreensão, tendo em vista o desejo de perceber as contradições que a vida permite. Meio de expressão e, a um só tempo, instrumento de pesquisa, o verso participa do processo de organização da consciência, agudizando o modo de apreensão e depuração do real transfigurado em matéria poética.

Considerando a madura angolanidade dessa poesia, é preciso observar a especificidade desse caráter oral que ali se pode surpreender. Ruy Duarte vai além da opção pelo verso livre e apropria-se de construções da fala comum. O tom da oralidade é por ele captado, atuando na composição de um texto que, sem renunciar à tensão moduladora do poético, assume a continui-

---

7. Davi Arrigucci Jr., *op. cit.*, pp. 49-50.

dade do discurso prosaico, cuja sintaxe é desabridamente incorporada, como se pode notar em "Um Homem Vem Ardendo":

Um homem vem ardendo na sua segurança e depois semeia estrelas por aí.
Traz mãos pendentes onde o sangue aflui e punhos brancos de ostensiva fé. Mal suporta a claridade de um primeiro olhar. Ocorre-lhe de súbito o peso dos testículos, a densidade líquida das mãos, uma urgência antiga de projectar-se erecto. Um homem traz consigo um rosto opaco que a surpresa urdiu, o véu esculpido da certeza oculta, preserva no sorriso a segurança nata e oferece, no olhar, uma estação de cereal maduro

....

Um homem vem fundir geografias, polarizar as forças da manhã deserta, vem fecundar as latitudes nuas e violar segredos de falésias. Um homem vem, destrói a derradeira proteção da lenda, transita triunfante a bruma do silêncio, afaga, da idade, o corpo descuidado, revolve-se na febre, despoja-se de si e oferece o peito.

Um homem vertical em seu desgosto, perdido no seu eco, um homem que alterou conjugações de estrelas, e uma noção de espaço conquistado e em espaço se transmuda renovado.

....

Um homem para então para descobrir
que até o pranto lhe confere o crime
e a culpa que o investe sobrenada o tempo
    Decide então morrer
    que a sua força aqui não se contém[8].

Entre o mágico gesto de semear estrelas e a decisão da morte, inscreve-se o percurso do homem que atravessa, pensando talvez atar as pontas da vida. Entre um momento e outro, insinua-se a força do instante em que é possível "fecundar latitudes" e transitar "triunfante bruma do silêncio". Na descrição do rotei-

---

8. Ruy Duarte Carvalho, *A Decisão da Idade*, pp. 49-50.

ro, a presença dos sinais positivos, demarcadores de um itinerário que o aproxima do herói que

> [...] desvenda as claridades do seu peito, produz formosas coisas com seus dedos, põe-se a reordenar os horizontes, atinge mortalmente as formas com o olhar, progride nas tarefas da conquista e chama a si as referências do lugar [...][9].

Para se perfazer tal itinerário, apresentam-se a estratégia da fusão entre o abstrato e o concreto e o recurso às associações imprevistas, métodos eficientes para que se operem as desejadas transfigurações. No reino dessa mitologia singular, centrada na figura de um herói que é dono de impensados gestos, intervém a força diluidora de um ritmo marcado pela distensão no plano das sequências verbais. Presentifica-se também aquela energia nervosa, resultante, muitas vezes, do insólito das combinações.

Além da atmosfera elíptica que cerca o texto, verifica-se, também como marca poética, a disposição das palavras no espaço branco da página. O uso gráfico como meio expressivo propõe um ritmo que não é o da continuidade. O tom narrativo não significa, portanto, um abrandamento da hora entrecortada por rupturas que se impõem, suspendendo habilmente a fluidez da leitura. A oralidade não se confunde, pois, com a noção de coloquialidade, espaço de realização de um discurso descontraído, quase sempre medido pelo senso do conhecimento prévio. Os traços da oralidade evocada não distendem a linha retesada que emoldura a cena, e a palavra assume primordialmente a sua face ritualizante, integrando-se à cerimônia. A retórica é tonalizada pela vivência de momentos essenciais da experiência humana. Inventariando as passagens que o ritual enuncia, o poeta se faz o narrador de passos de um destino que a sua memória recupera e organiza. Estamos assim diante do *efabulador* de que nos fala Aristóteles em sua *Poética*.

---

9. *Idem*, p. 49.

A ligação entre poesia e experiência explicita, no trabalho de Ruy Duarte, o desempenho do poeta como um narrador cuja voz exprime uma relação telúrica com o universo escolhido, ato que se radicaliza na cumplicidade entre o poeta e a sua poesia, entre o ser que escreve e a palavra que segue nomeando seres e fundando verdades. A função da memória como vetor do jogo discursivo ressurge, fazendo-nos pensar nas colocações de Walter Benjamin em seu decisivo estudo sobre o narrador: "[…] somente uma memória abrangente permite à poesia épica apropriar-se do curso das coisas, por um lado, e resignar-se, por outro lado, com o desaparecimento dessas coisas, com o poder da morte"[10].

A construção dessa inteireza, de que a cumplicidade é sinal, também se vai marcar na densidade que ganham os seres e objetos na obra em questão. Em "Vou Caminhar em Frente"[11], uma pista para a leitura desse fenômeno pode ser colhida no subtítulo – "(cartão de despedida para o José)" –, referência contextual, cuja importância se amplia em função da recorrência no próprio corpo do texto. O *José*, a que se destina o poema (ou prosa?), ressurge no texto, feito, portanto, personagem especial no discurso poético. A partir do nome – a que não faltariam ressonâncias mítico-culturais – faz-se a imagem, carne nascida de um verbo que recupera o poder e tangencia a dimensão do mito, destinatário e móvel dessa fala. A corporeidade da palavra literária não se valida na aderência do poeta ao mundo que quer contar. A experiência da comunhão –

Não é que não me baste esta distância de que sorvi o humor de uma prenhez serena, cálidas tardes de exaustiva entrega, segredos fundos de um convívio extremo, entendimento mútuo na mútua geografia[12].

---

10. "O Narrador (Considerações Sobre a Obra de Nikolai Leskov)", *Obras Escolhidas*, I: *Magia e Técnica, Arte e Política: Ensaios sobre Literatura e História da Cultura*, 7. ed., São Paulo, Brasiliense, 1996, pp. 197-221.
11. Ruy Duarte Carvalho, *A Decisão da Idade*, pp. 55-56.
12. *Idem*, p. 56.

– se converte nas palavras de despedida e se faz poesia, potencializando literariamente um nome que, ao que tudo indica, estaria ancorado entre as dobras da realidade. Transformado em matéria poética, o selo do real reveste-se de uma força significativa mais ampla e complexa, confirmando essa capacidade que é uma das razões de ser da literatura.

Nesse processo de poetização, distingue-se a transfiguração da terra angolana. Convertida em imagem, sólida e plural, ela é tomada enquanto paisagem literária, alimentando a formulação de signos mitopoéticos que se espalham pela obra através da referência a *savanas, chão de argila, horizontes, latitude, costa, continente, chão* etc., elementos que, articulados com o *vento*, a *luz*, o *mar*, o *fogo*, a *cor*, a água, o *silêncio*, para citar alguns, vão traçando as coordenadas de uma geografia que é, acima de tudo, o lugar propício ao encontro do poeta com o seu projeto, com os objetos de sua paixão. Feito de realidade e sonho, organiza-se o imaginário desse espaço, pedaço de memória buscando representar fragmentos do passado que, mesclados a traços do presente, investem num processo, cujos limites parecem iluminar estilhaços de um sonho utópico, orientado para o resgate de sentidos submersos nas águas da circunstância. Tecido no espaço fraturado das lembranças, o movimento poético define-se como um princípio ordenador dos círculos segmentados, recuperando para a linguagem o papel de catalisar os significados perdidos no opaco universo das rupturas.

Numa espécie de simbiose, a relação com a *terra* faz-se como um ritual de aprendizagem, em que os dois – o poeta e o objeto poético – combinam-se, condensando sensações, produzindo uma forma de equação em que os componentes redimensionam a porosidade de uma linguagem tantas vezes hermética, fechada mesmo aos não-iniciados, tal como nas cerimônias ancestrais de que o repertório cultural se faz. Em textos como "Remate – A Decisão da Idade", a lição vinda da terra, resguardada nas veredas da memória, se oferece como bênção em contraposição à violência imposta:

Que nos acorra a voz que se levanta
dos continentes todos onde exista
a voz antes cativa que a cobiça
espalhou com cega mão.
Ao grito universal que nos ocorre
das latitudes onde um gesto audaz
ditou ao tempo e a dimensão
da nova face alegre e libertada
temos para opor a bênção da memória
que o sangue nos transporta de outra idade:
a milenar constância das fogueiras
o testamento grave dos mais velhos
a mensagem fugaz das tempestades
a muda vigilância das imagens[13].

Da voz reanimada, que brota do ventre grávido da terra, é que se pode fecundar a resistência renovada do real. O carácter cambiante da vida viabiliza a metamorfose postulada pela quebra do silêncio, pela formação de um canto onde se oculta a força herdada de outros tempos:

Escolhei a voz que traga das manhãs
a bruma vivicante dos cacimbos
e traga de novembro a fruta azada
nas primeiras chuvas da estação
e traga das lagoas a abundância
do peixe renascido das anharas
e dos extremos norte o azeite grosso
que a mãe do vinho dá da cor do sol
e dos extremos sul traga o tropel
da transumante sede das manadas
e da costa o coral e a novidade
das vozes de outras raças que renascem
É necessária a voz que acorde enfim

---

13. *Idem*, p. 88.

a voz calada e cega para os sinais
que hão de bastar à voz para conquistar
o espaço devolvido ao eco e à paz.
....
Das margens dos desertos e dos lagos
das costas promontórias e soberbas
da humidade verde das florestas
da surda alacridade dos pauis
da ausência dilatada em areais
que ao norte e ao sul inscrevem a savana
do leste e do poente
e das montanhas onde o céu se inventa
um corpo se dimana a reclamar manhãs
que a voz promete e a decisão conquista[14].

A lírica, já tingida pelos matizes da épica, alimenta-se também com as cores do dramático. A estrutura teatralizada de "Noção Geográfica – Poemas para Cinco Vozes e Coros", demonstra a densidade textual que caracteriza a produção de Ruy Duarte de Carvalho. A divisão estrutural do poema evoca construções literárias da Antiguidade, lançando mão de procedimentos que, sem qualquer prejuízo para a coerência do projeto artístico do autor, refletem a complexidade do momento novo e atualizam uma nova lógica relacional entre criação literária e realidade. Dialogando com a grandiloquência do universo grego, os elementos que emergem à cena poética trazem como fundamental a problematização de um novo pacto, de onde possa resultar um equilíbrio capaz de reduzir o travo da desigualdade.

Nessa aliança com a terra, a palavra é também fecunda, tornando-se depositária de poderosa energia, com a qual fortalece a luta ali representada. A relação que se estabelece é, na verdade, dialética, e o confronto entre polos parece se fazer no terreno da harmonia, quando a tensão não se torna sinônimo de conflito

---

14. *Idem*, p. 91.

ou antinomia permanente. Os atributos do feminino e do masculino, por exemplo, se alteram, completando-se. Desse jogo, fundado na mutabilidade, parece decorrer uma conjunção de valores e daí, desse lugar especial, se pode vislumbrar a expectativa de uma luz em sua intensidade máxima:

FEITICEIRO
Eu sou o investido, o possuído
oficial dos mortos e da vida
receptáculo da argúcia
unidor do querer e da vontade
condutor dos fluidos que interferem mansos.
……………………………………………….
Inscrevo o homem na sagaz leitura
de forças e sinais e culto e acção.
Apago os contornos para tecer a trama
da interferência do que é vivo e morto
do que é macho e fêmea
do que é mudo e aceso
do que é lento e lesto
ardente e extinto
perdido e novo.
Invisto a forma erecta da palavra
de encontro ao ventre manso da matéria.
Apelo para o silêncio que antecede o Verbo
apelo para o Verbo que fecunda o nada
e ao fecundar inventa
e ao inventar nomeia
e ao nomear modela
e ao modelar produz
e ao produzir oferece
a forma coabitável que o silêncio aceita.

CORO
Que ao fecundar inventa
e ao inventar nomeia

e ao nomear oferece
a forma coabitável que o silêncio aceita.

FEITICEIRO
Apelo para o silêncio
e para o Nada que se expõe à voz
A feminina condição do espaço
aberta à masculina decisão do verbo[15].

O desejo da poesia como espaço da cumplicidade se torna mais nítido sob a luz da terra como signo essencial. A comunhão pretendida, aqui, aspira à totalidade, numa formulação que ignora as fronteiras entre os reinos. O vegetal, o mineral e o animal parecem unir-se num projeto que inaugura a possibilidade de um novo velho sonho em que as diferenças são suavizadas em nome de uma identidade maior. A pedra, a árvore, a cria, a água, o corpo, o fogo, as estações, o sangue, a sombra, a voz, o ventre, a noite, o sal, o verbo, tudo deve concorrer para a sagração de um tempo em que estrangeiro é apenas o movimento que rompeu a ordem e instaurou o medo. Contra ele se elabora a ação que vai assegurar a certeza da vitória. O prolongamento dos elementos, explícitos em passagens como:

Um tempo tanto importa
de fartura quanto de surda seca se devolvido à noite
um nome dado aos corpos para demandar a chuva
Uma palavra que arboresça as mãos e amadureça os frutos[16].
Meu sangue e o continente escorrem juntos
da Ponta Albina às ilhas deste mar[17].
Teço os meus panos das folhas da sombra
cubro os meus seios do suor que escorro
enlaço os cabelos com as cordas do esforço
e enfeito o meu colo com a graça das crias[18].

---

15. *Idem*, pp. 82-83.
16. *Idem*, p. 59.
17. *Idem*, p. 66.
18. *Idem*, pp. 74-75.

De mim sei o esforço do ventre e das mãos
de mim sei a água e o leite em mim juntos
para dar vida à carne e à terra que sou[19].
Eu sou a ponte entre o querer e o ter.
É de meus braços que se engorda a espiga
e é de meu ventre que se inventa o verbo.
De minhas mãos o pão e de meu sangue o homem[20].

sintetiza uma tal conjunção entre o homem e a natureza que as noções de hierarquia vão diluir-se para dar lugar a uma prática onde se patenteia a vontade de uma organização centrada nas lições da igualdade e do esforço comum. Modeliza-se aí uma nova ordem que, inspirada numa hora antiga, anterior à cisão, encerra o homem como uma força que, integrada à natureza, a ela não se opõe. Vale ressaltar que essa crença na comunhão não se perde nas redes de um romantismo nostálgico, nem se prende aos esquemas fáceis de um programa ecológico, pueril e inconsistente, com uma pretensa orientação moderna. O projeto é mais fundo e sugere a viabilidade de um novo *cosmos*, configurado com base no exercício que aproxima memória e experiência, preconizando, no âmbito da literatura, uma especial representação da realidade.

A complexidade dos movimentos incorporados pela obra de Ruy Duarte engendra formas empenhadas na tarefa de dar conta dessa multiplicidade de faces que a sua poesia quer registrar. A sensibilidade precisa do cineasta e o interesse cuidadoso do antropólogo não se desintegram na composição do poeta, prenunciando, antes, o perfil multiplicador de uma produção que ainda aposta na esperança, porque acredita no processo em que o artista vem investindo seu talento e sua crença. A atitude de revolver as camadas da memória não traz os sintomas de um gesto passadista, mas afirma-se enquanto estratégia para a consecução de um projeto de que o amanhã faz parte, como se pode ler em versos de *Hábito da Terra*:

19. *Idem*, p. 78.
20. *Idem*, p. 79.

Um sono que se estenda obliquamente
entre a murada construção da idade
e as veredas ordenadas pelo passado.
Uma memória a ter-se
mas não aquela que o futuro impeça[21].

Da intensidade de um trabalho associado à herança da modernidade resulta essa poesia que, ao contrapor-se ao senso comum, confere maior vigor à produção literária angolana que, como um exercício de depuração do real, "se eleva como voz contra o silêncio e, das lições de naufrágio da lírica ocidental, constrói o seu dizer"[22]. Ao fraturar a convenção poética pautada nas noções de simetria e na artificialidade do equilíbrio rotinizado, Ruy Duarte de Carvalho investe na criação de um especial lugar poético ao mesmo tempo que escolhe a linhagem de escritores que pretende integrar. Pelas mãos do poeta, têm-se, assim, as rotas de seu itinerário, o norte de sua travessia. Liberto, o seu olhar dispõe-se a percorrer a terra convulsionada por um conjunto de forças que mantém adiada, mas que não apaga, a utopia entrevista por entre "as falas do lugar"[23].

REFERÊNCIAS BIBLIOGRÁFICAS

ARRIGUCCI Jr., Davi. *Humildade, Paixão e Morte: A Poesia de Manuel Bandeira*. São Paulo, Companhia das Letras, 1990.
BENJAMIN, Walter. "O Narrador (Considerações Sobre a Obra de Nikolai Leskov)". In: *Obras Escolhidas, I: Magia e Técnica, Arte e Política: Ensaios sobre Literatura e História da Cultura*, 7. ed., São Paulo, Brasiliense, 1996.
CARVALHO, Ruy Duarte. *A Decisão da Idade*. 4. ed. Luanda, UEA, 1977.
_____. *Hábito da Terra*. Luanda, UEA, 1988.
MACÊDO, Tania. "Uma Poesia 'Angolana Ferozmente': A Escrita de João Melo". *Dez Anos de Poesia Angolana*. Lisboa, Angolê, 1990.

---

21. Ruy Duarte Carvalho, *Hábito da Terra*, p. 41.
22. Ver Tania Macêdo, "Uma Poesia 'Angolana Ferozmente': A Escrita de João Melo", em *Dez Anos de Poesia Angolana*, Lisboa, Angolê, 1990.
23. Ruy Duarte Carvalho, *Hábito da Terra*, p. 9.

II

A Poesia em Português na Rota do Oriente

1
José Craveirinha: A Poesia em Liberdade

Para o Zé Luís

Apoiadas na convicção de que a vida do autor e a obra não se confundem, muitas das teorias da literatura defendem, às vezes com grande ardor, que a análise literária não pode fundar-se sobre a biografia do autor. No entanto, mesmo condenando o biografismo, de cunho simplista e redutor, alguns estudos literários de grande qualidade vêm recuperando a noção de *experiência* como eixo de certas escritas. Sem se fazer uma leitura direta e mecânica da projeção das circunstâncias históricas sobre a criação literária, é possível buscar a relação entre as vivências e a invenção que se examina. E, se a força da História não deve ser minimizada na abordagem da literatura, em se tratando da produção dos países africanos de língua portuguesa a compreensão desse peso merece atenção especial. Em Angola, Cabo Verde, Guiné Bissau, Moçambique e São Tomé e Príncipe, o contato com os dilemas que a História arma é tão vivo e direto, que a sua dimensão surge visivelmente concreta no cotidiano das pessoas que escrevem e sobre as quais se escreve.

Ao refletir sobre o processo de sistematização de nossa literatura, o Prof. Antonio Candido refere-se à sua inserção na vida nacional como uma característica cultural de países novos, em contraste com o que apresentam os do Velho Mundo[1]. No caso dessas terras acima citadas, o quadro radicaliza-se tendo em conta que a constituição do estado nacional, no interior de um quadro de instabilidade, data dos anos 1970. A questão dos símbolos da bandeira, do hino, a eleição e/ou demissão dos heróis nacionais permanecem na ordem do dia, indicando que a nacionalidade é ainda uma fonte de discussão na qual intervêm elementos de ordem vária. A cor da pele, a participação na luta, a permanência ou não em cada um desses países durante os largos e complicados anos de carência são frequentemente evocados para distinguir as pessoas. As conversas sobre os que ficaram e os que partiram, motivados pela discordância política, pela incapacidade de suportar as dificuldades, ou mesmo por circunstâncias da vida pessoal, traduzem a inesgotabilidade de um tema que se reacende agora com a volta dos que partiram ou a chegada dos descendentes em busca de um lugar no panorama que se abre. Em Moçambique, por exemplo, a expressão "os que fizeram a travessia no deserto" é frequentemente utilizada para designar aqueles que permaneceram no país, resistindo a tantas pressões, apostando de algum modo no projeto da independência.

Desse debate não se excluem as remissões ao repertório literário e surgem, com alta frequência, os termos *angolanidade*, *caboverdianidade* e *moçambicanidade*, revelando a preocupação quanto à ligação com o que seria considerado uma prática literária voltada para dentro dos países. A dialética entre o que é próprio e o que vem, ou veio, de fora ocupa ainda um importante terreno. Mesmo se, nos depoimentos dos escritores ou nos estudos críticos, esses conceitos vêm ganhando ou perdendo sentido em função da própria discussão sobre os processos históricos seguidos por essas sociedades, com reflexos nas construções culturais que se vão formando, a questão permanece acesa.

---

1. Antonio Candido, *Formação da Literatura Brasileira: Movimentos Decisivos*.

Vale ressaltar que no presente já não se projeta, com tanta ansiedade, no reconhecimento da ligação com a terra o critério de valor literário. Em outras palavras, a identificação de referentes nacionais não é por si garantia de qualidade. Há obras boas e obras más às quais o epíteto de *genuína* caberia. Em tom de blague, poderíamos até dizer que já se pode falar em textos angolanamente, caboverdianamente ou moçambicanamente ruins. Com o rigor das primeiras avaliações sendo relativizado e as argumentações se baseando em critérios diversos, o consenso está longe de ser uma realidade. Ou seja, com razão, ou não, o fato é que o debate existe, demonstrando que a construção nacional é, em verdade, um corpo em grande e manifesto movimento. Tentando simplificar, apenas para ser operacional, eu diria que entre essas sociedades, persiste a crença de que a nacionalidade é uma espécie de atestado que se conquista, no plano coletivo e no individual. Como uma espécie de rito de passagem, cujos passos variam em função de muitos dados.

Indicados alguns pontos centrais na discussão que envolve a literatura em Moçambique, volto-me, então, para a obra de José Craveirinha, sobre a qual devo me deter. Diante do quadro histórico-cultural em que está inserida sua produção, para percorrer um pouco de sua poesia – uma das mais expressivas da língua portuguesa – aceitei a orientação da sua própria história, que se mistura com a trajetória histórica da vida do país que é dele. Sem qualquer dúvida, pelo nascimento e pelo itinerário trilhado, estamos diante de um cidadão e de um escritor cuja *moçambicanidade* não foi jamais contestada por nenhum setor. E, a fim de examinar a qualidade excepcional de seu repertório, retomamos o poeta e sua experiência que é por ele convertida em matéria poética, o que explica o interesse que ela ganha na abordagem de alguns dos caminhos de sua escrita. José Craveirinha é filho de pai português e mãe africana, um fato mais comum na cena colonial brasileira do que no quadro moçambicano. Não sendo trivial, a situação também não está nos limites do insólito, considerando os traços associados ao colonialismo lusitano. Mas o fundamental é que o fato não foi por ele banalizado: merecendo um grande espaço em sua produção poética, é, sobretudo, tratado como uma questão vital na montagem do olhar com que fita a sociedade em que nasceu e que ajudou a transformar.

Com um "pé em cada lado", ele, não é difícil deduzir, poderia ter escolhido o lado do privilégio, até porque, após alguns poucos anos com a mãe, ainda muito menino foi levado para a cidade de cimento, onde viveria com o pai e sua nova mulher, uma senhora portuguesa branca que, sem filhos, resolve criar os filhos do marido. A mudança transfere-o do Xipamanine, bairro periférico, onde nasceu e onde vivia a família materna, para a Av. Vinte e Quatro de Julho, rua central da então Lourenço Marques. Com a mudança, abre-se um outro universo, povoado de referências interditadas aos moradores dos subúrbios: outra língua, outros hábitos, outros valores, outra forma de estar no mundo. Nos moldes da construção colonial, o dilema deveria ser fatal: ou uma coisa ou outra. E ele escolheria a África. Como cidadão e como escritor. Porém o que mais surpreende é que a decisão, clara e irrevogável, se faz numa atmosfera de serenidade, pautada pela consciência de quem se sabe resultado de um par que pode ou não ser inconciliável. Ao ler o mundo que lhe é dado conhecer, reconhece que é provável mas não imperiosa a ruptura total. Remexendo terrenos que apenas pareciam assentados, o poeta procura refazer o rumo das coisas. Num poema bastante famoso, ele oferece uma das chaves para a compreensão de sua trajetória:

> E na minha rude e grata
> sinceridade filial não esqueço
> meu antigo português puro
> que me geraste no ventre de uma tombasana
> eu mais um novo moçambicano
> semiclaro para não ser igual a um branco qualquer
> e seminegro para jamais renegar
> um glóbulo que seja dos Zambezes de meu sangue[2].

---

2. José Craveirinha, "Ao Meu Belo Pai Ex-imigrante", *Karingana ua Karingana*, pp. 107-110.

Nos versos exprime-se com nitidez sua aversão ao colonialismo, sentimento combinado, entretanto, com a sensibilidade de quem compreende a complexidade das situações engendradas pelo sistema. Recusando os colonialistas, o poeta revela a compreensão, e às vezes até sua solidariedade e, para com os portugueses pobres que vinham de longe e ali viviam e morriam como tal. O lugar de origem não bastava, portanto, para definir a imagem acabada do homem que para a África se deslocava em busca, certamente, de melhores condições. Nesse compasso, o "outro" ganhava dimensões, liberto, assim, daquela visão reificadora que acaba por empobrecer não só o objeto mas também o sujeito que olha. No diálogo que em seus poemas estabelece com o pai, representante dessa estirpe de homens trabalhadores, embora portador de outras marcas culturais, projeta-se a capacidade de ler para além da superfície, alcançando sentidos novos e maiores. Na disponibilidade para reconhecer o outro, todavia, não se nota qualquer indício de adesão, visto que a opção se faz clara:

> Ah, Mãe África no meu rosto escuro de diamante
> de belas e largas narinas másculas
> frementes haurindo o odor florestal
> e as tatuadas bailarinas macondes
> nuas
> na bárbara maravilha eurítmica
> das sensuais ancas puras
> e no bater uníssono dos mil pés descalços.
> ....
> Ah! Outra vez eu chefe zulu
> Eu azagaia banto
> Eu lançador de malefícios contra as insaciáveis
> Pragas de gafanhotos invasores
> Eu tambor,
> Eu suruma
> Eu negro suaili
> Eu Tchaca

Eu Mahazul e Dingana
Eu Zichacha na confidência dos ossinhos mágicos do tintholo
....
E nas fronteiras de água do Rovuma ao Incomáti
Eu-cidadão dos espíritos das luas
carregadas de anátemas de Moçambique[3].

Abrigadas pela Terra que fez "moçambicano o sangue do Pai", "as ibéricas heranças de fados e broas"[4] barram a incompreensão e o ressentimento que a divisão entre esses dois mundos que a obra registra (e a vida comprova) poderia ter gerado. Principalmente se considerarmos que, talvez mais do que qualquer outra cidade colonial portuguesa, a capital de Moçambique estava assentada sobre a segregação. As expressões "cidade de cimento" e "cidade do caniço", frequentemente utilizadas na literatura, traduziam uma separação de espaços socioculturais ainda muito mais rígida que o par "musseque / cidade do asfalto" tantas e tantas vezes presente na literatura angolana.

Ao optar pelo universo dos excluídos, Craveirinha recusou ao mesmo tempo a *exclusão* como procedimento. Sem diluir a força da contradição que é, seguramente, o princípio ordenador do mundo colonial, a sua poesia reflete a coexistência de contrários que não precisam se agredir. Em muitos aspectos, essa postura se manifesta. Na relação com as línguas que habitam o seu universo cultural, podemos localizar um exemplo. Em inúmeras entrevistas, aí incluindo a que me foi concedida em fevereiro de 1998, ele afirma que gostaria que as sociedades moçambicanas fossem bilíngues. Apaixonado pela Língua Portuguesa, Craveirinha, desde o tempo colonial, insurgia-se contra a penetração do inglês no dia a dia de Moçambique[5]. Em crônicas publicadas nos anos 1960, ele já reclamava do uso da língua dos territórios

---

3. José Craveirinha, "Manifesto", *Xigubo*, pp. 29-31.
4. José Craveirinha, "Ao Meu Belo Pai Ex-imigrante", *Karingana ua Karingana*, pp. 107-110.
5. José Craveirinha, "*Barber's Shop, Boarding House, Ice Cream Today* e Outras Barbaridades", *Contacto e Outras Crónicas*, p. 39.

vizinhos na denominação de casas comerciais e tabuletas indicativas na capital moçambicana. A esse apreço incondicional, o escritor mesclava o amor pelas línguas africanas. Por isso, não se cansa de reiterar a sensação de mutilação experimentada quando, na fase da mudança para a cidade de cimento, foi proibido de falar o ronga, a língua primeira, língua da mãe, língua da afetividade. Da interdição decorreu a perda da fluência, guardando apenas a faculdade de compreender e um certo trânsito pelas estruturas e pelo léxico. E é a ela que recorre em muitos poemas. Não para "enfeitar" o texto, mas porque acredita que dela depende a expressão de certos sentidos. Para falar da natureza, de práticas culturais, das marcas que lhe chegam da ligação com a terra, são os nomes das línguas banto que lhe vêm em socorro:

E outros nomes da minha terra
Afluem doces e altivos na memória filial
E na exacta pronúncia desnudo-lhes a beleza.
Chulamáti! Manhoca! Chinhambanine!
Morrumbala!Namaponda e Namarroi
E o vento a agitar sensualmente as folhas dos canhoeiros
Eu grito Angoche, Marrupa, Michafutene e Zóbuê
E apanho as sementes do cutiho e a raiz de Zitundo.
Oh, as belas terras do meu áfrico País
E os belos animais astutos
Ágeis e fortes dos matos do meu País
E os belos rios e os belos lagos e os belos peixes
E as belas aves dos céus do meu País
E todos os nomes que eu amo belos na língua ronga
Macua, suaili, changana,
Xitsua e bitonga
Das negras de Camunguine, Zavala, Meponda,
                                            Chissibuca
Zongoene, Ribáuè e Mussuril[6].

---

6. José Craveirinha, "Hino à Minha Terra", *Xigubo*, pp. 16-19.

Evitando o perigo da folclorização, que não raro ameaça a introdução de marcas diferenciadas, a poesia parece mergulhada de modo intenso nesse universo cultural de onde vêm as palavras e os objetos que os poemas resgatam. Nesse movimento intervém o próprio ritmo, como a confirmar sua integração no lugar de origem. Os tambores, as marimbas, o xigubo não são peças de adorno, são elementos que, sugerindo a cadência dos versos, integram a estrutura textual. Recorrendo uma vez mais a Antonio Candido, pode-se dizer que, assim incorporados, elementos externos convertem-se em traços estruturais dos textos literários, transformando-se desse modo em matrizes de significado, a requerer interpretações mais atentas[7]. Dessa imersão na terra que defende como sua resulta a elaboração das imagens que se multiplicam pelas páginas de seus livros. E, a tornar distante o risco da exotização, ergue-se o apego às gentes que habitam essa terra.

A obra poética de José Craveirinha é povoada por homens e mulheres que, guardando a dimensão existencial que os humaniza, apresentam-se numa relação concreta com a vida: têm corpo, têm doenças, têm tradições, têm definidas as marcas sociais que os particularizam no conjunto um tanto amorfo a que se poderia chamar de moçambicano, africano ou mesmo negro. Sendo importantes, essas denominações não se mostram suficientes. O peso da História é sentido e estabelece delimitações que permitem identificar os seres apanhados pelos olhos atentos de quem cruza as ruas da cidade e nelas capta a ordem do mundo. Em seus textos, encontramos os pobres, as prostitutas, os camponeses, os carregadores, os magaícas, os puxadores de riquexó, enfim, aqueles que estão no fim da linha traçada pela dominação colonial.

Ao acolher a História, Craveirinha também definiria a geografia de sua poética: são os bairros periféricos, os subúrbios de caniço, que cresciam à volta da senhorial Lourenço Marques. O

---

7. Antonio Candido, "Literatura de Dois Gumes", *A Educação pela Noite & Outros Ensaios*.

Xipamanine, as Lagoas, a Mafalala, onde viveu muito tempo e da qual não se afastou muito, mantendo sua casa a poucas centenas de metros, serão privilegiados em sua travessia poética. Por esses espaços, onde faltam condições básicas de saneamento e sobram doses de humanidade, o poeta circula e dali extrai a energia para declarar sua indignação. Desses cantos maltratados pelo poder discriminatório sairiam os personagens abrigados em suas crônicas e em seus versos. Na comovida comunhão do poeta com esses deserdados enraíza-se uma poesia de *partisan*. Vista na clave da injustiça, a pobreza não é cultivada ou justificada segundo os modelos do conformismo cristão. Os pobres não são os humildes, são os humilhados, os excluídos, os penalizados pela desigualdade – o grande signo da dominação colonial. Ao tematizar a vida difícil da prostituta, o poema não procura idealizá-la. Com cores firmes, busca enquadrá-la na moldura das iniquidades que a sociedade alimenta:

> Eu tenho uma lírica poesia
> nos cinquenta escudos do meu ordenado
> que me dão quinze minutos de sinceridade
> na cama da mulata que abortou
> e pagou à parteira
> com o relógio suíço do marinheiro inglês.
> ....
> E eu sei poesia
> Quando levo comigo a pureza
> Da mulata Margarida
> na sua décima quinta blenorragia[8].

No mesmo processo, a terra que então aparece é mais do que uma entidade mítica. Ela é concreta na presença mediada também pelos produtos nela cultivados. O algodão, o sisal, o chá, o tabaco, elementos de relevo na economia da então colônia, participam na economia textual, gerando as imagens, constituindo

---

8. José Craveirinha, "Mulata Margarida", *Xigubo*, p. 37.

as metáforas, compondo as metonímias que vão sugerir a ideia de nação que a obra prenuncia. Desse mundo rural, onde não por acaso iniciou-se a luta de libertação, provinham os grandes contingentes de moradores dos subúrbios crescendo à volta das cidades construídas sobre os pilares do colonialismo. Vindos de diferentes regiões, pertencendo a diferentes grupos étnicos, trazendo diferentes tradições linguísticas, religiosas, culturais, esses homens e mulheres misturavam-se nas ruas sinuosas da periferia e iam ali compondo o caldeamento que seria a base da nação a ser conquistada. Não seria arriscado afirmar que alguns dos elementos fundadores da poética de Craveirinha são extraídos desse universo rural diretamente associado ao trabalho. E entre eles destaca-se o carvão, cuja força se manifesta num de seus poemas mais conhecidos:

> Eu sou carvão!
> E tu arrancas-me brutalmente do chão
> E fazes-me tua mina
> Patrão!
> Eu sou carvão
> E tu acendes-me, patrão
> Para te servir eternamente como força motriz
> Mas eternamente não
> Patrão!
> ....
> Eu sou carvão
> Tenho que arder
> E queimar tudo com o fogo da minha combustão
> Sim
> Eu serei o teu carvão
> Patrão![9]

O próprio título do poema "Grito Negro" dirige nossa atenção ao problema racial, não há dúvida. No entanto, a questão

9. José Craveirinha, "Grito Negro", *Xigubo*, p. 9.

racial é desnaturalizada e deve ser encarada igualmente como uma das faces da exploração. E foi por essa via que Craveirinha, como o angolano Agostinho Neto e a também moçambicana Noémia de Sousa, se relacionou com a Negritude. Ultrapassando as fronteiras de uma proposta centrada na valorização estética, os escritores de Angola e Moçambique preferiram dar ao problema contornos que permitissem considerá-lo na sua dinâmica social. Ou seja, o essencial para o negro seria investir na conquista de um lugar nas sociedades de que ele era parte: tornar-se sujeito de sua História e fazer-se protagonista de seu espaço seriam modos de efetivamente libertar-se do processo de reificação a que parecia condenado.

Nesse sentido, Craveirinha, como Neto e Noémia, afasta-se do matiz estetizante das teorias de Leopold Senghor e aproxima-se da postura de Aimé Césaire e Frantz Fanon, encarando o racismo no centro da engrenagem colonial. À proposta de recuperação das manifestações culturais estava vinculada a necessidade de alterar a correlação de forças que balizava a ordem social. Por isso, não se mantinha alheio ao sofrimento efetivo dos explorados, como demonstra o poema que tematiza o massacre de trabalhadores sul-africanos em Sharpeville. A abertura de espaços para se cantar a vitória dos negros no terreno do esporte, a qualidade da música e a beleza das danças, entre outros aspectos, funcionava como estratégia para desmontar esquemas de desqualificação do colonizado, ato útil e necessário na operação de conquista da autoestima que a desigualdade minava diariamente. Para Craveirinha, vale acrescentar, a isso articulava-se o sentido de classe, deixando clara a ligação com as camadas populares.

Do ponto de vista da construção poética, essa ligação se adensa na evocação da tradição oral, fenômeno assinalável em variados aspectos. Sem hesitação, muitos dos poemas de Craveirinha assumem uma tonalidade narrativa que parece refletir o quadro da interlocução que é própria da comunicação oral. É verdade que, no mundo já tocado pela fragmentação, não há lugar para a sabedoria épica do narrador tradicional, como nos ensina Walter Benjamin em seus brilhantes ensaios sobre o romance[10], mas o poeta não se quer desligar de suas matrizes e cultiva a cumplicidade da conversa, como a deixar que se perceba a origem de sua experiência. Em *Maria*, o volume de poemas mais recentemente publicado, cujo móvel é a morte de sua mulher, a situação de um hipotético diálogo se reproduz em quase todas as páginas. O vocativo "Maria" é sinal indicador dessa necessidade de ter o outro como parceiro das vivências com que se completam os dias. Numa espécie de "vida passada a limpo", os poemas vão recolhendo, recompondo, avaliando e reavaliando, no penoso contato com a solidão, as experiências abertas pela vida.

O que é enfatizado em *Maria*, já surgia noutros livros. Em *Karingana ua karingana*, um dos primeiros, por exemplo, essa atmosfera aparece expressivamente em "Dó Sustenido para Daíco"[11], poema alusivo à morte de um famoso músico e companheiro do poeta. Como o escritor, Daíco integra um grupo de mestiços e negros que, graças a um talento particular, conseguia romper a barreira e projetar o seu nome para além das fronteiras do asfalto que dividiam a cidade. Entre esses vamos encontrar alguns que tiveram projeção internacional como Eusébio e Hilário (jogadores de futebol) e outros que, embora famosos, não ascenderam socialmente como o próprio músico. De qualquer modo, seu sucesso conferia uma mística ao bairro onde viveram todos: a Mafalala, que, graças ainda a outras particularidades, ocupa um lugar especial no mapa cultural da capital do país e no repertório literário de José Craveirinha. Movido pelo silenciamento do músico, o poeta escreve:

Carol:
Acredita que lá fomos todos
o sentimento aumentando à branco nas gravatas pretas
aborrecidos levar à derradeira casa um poeta
que excedia o universo

---

10. Walter Benjamin, *Obras Escolhidas*.
11. *Karingana ua Karingana*, pp. 111-113.

certo à música do seu mundo
é que até os fatos largos que vestia, vê lá tu
coincidiam sempre com a pequenez das pessoas
que lhos davam em segunda mão.
Estás a ver, Carol
o Daíco chateado foi-se embora
mas ficou no "long-plaing" da Mafalala
mulato cafuso a vibrar as cordas para sempre
e agora ele já não pensa mais em repetir o clássico
gesto indicador na minuta suburbana de explicar
as consequências dermotrágicas da vida
na contrapalma das próprias mãos.
Carol:
Estávamos no cemitério quase todos
reunidos à despedida do nosso companheiro Daíco:
o Zagueta, o Vicente Langara e o Brandão
o Pacheco mais o Catembe e o Mundapana
O Tindôsse, o Manecas – filhos do Banheira – e o Mangaré
o Maria-Rapaz e muitas gajas do Pinguim que até choraram
o Mussagi e alguns brancos no meio da gente
com o Xico Albasini talvez arrependido em ter deixado
o Daíco partir sem um dó-sustenido electrificado
no timbre de todas as violas da malta
todas, Carol, todas amplificadas
não se calarem mais.
Pois é, Carol
vou terminar esta carta enviando-a sem via
sobre a amnistia de quarenta e tal anos de exílio
do Daíco dentro de Lourenço Marques a tocar bacilos
mas não estejas pensativa nem triste onde quer que estejas
que o Daíco executa agora resvés no coração da pátria
de improviso a resistência da última posição
no corpo inteiro em contracanto[12].

---

12. José Craveirinha, "Dó Sustenido para Daíco", *Karingana ua Karingana*, pp. 111-113.

Além da ligação com a matriz oral que está na base da tradição cultural moçambicana, em poemas como esse podemos perceber outra fonte de inspiração, também confirmada pelo próprio poeta em diversas ocasiões. Trata-se da presença da literatura brasileira na formação da literatura nacionalista dos países africanos de língua portuguesa. A cultura brasileira constituiu, para gerações de angolanos, cabo-verdianos e moçambicanos, um terreno fértil de leituras e reflexões. A distensão linguística, o desejo de aproximação com os setores populares, os movimentos de procura do referente nacional entre nós foram pontos apanhados pelos escritores africanos empenhados na constituição de sua identidade cultural. A valorização da coloquialidade como instrumento de resgate do universo à margem dos padrões lusitanos revelava-se como um dado positivo a ser incorporado pelo projeto literário em formação. Valorizar a língua falada dessa maneira era uma forma de valorizar as pessoas que assim falavam, tal como defendiam os protagonistas do Modernismo no Brasil.

É bom esclarecer que, embora tivessem adotado algumas das propostas veiculadas pelos nossos modernistas de primeira hora, não foram esses os autores mais lidos em Angola e Moçambique, exceção aberta para Manuel Bandeira. De Carlos Drummond de Andrade, por exemplo, um outro poeta bastante prestigiado entre os moçambicanos, a produção mais acolhida seria a de livros como *Sentimento do Mundo* e *A Rosa do Povo*, publicados muitos anos após a famosa Semana de Arte Moderna. O encantamento maior viria com o romance dos anos 1930, ou seja, com os chamados regionalistas da prosa de ficção. Graciliano Ramos, José Lins do Rego, Rachel de Queiroz e, principalmente, Jorge Amado são referências obrigatórias na memória desses escritores. E é bom ouvir aqui as palavras do próprio Craveirinha sobre o tema:

> Eu devia ter nascido no Brasil. Porque o Brasil teve uma influência muito grande na população suburbana daqui, uma influência desde o futebol. Eu joguei a bola com jogadores brasileiros, como, por exem-

plo, o Fausto, o Leônidas da Silva, inventor da bicicleta. Nós recebíamos aqui as revistas. [...] E também na área da literatura. Nós, na escola, éramos obrigados a passar por um João de Deus, um Dinis, os clássicos de lá. Mas, chegados a uma certa altura, nós nos libertávamos. E, então, enveredávamos por uma literatura *errada*: Graciliano Ramos [...] Então vinha a nossa escolha, pendíamos desde o Alencar. Toda a nossa literatura passou a ser um reflexo da Literatura Brasileira. Então, quando chegou o Jorge Amado, estávamos em casa. Jorge Amado marcou-nos muito por causa daquela maneira de expor as histórias. E muitas situações existiam aqui. Ele tinha aqui um público. Havia aqui a polícia política, a PIDE. Quando eles fizeram uma invasão à casa, puseram-se a revistar tudo e levaram o que quiseram levar. Ainda me lembro: levaram uma mala e carregaram os livros, meus livros. Levaram os livros e as malas até hoje como reféns políticos. Depois de eles irem embora, é que minha mulher disse: " – E o Jorge Amado? Onde estava o Jorge Amado?" Nessa altura, já estavam atrás do Jorge Amado...[13]

Pela pista do escritor, evidencia-se que o tratamento das situações, em certa medida comuns às duas realidades, estava no centro da aproximação. Isso significa que a denúncia das desigualdades sociais – essa injustiça quase estrutural na sociedade brasileira – tornou-se uma espécie de senha para a comunhão. Mas não estaria aí a única ponte entre os dois espaços. Como se pode notar na passagem transcrita, ao mesmo tempo vigorava uma vontade de pertencer a esse espaço, ou, melhor dizendo, a um espaço como esse. O universo cultural fortemente preenchido por manifestações da chamada cultura popular, como a música e o futebol, fazia com que aos olhos dos africanos predominasse a imagem da ex-colônia que havia dado certo. A lenda da convivência racial e da cordialidade entre as classes era consumida como real e dinamizava-se um modelo que, mesmo sem corresponder à verdade, alimentava o desejo de transformação do inferno em que se constituía a vida no interior da sociedade

---

13. Passagem extraída da entrevista por mim realizada em fevereiro de 1998 na casa do poeta em Maputo, republicada no presente volume.

colonial. O que é surpreendente, e para mim fascinante, é que sendo um país marcado pela crueldade das relações sociais, pela prática terrível do racismo, pela manutenção de estruturas coloniais em nossa forma de estar no mundo, o Brasil acabaria por oferecer uma imagem modulada pelas linhas da utopia. O fato ganha ainda maior interesse se nos lembrarmos que a imagem do Brasil como um espaço harmônico era usada pelo discurso metropolitano para propagandear a sua vocação colonizadora. Não é demais recordar a viagem de Gilberto Freyre às colônias portuguesas na África, nos anos 1950, e a utilização, feita pelo salazarismo, de suas declarações sobre a especificidade da colonização portuguesa. Para azar da metrópole, o Brasil foi apanhado numa outra chave, catalisando a indignação progressista dos africanos.

Graças à força que tem a questão, a presença do Brasil na formação do nacionalismo entre os intelectuais africanos é realmente um tema a ser estudado. Trata-se, sem dúvida, de um espaço privilegiado de relações. Mas a poesia de Craveirinha não se limita aos contatos com a literatura brasileira. Seu olhar salta sobre as fronteiras e procura o encontro com outras formas de cantar a desagregação vivenciada pelos excluídos. Daí resulta a aproximação com a música negra norte-americana. O *jazz* e o *blue* assomam com frequência, como a estabelecerem o diálogo que a História tentou cortar. Um diálogo que se torna mais forte e fecundo após a independência do país em 1975, a despeito das frustrações que também se fazem sentir no cotidiano do cidadão e estão sinalizadas no trabalho do poeta.

Do *jazz* e do *blue*, Craveirinha incorpora o legado do ritmo apoiado no virtuosismo poderoso dos contrastes expressos na força das imagens inesperadas, das antíteses, espelhando a riqueza desgovernada do canto que procura reinventar a vida onde ela parece interditada. Os volteios, as repetições, os jogos sonoros são trazidos para o texto, confirmando a adesão a um universo de valores que, localizado num solo definido, não se exime de buscar correspondência com outros sistemas culturais. Dessa maneira, ao lado de Daíco e Fani Fumo, dois dos grandes nomes da música popular moçambicana, aparecerão Dizzie Gizlepie e Bessie Smith, numa indicação de que a noção de pureza cultural é nota sem sentido na dinâmica que as trocas culturais podem instaurar, desde que impulsionadas pela força das identidades. Desse modo, o fenômeno da apropriação ganha legitimidade, porque abre espaço para a revitalização de formas e sentidos.

A ampliação do universo de José Craveirinha, esse escritor tão identificado com sua terra e suas gentes, revela-se ainda mais intensamente em *Maria*, quando os textos traduzem a densidade de um exercício poético no qual interfere o processo fino da maturação de tantas vivências. No construído diálogo com a mulher recordada, em cada poema montam-se as cenas em que o passado é também resgatado para dar conta da explicação do presente fragilizado pelo vazio que a solidão multiplica. A dor da perda pessoal compõe com as notas do desencanto coletivo uma melodia dilacerada, tonalizada pela insolubilidade da ausência da parceira. Quando, anos antes, o adversário ameaçador era o regime colonial que o manteve preso, impondo o risco da desagregação à vida familiar, os versos deixavam transparecer, com a revolta, a convicção de que era possível e preciso resistir:

> Havia uma formiga
> compartilhando comigo o isolamento
> e comendo juntos.
> Estávamos iguais
> com duas diferenças;
> Não era interrogada
> e por descuido podiam pisá-la.
> Mas aos dois intencionalmente
> podiam pôr-nos de rastos
> mas não podiam ajoelhar-nos[14].

---

14. José Craveirinha, "Aforismo", *Cela 1*, p. 16.

Agora o inimigo maior é a "Grande Maldita"[15] que levou Maria, condenando-o a um cenário caracterizado pelo pó cobrindo as coisas e pela ausência de qualquer hipótese de luz. Diante do inevitável, todas as noções se desfazem: o ser perde-se na incapacidade de lidar com o tempo e o espaço por onde se movia. Todo o mundo vira "o lugar do caril triste" e o tempo é vivido como:

> Inverno rigoroso
> no tempo adusto
> que grassa em mim
> Absorto
> eu gelado
> nos braços cinzentos
> do mesmo Outubro[16].

No confronto com esse inimigo odiado, essa "fera sem forma", o poeta encerra-se na solidão; e o distanciamento que permitiria ver melhor também lhe sequestra a intimidade com o familiar. A banalidade do cotidiano fabrica o estranhamento:

> Fio de linha branca.
> Na mesinha de cabeceira
> teu compassivo olhar.
> Vou passajando abstrato.
> Pica-me o dedo a agulha.
> Nas minhas pretas peúgas rotas
> são reais as sarcásticas
> gargalhadas de linhas brancas[17].

Nas coisas triviais, nos atos repetitivos do dia a dia, o trabalho poético insiste em recolher os pedaços para refazer os mundos que a poesia quer espelhar:

---

15. José Craveirinha, "A Grande Maldita", p. 103.
16. José Craveirinha, "Tempo", *Maria*, p. 236.
17. José Craveirinha, "A Linha", *Maria*, p. 151.

Em meus livros
cinzentos buços denunciam
desditoso abandono.
É que no orfanato
das empoeiradas estantes
a mais querida mão de mulher
nunca mais nos espaneja.
Paciência, Zé,
me insinua este sudário
de poalha nos livros[18].

Nessa espécie de roteiro retrospectivo que os poemas compõem, vive algo que vai além da dor individual. A experiência do sofrimento, captada pela capacidade criativa da linguagem lírica, supera as margens da pena pessoal e incursiona pelo terreno dos limites do homem diante da morte. Na enumeração dos objetos desorganizados pela falta de quem lhes assegurava ordem e sentido, na montagem das imagens recortadas pelos moldes do desânimo e da angústia, na descrente procura de um significado para os dias que, implacáveis, se sucedem, espelha-se, mais que o sofrimento pessoal, o drama da condição humana, a pena do homem em confronto com o irreversível, com o inexorável da finitude da vida. O poeta sente-se só com a consciência de que nem mesmo a capacidade efabuladora da linguagem pode remediar o absurdo da situação que tem que enfrentar.

Desconfortável na perdida intimidade com as coisas, o corpo transfere para a memória a faculdade de recompor o mundo. E ela vai buscar a companhia de seres que, povoando o imaginário do poeta, enriqueceram o seu universo tão seguramente calcado nas matrizes africanas. Convicto de que "o poeta é sempre os outros", como afirmou numa entrevista ao escritor e jornalista Nelson Saúte, Craveirinha aceita a companhia de representações da música, do cinema, da literatura, de todas aquelas formas de vida que respondem à necessidade de fantasia do ho-

---

18. José Craveirinha, "A Poalha", *Maria*, p. 190.

mem. E, nesse momento, as muitas possibilidades de encontro seduzem-no como um movimento compensatório, a driblar o isolamento imposto pelas circunstâncias do presente.

Em comovido prefácio à edição de 1988 de *Maria*, Rui Knopfli, remetendo a Eugénio Lisboa, reafirma a singular importância das palavras no mundo do escritor, observando que "terão sido estas o seu único refúgio e conforto na solidão do cárcere". Se a escrita converteu-se em forma de resistência nessa fase de sofrimento e projetos coletivos, nesse momento de tormento pessoal, também a leitura transforma-se em fonte de energia e saltam nas páginas as referências aos que vêm acompanhá-lo na duríssima lida do cotidiano:

> No verão
> ou no inverno
> fiel espera-me um jantar
> irrefutavelmente frio.
> Vou ter com Dostoiewski
> E janto quente[19].

Ao escritor russo, virão juntar-se muitos e muitos nomes, emergindo de matrizes variadíssimas, ratificando a certeza de que o mundo da arte se pode abrir a fecundos contatos. Com Jorge Amado, Soeiro Gomes, Hemingway, Steinbeck, convive no palco que sua memória recupera a luminosidade dos astros do cinema, essa imbatível usina de fantasia. E ele convoca Ava Gardner, Liz Taylor, Buster Keaton, Richard Burton, todos intervindo nas histórias de que se alimenta a sua própria. O fundamental, no entanto, é que tal evocação nem de longe se confunde com qualquer cedência à alienação. Rejeitando com altivez o lixo que o mercado globalizado insiste em servir, a poesia revitaliza-se no contato com os valores que se tornaram patrimônio dos que apostam na beleza como forma de superar o desânimo e o conformismo. Mesmo que os tempos, também

---

19. José Craveirinha, "Dostoiewski", *Maria*, p. 62.

no plano coletivo, sejam de muita aspereza, como traduzem os poemas reunidos em *Babalaze das Hienas*, publicado em 1997. Na linguagem crua que a hora exige, o poeta mergulha no mundo instituído pela guerra que arrasou seu país.

Nesse novo tempo de "homens partidos", para citar o belo verso de Carlos Drummond de Andrade, Craveirinha empenha seu talento e sua sensibilidade no desvendamento de um mundo de horror, não hesitando em descrever a crueldade dos sinais que evidenciam a pungente desagregação. Segundo Fernando Martinho, o poeta retoma o caminho do jornalista, assumindo-se como um narrador a quem cabe o ofício de noticiar a desgraça reinante[20]. Mais uma vez, faz sua a tarefa de emprestar voz aos desvalidos, trazendo para a cena poética o inventário de absurdos que a guerra espalha na franca distribuição da morte. A discreta revolta presente em *Maria* é substituída por uma explosiva indignação que se vai exprimir na sucessão de imagens descarnadas, como a recusar o crime de suavizar o terror:

> Uivam
> as suas maldições
> as insidiosas hienas
> própria sanha.
> Rituais
> de tão escabrosa gulodice
> que até nos esfomeados
> aldeões da tragédia
> a gula das quizumbas
> se baba nas beiças
> das catanas
> dos machados[21].

Incansável na luta contra o colonialismo, Craveirinha ergue seu canto agora contra a nova escuridão que insiste em vitimar

---

20. José Craveirinha, "Prefácio", *Babalaze das Hienas*, pp. I-V.
21. José Craveirinha, "Gula", *Babalaze das Hienas*, p. 22.

os que não podem escolher os caminhos. As catanas, os machados, as balas, as rajadas, as explosões, as minas compõem o menu dessa orgia de destruição que segue asfixiando a vida. Secos e ásperos, seus versos guardam, contudo, o frescor do compromisso que nem mesmo o cansaço e uma boa dose do desencanto fizeram desbotar.

Ao abraçar o mundo dos mitos e símbolos, como vimos nos muitos poemas de *Maria*, Craveirinha não foge ao universo do concreto, mantendo-se atento ao que se passa ao lado das paredes de sua biblioteca, transformada em sala de convívio com os nomes que a memória retém. A vitória contra o colonialismo parece lhe conferir serenidade para recuperar alguns dos signos utilizados sem cerimônia pelo sistema que discriminava e excluía. Assim é que o mitificado Camões se dissocia da "estátua do sr. António Enes" e do "tal dia da raça", a que o poeta alude em "Inclandestinidade"[22], para se tornar "o dos Lusíadas", inserido então na linhagem dos que merecem a sua imensa admiração. Ainda que a "próspera colônia", onde nasceu o poeta, tenha passado a ser vista como o "país pobre" onde ele agora vive, a libertação, pela qual se empenhou, libertou-o também para escolher os heróis a quem deseja saudar, permitindo-lhe ainda libertar paixões às vezes esmagadas pela força da opressão externa. Nesse contexto, a própria lembrança de Maria se mistura ao elenco dos nomes sacralizados por outras formas de amor:

> É quando se me incrustram nirvanas
> e a evocação dos sagrados nomes
> em nossas almas inesquecem
> como por exemplo quando digo:
> Olá, mestre Cervantes
> o do Quixote de la Mancha
> Olá, Miguel Ângelo,
> o da Pietá.

---

22. José Craveirinha, *Cela 1*, p. 85.

Olá, Luís de Camões
o dos Lusíadas
Olá. Drummond, olá Manuel Bandeira
e olá, Graciliano Ramos o trio
avançado no time do Tiradentes
E
Olá, Pablos: o do Chile,
outro da Guernica
e outro do violoncelo.
Olá, ilustre Charles Gounod
o da Ave-Maria.
Ou...
Olá, insigne Duke Ellington
o de uma *Cabana no Céu*.
E também
Olá, mano Gabriel García Marquez
o dos *Cem Anos de Solidão*.
E neste meu desabafo
Ergo minha mais justa confissão:
– Olá, querida Maria
imerecida esposa toda a vida
de um tal Zé Craveirinha[23].

Pela diversidade dos signos culturais pode-se reconhecer a disponibilidade para a comunhão que caracteriza a visão de um homem que os apertados limites da sociedade colonial não conseguiram turvar. Revigorado na sua incansável batalha contra as hienas que se embebedam "na pândega das metralhadoras"[24], José Craveirinha, no extraordinário exercício da escrita, capta com vigor a intensa multiplicidade dos matizes de que a vida se reveste, a despeito de tanta "renúncia de homens quase vivos"[25].

---

23. José Craveirinha, "Olá, Maria", *Maria*, pp. 115-116.
24. José Craveirinha, "Babalaze na Linha de Caminho de Ferro", *Babalaze das Hienas*, p. 39.
25. José Craveirinha, "Porta", *Cela 1*, p. 76.

No pacto estabelecido contra a "afiada gramática das facas"[26], o escritor impõe a graça do seu verbo, sempre alimentado no diálogo com outros verbos, com outras formas de vida. A cada passo. A cada página. E a mundividência adquirida na força da experiência invulgar vai abrindo ao poeta a possibilidade de transitar por incontáveis caminhos, sem que se perca a direção do país que ajudou a fundar e do universo que sua poesia veio enriquecer.

REFERÊNCIAS BIBLIOGRÁFICAS

BENJAMIN, Walter. *Obras Escolhidas*. 3. ed. São Paulo, Brasiliense, 1987.

CANDIDO, Antonio. *A Educação pela Noite & Outros Ensaios*. São Paulo, Ática, 1987.

_____. *Formação da Literatura Brasileira: Momentos Decisivos*. 6. ed. Belo Horizonte, Itatiaia, 1981.

CRAVEIRINHA, José. *Babalaze das Hienas*. Maputo, Associação dos Escritores Moçambicanos, 1997.

_____. *Cela 1*. Lisboa/Maputo, Edições 70/Instituto Nacional do Livro e do Disco, 1980.

_____. *Contacto e Outras Crônicas*. Maputo, Centro Cultural Português, 1999.

_____. *Karingana ua Karingana*. Lisboa/Maputo, Edições 70/Instituto do Livro e do Disco, 1982.

_____. *Maria*. Maputo, Ndjira, 1998.

_____. *Xigubo*. Maputo, Associação dos Escritores Moçambicanos, 1995.

MARTINHO, Fernando. "Prefácio". *In*: CRAVEIRINHA, J. *Babalaze das Hienas*. Maputo, AEMO, 1997.

---

26. José Craveirinha, "Abecedário", *Babalaze das Hienas*, p. 41.

2

Eduardo White: O Sal da Rebeldia sob Ventos do Oriente na Poesia Moçambicana*

Um dos mais expressivos nomes da poesia moçambicana desde os anos 1980, Eduardo White assina uma obra que, não sendo propriamente numerosa, tem, na qualidade apurada da linguagem e na coerência da concepção literária abraçada, dois grandes trunfos. Até o momento, são seis os títulos reunidos, aí incluindo-se a edição em separado do poema "Homoíne". A lista se completa com *Amar sobre o Índico* (1984), *O País de Mim* (1988), *Poemas da Ciência de Voar e da Engenharia de Ser Ave* (1992), *Os Materiais do Amor Seguido de O Desafio à Tristeza* (1996) e *Janela para Oriente* (1999). São todos livros curtos, a demonstrarem, todavia, que a densidade do que tem a dizer não precisa se alongar na retórica extensiva que, em certos casos, minimiza a força do trabalho. Os poemas de Eduardo White optam por apostar na contenção como chave para os sentidos

---

* Este ensaio foi publicado no livro *África e Brasil: Letras em Laços,* organizado por Maria do Carmo Sepúlveda e Maria Teresa Salgado. Reitero aqui meus agradecimentos a Matteo Angius, que me emprestou seu exemplar de *Janela para Oriente,* e a José Luís Cabaço, que participou vivamente das várias fases do texto.

guardados no espaço que a sua palavra, cuidada e sedutora, vem desvelar.

Na pressa de dizer algo, poderíamos enfatizar que sua poesia se distingue no contexto da produção em que se insere pela presença maciça da temática amorosa, fator que o distanciaria da profunda marca social que nos habituamos a ver destacada na literatura de Moçambique. No prefácio de *Os Materiais do Amor*, Fátima Mendonça já nos indica outras vias para analisar o problema, fazendo-nos evitar as armadilhas que as literaturas ainda pouco percorridas pelos críticos e leitores às vezes nos preparam. Conhecedora da matéria, a ensaísta moçambicana observa e nos faz ver que a escolha de Eduardo White vem, na verdade, confirmar a sua integração a uma linhagem de poetas consagrados na história da literatura moçambicana: antes de Eduardo White, vieram, entre outros, Luís Carlos Patraquim, Heliodoro Batista e José Craveirinha[1]. O exercício da chamada poesia de amor não é, pois, fundado por ele, que, no entanto soube dinamizar o material que encontra como patrimônio de uma cultura em ebulição. A água colhida nessas fontes é reciclada e converte-se em bebida original, disponibilizada à sede dos muitos leitores que a ela recorrem e não se podem arrepender da busca iniciada.

Nascido a 21 de novembro de 1963, em Quelimane, a charmosa capital da Zambézia, província fortemente marcada pela dimensão crioula de sua cultura, Eduardo Costley White traz no nome a inscrição dessa mistura que faz muito rica a história dos povos. No sobrenome Costley White já podemos detectar um sinal instigante: a mesclagem não resulta da ligação entre o africano e o português. Fato nada incomum na sociedade moçambicana, a combinação envolve a matriz africana e as referências que vêm de terras e gentes diferentes do colonizador direto. No seu caso, a mãe é portuguesa e o pai moçambicano, nascido em Tete, mas oriundo de uma família inglesa – Deforth Johnson – do Malawi. A avó paterna separou-se do marido e mudou-

---

1. Eduardo White, "O Corpo do Índico", *Os Materiais do Amor Seguido de o Desafio à Tristeza*, p. 7.

-se para Quelimane, onde cresceram os filhos. A mesclagem se vai completando na incorporação dos lugares e suas marcas. E, particularmente na Zambézia, foi sempre poderosa a ligação com a Índia, força condutora de muitos traços do oriente. A essa presença formadora o poeta não ficaria alheio, e estão projetadas nos olhos com que vê o mundo as linhas, as formas, as cores, as matérias que do leste vieram para redimensionar essa parte de África invadida pelo ocidente. O par dilemático *continente africano/continente europeu* que, em geral, nos apoia na compreensão das terras colonizadas, revela-se aqui inviavelmente pobre diante da multiplicidade de culturas que deságuam e se recompõem em Moçambique.

Fruto desse caldeamento de culturas, a poesia de Eduardo White reflete vivamente a energia de um espaço histórico em flagrante processo de estruturação. Os reflexos da História de seu país, a situação dramática de seu povo e a necessidade de intervir de alguma maneira se inscrevem em seu projeto literário. O que surpreende, talvez, seja a vertente particular que adota para se relacionar com a violência de uma atmosfera climatizada pela sucessão de guerras. Visto sob esse prisma, o canto ao amor deixa de constituir um caso de evasão cultivada, ou mesmo consentida. É o próprio poeta que, em entrevista a Michel Laban, indagado sobre a predominância do sentimento amoroso em *Amar sobre o Índico* e *O País de Mim*, livros escritos quando a sociedade ainda estava a sofrer diretamente os efeitos das guerras, esclarece:

> Antes de mais nada, gostaria de ressaltar que a temática que usei nos dois livros é acima de tudo uma temática de protesto e também de relembrança.
>
> A minha geração é uma geração de guerra: da guerra colonial, e depois da guerra de Smith e agora e sempre a guerra com a Renamo. O que eu procurei é levar ao leitor uma relembrança do que afinal está em nós ainda vivo, do que a gente acredita como sendo possível, como sendo real que é o amor[2].

---

2. Michel Laban, *Moçambique: Encontro com Escritores*, p. 1178.

Encarado como força transformadora da vida, o amor socializa-se: a experiência individual, em princípio dominante, redimensiona-se ao projetar-se na realização coletiva do sentimento. Nesse caso, a poesia tem deliberadamente reduzido o seu caráter de produção autônoma, e, embora apoiada no império da subjetividade, procura recuperar a função humanizadora. Militante dessa causa muito especial, o poeta se confronta com a sempre difícil tarefa de produzir os instrumentos de linguagem que possam exprimir a sua visão de mundo, a sua forma de estar nele.

Depois da infância em Quelimane, Eduardo White muda-se, em fins dos anos 1970, para Maputo. A capital do país independente seria o cenário dos passos mais seguros do escritor, ainda que o início dessa atividade, em 1976, tenha se dado antes mesmo de começar a frequentar a Escola Industrial Primeiro de Maio na cidade natal. Em Maputo, ingressa no Instituto Industrial, interrompendo, em 1981, o curso, já motivado pelo desejo de se dedicar ao ramo das letras. A decisão reforça-se no ano de 1984 – data da publicação do primeiro livro –, quando marca sua posição ao participar do grupo que, em 1984, funda a revista *Charrua*, uma espécie de voz aglutinadora dos poetas que se formam na passagem dos anos 1970 para os 1980. Rebelde confesso e determinado, abraçaria outras causas, procurando, à sua maneira, combinar poesia com insurreição, numa prática compatível com a crença de que o mundo está sempre em mudança. O verbo e a atividade literária emprestariam sua força à necessidade de abrir outros caminhos para a poesia de seu país.

É preciso não esquecer que os anos que sucederam à independência, conquistada em junho de 1975, foram sensivelmente povoados pelo canto daqueles que estiveram nitidamente vinculados à luta de libertação. Grande parte da produção composta nos maquis, na prisão ou no exílio continuava inédita, e o clima de euforia que tomou a sociedade abria espaço para o sentimento de exaltação predominante em muitos desses textos escritos no desconforto, mas temperados pelo entusiasmo dos anos de combate. A dimensão épica dessa poesia encontrava um cenário ideal nas sessões de declamação, comuns naqueles anos em que era imperioso ampliar o público.

A esse clima dominado pelo sentimento do coletivo, que impulsionava a expressão de um acerto de contas com a memória de um passado opressor e o anúncio de um futuro marcado pela crença em dias mais justos, não ficam indiferentes alguns dos poetas mais jovens, como é o caso de Mia Couto, incluído no volume III da edição *Poesia de Combate*, publicação coletiva cuja natureza estava patente no próprio nome. No entanto, graças ao dinamismo que move o cenário cultural, mesmo em momentos de dureza e precariedade, desde o começo dos anos 1980, surgem movimentos identificados com a transformação. Iniciativas como a coleção Autores Moçambicanos, organizada pelo Instituto Nacional do Livro e do Disco (INLD), e a fundação da Associação dos Escritores Moçambicanos, em 1982, introduziram elementos novos ao contexto cultural do país, favorecendo a conquista de novos leitores, fato alimentado ainda por algumas páginas literárias criadas noutras províncias, como é o caso da "Diálogo", do jornal *Diário de Moçambique*, na Beira, sob a coordenação de Heliodoro Batista, e de cadernos literários que nasciam em Inhambane (*Xiphefo*) e Nampula (*Horizonte*).

Beneficiando-se também das vantagens de estar situado na capital do país, o grupo da *Charrua* alcança grande projeção e consegue, de fato, alterar alguns dos elementos que estavam na base do projeto literário de Moçambique. Serenados de certa maneira os ventos animados pela conquista da independência, consolidada a convicção de que um novo tempo estava aberto, preparava-se a cena para novas exigências também no plano da criação literária. E, assim, podemos perceber esse conjunto que reclama para a poesia um maior cuidado com a linguagem, um apuro criterioso para a elaboração de poemas que pudessem ser a expressão de consciências formadas quando a independência do país já se transformara numa certeza. A reivindicação altera o seu foco, deslocando sua ênfase para a construção de um projeto estético voltado para a recriação da dimensão lírica, assentada na valorização da subjetividade.

Hoje, com o distanciamento que os anos trazem, já podemos observar que à ruptura efetuada em certos planos corresponde a consolidação de algumas propostas definidas em tempos anteriores. Isso significa que reivindicar o direito ao novo não equivalia a rejeitar *in totum* o patrimônio que encontraram. Na realidade, o que se pretendia era revitalizar esse patrimônio, que estaria condenado ao esvaziamento se os poetas se limitassem a repetir procedimentos já codificados em fórmulas. A persistência do grupo, que se desobrigava de uma proposta fechada em torno de um programa definido, rendeu oito números da revista, caracterizada, segundo seus autores, pela perspectiva pluralista. Seu grande objetivo, eles assumem, não era a negação do que se fazia, mas remexer o terreno a ser cultivado. O nome "Charrua" aponta para essa vinculação com a terra a ser revolvida para que se aumente a sua fertilidade.

Tratava-se – o repertório produzido exprime – de inserir-se dialeticamente na tradição, negando-lhe alguns aspectos para reforçar-lhe de maneira vertical outros traços e concepções. Por essa via, é possível perceber, de forma bastante funda, a radicalidade da poesia de alguns nomes da *Charrua*, dentre eles o de Eduardo White. A sua obra estrutura-se com base em vetores que tanto apontam para a concepção da poesia como exercício da subjetividade, como para a delineação de um tempo/espaço definidos. Em seu lirismo, concertam-se dados que permitem detectar as linhas da História. Assim como são patentes os traços que expressam a identidade moçambicana de uma literatura que está associada ao chão pelo qual incursiona e às praias onde se instala.

No primeiro livro, o título indica a determinação do verbo e do lugar: *Amar sobre o Índico* define as rotas reservadas ao leitor para compreender o itinerário trilhado pelo autor na configuração de seu projeto poético. Enredo e espaço se determinam aproximando o poema do jogo narrativo que, em certa medida, seus versos armam. Dividido em duas partes, "Anúncio" e "Notícia", o volume não apresenta outros títulos nem divisões, optando por povoar as páginas com conjunto de versos que, dispostos dessa maneira, têm implícito na própria sequência o nexo de ligação entre os vários momentos de um só poema. As imagens centradas no corpo do movimento não dispensam a repetição e o pleonasmo como recursos aptos a refletirem a ênfase que a viagem solicita:

> Mastro
> Mastro,
> Eis que dentro deste instante
> o mundo se principia a iniciar.
> musgo verde
> sal das praias
> resto que nutro
> no hálito quente dos animais (p. 15).

Nessas páginas, salta aos olhos a utilização da forma dialógica como eixo de elaboração de sua escrita. O poema, mais que um desabafo, organiza-se como uma conversa, atestando a necessidade imperiosa de estabelecer a interlocução com a musa a quem se dirige. Objeto do amor e do canto, a mulher se presentifica no texto a partir de muitas e variadas imagens que espelham a densa ligação com o universo por onde se move o escritor. Sob o signo do movimento, ele a desenha e é sintomática a escolha da palavra *mastro* a começar o primeiro poema do primeiro livro. Começa com ela uma viagem que se multiplica em terras e mares a serem percorridos. O Índico é o começo, o cenário privilegiado, espécie de antessala onde se explicitam as pontas de um discurso que procura descascar a nebulosidade e colocar em foco cenas pouco expostas numa sociedade bastante marcada pela contenção:

> Tu
> doce acre
> linfo possuído
> que a terra grita.
> Amo-te assim

neste lado do barco.
Quero antes
esta noite
ganhar o sabor mais ancestral do alimento.
Herdar
dessa folhagem ao sul
a claridade do dia
e a gruta de onde espero
o calor do abrigo.
Para que entrasses
quando acontecesse
o turpor dos poros
o albatroz
a onda enrolada
que se propõe a anunciar (pp. 25-28).

Contra o que considera medidas excessivas de pudor, ele propõe um discurso incisivo que busca de maneira quase obsessiva recortar o objeto, renunciando às notas de bom comportamento. Ditado por leis próprias, o desenho da amada se faz na linha do concreto: é carne, são coxas, é o umbigo, é o ventre, fragmentos de uma sensualidade que não se oculta no inefável:

Troarei então teus nomes
com as noites de apocalipse
quando a volúpia abraçar
em tuas ancas
o bago deste milho
que em ti deposito.
E hei de ser o veneno
o infame selvagem
o duro seio das rochas
a moldar no barro a pele que me acolhe (pp. 47-48).

O peso do concreto aí se manifesta, organizado em associações que não deixam dúvida acerca da primazia do jogo amoroso. A viagem ao corpo da mulher amada é a travessia principal e não deve ter diluída a sua força na escolha de palavras frágeis mais adequadas ao velho pacto com a hipocrisia que os moralismos cultuam. A confirmar a proposta, temos as ilustrações – belíssimas! – do pintor moçambicano Naguib que, compondo com os versos um conjunto harmonioso, reforçam o encanto da obra. As epígrafes escolhidas vêm ainda reforçar a interlocução desejada. No primeiro segmento, está Luís Carlos Patraquim, poeta de Moçambique, também conhecido pelo destaque que concede à poesia amorosa. Na segunda parte, assoma Vinícius de Moraes, escritor brasileiro, famoso também pela devoção ao sentimento amoroso na obra e na vida. Os versos do "Soneto do Amor Maior" funcionam como chave para um exercício que domina o poeta na relação com a amada e com o país. Numa retomada de franjas essenciais da escola romântica, a mulher amada e a terra fundem-se, compondo um corpo, cujo conhecimento implica a adoção da palavra como força mediadora. A poesia readquire a função de preencher a lacuna entre o homem e a vida, criada pela velha cisão entre as coisas e o verbo.

Essa fusão da mulher com a terra foi um dos postulados da poesia africana empenhada na construção da identidade nacional. A relação com a mãe ou com a amada reitera-se em poemas famosos da literatura de Moçambique, bem como da poesia angolana associada ao movimento reunido em torno da frase "Vamos Descobrir Angola". Estamos, pois, diante de um sinal de que o tal desejo de abrir caminhos não inviabiliza as sementes plantadas pelos que o antecederam. E, nesse sentido, o próprio poeta revela a senha ao indicar António Jacinto, poeta de Angola, como uma das suas referências:

> O Antonio Jacinto diz-me muito porque ele aborda a temática da libertação com subtileza e pouca violência. Ele não é um poeta de sangue, de nervos. É um poeta de exaltação do amor, do lado humano, do lado justo e humano das coisas. É extraordinário, é um poeta extraordinário mesmo[3].

---

3. *Idem*, p. 1200.

Muito embora declare haver pouca relação entre o que faz e o que fez um dos poetas preferidos, a admiração talvez tenha rendido mais do que parece, ou que permite uma leitura mais ligeira dos textos de ambos. Podemos ancorar nossa observação num paralelo com a célebre "Carta dum Contratado", um dos poemas paradigmáticos da poesia angolana. A configuração imagética, apoiada toda ela nos elementos da natureza africana, constitui uma das vertentes predominantes na produção poética que se funda na atualização da consciência nacional. Temperando o lirismo doce, embora forte, do Mais-Velho, com imagens que desvelam o conteúdo físico do amor, o poeta moçambicano põe em cena uma sensualidade aberta, desafiando os limites que qualquer código social ou religioso estabeleça:

> Possa desejar eu
> a maravilha da criação
> e abrir nas terras deste país que é meu
> estrada rios vales
> para neles deixar passar
> o que natureza nos consentiu.
> ...Porque hei de consentir
> como a lua consente a noite
> a primavera antiga
> que aqui nunca tive.
> Quando digo:
> Leite vertical em todos
> ou antes, umbigo súbito
> ah, leveza do pólen
> esperma derramado
> que a morte expurga.
> Ou talvez
> o receio de amar
> como um súbdito.
> Descubra
> a coxa rude
> cavalo louco

como se possuído apenas pelo medo.
Deixa que me vista
com a cor nua de tua fenda.
Deixa que seja eu
a pedra que te adorna o pescoço
que emane o cheiro da chuva
o lugar úmido da raiz mais funda
quando a minha grua
remover a areia nua de teu corpo (pp. 50-55).

Essa circulação pelo corpo, em busca de sentido para uma alma talvez assustada diante do peso da morte no cotidiano de um povo, inscreve-se na concepção poética que medula sua obra. Presente em *Amar sobre o Índico*, reitera-se, sem qualquer hesitação, em *O País de Mim*, livro que se inicia com indagações a que não tardam respostas:

Por quê o amor em meus poemas sempre?
Por quê essa paixão suprema?
Não te perguntes,
Não te expliques,
Inventa e experimenta.
Digo-te:
– Eu já amava e escrevia versos
Nas paredes do útero de minha mãe (pp. 9-10).

Amar e escrever versos situam-se como duas incógnitas de uma mesma equação, em cuja solução o poeta empenha a vida e o talento, intensificando a crença na transformação necessária. Duas determinações a exigir a mesma entrega, o mesmo cuidado, como um rito de passagem, a partir do qual atinge-se outra condição, bem diversa daquela a que a miséria dos dias condena:

Assume o amor como um ofício
onde tens que te esmerar,

repete-o até a perfeição,
repete-o quantas vezes for preciso
até dentro dele tudo durar
e ter sentido (p. 11).

No prefácio ao livro, *Poemas da Ciência de Voar e da Engenharia de Ser Ave*, o escritor Mia Couto, aludindo a Brecht, recorda que "mudar o mundo requer grandes violências". Ciente dessa taxa que obrigatoriamente se paga pela transformação, Eduardo White não se rende ao conformismo e, sem se desviar do caminho anunciado, relatara:

Diário é também
o ofício da morte neste país
essa gangrena de fome e de sede
e de desentendimento.
E se o fogo em círculo, que nos cerca
lembra nossas cotidianas invulgaridades
cada noite aqui iluminada
pela determinada vigília dos soldados,
pela boca ácida de seus fuzis,
é a gente que ama
nos nervos de qualquer cama
nossos amores sagrados (p. 35).

Nesse segundo volume, os poemas, ainda sem títulos, aparecem numerados, sugerindo uma autonomia entre eles, autonomia, entretanto, que não os desliga de um eixo central. Toda a série orienta-se no sentido da confirmação do caminho anunciado pela indagação com que se abre o livro, ou antes ainda, nos dois textos que antecedem a voz de Eduardo White. Os versos dos poetas Eleodoro Vargas Vicuña e Paul Éluard apontam a direção, e os textos ratificam a escolha a seguir. Após o grito inicial, com o qual o amor é colocado no centro de sua poética, numa atitude movida, segundo ele próprio, pela decisão de romper com certos tabus alimentados pela atmosfera moralista

predominante nos anos que se seguiram à Independência, em
O País de Mim o contraponto é dado pela morte que surge nos
poemas, a revelar o peso insofismável de uma realidade pontu-
ada pela guerra. O velho conflito entre Eros e Tânatos ressurge,
refazendo um dos ciclos mais constantes da história da literatu-
ra. Mas, se a relação com Eros se prende à conquista de espaço
para a individualidade, o problema da morte transcende a expe-
riência subjetiva. Ao falar de sua obra, declara:

> *O País de Mim* é isso, é o lado que eu vivo, o lado lírico e idílico, mas
> também o lado real que está dentro, que está subjacente. Eu assumo a
> morte em *O País de Mim* como uma atitude voluntária: não acredito
> nesta treta de morrer pela pátria. Acho que já passamos o tempo de
> morrer pela pátria, pelas boas causas.
>
> De maneira que eu faço o que é perfeitamente justo aos olhos do lei-
> tor mais assumido, mais engajado, quando os amantes propõem mor-
> rer porque a velhice chega, o cansaço. Eu ponho a morte como uma
> atitude voluntária: não é morrer pelo amor, mas porque a vida já não
> nos traz muito. E morrer para viver não como herói, não na lembrança,
> não na memória, mas na vida[4].

Entretanto, os versos doloridos de "Homoíne", poema escrito
a propósito de um dos tenebrosos massacres que compõem a
história da última guerra, erguem outras dimensões da morte.
A aspereza do acontecimento infausto reclama termos fortes,
imagens cortantes na descrição de um quadro a que não se pode
furtar a sensibilidade de quem se quer a defender a vida:

> Os nossos mortos são muitos,
> são muitos os nossos mortos
> dentro das valas comuns
> e a terra está sangrando de repente,
> tem sede e sangra lentamente
> e tem espadas vivas e silvando como o vento

---

4. *Idem*, p. 1181.

e muros altos estancando cada minuto do tempo;
os nossos mortos são muitos,
são muitos os nossos mortos
dentro das valas comuns
e há um enorme pássaro que se encanta,
é o pássaro lento do esquecimento,
pássaro de sangue, pássaro que se levanta
dos vermes que estão comendo os nossos mortos por dentro (p. 3).

No longo poema, sucedem-se as construções a refletir a brutalidade da cena, nivelando gente, coisas e bichos, tudo sob o peso da destruição e do horror. Apoiado na repetição, o texto tem na frase "os nossos mortos são muitos" uma espécie de *Leitmotiv* que, reiterado à exaustão, enfatiza a trágica realidade, cuja dimensão exprime-se num conjunto semântico povoado por palavras como *cadáveres, amarelecidos, apodrecidos, enraivecido, queimando, sangue, abutres, moscas* e *pus*. A morte "correndo como um grito" e "explodindo como um tiro" distingue-se da "atitude voluntária" a que se referiu o escritor e converte-se em condenação. A realidade externa invade o olhar e determina a aflição manifesta na seleção de imagens. Os pássaros, uma das paixões de White, aqui estão presentes na forma de "abutres voando por entre as nuvens espessas", e a mulher surge também, como "bailarinas de sangue e com facas nas pontas dos dedos" (p. 4). O sonho, uma das marcas de seu projeto poético, é aqui o pesadelo que destrói as vidas e esteriliza a terra.

Apesar de todos esses apesares guardados pelas trapaças da sorte, a aposta de Eduardo White é na crença na necessidade de resistir. E na possibilidade de o fazer. Em seus poemas, ao lado da rebeldia, inscrevem-se os sinais da confiança numa réstia de esperança. Contrariando a tendência ao pessimismo a que a desmedida tragédia convida, sua poesia, mergulhada num tempo e num espaço definidos, procura detectar sintomas que possam justificar a busca da beleza que é, afinal, uma das manifestações da relevância do amor:

É só olhar para os nossos deslocados, as mulheres que chegam vestidas de casca de árvore, com um aspecto sujo, mas que trazem uma criança recém-nascida. É preciso ter muita força para criar onde só se destrói. Este povo tem uma virtude que é preciso respeitar. Famintas a dar de mamar. É preciso ter muita força! Porque o outro é já uma imagem que nos repele e repugna. E é a repugnância na imagem que nos comove. Não é porque nós nos sentimos identificados, não é: é a repugnância, o medo de vermos uma pessoa que são restos. Mas há a parte bonita que são os olhos, e aquela criança que mama. E mama o quê? Mas as pessoas criam[5].

Observa-se, assim, que a recusa a alguns postulados do que ele próprio reconhece como típicos da poesia engajada não o conduz ao niilismo, nem ao abandono da realidade. Como que aprendendo com o povo de seu país, o escritor defende a ideia de que criar é, sem dúvida, uma das formas de luta contra a morte. A comunhão entre ele e esse povo que, de certa forma, é abraçado em seu canto, leva-nos a reconhecer a força do contexto em sua produção. E, sem dúvida, vale a pena reproduzir as palavras de Mia Couto, para quem

Aqui está uma poesia fortemente embrenhada nos conflitos do seu tempo, empenhada com a alma moçambicana. Talvez a abundância da morte, a irracionalidade da tragédia moçambicana alimentem, pela negativa, os versos de Eduardo White. Porque há nestes textos esse fôlego de esperança que só magos e adivinhos pressentem[6].

Concebida também como magia, essa poesia confronta-se com o esforço pela ruptura dos limites postos pelas contingências do que é humano. No esforço de rompê-los, subverte, atento às conquistas da modernidade literária, as convenções que em princípio marcariam as fronteiras entre a prosa e a poesia.

---

5. *Idem*, p. 1184.
6. Eduardo White, "Escrevoar", *Poemas da Ciência de Voar e da Engenharia de Ser Ave*, p. 9.

Essa experiência, já presente em textos dispersos que publicara na imprensa moçambicana no ano de 1986, sob o título de "O País de Inês", é retomada e revitalizada nos três últimos livros. Em *Poemas da Ciência de Voar e da Engenharia de Ser Ave*, *Os Materiais do Amor Seguido de O Desafio à Tristeza* e em *Janela para Oriente*, a opção é pelos rumos da chamada prosa poética. A continuidade aparente da linguagem, todavia, não chega para sequer camuflar a complexidade de uma proposta em que se combinam elementos de ordem existencial, histórica e estética.

Pouco dócil aos padrões colocados por qualquer convenção, Eduardo White revela-se um amante do risco. No culto da ultrapassagem dos sinais de perigo, propõe-se e convida ao sonho, não como negação do real, mas como forma de superar limites que aprisionam a alma que se sabe ou se reivindica em constante movimento. Seguindo esse balanço, procura desfazer a linha de demarcação entre natureza e cultura, ao juntar poema com ciência e instinto com engenharia. Dessa estranha adição brota o que Mia Couto chamou o seu *escrevoar*. Do neologismo, aprende-se uma das dimensões dessa escrita que aspira a uma leveza e a uma liberdade em perfeita harmonia com a insurreição cultivada:

> Não é possível que alucine e que obceque tanto
> este desejo de ser leve,
> de estar longe.
> Mas ainda um dia eu terei a asa como vocação,
> irei buscar aquela pronúncia nua
> e interior das alturas
> quando dizemos pássaro ou ave
> ou gravitação.
> Há uma ambição paciente neste modo de estar,
> de querer tocar a vida por cima
> como se nela houvera um cume
> ao qual nos é vedado chegar.
> ....
> Quero esta humilde e real ilusão,
> esta redonda janela intemporal

onde o peso se suspende, flutua
e para onde a vida tende (p. 14).

Cabe aqui assinalar que entre os escritores favoritos figura Carlos Drummond de Andrade. Ressalvada a considerável distância entre a exuberância do jovem autor moçambicano e o recato ostentado pelo velho poeta mineiro, identifica-os certamente o gosto por "posições do tipo *gauche*"[7]. De acordo com Cláudia Márcia Rocha, é essa inclinação pela margem uma das fontes de explicação para as inovações formais materializadas na obra de Drummond. E, nesse aspecto, a estudiosa situa uma das convergências com E. White:

[...] Devendo ser *gauche* na vida por predição do anjo torto, não lhe satisfizeram ao gosto e ao dom as representações desprovidas de significado humano, ultrapassados florilégios, que nada ofereciam, nem a ele nem a nenhum de sua geração. Assim também Eduardo White apresenta-se-nos. Diante da problemática contraditória do pós-guerra, transformada em enigma para o homem e para a sociedade, desejam o poeta e os de sua geração o voo mais alto [...][8].

Imagem primordial no livro acima referido, os pássaros e seu voo migram para *Os Materiais do Amor* e confirmam a dimensão do sonho que essa poesia ergue como força vital num mundo tocado pela nostalgia da inteireza roubada. A linguagem do onírico compõe a poética de Eduardo White não como adorno casual mas como um dos eixos que estruturam sua proposta de poesia, sua concepção de vida. Sonhar, voar, amar e escrever são processos que se misturam formando um conjunto através do qual perfaz-se a resistência, projetando-se para fora do palpá-

---

7. Carlos Drummond de Andrade, *Poesia Completa e Prosa*, p. 269.
8. Cláudia Marcia Rocha, "*Poemas da Ciência de Voar e da Engenharia de Ser Ave*". Uma Leitura da Poesia de Eduardo White ou de como a Ciência de Voar se Adapta à Engenharia de um País ou de como para Além da Ciência, a Ave, o Voo da Poesia", Comunicação apresentada nas Jornadas de Literatura e Cultura, Maputo, abril de 1999.

vel. Que não se veja, porém, nesses movimentos o puro desejo de evasão, de fuga desesperada do real; trata-se, antes, talvez, de uma tentativa de ver o mundo com olhos novos, ainda não manchados pela mecanização a que condena a máquina de repetição do cotidiano. É contra essa máquina de moer consciências, que tritura o humano, que White apresenta sua engenharia e seus pássaros, ou seja, sua poesia, como que transferindo para ela a capacidade de reorganização do mundo que já não se sustenta pela experiência racionalizadora da ciência comum.

Seu projeto remete-nos à discussão levantada por Alfredo Bosi em *O Ser e o Tempo da Poesia*[9]. No ensaio "Poesia Resistência", o crítico avalia as possibilidades de realização da poesia no mundo da mercadoria. E constata que, num universo tomado pela falsa consciência, dominado pelos valores quantitativos, a poesia é peça de resistência e, no seu esforço por se defender, acaba, muitas vezes, por incorrer num autofechamento, explorando a prática metalinguística como forma possível de realização numa época em que tudo lhe parece refratário. O poeta moçambicano incorpora essa dimensão, questionando-se em muitos momentos sobre a natureza, a importância, o alcance e as funções de sua escrita. As conclusões, provisórias como todas as certezas, se alternam. Em *Os Materiais do Amor Seguido de O Desafio à Tristeza*, a melancolia junta-se a um certo desalento:

> Eu amo-te devagar, como profunda e ilumidamente amo todo este destino, porque cedo me deram a poesia, essa voz cândida, funda, pela qual empobreço escrevendo versos [...].
>
> [...] Por isso não estou bem e as minhas mãos já não escrevem e os poemas ruminam-me a antiga memória de algum dia os ter escrito. Por isso penso que a poesia é falsa e inútil, quando o falso e o inútil são poesia também. Por isso é que deixei que os versos me desvanecessem a juventude até onde podiam. Por isso é que meu pai me dizia que a escrita não deixa um homem envelhecer como devia [...] (pp. 78-79).

---

9. Alfredo Bosi, *O Ser e o Tempo da Poesia*.

Em *Poemas da Ciência de Voar e da Engenharia de Ser Ave*, a poesia alude à hipótese de comunhão:

> Voar é uma dádiva da poesia.
> Um verso arde na brancura aérea do papel,
> toma balanço
> não resiste.
> Solta-se-lhe
> o animal alado.
> Voa sobre as casas,
> sobre as ruas
> sobre os homens que passam
> procura um pássaro
> para acasalar.
> Sílaba a sílaba
> o verso voa [p. 22].

Nesse constante debruçar-se sobre a escrita, a consciência sobre o lugar do poeta no mundo é alimentada, num jogo que inclui elementos externos e influxos externos à própria natureza da literatura na sua contemporaneidade. Os elementos formadores do cosmo, intensamente trabalhados, participam dessa busca de uma das primordiais funções da poesia: a afirmação do sentido da vida. Sobretudo em *Os Materiais do Amor*, o fogo, a água, o ar e a terra estão na base da matéria com que White procura compreender e explicar o mundo. A par com esses dados que apontam para a universalização de sua obra, vamos encontrar as marcas que particularizam a sua geografia.

Na geração que viveu as últimas décadas do colonialismo, a distinção articulava-se a um projeto de independência construído sob o signo da unidade nacional, com a noção de identidade configurando-se na contraposição dos valores coloniais. Conquistada a independência, os debates em torno da moçambicanidade a ser defendida, em muitos momentos, avalizavam, talvez estrategicamente, a procura de um fundo nacional genuíno, realimentando discussões acerca das fronteiras entre as heranças culturais em circulação no território. A partir de meados dos anos 1980, quando a independência política parece uma verdade inequívoca, a problemática da identidade envereda por outros caminhos, fecundando outros confrontos, abrigados também pela produção literária. Na poética de Eduardo White, a busca da identidade incursiona por outros terrenos e vai projetar-se noutras águas. Os céus do oriente facultam novos caminhos e a eles se lança o autor, já liberto de pressões que certamente obsecaram alguns dos autores que o precederam.

Os ventos do leste sopram forte e trazem o aroma, as cores e os sons do Oriente. Nesse aspecto, é importante, como apontam Fátima Mendonça[10] e Carmen Lúcia Tindó Secco[11], que a viagem tenha como ponto de partida a Ilha de Moçambique, pedaço do país situado ao norte, caracterizado pelo encontro de tantas culturas. Um dos pontos tocados pelo navegador Vasco da Gama, no ano de 1498, essa ilha, que foi a primeira capital da colônia, recebia, desde o século VII, a visita de numerosos barcos trazendo os agentes das fabulosas trocas comerciais de que o Oceano Índico foi palco. Lugar mitificado pela História, Muipiti, como é também chamada a ilha, é presença mais do que marcante no imaginário poético de Moçambique. Ali, o autor vai buscar as sedas, o m'siro, as miçangas, as oferendas de Java, o séquito ajawa, o curandeiro macua, o monge birmanês, com que compõe o desenho do universo em que projeta a sua identidade. Reacende-se a fusão entre mulher e terra, e as imagens concertam-se nas referências aos objetos que patenteiam a matriz:

Sou ao Norte a minha Ilha, os sinais e as sedas que ali se trocaram e nessa beleza busco-te e para mim algum percurso, alguma linguagem submarina e pulsional, busco-te por entre as negras enroladas em suas capulanas arrepiadas, altas, magras, frágeis e belas como as miçangas e vejo-te pelos seus absurdos olhos azuis. Que viagens eu viajo, meu

---

10. Fátima Mendonça, *O Corpo do Índico*.
11. Carmen Lúcia T. R. Secco, "Carlos Drummond de Andrade e Eduardo White: Suas Poéticas do Sonho e da Memória", *Jornal Savana*, 6 (296):30, Maputo, 17.9.1999.

amor, para tocar-te esses búzios, esses peixes vulneráveis que são as suas mãos e também como me sonho de turbantes e filigranas e uma navalha que arredondada já não mata. E minhas oferendas de java ouros e frutos incensos e volúpia.

Quero chegar à tua praia diáfano como um deus, com a música rude e nua do corno de uma palave, um séquito ajawa, um curandeiro macua, uma mulher que dance uma Índia tão distante, e um monge birmanês, clandestino no tempo, que sobre nós se sente e pense. Amo-te sem recusas e o meu amor é esta fortaleza, esta Ilha encantada, estas memórias sobre as paredes e ninguém sabe deste pangaio que a Norte e na Ilha traz um amante inconfortado. Em tudo habita ainda a tua imagem, o m'siro purificado da tua beleza e das tuas sedas, a rosa dos ventos, o sextante dos tempos, em tudo acordas de repente como se ardesses naus, garças, ouros, pratas, vagas, escravos ausentes, tudo que esta Ilha que sou ao Norte, nos pode lembrar. Deito-me, assim, sobre o Sol, com a praia funda em meu pensamento[12].

A ilha define-se, então, como uma espécie de metonímia nucleadora, oferecendo-se como um porto, de onde o poeta parte e onde gosta de desembarcar, sempre levado pela metáfora sedutora do voo. Segundo Carmen Tindó Secco, "sob a sugestão erotizante do Índico, a voz lírica evoca a insularidade primeira, captando as múltiplas raízes culturais presentes no tecido social moçambicano"[13]. Desse universo encadeado ressalta a mesclagem de um patrimônio acumulado num cais onde se cruzam muitas rotas e se reinventam as memórias de muitas terras. Selecionando peças que compõem esse inventário, Eduardo White refina os materiais a que associa o amor de que precisa falar. Nesse mundo plurifacetado, onde à raiz banto vem se combinar com uma infinidade de línguas, dialetos, crenças religiosas, hábitos e tradições, e onde essas combinações se fazem no compasso agitado das profundas transformações históricas, a busca

---

12. Eduardo White, *Janela para Oriente*, pp. 25-27.
13. *Idem*, p. 30.

da identidade é quase um procedimento natural, ditado pelo atavismo do ser que precisa enfrentar a fragmentação.

Mais uma vez, podemos assinalar que a poesia de Eduardo White, preservando a originalidade de sua escrita, insere-se num campo maior, que indica a noção de sistema literário a se constituir em Moçambique. Um dos sinais de sua maturidade como poeta exprime-se na sua capacidade de dialogar com seus antecessores, atualizando em outras bases as suas propostas. Citamos aqui Ana Mafalda Leite:

> Os primeiros livros de Luís Carlos Patraquim e de Eduardo White no pós-independência, *Monção* e *Amar sobre o Índico*, apontavam pelos seus títulos para essa área geopoética do Índico e da Ilha, cuja herança refeita e renovada se refracta na escrita de outros poetas como Alberto de Lacerda, Glória de San'Anna, Orlando Mendes, Virgílio de Lemos, Rui Knopfli[14].

A metáfora do voo e a metonímia da ilha reconduzem-nos ao apreço pela liberdade que perpassa toda a sua obra. O ar ou a terra à parte apresentam-se como espaços privilegiados para as suas buscas, para a realização de suas viagens, suas incursões pelo imaginário. A travessia iniciada no primeiro livro, com o oceano a ilimitar seu gesto, continua a ter o Leste como direção, fato mais uma vez confirmado já no título de seu último livro: *Janela para Oriente*. Também aqui se encontram traços de uma escrita autobiográfica, reforçando-se um certo egotismo que, entretanto, não deve iludir o leitor, desviando-o talvez dos mergulhos em camadas mais profundas desse texto que nos solicita argúcia e paciência. Reitera-se o eixo de seu roteiro, e com ele se multiplicam os pontos dessa especial geografia a ser palmilhada, explorada pelos caminhos sinuosos da memória.

---

14. Ana Mafalda Leite, "Reflexões em Torno dos Conceitos de Regionalismo, Nacionalismo e Universalismo na Literatura Moçambicana", Comunicação apresentada nas Jornadas de Literatura e Cultura, Maputo, abril de 1999.

Voltado sobre si próprio, o autor, nessas páginas, abandona a atmosfera dialógica que encontramos em seus livros. Dessa vez, a escrita segue a linha do monólogo e as interrogações que o povoam refletem a sensação de perplexidade que move a consciência empenhada numa viagem que é também de autor-reconhecimento, num processo angustiado do qual não estão ausentes as dúvidas que cercam o ato de escrever:

> Preciso de reaclarar o sentido dessa escrita, rememorar-me, desde logo, nesse texto por cuja flauta ele respira. É que se não pode chegar à memória sem que nos fuja alguma coisa do presente. Vou antevendo-o. Percorrendo-o lés a lés toda a tinta a que cheira. É tão evidente a nostalgia aí, tão galopante nessa moldura. [...]
> ....
> Talvez o melhor fosse não escrever, não atravessar, de imediato a agulha do pensamento, a mão que toca, a ferida provável que o permitiu. Talvez o melhor fosse fumar mais um cigarro à minha janela virada para Oriente, ou ir dar de comer ao cão, procurar o resto que habita a casa (pp. 18-19).

O itinerário o leva às terras do oriente, propiciando-lhe perambular por penínsulas e golfos, visitar mesquitas e templos budistas, percorrer ruas, experimentar a festa de cores, sabores e cheiros que saltam dos melões vermelhos da Malásia, do amendoim da Birmânia, do algodão da Índia, do bonsai japonês... Do inventário participam os versos de Tagore e a música de R. Shankar, marcas culturais que compõem o poderoso mosaico em que mergulha seus olhos e sua sensibilidade. A referência ao próprio nome "Eduardo" indicia o comprometimento, o ímpeto de fusão entre o sujeito e o objeto. A estrutura prosaica não se constrói, assim, com base no sereno distanciamento entre o narrador e o narrado. As repetições, as associações imprevistas, o ritmo obsessivo do discurso são outros índices do lirismo algo atormentado que condiciona o texto.

A experiência imaginada, vivenciada num domingo à janela de sua casa, propõe-lhe, e ele aceita, o reencontro com a África, com a sua "África distante que faz a curva para o Ocidente" (p.

73). No retorno à África, compreendemos que o ciclo se completa; e a longa fala do poeta funciona como um penoso exercício dentro do universo que o atrai e participa da identidade que precisa construir. Em todo esse processo, há elementos que insistem em fazer pensar num texto autobiográfico; no entanto é possível saltar a armadilha que limitaria o seu alcance e penetrar noutras dimensões do texto. Recordar novamente Carlos Drummond de Andrade pode ajudar a compreender especificidades desse fenômeno. Estamos naturalmente pensando em *Boitempo, Menino Antigo* e *Esquecer para Lembrar*, obras que constituem faces de um projeto em que a operação memorialística pretende muito mais do que a reconstrução de uma história pessoal. Sobre o problema, em "Poesia e Ficção na Autobiografia", com a lucidez habitual, Antonio Candido argumenta:

> A impressão é de que o poeta incluiu deliberadamente a si mesmo na trama do mundo como parte do espetáculo, vendo-se de fora para dentro. [...] Parece, portanto, que para sentir o efeito peculiar de *Boitempo* e *Menino Antigo* é preciso vê-los também como um tipo especial de memorialística: o que supera francamente o sujeito narrador para se concentrar poeticamente no objeto e, de torna-viagem, ver o sujeito como criação[15].

Debruçado na janela virada para oriente, Eduardo White contempla o mundo e procura compreender seu espetáculo. E, no movimento de regresso a Moçambique, esse pedaço de terra já na curva do ocidente, encerra-se o sentido da experiência viva e fundamental de abordar o descentramento, percebendo que a reflexão sobre a identidade não se completa em terrenos definidos com a régua e o compasso da racionalidade. Sem temer os labirintos arquitetados pela literatura, "um dos mais tristes caminhos que levam a tudo", como avisa André Breton, na epígrafe do volume, o poeta não hesita em enveredar pelas curvas de um domingo à mercê dos perigos. A dissolução das identidades,

---

15. Antonio Candido, *A Educação pela Noite & Outros Ensaios*, p. 56.

que constituiu uma das tendências da poesia moderna, como está demonstrado na proposta dos surrealistas, apresenta-se como uma força que se coloca dilematicamente ao lado da necessidade de resgatar uma história, fundando no tempo o seu lugar.

Diante da sua janela amarela, recorrendo à imaginação como agente da memória, Eduardo White, numa atmosfera de poesia e ficção, reconhece a inesgotabilidade da aventura. E, para o bem da poesia, não dá por finda a sua tarefa: na companhia de seus poetas preferidos, há de persistir no trabalho de exprimir o velho e o novo sentimento do mundo. Nas últimas páginas desse mais recente livro, a mágica luz de uma vela guarda o sinal. Aos leitores fica o anúncio de novos voos, novos sonhos, novas viagens conduzidas pela palavra:

Ai, meu grande e belo Médio Oriente de onde vejo África das suas janelas e oiço rugir uma fera nas savanas de Moçambique. Ali que é para onde devo ir.

Definitivamente regressar.

Nada nos é belo se for demasiadamente claro. Nada interessará.

Portanto, arrumo, aqui, minhas ferramentas deste trabalho, desta paixão que tenho pelas visões que encerro, pelo motor que as leva à minuciosa observação dos espaços. E ainda assim, sinto que me pesa tanto inconhecimento, tanta denotada fragilidade. Eu nada sabia desta remota possibilidade, deste lírico fervor que guardo pela imaginação. Gostaria imenso de falar-me disto, destas alegrias pacientes de que sou um exímio fazedor. Como sucedo que olho para o que o pensar direi melhor.

Vou fechar a janela amarela que tenho virado para Oriente. Vou restabelecer outro milagre de sonhar.

Em Istambul fica acesa uma vela, fica a saudade do olhar [pp. 77-78].

BIBLIOGRAFIA DO AUTOR

Amar sobre o Índico. Maputo, Associação dos Escritores Moçambicanos, 1984.

O País de Mim. Maputo, Associação dos Escritores Moçambicanos, 1989.
Poemas da Ciência de Voar e da Engenharia de Ser Ave. Lisboa, Caminho, 1992.
Os Materiais do Amor Seguido de O Desafio à Tristeza. Maputo, Ndjira, 1996.
Janela para Oriente. Lisboa, Caminho, 1999.
Homoíne. Maputo, Associação dos Escritores Moçambicanos, [s.d.].

REFERÊNCIAS BIBLIOGRÁFICAS

ANDRADE, Carlos Drummond de. *Poesia Completa & Prosa*. Rio de Janeiro, Nova Aguilar, 1977.
BOSI, Alfredo. *O Ser e o Tempo da Poesia*. São Paulo, Cultrix/Edusp, 1977.
CANDIDO, Antonio. *A Educação pela Noite & Outros Ensaios*. São Paulo, Ática, 1987.
COUTO, Mia. "Escrevoar". In: WHITE, Eduardo. *Poemas da Ciência de Voar e da Engenharia de Ser Ave*. Lisboa, Caminho, 1992.
LABAN, Michel. *Moçambique: Encontro com Escritores*, vol. III. Porto, Fundação Engenheiro António de Almeida, 1998.
LEITE, Ana Mafalda. "Reflexões em Torno dos Conceitos de Regionalismo, Nacionalismo e Universalismo na Literatura Moçambicana". Comunicação apresentada nas Jornadas de Literatura e Cultura. Maputo, abril de 1999.
MENDONÇA, Fátima. "O Corpo do Índico". In: WHITE, Eduardo. *Os Materiais do Amor Seguido de O Desafio à Tristeza*. Maputo, Ndjira, 1996.
_____. "Poetas no Índico", *Revista do Centro de Estudos Portugueses*, 1, 1998 (São Paulo, USP).
ROCHA, Claúdia Marcia. "*Poemas da Ciência de Voar e da Engenharia de Ser Ave*. Uma Leitura da Poesia de Eduardo White ou de como a Ciência de Voar se Adapta à Engenharia de um País ou de como para Além da Ciência, a Ave, o Voo da Poesia". Comunicação apresentada nas Jornadas de Literatura e Cultura. Maputo, abril de 1999.
SECCO, Carmen Lúcia T. R. "Carlos Drummond de Andrade e Eduardo White: Duas Poéticas do Sonho e da Memória", *Jornal Savana*, 6 (296):30, Maputo, 17.9.1999.

3
Dados Biográficos e Matéria Poética na Escrita de José Craveirinha

Tendo começado a escrever nos idos da década de 1940, José Craveirinha é autor de uma poderosa bibliografia, dedicada principalmente ao exercício da poesia. Com os recursos do lirismo, montou afiadas páginas de denúncia das iniquidades captadas da realidade que o cercava. Sua vigorosa produção não deixa qualquer dúvida a respeito da dimensão de resistência e intervenção de seus versos, faculdade sempre relevada (e relevante) em seus textos, sobre os quais se têm detido nomes importantes da crítica literária de língua portuguesa. A qualidade de sua obra credita-se ainda à diversidade de seu trabalho, estruturado em variados processos de construção da linguagem, em cuja elaboração destacam-se alguns fenômenos reveladores das matrizes culturais com que ele compõe um expressivo painel da identidade moçambicana.

Associada indiscutivelmente ao que podemos chamar de moderna poesia moçambicana, a obra espalhada por um conjunto de cinco títulos (*Xigubo*, *Karingana ua karingana*, *Cela 1*,

Maria[1] e *Babalaze das Hienas*) e um sem número de poemas publicados em revistas e antologias é representativa do diálogo que se estabelece entre a tradição e a modernidade, trabalhado num jogo de concepções e procedimentos, em que o culto da ruptura não corresponde ao abandono de um patrimônio ancorado num passado às vezes submerso pelas águas torrenciais de um novo tempo. Acompanhando a sua trajetória, compreendemos como, sem renunciar à tensão que serve de base à criação poética, ele faz da poesia um lugar de convergência, incorporando ao discurso marcas da transformação necessária – ela própria frequentemente tematizada em seus textos. Ao seguirmos o roteiro aberto na construção de seu itinerário, percebemos ainda de que maneira, na arquitetura de seus textos, os elementos da tradição inserem-se como suporte das propostas de renovação por ele trabalhadas.

Antes de entrarmos na análise de suas propostas, talvez seja produtivo lembrar que, no contexto das literaturas africanas, a discussão de conceitos como tradição e modernidade requer considerações relativas ao problema da situação histórica em que se veem localizados os escritores do período colonial. Não se pode esquecer que a sociedade colonial abriga contradições de natureza vária, o que nos obriga a pôr em questão o sentido de cada uma dessas expressões, uma vez que, num universo pouco propício à conciliação, as acepções se deslocam, podendo gerar equívocos na delimitação dos problemas. Para evitar os riscos provenientes do uso de palavras como *tradição* e *ruptura*, por exemplo, é importante ter em conta as bases a partir das quais se organiza o movimento de corte.

A observação da realidade africana faz compreender que, entre os países em que a independência é fato recente, a incidência das estruturas mentais forjadas no tempo colonial constitui um dado visível na ordem sócio-histórica em vigor, indicando-nos o quanto é difícil e, ao mesmo tempo, o quanto é fundamental

---

[1]. Este título refere-se a duas edições que o poeta faz questão de distinguir: a primeira editada em 1989 e a segunda em 1998.

enfrentar essa contingência. Vale, portanto, recordar que, mesmo após conquistarem a sonhada libertação política, os territórios colonizados continuam sob a sombra da ocupação, uma vez que, em sua dialética, a colonização e seus efeitos permanecem mobilizando gestos e intervindo na definição de condutas no plano cultural. Se incursionamos pelo tempo anterior, quando o código colonial funcionava em sua plenitude, o quadro encontrado é mais cru, como podem confirmar a leitura de obras literárias e o contato com os homens que habitavam esses espaços. Qualquer que seja a via de aproximação, acabamos por concluir que o espaço de vivência do escritor no interior da engrenagem colonial é atravessado por um conjunto de ambiguidades, condicionando-os a enfrentar a fatalidade de viver entre dois mundos. Com a noção de ruptura a rondar a percepção do universo em que está inserido, em algum momento, com intensidade variável, o escritor precisará considerar o ato de se afastar de um dos lados e apropriar-se do outro, perseguindo uma totalidade interditada, lá atrás, pela História e a cisão legada por ela.

No espaço ocupado, dois códigos estão instalados, ambos conhecendo a precariedade, pois o que chegou com a invasão não se tornou absoluto e o outro, o que ali vigorava antes, foi alterado pelos fluxos externos que, via de regra, se fizeram sentir pelo timbre da violência. Em resumo, podemos falar na vigência de duas tradições, uma ancorada num passado remoto, outra, que se quer afirmar como tal, baseada num passado recente que insiste em se eternizar. Situar-se no presente, portanto, significa encontrar um modo de confrontar-se com essa dualidade, enfrentando a instabilidade dominante no cenário que se apresenta.

É fato que a dualidade cultural não é uma peculiaridade das sociedades coloniais. Há outros quadros socioculturais que favorecem a permanência dessas situações de intermédio entre dois mundos. Podemos surpreender esse fenômeno, por exemplo, no universo religioso afro-brasileiro, tal como apontou Roger Bastide em sua reflexão sobre a aculturação. Foi mesmo a partir da abordagem do universo religioso dos descendentes de africanos no Brasil que ele formulou a noção do "princípio de corte", um conceito básico em sua obra. Para Bastide, os negros que habitam uma sociedade multicultural desenvolvem a capacidade de recortar o universo social num certo número de *compartimentos estanques*. Porque suas participações nesses compartimentos ocorrem de modo diferente, não lhes parece contraditória a sua inserção em cada uma delas:

[...] o afro-brasileiro escapa, pelo princípio do corte, à desgraça da marginalidade (psíquica). O que, por vezes, se denuncia como sendo a duplicidade do negro é o sinal da sua máxima sinceridade; se joga em dois tabuleiros, é porque há de fato dois tabuleiros.

Guardadas as devidas diferenças, essas reflexões podem iluminar o quadro em que se move o poeta José Craveirinha. O trânsito pelos dois mundos resulta de uma rara capacidade de compreender a inevitabilidade de uma síntese que estará na base da identidade moçambicana. Ao mesmo tempo que é capaz de reconhecer que tal síntese só fará, verdadeiramente, sentido quando o sujeito da operação for o homem africano, livre das imposições que o quadro colonial espalha. O seu projeto poético, na realidade, funciona como uma espécie de discurso antecipatório, procurando realizar no imaginário a articulação que o corpo social precisa concretizar.

No domínio da poesia, percebemos que, nas operações por ele efetivadas, a opção aberta no começo de sua atividade literária ganha força e amplia limites. Desde os primeiros escritos, sua dicção buscou assumir o abismo colossal que se abria em relação à perspectiva da metrópole, que jamais deixou de cultivar no colonizado a diluição de suas referências. Nesse embate, coube a Craveirinha empenhar-se na negação do que parecia consolidado, ou seja, investir na recusa de um conjunto de regras incompatíveis com o desejo de construir uma identidade que, em Moçambique, a partir dos anos 1940, vinha ganhando energia principalmente nos centros urbanizados, como já era Lourenço Marques, a cidade onde vivia. Para dar corpo à sua concepção de literatura, impôs-se a tarefa de remexer esse baú em que, em meio ao inventário de signos coloniais, estariam misturadas as peças com as quais se traçariam os desenhos da identidade moçambicana.

Desde o início, seus poemas não hesitam em apontar para um campo de assuntos preferencialmente voltados para o mundo africano, cuja sobrevivência era um sinal de falência da política de assimilação cantada e decantada no discurso oficial. O universo temático da poesia de Craveirinha revelava a presença viva de um terreno cultural que não foi apagado pelos anos de ocupação, ao contrário do que pregavam as vozes da "missão civilizadora". Ao poetizar o universo da exclusão, trazendo para o interior do poema seres, objetos, práticas culturais rejeitados pela fala da hegemonia, o poeta contrapõe-se aos modelos estruturadores da literatura colonial, fazendo com que sua poética seja povoada de significantes e significados do universo cultural invadido – tudo articulado para a definição de novos parâmetros:

> Com os desengraxados
> Meus autopés de luxo número 40 tipo escuro
> De biqueira estilo metatarsos de nascença
> Directamente no interior africano
> Deste território minha pátria
> Escondido no meu País.
> Mas não interessa
> Aprofundar os trinta dias seguidos por mês
> Sem uma única folga sequer aos domingos
> Que aos meus olhos no tabu das montras
> Das sapatarias consomem mil modelos
> De sapatos subjectivos
> Incompráveis por mim.
> ……………………………………………….
> Amigos.
> Naturalmente se eu fosse poeta em vez de gente
> isto seria com certeza o tema de uma poesia africana
> com meias solas de asfalto nos pés descalços
> sapatos por comprar

comida por comer
e muito povo à mistura.
Mas como sou apenas um homem como toda a gente
a transitar na cidade com autopés de luxo número 40
em vez de uma poesia mais ou menos africana
FICA ASSIM!
[*Cela 1*, pp. 81-82.]

Sua investida, porém, não se encerra aí, pois o impacto de sua proposta está, sobretudo, na adoção de procedimentos inovadores no terreno da estilística. Sintetizando, pode-se dizer que, para além da emergência de uma nova temática, dessa postura resulta a opção por novas atitudes no domínio da imagística e da retórica, refletindo uma efetiva inserção no universo a que deseja emprestar o seu verbo. A ironia, expressa numa linguagem que cultiva a elipse e corteja a contenção, apresenta-se neste texto como uma chave importante para ajudar a decifrar o desconforto que marca toda a visão desse mundo em que vive o poeta, cercado por esse povo que ele convoca no processo de elaboração de seu indignado canto. A metalinguagem não surge como traço típico de construções herméticas, muito ao gosto da pós-modernidade, mas funciona como um procedimento que enfatiza a relação de força que o poeta estabelece com sua poesia e o mundo que ela exprime.

Já no título do primeiro livro *Chigubo* (ou *Xigubo*, como aparece na edição de 1980), a decisão se manifesta: o poeta escolhe um objeto perfeitamente identificado com a cultura africana e chama-lhe pelo nome que ele tem numa das línguas africanas, como se começasse a selar o pacto a ser consolidado no decorrer de seu trabalho. O livro deve funcionar mesmo como a dança, que, regida pelo tambor, fará ecoar a mensagem cifrada, só alcançada por aqueles que a esse mundo estão ligados.

Ecos desse desejo confirmam-se na eleição dos personagens convocados pela sua poesia. Com as prostitutas, os trabalhadores braçais, os agricultores, os músicos populares, os magaíças, os puxadores de riquexós, com toda gente pobre, que partilha o lado mais pesado da exploração, o poeta circula pelas ruas de sua terra e com ela comunga a exclusão que a condição colonial impõe. À seleção de personagens alia-se a configuração do espaço, dinamizando historicamente os laivos de nativismo já presentes, por exemplo, nos textos de Rui de Noronha. É assim, portanto, que a sua literatura inaugura a chamada "comunidade de território", como bem refere Fátima Mendonça em "O Conceito de Nação em José Craveirinha, Ruy Knopfli e Sérgio Vieira". A estudiosa moçambicana esclarece seu ponto de vista ao registrar que:

> O elemento de afirmação nacional que emerge, desde o início, da poesia de José Craveirinha, é pois gerado e produzido por um real definido e marcado, porventura apreendido pelo poeta numa fase em que a sua configuração não é perceptível a muitos: o poeta limitou-se a antecipar-se no tempo, captando e prevendo, assumindo-se finalmente como o "fabricante de vaticínios infalíveis"[2].

O título do livro seguinte, *Karingana ua karingana*, viria ratificar a convicção. A expressão, tributária do universo da oralidade, daria a senha para o mergulho que sua obra vai realizar. Ao passado mais distante o poeta vai buscar a chave para abrir um novo reino, aquele que lhe permite a contraposição ao discurso colonial. Indo à tradição mais antiga, ele se equipa para fundar as bases de uma poesia que se faz moderna na confrontação que propõe. Sua modernidade se reafirma nas recusas das linhas de uma tradição que não aceita como sua. O resgate das referências africanas torna-se uma espécie de compromisso nos textos em que se diversificam as formas de apelo a uma origem que a dinâmica colonial de certo modo pretendia diluir. O apagamento, ou a "rasura", como preferem os leitores apaixonados de H. Bhabha, seria o preço da assimilação.

---

2. "O Conceito de Nação em José Craveirinha, Rui Knopfli e Sérgio Vieira", *Via Atlântica*, 5:54, 2002 (Revista da Área de Pós-graduação em Estudos Comparados de Literatura de Língua Portuguesa, USP, São Paulo).

Esse movimento põe a nu a falácia do discurso assimilacionista que, na sua ambiguidade, acenava com a falsa hipótese de favorecer o acesso do colonizado aos valores da chamada civilização ocidental, para, na realidade, insistir no ataque ao seu universo cultural. Convicto da necessidade de escapar à armadilha, o colonizado tende a enxergar no passado quase banido a possibilidade de recuperar a sua inteireza. Nesse caso, a remissão aos elementos provenientes da cultura pré-colonial aponta para o vigor de um passado nutrido pela energia que pode modificar o presente. Vale ressaltar aqui que, ao guardar traços de nostalgia, essa atitude corre o risco de surgir na clave reacionária, como assinala Frantz Fanon:

[...] não se sofre impunemente uma dominação. A cultura do povo subjugado está esclerosada, agonizante. Não circula nela qualquer vida. Mais precisamente a única vida nela existente está nela dissimulada. A população que normalmente assume aqui e ali alguns pedaços de vida, que mantém significações dinâmicas para as instituições, é uma população anônima. Em regime colonial, são os tradicionalistas.

....

A cultura capsulada, vegetativa, após a dominação estrangeira, é revalorizada. Não é repensada, retomada, dinamizada de dentro. É clamada. E esta revelação súbita, não estruturada, verbal, recobre atitudes paradoxais.

É nesse momento que se faz menção do caráter irrecuperável dos inferiorizados [...][3].

Os riscos anunciados por Fanon são inquestionáveis e o panorama sócio-histórico do presente está repleto de sinais que confirmam a profundidade da crise que sobrevive ao sistema colonial. No domínio da arte, todavia, há a possibilidade de se efetivarem desvios, atualizando-se propostas que em outros planos parecem permanentemente adiadas. A poesia de Craveirinha consolida-se nessa direção, tendo como vetor uma leitura

---

3. Frantz Fanon, *Em Defesa da Revolução Africana*, pp. 46-47.

do mundo que supera algumas das limitações plantadas pelo sistema opressor. Ao mesmo tempo em que buscam o passado, seus textos avançam, propondo que a colisão concretizada pelo sistema colonial se transforme em encontro de culturas. Interessa perceber como a proposta se delineia no percurso de sua obra, isto é, de que maneira o poeta concebe a libertação e os processos de que se vale para materializá-la como lição de mundo e como aprendizado literário.

Mesmo se dispensamos a delimitação de fases como método de análise, podemos detectar o desenho de alguns passos que compõem a travessia do autor. Dados biográficos, fundamentando sua experiência, são transformados em matéria poética e situam-se na base de sua obra, marcando a sua leitura dos fatos e das gentes que o cercam. Isso explica a relevância de sua origem mestiça, daí decorrendo uma vida mesclada, na qual intervêm inicialmente elementos de dois universos culturais, como ele explicita no famoso poema "Ao Belo Pai, Ex-imigrante", de *Karingana ua karingana*. No texto, a partir da abordagem da origem biológica, lançam-se as bases para uma atitude diante da relação marcada à partida pelo extremado antagonismo sociocultural de dois lugares distintos: a matriz africana, metonimizada nas águas do Zambeze, e os elementos portugueses, particularizados nas "ibéricas heranças de fados e broas". No jogo entre o interno e o externo, o poema coloca em confronto as forças das duas pontas que ele próprio reconhece como o centro de sua formação.

No poema, o percurso se evidencia, com o poeta recuperando a origem biológica como uma fonte de experiência que levaria à convergência preconizada. Sem deixar de perceber a dimensão do conflito que povoa as ruas do mundo que percorre, Craveirinha investe contra a noção de inconciliável e propõe-se como portador de uma identidade que abriga pontos diferentes, postos em contraposição pelos caminhos de uma História erguida sobre a desigualdade e a exploração. Sua pretensão, contudo, não é inverter simplesmente a ordem, alterando os lugares de opressor e oprimido. O que ele propõe é uma coexistência não propriamente pacífica, mas apaziguada na convicção de que o lugar de origem se sobrepõe ao legado de fora. Isso significa que a matriz africana pode receber elementos externos, abrigá-los e, com eles, formar um novo universo, mas a ela cabe o papel de sujeito, a função de selecionar e processar os materiais que até ali chegam e hão de ser absorvidos.

A energia muito viva da linguagem poética potencializa o salto, permitindo que o escritor atinja aquele período que o mesmo Fanon identifica como o de uma conquista importante. Para o autor de *Os Condenados da Terra*, há, sem dúvida, uma sucessão de fases, no decurso das quais o colonizado vai recuperando sua inteireza, dado essencial para que se elabore uma nova ordem, na qual a recusa do racismo se ergue como um pilar. Estamos aí diante de uma das premissas da cosmovisão apreendida pela obra de Craveirinha. E à rejeição ao racismo vai corresponder, de certa forma, o amor pela língua portuguesa, que em seus poemas será valorizada não como símbolo de uma civilização superior, e sim como veículo poderoso para expressão de um projeto novo. Por isso ela vai ser entrecortada por palavras e construções de línguas africanas, projetando um universo que não tem como não ser mesclado:

> Amigos:
> as palavras mesmo estranhas
> se têm música verdadeira
> só precisam de quem as toque
> ao mesmo ritmo para serem
> todas irmãs.
> E eis que num espasmo
> De harmonia como todas as coisas
> Palavras rongas e algarvias ganguissam
> Neste satanhoco papel
> E recombinam em poema.
> [*Karingana ua karingana*, p. 128.]

Desse modo, contra a segregação imposta pela política colonial, e também contra a ideia de uma cultura em separado (que hoje encanta certas propostas do chamado multiculturalismo), seus poemas incorporam a pluralidade, misturando termos e dados culturais, revelando os dilemas e a riqueza de um sujeito que vive e se pode alimentar do contato entre dois universos. O lugar do qual ele fala determina sua posição e intervém no recorte do mapa que o poeta quer ver composto e pelo qual ele deseja se orientar.

A experiência de vida, que determinou-lhe a circulação pelos dois lados da cidade colonial – a "cidade de cimento" e a "cidade de caniço" –, intervém na produção de seu trabalho, tornando-se um fator interno da sua poética. Isso significa trazer para as linhas de sua poesia a atmosfera pulsante do ambiente que ela escolhe abordar. O modo de articulação da dimensão social mistura-se aos aspectos formais que marcam a elaboração de seus textos. Sua poesia foge ao clima meditativo daquela que vamos encontrar sob o rótulo da literatura colonial e vai em busca de aspectos da realidade de uma terra que não pode se dar ao luxo de cantar as suas belezas naturais, de louvar suas paisagens exotizadas tantas vezes no canto do estrangeiro. As paisagens selecionadas por José Craveirinha são ocupadas por gente pobre, por gente mergulhada na miséria de uma vida sem muita abertura para os sonhos. Por sua poesia, circulam as prostitutas miseráveis, os artistas fadados ao desemprego e, quando muito, à caridade dos que desfrutam do seu talento, as crianças desnutridas e os velhos sem recursos, arrastando sua dor pelas ruas dos subúrbios. É com esses seres que ele trabalha uma ideia de pobreza despida da noção de despojamento e simplicidade, que alguns poetas destacam. Enfocando sua humanidade, revela a face cruel de uma sociedade injusta:

> Dentro das coordenadas geográficas
> registradas numa planta do cadastro da circunscrição
> dormes o teu sono perpétuo, mãe
> ao som das blasfêmias que não chegaste a ouvir

mas gostaria de ouvir
e quererias sentir, minha mãe.
E hoje que a nossa casa de paredes de caniço
e os trinta e cinco pés de mandioca
foram esmagadas pelas lagartas de aço
do monstro Caterpillar do senhor concessionário
o secular desespero
planta milho que não nasce
e mapira que não cresce
na latitude zero do talhão de pedras e cobras
da reserva indígena onde moramos blasfemos
nós, os negros, as mulatinhas
e as negras.
[*Karingana ua karingana*, pp. 131-132.]

A pobreza ali é, acima de tudo, a face exposta do colonialismo, incapaz de disfarçar sua estrutura dominante. E, paralelamente à tematização da pobreza, vamos nos deparar com o mundo do trabalho. Numa sociedade que vive explicitamente da exploração, o trabalho como forma de ganhar a vida será resgatado pelo poeta como um valor que divide os homens bons e aqueles que os maltratam. Assim, a paisagem da África que ele reconhece como sua não é o paraíso dos animais grandiosos, mas os campos cultivados de chá, sisal, algodão, espaços preenchidos pela experiência de homens que daí deveriam tirar o seu sustento e a possibilidade de uma vida digna. É a esses homens e mulheres que trabalham que ele devota a sua preocupação, é desses seres que procura se aproximar, comungando simbolicamente as suas penas de cada dia.

O trabalho, em seus textos, assume, assim, a função de traço distintivo numa sociedade que concede privilégios a tantos parasitas. É ele que, de certo modo, redime a origem do pai, convertendo-o em "moçambicano n. 1", esse pai que, nascido no Algarve, guardava o sabor das broas e instigou o gosto por alguma literatura portuguesa:

Pai:
Ainda me lembro bem do teu olhar
e mais humano o tenho agora na lucidez da saudade
ou teus versos de improviso em loas à vida escuto
e também lágrimas na demência dos silêncios
....
E revejo os teus longos dedos no dirlim-dirlim da guitarra
ou o arco da bondade deslizando no violino da tua aguda tristeza
e nas abafadas noites dos nossos índicos verões
tua voz grave recitando Guerra Junqueiro ou Antero
    [*Karingana ua karingana*, p. 92.]

A sorte de trabalhador e pobre é a base em que reside a sua conversão, o que lhe possibilita ser um "ex-português", e viabiliza a ligação direta que o poeta com ele cultiva:

E onde ibéricas heranças de fados e broas
se africanizaram para a eternidade nas minhas veias
e teu sangue se moçambicanizou nos torrões
da sepultura de velho imigrante numa cama de hospital
colono tão pobre como desembarcaste em África
meu belo Pai, ex-português.
....
E fica a tua prematura beleza realgarvia
Quase revelada nesta carta elegia para ti
Meu resgatado primeiro ex-português
Número UM Craveirinha moçambicano!
    [*Karingana ua karingana*, pp. 91-93.]

Essa identificação liberta o pai da carga de homem ligado originalmente à metrópole colonial. Trata-se, apenas, de um pobre imigrante, um daqueles homens que vêm dividir a dificuldade da vida num país distante do seu, o que acabaria por aproximá-lo, de certo modo, dos excluídos nessa outra terra. Abre-se, aliás, um movimento de dupla libertação: ao libertar o pai, o poeta liberta-se a si próprio, para viver de maneira firme a sua origem baseada na comunhão de dois mundos. No início, sente-se liberto para escolher o lado de sua comunhão essencial, mas sente-se também liberto para viver sem culpa essa ligação com esse outro universo cultural, reconhecendo que ele se contrapõe ao seu.

Mais tarde, a aposta na possibilidade de partilhar tal cruzamento o levará a uma liberdade maior: a de escolher os signos culturais com que se defende do isolamento amargo de quem se vê na contingência de se despedir da utopia. A taxa de rebeldia que sua poesia guarda encontraria novas formas de expressão, traduzindo-se na indignação com que aborda as situações criadas pela guerra em *Babalaze das Hienas*, mas também na dose de amargura que tinge o lirismo dos versos de *Maria*.

Esse volume, editado em 1998, é definido pelo autor como "uma maneira intimista de render justo preito à memória de um ente muito querido" e não propriamente "um exercício de escrita literariamente conseguido ou poeticamente literário". A leitura dos poemas ali reunidos, contudo, desmente sua avaliação, uma vez que o leitor se vê diante de textos que conseguem fundir a dor pessoal com o sentido da estética, textos que vão muito além da expressão meramente subjetiva da amargura das horas. Na retórica cultivada para lidar com a morte é firme a presença da contenção, sugerindo uma opção pelo detalhe, pela minúcia da vivência doméstica que é, agora, o exercício da solidão e do desamparo, tudo isso tocado por uma ironia que torna mais corrosiva a experiência de um homem que se apresenta como sobrevivente de tantas perdas.

A morte de Maria, a grande companheira, configura-se como a motivação central; no entanto, os poemas não se esgotam nessa leitura. O desaparecimento da mulher é a fonte da dor que vai destravar outras sensações, redimensionando outras perdas, fazendo com que o poeta se lance a uma espécie de balanço, no qual vai avaliar a sua própria trajetória e o peso da sua trajetória num universo sempre pautado por turbulências de natureza vária. Ao recordar seu cotidiano, sublinhando sempre a presença de Maria, ele acaba por retocar a sua imagem: ela passa de coadjuvante à protagonista de uma história construída com as tintas da discrição e da timidez. Fecundada na distância, sob o efeito do desaparecimento, a poesia reescreve a história de ambos e ajuda a refazer a história do país, de cuja construção ambos participaram, cada qual a seu modo. Já em *Cela I*, alguns poemas abordam o dia a dia do poeta na prisão e a suavização da dor pela ternura solidária da companheira:

> Dia de minha visita
> eu a dizer trivialidades à Maria
> e ela a compreender nas entrelinhas.
> ………………………………………..
> Mas eu prestidigitador emérito
> fazia chegar ao seu destino
> tesouros de sigilo
> em papelinhos
> dobrados.
> Se um dos execráveis gajos
> por acaso me tivessem interceptado
> restaria alguém para contar
> isto?
>   [*Cela 1*, p. 83.]

Nos textos escritos agora, entretanto, Maria surge mais forte, ganhando voz, impondo-se como protagonista no cotidiano de seu homem. E, mais que sua dor, suas ações, muitas vezes expressas em pequeninos gestos, adquirem nova dimensão. Em "Os Dois Meninos Maus Estudantes", de *Cela I*, é o choro de Maria a metonímia da experiência marcada pelo sofrimento. Em "Vida É Mesmo Assim", do livro de 1998, é sua fala que surge, explicando de novo aos filhos as circunstâncias da vida, apelando também os seus cuidados:

> Em dia de reclusos
> pela Maria e filhos passa um carro.
> Um filho diz – Mamã

vai ali um amigo do papá
e ele nos virou a cara.
E a Maria apenas disse – É a vida meus filhos.
Vocês hão de ver. Quando o vosso pai sair
todos esses vão ser amigos dele outra vez.
A vida, meus filhos é assim.
[...]
No velho machimbombo da carreira
um solavanco
e Maria persuasiva recomenda:
– Cuidado com a tigela.
Tudo menos entornarem
o caril de amendoim do vosso pai.
    [*Maria*, p. 78.]

A partir dessas pequenas ocorrências – "piadas do nosso cotidiano", como aparece no mesmo poema – a imagem da mulher se reconfigura, assumindo a função que afinal teve, e a memória pode recuperar. É ela a interlocutora privilegiada, e, do diálogo agora estabelecido, firma-se a possibilidade de reforçar novos contatos com o mundo. Depois de ter simbolicamente libertado o pai, e contribuído concretamente para a libertação do país, com a morte da mulher, o poeta liberta-se a si próprio para um diálogo aberto no tempo e no espaço.

Diante da perda de Maria, é como se ele ensaiasse uma aproximação com o que, geograficamente distante, foi sempre uma presença apta a suavizar a rudeza de tantas horas. Para amenizar sua solidão, são convocados Jorge Amado, Pepetela, Tolstoi, Hemingway e, de forma mais intensa do que antes, aparecem Eça de Queirós, Soeiro Gomes e Luís de Camões, materializando na poesia a ligação com a literatura portuguesa, cuja origem ele já creditara ao pai. Mas não se limitam ao terreno da literatura as evocações que povoam seus textos: Daíco e Fâni Fumo (dois músicos moçambicanos) dividem as páginas com Dizzie Gillespie e Bessie Smith, em textos nos quais a presença de laços com a tradição de sua terra se associa a manifestações culturais ligadas à afirmação de negros como sujeito de uma história e como senhores de um patrimônio.

Na companhia da lembrança da mulher amada, a solidão é partilhada com companheiros que também lhe trazem notícias de outras vidas, e com a energia dessa experiência é que o poeta parece se equipar para olhar o mundo, inclusive o do seu país, inclusive o seu universo particular, em constante transformação. Os textos vêm, portanto, de muitos lugares, falando muitas línguas, exprimindo a vida de muitos povos em variados tempos, num movimento em que a literatura é assumida na sua dimensão de fenômeno cultural, de força humanizadora, capaz de romper e fazer romper os limites impostos pela aventura da vida comum.

Esse diálogo vai além das citações expressas nos poemas que se sucedem pelas páginas de *Maria*, intervindo na fatura dos textos: o talento do poeta combina o legado da poesia ocidental com as formas orais africanas, em compassos capazes de enfatizar a ideia de que a expressão de sentimentos não é incompatível com o exercício poético. Nesse caso, na tocante diversidade de elementos com que organiza a matéria que dá corpo ao livro, é possível perceber o sentido da unidade, com todos os textos articulados na composição de um prolongado pranto. Mas não se restringe a esse aspecto o caráter nucleador das duas edições de *Maria*. Em ambas, podemos rastrear marcas que vincam o trabalho de José Craveirinha desde o primeiro livro, como bem observa Ana Mafalda Leite:

> Com efeito, os dois livros intitulados *Maria*, na sua sequência imparável de um poema de dor, apresentam-se, ao mesmo tempo, como um interminável panegírico em louvor da amada, retomando, por vezes, Craveirinha, a dicção dos primeiros longos poemas de *Xigubo*, onde se capta a forma poética do izitopo, lento e longo poema panegírico oral, característico do cancioneiro changane, ou do ibizongo, panegírico comum aos grupos zulu e nguni[4].

---

4. Ana Mafalda Leite, "A Fraternidade das Palavras", *Via Atlântica*, 5:26, 2002.

Apesar da ocorrência de alguns poemas longos, predomina uma atmosfera tocada pela exiguidade, em que a única exceção talvez seja "Maria Salmo Inteiro", canto que abre essa obra elegíaca. Depois dessa explosão de lamento, nota-se uma tendência para os poemas curtos que, em versos breves, parecem dizer que a enormidade da dor não se deve exprimir em expandidas declarações e/ou volteios retóricos. O sentido da falta projeta-se na contenção do discurso, num quase silêncio que, enfático, enuncia todas as perdas revividas nessa mais forte, mais pungente, definitiva. A presença pleonástica de Maria, musa alçada à condição da já lendária Dinamene, estabelece uma curiosa relação com a linguagem minimalista dos poemas que integram o livro.

A ausência do botão na camisa, o tricô das aranhas nos cantos da casa, o pó sobre as estatuetas, o dedal inútil na dispensável caixa de costura são signos de um vazio. Para enfrentá-lo, o poeta investe na recuperação de mitos que a memória, a coletiva e a individual, pode empreender, estratégia a que recorreu desde os primeiros livros. Em artigo intitulado "O Espaço Mítico em José Craveirinha", Francisco Noa afirma:

> No caso específico de Craveirinha, o mítico seria um espaço de comunicação intersubjetiva pendularmente africana, com todos os matizes de simbiose cultural, e que se inscreveria numa esfera mais vasta tributária do inconsciente colectivo[5].

A abordagem de Noa, centrada em *Karingana ua karingana*, convalida-se nos outros livros produzidos até os anos 1970. Sobretudo naqueles tempos duros, quando era imprescindível responder à força da contradição que medula a sociedade colonial – base do universo sociocultural em que os moçambicanos estavam instalados –, a incursão pelo terreno dos mitos constitui uma estratégia de superação dos apertados limites. Nesse quadro, compõe-se a mitologia que associamos à formação da utopia, referência dominante no projeto poético que se realiza

---

5. Francisco Noa, *A Escrita Infinita*, p. 27.

em sua escrita, do qual são emblemáticos os textos "Sia-Vuma!" e "Poema do Futuro Cidadão".

De *Xigubo* a *Maria*, muitos anos decorreram, muitos fatos aconteceram, o país fez-se independente, cumprindo a profecia tematizada em tantos poemas. Depois da celebração, vieram também os desencantos e, não obstante a irrevogabilidade de algumas conquistas, a vida tem necessariamente que ser vista sob a ótica da melancolia. Pacificada a questão da identidade que o mobilizou em tantos poemas, Craveirinha, agora, sente-se dispensado de proclamar sua africanidade e/ou sua moçambicanidade. E o mito de Narciso, apontado justamente por Ana Mafalda Leite como um dos elementos de força de sua poesia[6], é redimensionado, porque é na relação com Maria, com a sua vida ou com a sua morte, que ele se vê. A autoimagem reflete a visão atormentada dos dias:

> Desde que me penso
> Há momentos em que sou deus.
> Uma tal figura divina
> Que ninguém exalta meu poder.
> A ser
> Esse deus vivendo em mim
> Insignificante sufixo do eu.
> Na exaltação de mim mesmo
> Faço o feitiço de enaltecer o Nada.
>   [*Maria*, p. 75.]

Nesses tempos disfóricos, o poeta que emprestou sua voz à comunidade de território, na expressão de Fátima Mendonça[7], concentra sua atenção na imagem multiplicada de Maria, na qual se projeta a conjugação dos vários mitos abrigados e potencializados em sua poesia pelo movimento da memória, que reforça aqui a sua capacidade intervir na leitura da realidade

---

6. *A Poética de José Craveirinha*, Lisboa, Vega, 1991.

circundante. Reforça-se o sentido das colocações de Francisco Noa, que, no artigo já citado, assinala:

> A memória tem aqui uma função prestigitadora por ressuscitar imagens que permitem o reencontro do poeta com uma realidade que faz vincar, nostalgicamente, a consciência de uma perda[7].

Nas conversas com a musa, espalhadas pelos quatro livros que compõem o volume, Craveirinha, imerso na dor, atualiza um balanço da vida, temperando a sensibilidade extremada com a fina ironia que singulariza sua obra. Com isso consegue afastar a derrota total e libertar seus poemas do risco da pieguice que a emotividade descontrolada pode trazer. Talvez esteja aí uma das chaves da excepcional qualidade de sua poética: a impressionante capacidade de atingir o equilíbrio rejeitando as regras da mediania. Ao trabalhar a sua indignação, a sua revolta, o seu sofrimento, a sua esperança, o seu desencanto, a sua utopia, a sua saudade, ele faz convergir para o seu lirismo a dimensão do insólito que distingue a linguagem poética.

É, pois, desse modo, conseguindo articular contrários, que José Craveirinha oferece-nos uma escrita que do cotidiano extrai o extraordinário, revelando aos homens as verdades adormecidas pelo dia a dia. No enfrentamento do drama coletivo ou do tormento pessoal, seu lirismo, que, muitas vezes, prefere trabalhar a dor a contrapelo, se alimenta dos impasses com que se defrontou ao longo dos anos. Escrever é, em muitos momentos, um ato vicário com que busca compensar as faltas, sem nunca obscurecê-las, preferindo em seus versos expor as cicatrizes dos tempos ásperos.

---

7. Fátima Mendonça, "O Conceito de Nação em José Craveirinha, Rui Knopfli e Sérgio Vieira", *Via Atlântica*, 5:52-66, p. 55.

REFERÊNCIAS BIBLIOGRÁFICAS

CRAVEIRINHA, José. *Babalaze das Hienas*. Maputo, Associação dos Escritores Moçambicanos, 1995.

_____. *Cela 1*. Maputo, Instituto Nacional do Livro e do Disco, 1980.

_____. *Karingana ua karingana*. Maputo, Associação dos Escritores Moçambicanos/Instituto Nacional do Livro e do Disco, 1995.

_____. *Maria*. Maputo, Ndjira, 1998.

_____. *Xigubo*. Maputo, Associação dos Escritores Moçambicanos, 1995.

_____. *Obra Poética*. Maputo, Divisão de Cultura da Universidade Eduardo Mondlane, 2002.

FANON, Frantz. *Em Defesa da Revolução Africana*. Lisboa, Sá da Costa, 1980.

LEITE, Ana Mafalda. "A Fraternidade das Palavras". *Via Atlântica*, 5:20-28, 2002 (Revista da Área de Pós-graduação em Estudos Comparados das Literaturas de Língua Portuguesa. São Paulo, USP).

_____. *A Poética de José Craveirinha*. Lisboa, Vega, 1991.

MENDONÇA, Fátima. "O Conceito de Nação em José Craveirinha, Rui Knopfli e Sérgio Vieira". *Via Atlântica*, 5:52-66, 2002 (Revista da Área de Pós-graduação em Estudos Comparados das Literaturas de Língua Portuguesa. São Paulo, USP).

NOA, Francisco. *A Escrita Infinita*. Maputo, Livraria Universitária, 1998.

4
A Ilha de Moçambique: Entre as Palavras e o Silêncio*

Para tia Emília, ilha de afeto

Cercadas frequentemente por uma atmosfera mágica, as ilhas costumam ser convocadas no processo de simbolização de ideias, valores, situações – potencialidades quase sempre exploradas com graça e gosto pelos artistas. Da lendária Ítaca, atravessando eras, até a realíssima Manhanttan, finamente talhada pela sensibilidade algo profética de Carlos Drummond de Andrade em seu notável "Elegia 1938" – que os acontecimentos do dia 11 de setembro de 2001 vieram recordar –, a dimensão mítica da ilha é força presente no imaginário de muitos povos. Para os leitores das literaturas africanas de língua portuguesa, o tema logo faz lembrar os problemas que, vividos por São Tomé e, principalmente, Cabo Verde, acabam por se inserir na personalidade de seus escritores, intervindo fortemente na forma como eles se veem e na maneira como são vistos pelos outros.

---

* Texto apresentado no Colóquio "Ilha de Moçambique – o Entrecruzar de Alturas, Verbos e Memórias", promovido pela UFRJ em setembro de 2001.

Também não nos escapa a lembrança das ilhas situadas na baía de Luanda, que poetas e ficcionistas angolanos vêm associando à fertilidade de sentidos inicialmente reconhecida nos musseques luandenses. Em se tratando dos angolanos, cabe ainda referir que, com a sua capacidade de mobilizar a imaginação e assim transformar a falta em festa, eles refizeram no seu próprio imaginário o desenho do Mussulo, conferindo ao istmo essa carga onírica de que a ilha se povoa. A confirmar o processo, temos a força dessa *quase Ilha* focalizada, por exemplo, no *Rioseco* de Manuel Rui.

Os exemplos encheriam páginas. E pelo que vimos e ouvimos ontem, sobretudo pela excelente exposição do historiador António Sopa, naquele pequeno pedaço de terra em frente ao Mossuril estão plantadas muitas razões para despertar o enorme interesse de que esse colóquio é testemunho. Com efeito, pelos dramas que abrigou na travessia dos tempos e pelos fatos de que foi palco, reunindo referências de tantos pontos da terra, a esse destino de foco de debates e encruzilhada de paixões não poderia escapar a Ilha de Moçambique.

Acumulando estórias e acumpliciando-se com a História, a Ilha, ao longo dos séculos, vem superando seus próprios limites e excedendo-se na capacidade de apontar para algumas realidades, numa operação um tanto surpreendente para sua pequena extensão e sua anunciadíssima agonia. A relevância de seu papel na trajetória da literatura em língua portuguesa e, em especial, no itinerário da poesia moçambicana está refletida na quantidade e na qualidade dos poetas que sobre ela lançaram sua sensibilidade e seu talento. Um dos portos inaugurais da presença portuguesa no que seria o país, ela assistiu também aos inícios da atividade literária na terra. De Campos Oliveira a Eduardo White, são muitos os escritores que com ela estabeleceram uma fecunda relação, para não insistir evidentemente na figura de Camões, que ali gastou alguns dos anos vividos fora de Portugal, e do nosso Thomaz Antônio Gonzaga, para lá levado em castigo por sua participação no movimento que recebeu o nome de Inconfidência Mineira.

Considerando que a natureza deste trabalho impõe recortes, minha opção foi pela concentração num espaço de tempo em que se agudizaram as contradições em torno da questão da identidade moçambicana, um dos temas mais presentes nos debates que se abriram nas cidades do país desde que se iniciaram as discussões sobre o nacionalismo africano. Relembro aqui um ponto importante, tocado por António Sopa ao se referir à insistência do discurso sobre a harmonia como traço dominante na história da relação entre os povos que aportaram na Ilha. Penso que foi essa uma das verdades fabricadas pela ideologia que, sobretudo a partir dos anos 1950, procurou camuflar as contradições inerentes à empresa colonial. A divulgação das teorias lusotropicalistas de Gilberto Freyre e a sua própria viagem às terras africanas ocupadas por Portugal atestam esse projeto. Como assinalou o historiador moçambicano, a paisagem da Ilha de Moçambique, exprimindo divisões e desigualdades, traduz, na realidade, as assimetrias e as lacunas com que a sociedade em Moçambique se confronta desde há muitos anos.

Em sua estreita ligação com o cenário de que surge, a poesia moçambicana não ficaria alheia à experiência do dilaceramento que a condição colonial mobiliza nos homens. E a leitura de muitos textos, na perspectiva indicada, conduziu-me a três nomes que neste trabalho serão alvo de minha atenção: Rui Knopfli, Luís Carlos Patraquim e Eduardo White. Associados a diferentes gerações, os três, além da eleição da Ilha como eixo temático de muitos poemas, têm em comum uma declarada aposta no empenho estético como modo de exercitar a literatura, num cenário em que as conjunções históricas surgiam como um convite ao barateamento da linguagem como modo de intervenção.

Confirmada a energia daquela matriz nos versos de cada um, é interessante pensar nos recursos de que se valeram esses artistas na representação literária desse espaço e, sobretudo, nos diversos processos que, penetrando na consciência dos homens, conduziram ao gesto de multiplicar sua imagem.

Num breve inventário das construções poéticas com que eles procuram firmar as suas diversas representações da ilha, três fenômenos ressaltam na economia poética de seus textos. Estamos falando da marca da fragmentação como elemento expressivo, da recorrência às associações imprevistas e da quebra das fronteiras entre a forma poética e o discurso em prosa. Na base desses procedimentos, podemos assinalar uma concepção de poesia em que a construção do lirismo privilegia a formulação de conceitos, afastando-se da musicalidade a que primariamente está associada à linguagem poética. A ausência de rimas, a sonoridade fechada, a significação retorcida são traços nesse repertório e sinalizam para um modo especial de se aproximar do objeto, ao mesmo tempo em que apontam para uma maneira particular de conceber a poesia na sua relação com a modernidade.

Em seu *O Ser e o Tempo da Poesia*[1], excelente livro sobre as relações entre o discurso poético e as sociedades, Alfredo Bosi oferece muitas pistas para a compreensão do lugar e da função da poesia em contextos atravessados pela contradição. Abrindo com um brilhante estudo sobre a imagem, Bosi caminha com segurança pelos terrenos movediços da filosofia da linguagem e analisa relações fundamentais como as que se estabelecem entre a imagem e o sonho, a imagem e os sentidos, a imagem e a memória, passando pelos laços do inconsciente de que se ocupou o mestre da psicanálise. Recorrendo às ideias de Freud, o estudioso brasileiro procura também abordar os processos de motivação na formulação das imagens e as vias percorridas para sua conversão em fetiche.

As observações ali presentes ajudam-nos a compreender que, pelas trilhas indicadas nos versos dos nossos autores, abrem-se diante de nós alguns dos mapas da Ilha e os itinerários propostos no balanço dessas viagens que a literatura propicia. Tal como os *slides* ontem expostos, o exercício poético em questão permite visualizar o jogo das diferenças e as marcas das contradições que a história dos homens tem produzido. Sob o efeito do tempo, apresenta-se o conjunto de ruínas oferecendo um retrato identificado com a degradação e/ou com a transformação que a

1. Alfredo Bosi, *O Ser e o Tempo da Poesia*.

vida impõe às paisagens cujo sentido primeiro se encontra perdido. Mas se elas assustam os que teimam em acreditar numa visão conservacionista, também podem ser vistas como fonte de referências com as quais a literatura vai buscar elementos para dizer o mundo. Nesse ponto depositado nas águas do Índico, espécie de entre-lugar onde se movem as coordenadas ditadas pela história e pela geografia do território hoje identificado com o país, estão as linhas com que alguns poetas compõem as imagens de sua ligação com a terra e suas hipóteses de escapar aos limites que as fronteiras representam.

Partindo de experiências muito diferentes, Knopfli, Patraquim e White fazem da Ilha uma matriz de imagens e, com elas, tentam remexer o baú das referências que carregam. De certo modo, na relação com a Ilha projetam-se as conturbadas relações com Moçambique, o país em composição, a nação em montagem, esse chão convulso onde, em movimento, se articulam desejos e tensões. Na obra dos três ressaltam-se as marcas da angústia, a consciência atormentada de que estão inseridos numa realidade histórica que requer certezas que eles não alimentam.

Como metonímia de uma história maior, a de cada um com essa realidade geográfica, histórica, política e cultural que Moçambique vai configurando, a Ilha será representada como um mosaico incompleto, no qual as peças se perderam e/ou foram inadequadamente colocadas. O desenho, portanto, revela-se confuso, e o exercício da palavra é um meio de revolver o terreno e extrair o significado dos fragmentos ora depositados diante de cada olhar. Nesse sentido, a ideia de paraíso, que algumas vezes remarca o imaginário das ilhas, é arranhada. Sobretudo para os dois primeiros, o apego ao espaço não se confunde com a idealização, e o que salta são os sinais de uma relação que, sendo de amor, não pacifica espíritos e não esconde frustrações. O retrato pintado com os "cansados flancos" que a fortaleza mergulha no mar em "A Ilha Dourada", de Knopfli, complementa-se nas "artérias de poeira e branco encardido" de que fala Patraquim em "Indica Miçanga sobre o Teu Corpo". Em ambos, a ilha organiza-se como a metáfora de uma identidade em desassossego, num processo que mistura recusa e perseguição, muito distante de encontrar no terreno da subjetividade a serenidade que as monções ofereciam à difícil arte de navegar.

As sombras e os fantasmas evocados por Rui Knopfli articulam-se aos anjos e pássaros de Patraquim, e tal conjunto vai encontrar correspondência nas miçangas e turbantes referidos por Eduardo White em *Janela para Oriente*. Um ligeiro inventário do léxico predominante na obra de cada um revela a forte sugestão do impalpável, presente na remissão de seres e coisas em movimento. É essa a atmosfera marcante na geografia por que viaja Rui Knopfli, por exemplo, apresentando-nos a mesquita grande, o antigo Palácio São Paulo (que já foi sede do governo e hoje é museu), como o é também nos textos em que Patraquim procura no diálogo personificar o espaço. O desejo de fixar, enquanto base da construção da imagem, esbarra na interdição que cerca o próprio ato de representar que a poesia chama para si, confirmam tais textos na busca de apreender as dimensões do objeto.

Como construção poética, a Ilha é composta pelas notas da memória que, se à realidade vai buscar alguns traços, em seguida, foge às leis da lógica convencional. Mais do que os desenhos que dela procuram oferecer, os poemas nos trazem os desejos e os tormentos dos poetas que para ela se voltam na tentativa de fixar algum percurso que permita restabelecer ligações ameaçadas pela emergência de um tempo que mistura os dados, confunde as experiências e multiplica as associações. No interior da crise que o colonialismo em fim de carreira institui sem indicar possibilidade de solução, os contrastes fundados na Ilha assomam, acordando sentidos conectados com a História sempre a cruzar aquelas ruas... Diante do mundo em movimento, pela poesia de Knopfli e Patraquim, a Ilha desfila seus múltiplos significados, ora associada a Próspero, ora a Caliban, tendo projetada em si a conflitada relação desses dois escritores com o próprio universo de que brotaram, como homens e como poetas.

O terceiro nome selecionado para a minha viagem pela Ilha de Moçambique pertence a uma geração mais jovem da poesia moçambicana. Integrado ao grupo que criou a revista *Charrua*, Eduardo White, desde sempre um cultor da rebeldia, procurou fazer da poesia um ato de insurreição. Afastando-se da tonalidade épica mais próxima da poesia como um canto coletivo, como prevalecia nos anos imediatamente posteriores à independência do país, o autor de *Amar sobre o Índico* caminhou na direção do lirismo individualizado e concentrou-se na temática amorosa, reforçando uma linha da poesia moçambicana também visitada por nomes reconhecidos do panorama literário, como José Craveirinha e Heliodoro Batista, além dos dois poetas em foco neste estudo.

Ao inserir-se nessa linhagem, Eduardo White também faz da Ilha um ponto de ligação com a realidade moçambicana de que é, ao mesmo tempo, ator e testemunha. E, ao eleger esse eixo temático, ele reforça o que Antonio Candido chama de "nexo de causalidade interna"[2] e sinaliza para a maturidade da literatura moçambicana como um sistema em constituição, contribuindo para que a Ilha supere os limites de simples espaço e se defina como um porto de representações, uma verdadeira "área geopoética [...], cuja herança refeita e renovada se refracta na escrita de outros poetas como Alberto de Lacerda, Glória de Sant'Anna, Orlando Mendes, Virgílio de Lemos, Rui Knopfli", tal como apontou Ana Mafalda Leite[3], em palestra proferida na Universidade Eduardo Modlane.

Em seu itinerário, Eduardo White faz da ilha uma espécie de metonímia do apreço pela liberdade presente em toda sua obra. A metáfora do voo, com que alarga os laços do seu imaginário, parece encontrar nesse pedaço de terra à parte uma frutuosa correspondência; como se na Ilha ele aportasse inicialmente a

---

2. Antonio Candido, "Literatura e Subdesenvolvimento", *A Educação pela Noite & Outros Ensaios*.
3. Ana Mafalda Leite, "Reflexões em Torno dos Conceitos de Regionalismo, Nacionalismo e Universalismo na Literatura Moçambicana", Comunicação apresentada nas Jornadas de Literatura e Cultura.

caminho das outras terras, a fim de exercitar a ilimitada profusão de cores, cheiros e sabores que incorpora em sua poesia. Não por acaso, o livro publicado em 1999 se chama *Janela para Oriente*. Em suas páginas, radicalizam-se aqueles procedimentos artísticos a que nos referimos como definidores também da poesia de Knopfli e Patraquim, ou seja, a marca da fragmentação, o uso das associações imprevistas e a ruptura das fronteiras entre prosa e poesia. A partir desses recursos, tal como seus antecessores, o poeta formula interrogações e investe numa pesquisa que é também de autorreconhecimento, confirmando a ideia de que, em contextos acirrados pela contradição, em diferentes níveis, as questões em torno da identidade ganham relevo e, via de regra, convocados à expressão, os poetas apostam na invenção de seus próprios instrumentos.

No processo de recriação de sua linguagem, White seleciona os materiais para compor a sua identidade de moçambicano, fundando na multiplicidade de elementos as senhas com que abre o diálogo com um universo em que a pluralidade tem que ser a chave. A dimensão oriental da Ilha que ele percorre não se opõe à "África distante que faz a curva para o Ocidente". Com as sugestões presentes na música de Ravi Shankar, nos versos de Tagore, nos melões da Malásia, no bonsai japonês, ele parece querer completar uma experiência de descentramento que começa na direção do Índico e nas ilhas que o povoam.

Nesse sentido, talvez se possa encontrar entre Eduardo White e seus antecessores um diálogo que retoma pontos e introduz algumas diferenças bastantes significativas. O oriente de que a ilha é metonímia surge na poesia do autor de *Amar sobre o Índico* e *Janela para Oriente* como espaço de dinamização de um universo cultural que reclama a inserção de sinais capazes de introduzir Moçambique noutros mapas. Para um leitor formado pelos paradigmas do ocidente, como eu me vejo, há sempre o risco de enxergar na presença oriental um aspecto do exótico, pontas daquele orientalismo produzido pelo discurso da hegemonia, tão bem tratado por Edward Said. Daí a importância do conhecimento histórico que ajuda a compreender as especificidades de cada contexto, a partir da relativização daqueles valores que o discurso colonial pretendeu passar como absolutos. A presença do Oriente na poesia moçambicana tem o lastro que lhe dá a inserção daquelas sociedades num conjunto bastante diverso daquele de que o Oceano Atlântico foi palco.

Noutras palavras, os rumos trilhados por White se afastam daqueles vislumbrados nas veredas percorridas por Knopfli e Patraquim, como se na sua viagem ele fizesse escala no pedaço de terra em que os outros desembarcam e de onde fitam, atormentados, a parte continental do país. Vale citar Knopfli:

> Neste raso Olimpo argamassado em febre
> E coral, o Deus maior sou eu. Por mais
> Que as pedras, os muros e as palavras afirmem
> Outra coisa, por mais que me abram o corpo
> Em forma de cruz e me submetam a árida
> Voz às doces inflexões do cantochão latino,
> Por mais que a vontade de pequenos deuses
> Pálidos e fulvos talhe em profusas lápides
> O contrário e a sua persistência os tenha
> Por Senhores, o sangue que impele estas veias
> É o meu. Pórticos, frontarias, o metal
> Das armas e o Poder exibem na tua sigla
> A arrogância do conquistador. Porém o mel
> Das tâmaras que modula o gesto destas gentes,
> O cinzel que lhes aguça a madeira dos perfis,
> A lenta chama que lhes devora os magros rostos,
> Meus são. Dolorido e exangue o próprio
> Cristo é mouro da Cabaceira e tem a esgalgada
> Magreza de um velho cojá asceta.
> Raça de escribas, mandai, julgai, prendei:
> Só Alah é grande e Maomé o seu profeta.

Como se vê, a presença enfática do eu em projeção aponta para a crise identitária tematizada na poética que a Ilha catalisa. O tom é, portanto, atravessado por uma dose de angústia manifesta no próprio talhe do Cristo magro e mouro. Seguindo Knopfli, temos Patraquim:

> Eis as casas. Grutas de sal a céu onde me descubro. E sou nome ou reboco do dia que se extenua e sonha, vento marítimo que me leva às praias fulgurantes que faltam nos livros. Aqui me deito, peixe, memória, homem, contigo e a chuva e o iodo e o som das casuarinas circulares, teu verde açoitado de desejo. O bosque.
> Aqui me ergo, pendurado em panos às janelas, imagem de despudor sem mim. Porque aqui me esqueço do que me querem. Da história que me fizeram e fui. Olhem estas paredes que respiram! Arfam? Olhem onde não me posso esconder, no laborioso percurso das tardes jogando-me, brincando, obsessivo gerúndio doutra estória às avessas da história, onde não me vissem mais, quando me distraio, viandante de mim nos alvéolos iluminados do tempo.

Essa obsessiva procura "doutra estória às avessas da história" aproxima-se de um dos possíveis sentidos para a poesia na contemporaneidade. E nesse aspecto encontramos mais um ponto de contato entre os textos desses três poetas. Em sua obra, a energia vem da evidente necessidade de perseguir uma certa unidade num chão, que espelhando o despedaçamento, favorece a representação de seres em divisão. Para White, todavia, no sentimento amoroso está a possibilidade de superação das interdições que a cisão opera. Desse modo, a Ilha se torna palco de outro percurso:

> Sou ao norte a minha Ilha, os sinais e as sedas que ali se trocaram e nessa beleza busco-te e para mim algum percurso, alguma linguagem submarina e pulsional, busco-te por entre as negras enroladas em suas capulanas arrepiadas, altas, magras, frágeis e belas como as missangas e vejo-te pelos seus absurdos olhos azuis. Que viagens eu viajo, meu amor, para tocar-te esses búzios, esses peixes vulneráveis que são as suas mãos e também me sonho de turbantes e filigranas e uma navalha que enrolada já não mata. E minhas oferendas de java ouro e frutos incensos e volúpia.

Quero chegar à tua praia diáfano como um deus, com a música rude e nua do corno de uma palave, um séquito ajawa, um curandeiro macua, uma mulher que dance uma Índia tão distante, e um monge birmanês, clandestino no tempo, que sobre nós se sente e pense. Amo-te sem recusas e o meu amor é esta fortaleza, esta Ilha encantada, estas memórias sobre as paredes e ninguém sabe deste pangaio que a Norte e na Ilha traz um amante incorfomado [inconformado?]. Em tudo habita. [...]

Em síntese, a Ilha, fazendo-se e refazendo-se no imaginário desses poetas, segue reinventando origens e destinos, oferecendo-se como fonte de imagens para que alguns escritores se armem na exploração de uma identidade em movimento. Desse percurso não estão ausentes as ruínas que, se nos angustiam como sinal da degradação, no quadro literário constituem uma fonte de diálogo entre diferentes gerações. Provavelmente porque, habituados a procurar o equilíbrio e a imutabilidade, aos olhos de muitos de nós causam espanto as deformações ou a nebulosidade a cobrir os objetos que o nosso consciente inventa e insiste em reter. Recorrendo, uma vez mais, a Alfredo Bosi, no entanto, compreendemos que o que define a nitidez ou o obscurecimento da imagem prende-se menos "à ação do tempo do que à força e à qualidade dos afetos que secundaram o momento de sua fixação"[4]. Daí a ênfase na positividade ou na negatividade das mudanças que a nossa leitura percebe. Graças à carga polissêmica que caracteriza a poesia, sobrevive no discurso poético a possibilidade de misturar contrários e revitalizar as franjas de harmonia que a distinção entre natureza e cultura ergueu. Numa cultura marcada pela cisão, a contraposição é uma constante e só muito raramente nos livramos da ditadura das dicotomias onde aprendemos a separar o passado do presente, o externo do interno, o alheio do próprio, o sonho do real, o sujeito do objeto, o continente da ilha. A consciência, mesmo se muito angustiada, da contradição e a crença na urgência de

---

4. *Idem.*

apaziguar os fantasmas que saltam da divisão constituem dados relevantes na proposta poética desses três poetas da Ilha.

As transformações de tantas ordens vividas por Moçambique impuseram a seus homens uma relação conturbada com a sua própria História e com a História de sua terra. As questões envolvendo a formação de sua identidade ganharam força, mas se enquadraram num espaço de tensão, fazendo-se movimento e, de maneiras diferentes, desembarcaram no terreno, também ele, movediço da poesia. As respostas de Rui Knopfli, Luís Carlos Patraquim e Eduardo White encontram-se, não obstante a distância temporal, na forma refinada e convulsa com que incorporam o problema identitário num solo em mudança. Se o continente revela abalos e assimetrias, a Ilha convida a uma paragem, um exílio que, afinal, nem chega propriamente a ser.

De certo modo, esses poetas encontram-se com muitos outros poetas, de diversas partes do globo. Entre eles o nosso extraordinário Carlos Drummond de Andrade, que, numa de suas belíssimas crônicas, também confessava a sua atração por esse lugar que estimula o sonho e frequenta a imaginação dos homens. Em "Divagação Sobre as Ilhas", no livro intitulado *Passeios na Ilha*, ele explicitava um alimentado projeto:

> Quando me acontecer alguma pecúnia [...], compro uma ilha; não muito longe do litoral, que o litoral faz falta; nem tão perto, também, que de lá possa eu aspirar a fumaça e a graxa do porto. Minha ilha (e só de imaginar já me considero seu habitante) ficará no justo ponto de latitude e longitude que, pondo-me a coberto de ventos, sereias e pestes, nem me afaste demasiado dos homens nem me obrigue a praticá-los diuturnamente. Porque esta é a ciência e, direi, a arte do bem viver; uma fuga relativa e uma não muito estouvada confraternização[5].

Com arguta sensibilidade, o mineiríssimo escritor indicava uma noção de felicidade: a vida como um exercício baseado na

---

5. 2. ed., Rio de Janeiro, José Olympio, 1975, p. 3.

difícil dose de equilíbrio entre a solidão e a convivência com os nossos iguais. Talvez esteja aí um dos aspectos que explicam essa magia que cerca as ilhas em nossa imaginação. Talvez esteja aí uma das chaves que ajudam a interpretar a opção desses três escritores aqui abordados.

Antes de concluir, penso ser positivo ainda destacar um aspecto que também nos intriga quando refletimos sobre o lugar da Ilha de Moçambique no itinerário da poesia moçambicana. Trata-se da sua ausência como tema na literatura, nas últimas décadas, o que funda um expressivo contraste com a posição de relevo alcançada nos anos anteriores à Independência, fato registrado por um de seus cultores, o jornalista e escritor Nelson Saúte. Na antologia organizada em parceria com António Sopa, Nelson reconhece que Luís Carlos Patraquim constitui "um avaro exemplo". A este nome, associamos o nome de Eduardo White. E poderíamos ligar também o do próprio organizador da coletânea. De qualquer modo, o fenômeno existe e estimula a sugestão: após esses debates sobre a palavra que a Ilha de Moçambique alimentou, não seria interessante atentar para o silêncio a que ela parece devotada?

REFERÊNCIAS BIBLIOGRÁFICAS

ANDRADE, Carlos Drummond de. *Passeios na Ilha*. Rio de Janeiro, José Olympio, 1952.
BOSI, Alfredo. *O Ser e o Tempo da Poesia*. São Paulo, Cultrix, 1977.
CANDIDO, Antonio. "Literatura e Subdesenvolvimento". *A Educação pela Noite & Outros Ensaios*. São Paulo, Ática, 1987.
_____. *A Inadiável Viagem*. Maputo, Associação dos Escritores Moçambicanos, 1985.
KNOPFLI, Rui. *Ilha do Próspero*. Lourenço Marques, Minerva Central, 1972.
_____. *O Escriba Acocorado*. Lisboa, Livraria Morais, 1978.
LEITE, Ana Mafalda. "Reflexões em Torno dos Conceitos de Regionalismo, Nacionalismo e Universalismo na Literatura Moçambicana".

Comunicação apresentada nas Jornadas de Literatura e Cultura. Maputo, abril de 1998.

PATRAQUIM, Luís Carlos. *Monção*. Maputo/Lisboa, INLD/Edições 70, 1980.

SAÚTE, Nelson & SOPA, Antonio (org.). *A Ilha de Moçambique pela Voz dos Poetas*. Lisboa, Edições 70, 1992.

WHITE, Eduardo. *Amar sobre o Índico*. Maputo, Associação dos Escritores Moçambicanos, 1984.

_____. *Janela para Oriente*. Lisboa, Caminho, 1999.

5
Entrevista: José Craveirinha[*]

P. Em alguns depoimentos seus, nós temos observado a presença de muitas referências ao Brasil. Antes mesmo de começarmos essa entrevista, o senhor, ainda que em tom de brincadeira, disse que devia ter nascido no Brasil. Nós gostaríamos de entender um pouco dessa importância do Brasil na sua vida.

R. O Brasil teve uma influência muito grande na população suburbana daqui. Uma influência que ia desde o futebol. Posso dizer até que eu joguei a bola com jogadores brasileiros, por exemplo, o Fausto e o inventor da bicicleta. Vocês sabem quem foi?

O Leônidas da Silva?

Exatamente. Quer dizer que é tão brasileira quanto eu. Mas nós conhecíamos outras coisas do Brasil. Nós recebíamos as revistas *O Cruzeiro* e, mais tarde, a *Manchete*, e as reportagens ajudavam a imaginar como era a vida no Brasil. Aqui, a cidade que

---

[*] Entrevista realizada por Omar Thomaz e Rita Chaves, com a participação de Cris Bierrembach. Agradecemos a Célia Marinângelo (USP) o esforço e disponibilidade na transcrição da fita e todo o apoio de José Luís Cabaço.

se chamava Lourenço Marques, naquela época, era dividida. Até aqui, era a cidade de cimento, daqui para ali, era a cidade de caniço, com hábitos completamente diferentes. A população dali era sem recursos, mais pobre, ia à cidade de cimento trabalhar e voltava. Nessa vida simples, havia muitas festas, casamentos, e, sempre, futebol. Tenho um amigo que era mais conhecido como Brandão, o nome de um futebolista brasileiro, do que pelo próprio nome dele. Apareceu por aqui uma revista em que aparecia o Brandão e ele ficou Brandão. Era assim que o chamavam, até as pessoas da família.

Além do futebol, havia outros aspectos do Brasil que eram conhecidos aqui?

Também na área da literatura. Nós, na escola, éramos obrigados a passar por um João de Deus, Dom Dinis etc., os clássicos de lá. Mas chegava uma certa altura que nós nos libertávamos e então enveredávamos para uma literatura "errada": Graciliano Ramos e por aí afora. Tínhamos nossas preferências, e, na nossa escolha, pendíamos desde o Alencar... A nossa literatura tinha reflexos da literatura brasileira. Então, quando chegou o Jorge Amado, estávamos em casa. Jorge Amado nos marcou muito, porque aquela maneira de expor as histórias fazia pensar em muitas situações que existiam aqui. Ele tinha aqui um público.

Tenho um episódio na lembrança que mostra a importância dele para nossa história. Havia a polícia política, a PIDE, que, uma vez fez uma invasão aqui à casa. Puseram-se a revistar tudo, levando o que queriam levar. Tenho aquilo gravado na memória. Levaram uma mala, carregaram os livros, meus livros. Levaram os livros e a mala, até hoje, como reféns políticos. Depois de eles irem embora, minha mulher disse: "Onde é que estava o Jorge Amado? Viste o Jorge Amado que eles queriam?" Naquela altura já estavam atrás do Jorge Amado...

Que outras marcas do Brasil chegavam aqui?

Muita coisa. Na cidade de caniço, na periferia, fazíamos uma coisa que não era bem uma festa. Eram serenatas. Tocava-se viola, cantava-se. Músicas do Brasil. Diziam: "Onde é que vocês aprenderam?" A gente aprendia e cantava músicas de lá e era completamente diferente do resto da cidade. Havia pessoas, incluindo brancos, que preferiam brincar deste lado. E é por isso que eu digo que era mais brasileiro, sentíamos mais as coisas brasileiras do que as portuguesas, principalmente na literatura. Os poetas todos…

Há um momento na sua vida que se passa do lado de lá, quando o senhor era criança e vai morar na cidade de cimento, na Avenida Vinte e Quatro de Julho.

Era um inocente, não tinha poder de escolha.

Foi nessa fase que desaprendeu o ronga e teve que aprender o português.

Sim, tinha que falar português e a minha madrasta não admitia que falássemos na nossa língua africana. Até mesmo os empregados domésticos estavam proibidos de falar conosco em ronga. Eu procurava falar as duas línguas. Hoje ainda percebo perfeitamente. Falo o que for preciso falar, mas não corretamente. E eu sinto isso como uma perda, como se fosse aleijado, se me faltasse um braço, uma perna. Mas sinto também que comigo não acontece como com muitos outros, outros mulatos que nem uma palavra sequer sabem falar. De fato havia uma proibição, mas as pessoas reagiam de formas diferentes. Meu irmão falava menos que eu, porque aceitou a proibição. Eu não aceitei e, quando me apanhava lá fora, ia brincar com outras pessoas que falavam a língua. Eu reconheço que em minha casa, ao lado da proibição, havia uma contemporização e eu me aproveitava da situação. Por isso ainda falo, se for preciso, mas já não corretamente. Devíamos ser bilíngues, mas os portugueses não aceitavam isso.

Mais tarde, o senhor regressa a esse espaço...

Nós tivemos uma fase em que estávamos com a nossa mãe, entretanto, meu pai manda vir a esposa, que estava em Portugal. Quando chega, ela, então, impõe: "Onde estão os meninos?" "Eles estão com mãe". Ela diz: "Por quê?"

Ela não havia concebido, não havia filhos do casal. E diz: "Mande trazer os miúdos para aqui; os seus filhos são meus também". E, então, nós lá fomos... Minha mãe ia, geralmente todo fim do mês, receber um tanto em dinheiro, mais o que precisasse, em termos, sabonete, capulanas e coisas assim... Eu tenho gravado, como se fosse ontem, e não sou assim tão velho... Consta que estou quase com 76. Eu lembro perfeitamente das visitas lá de casa. Minha madrasta era médica parteira, então as visitas lá de casa eram desse nível, pessoas gradas, médicos... E quando minha madrasta se apercebia que estava lá a minha mãe, ela mandava-a entrar: "Por que ficou lá fora?" Então ela apresentava minha mãe às suas visitas dessa maneira: "Olha que linda a mãe dos meus filhos". Estava lá ela, coitada, eu lembro do seu acanhamento perante aquelas pessoas, ela contrafeita, coitada; me lembro disso como se fosse ontem, ficou gravado.

E minha madrasta enchia-a de mimos. Eu lembro quando apareceram a dizer que ela estava muito mal, e lá nos levaram para o lugar onde ela estava. Estava deitada em uma esteira, chegamos ao pé dela, e não lhe disseram o meu nome José. Eu, por ter nascido num domingo, era conhecido daquele lado por "Sontinho". O que eles disseram foi: "O Sontinho está aqui". Então, eu lembro tão bem, ela abriu os olhos e fez um meio sorriso e fechou os olhos para sempre. Toda gente ficou espantada porque ela havia estado dias já assim; era a espera mesmo que a mantinha. Ela olhou para mim a sorrir-se, fechou os olhos e faleceu.

A partir daí, foi uma vida mais para esse lado. Até minha madrasta falecer. Ela faleceu porque precisou ser operada e meu pai tinha ido a Portugal também para tratar da saúde. A operação era simples. A enfermeira que estava de vela estava no quarto ao lado, que devia estar vazio, mas estava preenchido por ela e um namorado. E, portanto, é natural que esquecessem que ela estava de vela... Minha madrasta teve sede, quis pegar um copo, desequilibrou-se e caiu. Houve hemorragia e só foram encontrá-la de manhã...

Isso provocaria outra mudança.

A partir daí, passamos a viver todos juntos, pai, tios, primos. Lembro que foi uma fase interessante, porque não sabia de onde era, se era branco, preto, mulato. Os meus primos eram brancos, filhos do irmão do meu pai. Quando o meu pai morreu, ficamos a viver com ele; não nos deu um pontapé, continuamos a viver com os filhos dele, os filhos e a mulher, a minha tia, que era uma santa senhora.

Todas essas mudanças geraram um grande afastamento do universo ligado à família de sua mãe.

Com a família de minha mãe nunca houve um corte absoluto. A minha avó manteve sempre a ligação. De vez em quando aparecia ela com as latas à cabeça. Vocês já viram como conseguem equilibrar à cabeça aqui coisas nunca vistas? Está a se perder esse hábito... Ela, então, lá trazia coisas, castanhas de caju, uma série de coisas, mandioca, que veio do Brasil e depois implantou-se aqui. E não foi só a mandioca. Isso aconteceu com muitas coisas. De tal maneira, que nós chegamos a ser o maior coqueiral do mundo, e qualquer dia voltamos a ser... Mas o coco veio do Brasil e foram os portugueses que trouxeram do Brasil e, com a cumplicidade dos macacos, os coqueiros estão espalhados por aí...

Os portugueses fizeram um tipo de colonização muito especial, sempre ao longo da costa. Eles iam até a praia. Então os macacos apanhavam os cocos e fugiam para o mato e iam distribuindo, então apareceram os coqueirais, que nunca tinham visto um português! O colonizador ali era o macaco. Os macacos faziam melhor esse trabalho. E nunca fizeram greve... Tinham um alto sentido do trabalho.

E traçaram pontes com o Brasil...

Sim, há uma série de coisas que eram do Brasil e nós temos aqui implantadas. A pera-abacate, que vocês chamam só de abacate.Temos aqui bastante. Não sei se o amendoim também...

O amendoim veio da América, do México.

É mexicano, mas não foram os mexicanos que trouxeram para cá.

Voltando à sua trajetória, há um regresso ao mundo do caniço. Nesse regresso, quem chega primeiro: o poeta ou o homem?

Nunca poderia ser o poeta neste tempo. O poeta aparece depois. O poeta é consequência das vivências do homem que vem para aqui. Eu entro aqui e sou "assimilado", com todo prazer meu. Passei a viver na base do que se usava mais deste lado, que era o subúrbio.

Quando o senhor veio?

Lá pelos quinze anos. Nessa época, eu fiquei atraído por motivações como a música, o futebol. Aqui jogava-se futebol por todo lado. Onde houvesse espaço, havia futebol. Eu lembro que isso acontecia até na escola em que estudei, que era subsidiada completamente pela maçonaria. Havia uma escola mais perto, ligada à Igreja Católica. Mas meu pai nos mandava para lá, porque ele era maçom...

Então, quando venho para cá, para este lado, eu assimilo mais as coisas daqui... Se tivesse, por qualquer razão, ou mesmo na casa de banho, que cantar, lá saía: "Patrão, o machimbombo atrasou (não era o trem) / Por isso estou chegando agora / Trago aqui um memorando da capital / o machimbombo atrasou meia hora / Patrão não tem razão de me mandar embora". Como veem, a gente virava tudo, não sei se achincalhava; a verdade é que nós moçambicanizávamos todas essas coisas que apareciam aqui. Às vezes nos perguntavam como essas canções apareciam aqui; nós não sabíamos, a verdade, porém, é que apareciam. Por isso, eu defendo que deste lado, a vivência, o comportamento era mais abrasileirado do que português.

Eram muito mais serenatas no meio dos cajueiros, havia muitos cajueiros... O caju também vem de lá. Então, à noite, com as violas, nós cantávamos. Era tudo assim.

E havia contatos diretos com brasileiros?

Tenho a lembrança de umas duas ou três vezes em que apareceram aí uns brasileiros. Alguns eram de um barco da marinha de guerra, eram jovens, principiantes na carreira e caíram aqui porque não conseguiam entrar em contato com as pessoas dali, do que se chama de Baixa. Alguém os trouxe aqui. Ficaram encantados. Chegaram a dizer mesmo, até os oficiais disseram: "Nós saímos do barco e entramos no Brasil".

Aqui era uma réplica do Brasil. Cantávamos canções do Brasil. Esses brasileiros até quiseram levar um violonista ao Brasil, um que era considerado, e até hoje o consideram, o melhor viola de Moçambique, um moçambicano. Era o Daíco, um músico extraordinário. Eles ficaram encantados, com as pessoas, a maneira de se comportar, as festas e tudo. Mandava-se servir, comia-se, bebia-se, dançava-se. Eles diziam: "Há dois Moçambiques". O primeiro era aquele que viram quando saíram do barco; o segundo era esse, que descobriram aqui, o subúrbio, a cidade do caniço, as casas de caniço ou de zinco, quase sempre com a cobertura de zinco. Eles ficaram deste lado e diziam: "vocês estão na fronteira". E ainda se pode ver a diferença, embora com a independência tenha havido um êxodo. Muita gente fugiu, os portugueses abandonaram as suas casas na cidade e as pessoas vieram do subúrbio e ocuparam as casas. Isso modificou toda a cidade. Porque como os hábitos eram muito diferentes, acabaram por rebentar com as casas todas, com os prédios... Chegaram a plantar milho no sétimo, no oitavo andar.

É curioso porque nós percebemos uma certa degradação em muitos pontos da cidade, mas notamos também que nos subúrbios parece sobreviver um dado sentido de ordem. Em alguns casos, parece-nos mesmo que a limpeza é maior na periferia do que nas áreas em que predominam o cimento e o asfalto.

Um antropólogo americano, Marvin Harris, que depois dos "programas oficiais" me vinha ver "clandestinamente", me disse que ele havia viajado para as Índias e muitas terras e que nunca havia visto um subúrbio tão limpo como viu aqui. Espantoso! E havia aqui um hábito, que já está a morrer: logo de manhã, as mulheres estavam a varrer. Era um hábito obrigatório. As pessoas que vinham de fora ficavam pasmas quando entravam no subúrbio e viam tudo muito limpo. Esse americano ficou espantadíssimo e repetia: "Eu nunca vi um subúrbio tão limpo".

E outra coisa que ele adorou foi assistir às refeições aqui. "Isto é que é o verdadeiro comunismo!", dizia ele.

A comida, por menos que fosse, ou por mais que tivéssemos a comer, chegava sempre. O prato podia ser xima, não importava, era servido numa grande travessa. Servia-se a comida ali, à mão, havia uma maneira especial de comer, não era com os talheres, os talheres eram os dedos. Não se começava a comer se não estivessem todos. A maneira de comer era um pouco diferente, e a comida chegava sempre, nunca havia ninguém com fome. Ele ficou encantado com essa disciplina: todos sentados, os mais velhos, os mais novos, todos sentados à volta do prato. Essas coisas são muito belas. Sob o ponto de vista de um cidadão comum, isso é um atraso, mas eu acho que não é atraso. Nunca ouvi dizer: "Fulano não comeu. Fulano levantou com fome". Os pais diziam: "Depressa, vem comer, porque a comida tem que chegar para todos". E chegava. Era assim.

Em seus textos poéticos, há muitas referências à comida. O senhor apontaria algumas características da culinária moçambicana para quem está começando a conhecer esse país?

A nossa culinária tem muitas ligações com a Índia. Muitos dos temperos, da forma de cozinhar... Aqui em Moçambique temos muito mais a ver com o Oriente do que com a outra costa...

O senhor falou bastante da presença do Brasil e, agora, da Índia na cultura moçambicana. No entanto daqui saíram muitos escravos que se espalharam por muitas terras e interferiram em suas culturas. O senhor já teve a experiência de encontrar um pouco do seu país noutros países?

Quando fui a Cuba, o Fidel ia me dando essa oportunidade. Num dia, ele nos disse: "Tenho um passeio reservado para vocês: há um grupo num determinado lugar da ilha que mantém os seus hábitos e são completamente diferentes dos outros. Eles proclamam-se moçambiques, têm seus ritos e danças". Mostraram-nos fotografias e tudo. Mas, infelizmente, não chegamos a ir lá. Um ciclone nos fez refugiar num sítio do Presidente. Mas eu gostava muito de ter ido.

A partir do Brasil, nós nos sentimos mais ligados à Costa Ocidental. Estamos mais próximos geograficamente e o tráfico conduziu para lá um número muito maior de escravos saídos daquele lado. Alguns moçambicanos, no entanto, insistem que os brasileiros devem se sentir melhor aqui do que em Angola. Sabe por que se diz isso?

Porque aqui o sol nasce do lado certo. [*risos*] Mas não é só. Nós aqui temos um comportamento diferente dos angolanos. Somos muito amigos, nos damos muito bem, mas temos um comportamento diferente. Isso aqui é mais oriente. Antes dos portugueses, vinham aqui embarcações e caravanas, não só de indianos e árabes, como até de indonésios. De modo que, quando os portugueses chegaram, encontraram em Moçambique outros que por aqui passavam. E deixaram maneiras de se vestir, no prazer, na forma de comerciar já muito diferentes. A nossa alimentação tem mais interesse, é mais rica do que a da outra costa por causa do Oriente, nós temos uma mistura. Nós temos muitos pratos em que há uma mistura da nossa culinária com a dos indianos, e há a preponderância do que chamamos piri-piri. Na língua daqui é vidji-vidji.

Uma das coisas que impressiona quem vem de fora e não está familiarizado com o país é o cosmopolitismo de Moçambique. Ele aparece muito na sua fala quando o senhor coloca toda a confluência de povos que houve aqui e, depois, a maneira como os intelectuais moçambicanos devoravam a literatura brasileira e a portuguesa. Mas, pelo próprio fato de que vocês estão próximos de países que foram colônias inglesas, houve aqui uma relação com o jazz, com a literatura norte-americana...

O jazz aqui era quase um hino religioso. O jazz perdeu-se há pouco tempo, mas havia sessões a que vinham músicos da África do Sul. Era quase uma instituição que fazia parte da nossa tradição. Principalmente entre os artistas negros, havia uma competição acerca de quem ganhava entre brasileiros e norte--americanos e, até hoje, não sei realmente quem ganharia. Nós nos emocionávamos com o que acontecia com os negros na América. Além dos valores desportivos, como já me referi, os seus valores culturais tocavam-nos muito. O drama do negro americano e suas formas de resistência nos impressionavam. A música de Billie Holiday, do Dizzie Gislepie... O cinema também contou bastante. Gostávamos de ver e ouvir Count Basie e Duke Ellington. Algumas vezes víamos estes filmes antes que eles chegassem a Lisboa. Algumas vezes, nem lá chegavam, porque eram uma espécie de tabu, como na África do Sul. Muitos sul-africanos vinham cá vê-los.

Além da paixão pela comida, que estamos constatando agora, há duas paixões que são evidentes: a paixão pelo esporte e a paixão pela literatura.

Amigos meus me perguntam: "Como é que tu te arranjas com futebol e poesia? Não dá!" E eu respondo que tanto o futebol como a poesia não precisam de árbitros, e uma coisa recomenda a outra. Havia dúvidas: "Como é que tu consegues? Como é que tu escreves isso se jogas futebol?"

Havia, pois, uma corrente que não aceitava que um futebolista pudesse escrever versos. Eu sempre gostei de esportes e não via lógica em sacrificar um dos gostos só porque parecia mal. Porque eu acho que aquilo que se chama cultura física também faz parte da cultura, faz parte das vivências do homem, então eu nunca deixei.

E o desporto aparece na minha poesia porque eu também o via como uma forma de consciencialização entre nós. O meu poema sobre o Joe Louis, por exemplo, pode confirmar essa posição, que era de muitos nacionalistas. O Dr. Karel Pott, que foi uma referência muito forte na minha vida, citava muitos exemplos do mundo do desporto para valorizar a nossa luta. Ele costumava citar, além do Joe Louis, o Jesse Owens. Eram homens que sabiam ganhar. E ele próprio praticou o desporto, foi o primeiro moçambicano a ir aos Jogos Olímpicos. Ele praticava atletismo e, em 1924, quando ele chega a Portugal, ganha e foi incluído na equipa que Portugal levaria aos Jogos Olímpicos.

Além do atletismo e do futebol, há outros interesses nesse campo?

Sim, eu gostaria de ver mais apoio à natação. Precisávamos de piscinas e ter mestres para ter também bons nadadores como tivemos futebolistas. Esses Eusébios, Colunas saíram todos daqui. Este bairro é um bairro muito *sui-generis*, esquisito. Portugal vinha aqui para carregar os seus craques. Os grandes jogadores portugueses em parte saíram daqui, deste bairro. O Eusébio, o Hilário, que esteve dezessete anos como internacional da seleção portuguesa, o Matateu, que foi um ídolo. Eu o acompanhei até ao barco e foi a única maneira de ele embarcar para Portugal. Ele tinha medo, e eu disse-lhe: "Vai lá" e acompanhei-o até ao cais e fi-lo entrar no barco. Chegou lá de barco. Era quase um mês de viagem. Logo que chegou foi chamado para um jogo importante, marcou três ou quatro golos e nunca mais saiu da equipa. Deixaram-no jogar à vontade [*risos*]. Jogar futebol era uma maneira de ser… Ainda hoje, se houvesse tempo, eu iria levá-los ao campo de onde saíram essas estrelas.

Mas nós voltamos. [risos]

É uma das coisas que eu gosto de mostrar. Eu não gosto de mostrar estas palhotas, eu gosto de mostrar justamente ali o campo de onde está o verdadeiro povo, e o campo ainda lá está, o campo de onde eles saíram lá está, e o atletismo também. Praticávamos o atletismo aqui... [*risos*]

A Mafalala é, sem dúvida, um bairro mitológico nesta cidade.

Uma coisa de que as pessoas ficam espantadas é que o nosso é um bairro tão diferente, que até fizemos dois grandes toureiros. Os jovens vinham ver touradas na Praça de Touros e começaram a brincar. Foram para Portugal. Um deles, o Ricardo Chibanza, tem uma fortuna num cofre. Picasso ouviu falar de um toureiro negro, coisa inconcebível, e fez questão de ir ver uma corrida onde ele ia atuar. Ficou tão encantado, que esperou por ele, levou-o a sua casa e ofereceu-lhe um trabalho, um original. Chibanza tinha-o pendurado, não sei onde nem quando o avisaram: "Olhe, cuidado. Isso é um Picasso!" e explicaram-lhe o que isso significava em termos financeiros. Agora está numa casa-forte. Nós temos aqui (na Mafalala) todas as variedades. Até poetas! [*risos*]

Aliás, havia aqui na Mafalala uma espécie de microclima favorável à defesa de valores diferentes daqueles que definiam a sociedade colonial.

Sem dúvida. Havia aqui uma atmosfera de tolerância e de muito boa convivência entre muitos grupos do país. Os muçulmanos, que tinham alguns problemas em seguir suas práticas religiosas noutras partes da cidade, aqui eram bem acolhidos. E isso num ambiente disponibilizado para as festas, como eu já falei.

Esse ambiente combinava com a chamada militância dos escritores e outros artistas. Era um pouco a partir daqui que vocês "conspiravam", não?

É verdade. Aqui a convivência abria-se às pessoas que gostavam da terra, das pessoas e sonhavam com mudanças. E a literatura misturava-se a tudo isso.

Muitos escritores moravam por aqui?

Como eu já disse, daqui saíram até poetas... O Rui de Noronha vivia numa casa aqui perto. Ele trabalhava no Caminho de Ferro e todo dia eu o via passar. Ele era bem mais velho que eu, mas conversávamos. Ele, a me tratar por miúdo, estimulava-me a continuar com a literatura. Ele chegou a ser o chefe de redação do *Brado Africano*, um jornal muito importante para o nacionalismo moçambicano. Eu o vi por lá, e sempre o vi como um homem triste. Um personagem muito curioso...

E a Noémia de Sousa?

A Noémia passou grande parte da infância na Catembe, que fica do outro lado da baía. Mas depois veio para Lourenço Marques, onde estudou. E vivia aqui perto. A sua casa tinha um bom quintal, ainda está lá, com as árvores... Era lá que nos reuníamos muitas vezes, à noite. Nossa amizade se consolidou no *Brado Africano*, onde eu fiquei como permanente na Redação. Ela trabalhava em um escritório mas colaborava com o jornal. Ficamos muito amigos, compartilhávamos preocupações e sonhos. Até escrevemos juntos um manifesto. Outras pessoas estavam sempre envolvidas nesses encontros: o Rui Nogar, o Ricardo Rangel, o Fonseca Amaral, que, depois, foi para Portugal e de lá enviava colaboração para o *Brado Africano*.

Na casa da Noémia, fazíamos as nossas reuniões. O Fonseca Amaral, que era uma pessoa muito rara, proporcionou um encontro especial, entre os chamados poetas do cimento e os poetas do subúrbio. Foi nessa reunião que o Rui Knopfli conheceu o Daíco. Lá estiveram, além do Knopfli, o Rui Guedes e o Rui Guerra, que hoje vive no Brasil. Essa noite foi muito marcante, como se tivéssemos descoberto a chance de estarmos juntos, os da Polana, o bairro mais distanciado socialmente, e os do subúrbio. O Fonseca Amaral, que conhecia os dois lados, foi o responsável pelo encontro. E as pessoas de lá, que conheciam tanta coisa sofisticada, ficaram encantadas quando ouviram o Daíco e o Chico Albasini a tocar e dançar.

Tudo isso está na história da formação do sentimento nacional. O senhor acaba de citar grandes personagens dessa fase da História de Moçambique.

Era uma fase de grande inquietação. Estávamos ligados pela vontade de mudar. Tínhamos consciência da injustiça que dividia essa sociedade. As atividades culturais promovidas pela Associação Africana. Ela foi fundada por negros e por mestiços. Era frequentada pelos Albasinis, pelo Karel Pott, por toda essa gente que tinha um nível mais elevado de instrução. A associação era um lugar onde se discutia o que era ser africano, o que era ser moçambicano.

O papel dessa intelectualidade mestiça foi, então, muito importante para a formação do nacionalismo.

Foi, com certeza. O Dr. Karel Pott foi um homem notável. Nos seus discursos, ele enfatizava a questão da africanidade, levantava argumentos ligados a isso que, depois, se chamou Negritude. Foi o primeiro advogado mulato. E causou um grande impacto na cidade quando voltou de Portugal. O pai dele era o cônsul da Holanda aqui, e era um comerciante muito rico, dono de muitas propriedades na cidade. A mãe era uma senhora negra, que usava capulanas. Pois quando ele regressou a Lourenço Marques, por volta de 1940, foi buscar a mãe num carro descapotável. E deu a volta à cidade tendo essa senhora de capulana ao seu lado. Causou um grande escândalo. A cidade entendeu aquilo como uma provocação.

Como o senhor avalia a negritude? Nesse ambiente mestiço ela também foi relevante?

Eu penso que foi. Essa mestiçagem sempre que era identificada com o universo negro era marginalizada. A opressão dava para todos. Mas às vezes fico baralhado. E não aceito a defesa da negritude como uma atitude racista. Eu só considero como racismo se uma pessoa afirma: "Eu tenho orgulho em ser negro". Isso pode ser visto como uma forma de se achar mais. Eu acho que uma pessoa deve exaltar a sua cor para ser igual, não para ser superior. É preciso compreender que eu posso ser negro e belo, que eu não preciso copiar o branco para ser aceite. Essa é ainda uma grande confusão que uma pessoa encontra aqui em África.

Apesar dessa expressão da negritude, o seu grupo era integrado por muitos brancos. Não havia aqui uma segregação total, como houve em outros lugares?

Havia muitos racistas, muitas práticas racistas, mas havia também gente, de muitos lados e cores, que se posicionava contra o preconceito. Desse grupo que se reunia aqui na Mafalala e em outros lugares como o Café Scala, que fica na Baixa, participavam brancos, inclusive nascidos em Portugal. Muitos portugueses antifascistas influenciaram a nossa formação. Eu posso falar no Cansado Gonsalves, o Cassiano Caldas, o Augusto dos Santos Abranches. E não podemos esquecer que o Rui Nogar, um dos poetas moçambicanos que se formou nesse ambiente, também era branco. Outro nome de moçambicano aparentemente branco é o do João Mendes, um grande nacionalista que andou sempre metido com a gente em muitas confusões.

E nós sabemos que o José Craveirinha é uma espécie de régulo desse bairro. A leitura da sua obra leva-nos a conhecer um pouco dessa mitologia que explica a magia desse lugar. Mas a sua relação com o universo literário começa antes.

Eu, muito novo, folheava Victor Hugo, lia Eça de Queirós, Zola, e gostava muito da poesia de Antero de Quental e, principalmente, Guerra Junqueira, que o meu pai gosta de declamar.

Ele também dizia o Camões todo. Essa vivência foi muito importante para despertar o gosto pela leitura. Eu ainda tenho aí o Soeiro Gomes daquele tempo. Os neorrealistas tiveram muita repercussão aqui. Mas depois veio aquela avalancha de brasileiros: *O Cacau* e *O Suor*, do Jorge Amado, o *Jubiabá*... Eu era um dos grandes fãs da Rachel de Queiroz. Eu e muitos, todo o grupo. Íamos para a Livraria Spanos esperar pelo *O Cruzeiro*, ansiosos pela crônica da Rachel. Quando soube que ela tinha sido contemplada com o Prêmio Camões, fiquei emocionado. Essa livraria importava livros portugueses e brasileiros, inclusive aqueles livros que estavam no índex para serem apreendidos. Às vezes, essas proibições atingiam até as revistas se eles considerassem que havia matérias impróprias para os moçambicanos. Recordo-me do David Nasser, das suas reportagens contundentes e de um livro seu chamado *Falta Alguém em Nuremberg*.

Essas leituras estão na base de sua formação como escritor. Como é que o poeta José Craveirinha vê a poesia?

Eu aprendi muita coisa com esses escritores, que se tornaram meus companheiros. A poesia foi sempre para mim um instrumento, uma ferramenta de reivindicação. Os meus poemas têm sempre uma dimensão social, sociopolítica. Mesmo quando falo de coisas como flores... É também um refúgio para minhas dores pessoais.

Mas além do desporto e da poesia eu sei que há outras paixões na sua vida. Estou dizendo das paixões publicáveis... [risos]. *Por exemplo, o jornalismo chegou a ser uma paixão?*

Paixão e a primeira profissão. Fui primeiro jornalista e, depois, como jornalista passei a ser funcionário de Estado. Saí do *Notícias* para a Imprensa Nacional e tive umas querelas com os Doutores do Conselho Legislativo.

Fiz umas emendas nos textos que vinham das sessões de lá. Chamei a atenção: pus um ponto de interrogação e sugeri uma palavra. Uh!! O que eu ouvi! Perguntaram: "Quem é que revisou aquele texto assim assim?", "O Craveirinha". E o outro disse então: "Craveirinha, atende aí o telefone". Era um doutor a perguntar se eu tinha mexido no seu texto e que me disse: "Eu quero avisar que não torna mais a mexer nos meus textos; eu não admito que o faça…". Eu disse: "Desculpe, mas não se zangue comigo e sim com a legislação; eu não posso deixar um texto ser publicado num órgão do governo com palavras que não são portuguesas!" "Não são portuguesas? O que está a dizer?" "É verdade, essa palavra *constatou* (lembro-me da palavra), não é portuguesa, (pelo menos) ainda não é portuguesa. Só quando o léxico institucionalizar esta palavra é que ela será considerada portuguesa; por enquanto ainda não é".

A coisa foi e, após algum tempo, voltou com uma nova anotação dizendo "pode ficar" e recebo um telefonema do Conselho Legislativo. Era o mesmo sujeito: "Foi o senhor que emendou um texto meu, assim e assim?". "Fui eu mesmo". "A partir de agora está autorizado. Nós temos muito serviço e não temos tempo para ver bem tudo. Então…".

Fui autorizado a emendá-los. Num caso, emendei *sucesso* por *êxito* e disseram: "Foi ele que pôs? Deixe ficar". E assim eu estive na Imprensa Nacional. Depois houve o que houve. Saí daí e fui para um outro lugar nacional e estive lá quase quatro anos. Tinha a "alcunha" de *cadeia*. [*risos*]

O senhor contaria um pouco dessa experiência tão dura?

Lá estive eu na engorda, sem fazer nada. Eu e os amigos também, tão poetas no sentido negativo como eu: por exemplo, Rui Nogar e Malangatana. Só que o Malangatana é para mim um caso muito especial. Estivemos na mesma cela. Quando eu fui para esta cela, era uma cela de castigo, já pequena para mim sozinho; meteram então o Rui, e ficou mais pequena ainda; depois, incrivelmente, ainda coube lá o Malangatana. Desde então, o que me espanta no Malangatana não são os seus quadros: é que ele conseguiu engordar lá dentro. [*risos*] Depois, deve ter havido muito poucos revolucionários na História iguais ao Malangatana. Cantava, assobiava, dormia: mas que grande paz de consciência é essa? [*risos*] Cantava, dançava e tal e depois dormia como um "paz d'alma", o que era uma inveja, pois eu não conseguia dormir e fui até internado no hospital por causa disso. Avisaram um médico da instituição que olhava por nós (chamava-se Pide). Disseram-lhe: "Há um prisioneiro que não dorme" e o médico foi peremptório: "Ou o pomos a dormir ou tem de sair dali pois, se continua sem dormir, pode morrer". Então não tinha sono, muito menos com o Malangatana a ressonar: havia uma antítese! A cela estremecia: como é que esse indivíduo consegue dormir, sabendo que vai ser julgado? Para nós era um ponto de interrogação o que ia acontecer no julgamento. Então me levaram de lá e me puseram num hospital e tomei injeções na cabeça. Depois transferiram-me para um hospital militar.

E lá ia arranjando outro problema porque puseram outros soldados "corrécios", como eu chamo àqueles que não se "corrigem", e eu ia sendo julgado outra vez. Apareceram nas Nações Unidas umas fotografias de soldados portugueses a abrirem os ventres de mulheres grávidas, e essas fotografias estiveram nas minhas mãos e eu consegui passá-las cá para fora. Então foram ter com os soldados que estavam lá e deduziram que tinha sido eu o responsável e, portanto, deveria ir a julgamento. Mas depois chegaram à conclusão que era mau, publicitariamente era mau.

Finalmente, saímos da cadeia e, depois, veio a Independência. A Independência dá a sensação de liberdade, de se estar bem... e, com uns pontapés à mistura, cá estou. Há coisas que a gente ama e que são parte de uma determinada escolha, e nunca pensamos que pode haver qualquer coisa de mais negativa ainda que o chamado colonialismo. Porque hoje andam aí pelas ruas grande parte daqueles que de fato lutaram, mas os que estão nas cadeiras são precisamente aqueles que não lutaram. E que engordam desavergonhadamente. E a gente olha e fica triste, mas paciência.

Acho que cumpriu-se e que cada um anda pelos caminhos da História que o destino lhe reservou e cá estou eu e faria tudo igual se se repetisse. Uma pessoa não tem juízo.

Juízo atrapalha.

Eu fico admirado quando vou a Portugal e eles me fazem uma homenagem... Há qualquer coisa que não bate bem: ou eu, ou eles! Uma das mais importantes comendas de Portugal foi concedida a mim. Depois de tudo, toda a comenda que eu deveria receber de Portugal era uns pontapés no rabo, mas não uma comenda. Ora, isso faz com que fiquemos um pouco duvidosos de nós próprios e ao mesmo tempo isso retira um determinado ônus de cima da cabeça dos portugueses.

Há uma frase sua que eu acho deliciosa. Não sei se o senhor se lembra ter dito, em Luanda em 1994, que depois da independência o governo andou a nacionalizar tantas coisas que deveria ter nacionalizado Camões.

O Camões teve sua passagem por aqui. E lamento que se tenha deixado degradar o lugar em que ele viveu. Isso foi uma injustiça. Deve-se visitar a Ilha de Moçambique para ter a noção de duas sensações simultaneamente: a sensação de admiração e a sensação de tristeza, pela maneira como se deixaram estragar coisas importantes. Não houve o cuidado de se preservar certas coisas que são tesouros, são relíquias.

A Ilha é uma espécie de lugar sagrado para muitos poetas moçambicanos. Na poesia de poetas tão diversos como Rui Knopfli, de Luís Carlos Patraquim, de Alberto de Lacerda e Eduardo White, para citar só alguns, ela é recorrente, em imagens que se multiplicam.

Uma coisa que eu considero exemplar é a osmose entre católicos e muçulmanos. Todos dão-se bem sem nenhuma diferença: um é católico, o outro é muçulmano mas dão-se perfeitamente; não há litígio, não há nada. Eu acho que isso deveria servir a alguns desses potentados que andam por aí a inventar guerras e a matar crianças, tudo em nome de uma religião. É uma coisa espantosa. Talvez tenha sido por a Ilha ser tão pequena que não dava para haver ódio entre as pessoas. [*risos*] Não dava; estavam sempre juntos e então não dava para se criarem ódios. Deve ter sido por isso, não sei!

É bom conhecer Moçambique de Norte a Sul e de Sul a Norte, pois são várias faces, as faces do meu país.

III

Literaturas em Língua Portuguesa: A Utopia em Trânsito sob os Ventos do Império

1

Angola e Moçambique: O Lugar das Diferenças nas Identidades em Processo[*]

A ideia que dá corpo a esse evento traz em si a marca da ambiguidade e, num primeiro momento, pode provocar um pequeno susto aos que vêm lidando com as questões africanas e se habituaram, até por estratégia, a ver na África um espaço em que as matrizes se associam à pureza. E, é preciso que se diga, não se trata de uma atitude gratuita, pois na realidade todo movimento de aproximação do Ocidente com a África tem sido mediado pela violência e no sentido da diluição de suas referências. Na forma da exploração desenfreada ou sob a máscara da cooperação, o continente, via de regra, continua sendo vítima de políticas e acordos que só o vêm afastando da situação de paz necessária a sua recuperação. Esse apego que nós, os estudiosos, cultivamos pela raiz poderia sim nos levar à rejeição de qualquer conceito atravessado pela mistura com outros patrimônios culturais, num temor ainda justificado pelo perigo da alienação que se introduz sempre que se fundem forças desiguais. Mas, se

---

[*] Texto apresentado no Simpósio Internacional "Interrogando a Afro-latinidade", realizado no Rio de Janeiro, em 2001, pela Universidade Cândido Mendes.

vem o susto, vem também da própria história da África e, mais especialmente, da história de sua resistência alguns elementos que nos levam a refletir de maneira menos imediatista sobre a relação da África com as heranças que lhe foram impostas ao longo dos séculos.

Mergulhar na história dos povos africanos é perceber a sucessão de impasses que enfrentaram e observar que, no conjunto das relações ali processadas, as cores da violência tingem o desenho da contradição que é, afinal, a marca essencial de sua existência. No palco da colonização, os confrontos entre dois universos culturais, entre dois modos de ver e estar no mundo, foram constantes e assumiram, muitas vezes, a forma de conflito.

Em texto já muito familiar aos que lidam com o reino das literaturas africanas de língua portuguesa, o notável escritor que é Manuel Rui Monteiro, ao abordar a relação entre a tradição oral e a escrita, inicia assim a sua reflexão:

> Quando chegaste, mais velhos contavam estórias. Tudo estava no seu lugar. A água. O som. A luz. Na nossa harmonia. [...] É certo que podias ter pedido para ouvir e ver as estórias que os mais velhos contavam quando chegaste! Mas não! Preferiste disparar os canhões[1].

O confronto entre a palavra em harmonia e o disparo dos canhões traduz um choque que ganha em intensidade se nos lembramos que a própria ideia de fogo em associação com a morte chega de fora. Recorrendo a Pepetela, outro importante autor angolano, podemos compreender a verticalidade do choque. Em *A Revolta da Casa dos Ídolos*, uma peça de teatro escrita nos anos 1970, encontramos um diálogo ilustrativo:

MANI-VUNDA:
Matar um inimigo é normal. Mas mata-se com ferro ou com pedra. Matar pelo fogo! Invenção dos padres. Matar pelo fogo....

---

[1]. Manuel Rui, "Eu e o Outro – o Invasor", em Cremilda Medina, *Sonha, Mamana África*, pp. 308-310.

NIMI:
O fogo cria vida. A zagaia nasce pela ação do fogo e do fogo que eu crio batendo no ferro. O espírito do fogo é um espírito bom, que cria a vida.

MANI-VUNDA:
Só umas cabeças loucas podiam inventar essa tortura de matar pelo fogo. [...]

A peça de Pepetela indica o sentido da diferença. Efetivamente, a ideia da morte do inimigo era obviamente anterior à chegada dos canhões, no entanto, a possibilidade de algo que cria a vida trazer a morte desarticula a cosmovisão do grupo. O problema está enraizado na filosofia que tem por base outros princípios, quase sempre ignorados por aqueles que afirmavam levar a civilização. No curto trecho da peça, fica a ponta de um confronto que se estenderia e marcaria a história do mundo sempre, e ainda, despreparado para lidar com a circulação de conceitos, com as particularidades culturais. Noutras palavras, a tensão entre os dois universos – cujo começo foi poeticamente explicado por Manuel Rui, também escritor e angolano – alternando-se nas diferentes fases da História, expressa-se até o presente num processo doloroso em que a incomunicabilidade permanece como a grande ameaça.

No quadro da empresa colonial, vale enfatizar que essa incomunicabilidade não se restringiu à rede que envolvia colonizadores e colonizados. Sua face mais terrível reflete-se no reforço da divisão entre esses últimos. Observando o panorama em que se inserem os povos africanos, ouso dizer que tão grave quanto a destruição das culturas provocada pelos séculos de colonialismo foi a interdição aos contatos entre as gentes que habitavam aquele continente. A clivagem foi imposta desde cedo, e o colonialismo habilmente procurou manter a distância entre aqueles que, a despeito das grandes diferenças, possuíam e poderiam ter alimentado as franjas de suas identidades.

A consulta a documentos, ou mesmo às páginas das obras literárias escritas a partir dos anos 1960, revela-nos que, no caso das ex-colônias portuguesas, a ideia de independência defendida por alguns de seus principais líderes pressupunha a superação das fendas e a aposta num diálogo que permitisse saltar sobre o abismo que separava os povos dominados. A impossibilidade de refazer as antigas unidades tornava imprescindível impedir que as diferenças de caráter étnico, linguístico e/ou racial inviabilizassem o projeto de nacionalidade alimentado em cada um dos territórios. A necessidade de adoção de uma medida pragmática levou os africanos a confirmarem a geografia desenhada pela Conferência de Berlim e seus desdobramentos, isto é, a legitimarem os acordos assinados pela Europa. Desse modo, ao novo pacto com o Ocidente que viria da independência, precisava ser articulada uma nova rede de laços entre os que protagonizavam a luta.

Lamentavelmente, a realidade de Angola, sobretudo, aponta para a falência da proposta. No entanto, os descaminhos que se sucederam às festas da independência não invalidam o projeto sonhado; e refletir sobre o que se tem passado na África possibilita apreender alguns equívocos. Aliás, no refazer de alguns roteiros, pode-se ajudar a reinventar outros itinerários para a utopia que, afinal, não sepultamos. Nem nós, nem milhões de africanos que com ela precisam contar para sua própria sobrevivência.

Como se pode notar – pelas trilhas apontadas até agora, para examinar os caminhos percorridos –, nosso mapa é traçado pelos sinais abertos pela atividade literária. A partir deles podemos perceber que, caracterizada por terríveis assimetrias, a vida sob o sol do colonialismo semeava contrastes e barrava qualquer hipótese de aproximação entre os diferentes, tudo assentado num sistema complexo, que convertia a diferença em desigualdade e fortalecia o peso hierárquico de qualquer relação. O contato direto com o repertório assinado pelos mais diversos autores africanos deixa patente que as relações entre vida nacional e o exercício literário, sempre fortes na história de tantos povos, adquirem naquelas terras contornos muito nítidos e abrem-nos muitas questões. Isto porque, do século XIX, quando praticamente se inicia a atividade literária em países como Angola, Cabo Verde e Moçambique, aos nossos dias, na produção da literatura, inscrevem-se de maneira densa o peso das contradições sobre as quais se estruturava a sociedade colonial e as suas repercussões no período que sucede à independência política conquistada nos anos 1970.

Com vínculos tão fortes com a História, a literatura funciona como um espelho dinâmico das convulsões vividas por esses povos. Nela refletem-se de maneira impressionante os grandes dilemas que mobilizam a atenção de quem tem a África como objeto de preocupação: a relação entre a unidade e a diversidade, entre o nacional e o estrangeiro, entre o passado e o presente, entre a tradição e a modernidade. De saída, já nos defrontamos com a discussão que envolve a escolha da língua portuguesa como instrumento de expressão. Mas a grande contradição reside justamente no problema da escrita que, com a consciência da alienação, ganha uma dimensão dramática, de caráter mais fundo e anterior à própria definição da língua oficial, com certeza o mais significativo dos bens provenientes do patrimônio latino.

Introduzida como um fator de divisão e vetor de uma ordem social pautada pela exclusão, a escrita, de meio de comunicação e fator de dinamização cultural, tornou-se naquele contexto um elemento de distinção. Numa sociedade extremamente hierarquizada, o domínio da escrita é visto como um fator essencial na instituição do perfil social, traço que se projeta na língua portuguesa, cuja trajetória nos países africanos só se poderia ter iniciado sob o signo da cisão. Em Angola, já no século XIX, o seu domínio funcionava como linha de fronteira entre a civilização e a barbárie, interferindo diretamente na formação de uma pequena elite africana, ou de origem africana, que procurava assumir a condução dos destinos das terras em que viviam. A esse pequeno grupo coube o papel de dinamizar, na imprensa incipiente do território, o debate a respeito da ordem social e iniciar a discussão sobre a nacionalidade, manifesta na campanha pela criação de uma literatura própria.

Reconhecidos pela historiografia como "Os Velhos Intelectuais de Angola", esses homens, mobilizados por um sentimento nativista, procuraram intensificar o debate cultural e de sua atuação resulta um quadro de estímulo à discussão sobre o lugar da cultura na composição da identidade angolana. Ao lado da prática jornalística e da literatura escrita em língua portuguesa, surge o interesse pelos temas da linguística, da história e da etnografia angolanas.

Assinale-se aqui a sua argúcia na observação das especificidades da sua experiência enquanto grupo situado no centro de um universo de misturas de tantos níveis. É mesmo sintomático que a exortação à criação de uma literatura pátria, para citar a expressão utilizada por Cordeiro da Matta[2], apareça no prefácio do seu livro intitulado *Philosophia Popular de Provérbios Angoleneses*. Para ele, a identidade angolana não podia constituir-se afastada dos elementos que definiam a sua especificidade em relação aos portugueses que ali aportaram. Sem abrir mão de valores trazidos pela colonização, o jornalista e escritor propõe a pesquisa no domínio das línguas nacionais e do conhecimento assentado na tradição oral como forma de valorizar o aspecto africano na construção da nacionalidade angolana. Além da coletânea de provérbios, é de sua autoria uma gramática da língua quimbundo e de um livro de poemas em que surge, pela primeira vez, o problema racial como componente do discurso literário. Mesmo sem questionar frontalmente as leis do Império, sua conduta é pontuada por procedimentos voltados para a afirmação de dados nacionais. O velho intelectual indicava, assim, uma rota a ser seguida, propondo a aproximação entre o mundo de raiz africana e os bens que viriam do contato com o mundo exterior, a esta altura já em processo de internalização.

Como as condições concretas do desenvolvimento implementado pelo sistema colonial não favoreceram a aproximação, ampliaram-se as distâncias, propiciando a criação de guetos em

---

2. *Apud* Carlos Ervedosa, *Roteiro da Literatura Angolana*, 3. ed., Luanda, União dos Escritores Angolanos, 1979, p. 28.

que se viram situados os que refletiam sobre o lugar social do africano e sua identidade cultural. À medida que a consciência da diferença se intensificava, intensificava-se também a convicção do grande abismo entre a tradição oral e o código da escrita, no papel de formulação e transmissão de conhecimento. A noção de totalidade que Manuel Rui metaforiza na sucessão de elementos destacados – a luz, a água, a árvore, os gestos... – não pode ser apreendida na fria folha de papel que abriga as letras em sequência. Essa dificuldade cresceria se a expressão dependesse de uma língua estrangeira ao universo cultural que se quer exprimir. Ao mesmo tempo, os que acreditavam na importância da cultura como fonte de libertação não podiam se furtar ao debate sobre a legitimidade da literatura como espaço de reflexão. Do jogo criado entre essas duas convicções, sairiam os procedimentos para enfrentar a contradição posta como chave fundamental de seu lugar no mundo. Contrariando aos que daí esperariam respostas sectárias, os escritores preferem cultivar recursos para evitar a exclusão como medida.

Muito expressivo em Angola na passagem do século XIX para o XX, em Moçambique, esse movimento ganhará cores mais firmes um pouco mais tarde, nas primeiras décadas do século XX, quando o advento da República, em Portugal, desmitifica o discurso da assimilação. Dominando perfeitamente o código identificado com a civilização, os moçambicanos, negros e mestiços, permanecem situados na margem, impossibilitados de conquistarem os lugares a que, em princípio, teriam direito.

Nesse quadro, a escrita projeta-se como principal veículo de denúncia de uma situação injusta e injustificada para as suas vítimas. As angústias e as queixas exprimem-se na imprensa, manifestando-se em reivindicações que revelavam também o desejo de interlocução com quem detinha o poder de legitimar os direitos reclamados. Como se tratava de provar a competência e o estatuto de civilizado, os primeiros textos caracterizavam-se pelo esmero na utilização da língua portuguesa. Não tardou, porém, que se firmasse a necessidade de amplificar os ecos da insatisfação, procurando envolver um maior número de atingidos pela discriminação. Nos jornais dirigidos por essa elite, surgem artigos redigidos nas línguas da terra, numa busca de diálogo com outros setores, mais especificamente com aqueles segmentos que, de algum modo, partilhavam as iniquidades. Na coexistência desses referentes culturais, podemos enxergar a mudança de foco: o trabalho na imprensa deixa de ter o poder constituído como objeto exclusivo de atenção e começa a configurar-se como espaço associativo, isto é, o que seria um simples local de desabafo torna-se um lugar de circulação de ideias. Essa presença de referências africanas, no entanto, não chega a reduzir a importância da língua portuguesa como instrumento de afirmação dos excluídos.

No tocante a Angola e Moçambique, pode-se dizer que, quando a prática literária ganha maior densidade, reafirma-se a escolha do português como instrumento linguístico. E com ele virá todo um repertório cultural com que os africanos vão formar o seu próprio patrimônio. Exemplos muito nítidos desse jogo dialético, em que as visões do mundo se articulam para refletir as tensões postas por um mundo dividido, virão dos dois lados do continente. Em Ruy de Noronha, apontado como um precursor da poesia nacionalista em Moçambique, vamos encontrar um cultor de sonetos, forma literária diretamente ligada à antiguidade greco-latina. Mestiço, morador das imediações da Mafalala, bairro singular na configuração urbana da antiga e senhorial Lourenço Marques, Noronha, em sua obra, materializa o desejo de fusão entre os muitos lados que estão na base da cultura de sua gente, o que, por alguns, foi encarado como uma concessão ao alheio em detrimento das raízes. O cultivo de um modelo cunhado em terras tão distantes da geografia africana, durante algum tempo, lançou alguma suspeição sobre o poeta que era visto como um escritor alienado.

Com a serenidade que a distância temporal permite, a poética do autor foi revista, ressaltados os aspectos positivos de uma escrita que, valendo-se de formas forjadas pela história de outros povos, com ela aborda aspectos fundamentais de sua própria cultura. A comprovar esta afirmativa, podemos citar dois de seus mais famosos poemas. Em "Surge et ambula", o poeta, segundo Mário de Andrade, "apela, à sua maneira, para a libertação africana"[3]:

> Dormes! e o mundo marcha, ó pátria do mistério,
> Dormes! e o mundo rola, o mundo vai seguindo...
> O progresso caminha ao alto de um hemisfério
> E tu dormes no outro o sono teu infindo...
> A selva faz de ti sinistro eremitério,
> Onde sozinha, à noite, a fera anda rugindo...
> Lança-te o tempo ao rosto estranho vitupério
> E tu, ao Tempo, alheia, ó África, dormindo...
> Desperta. Já no alto adejam negros corvos
> Ansiosos de cair e de beber aos sorvos
> Teu sangue ainda quente, em carne sonâmbula...
> Desperta. O teu dormir já foi mais que terreno...
> Ouve a voz do progresso, este outro nazareno
> Que a mão te estende e diz: – África, *surge et ambula*!

Ao preconizar o despertar do continente, o poeta recorre à expressão latina e a uma passagem bíblica, dando corpo a uma mistura de referências que era o caldo de culturas a que o assimilado, sem conotação avaliativa, estava sujeito. Se aqui o laço com o continente guarda uma certa distância em relação aos elementos em que repousam suas particularidades, num soneto em torno da figura de Gungunhana[4], a ligação se explicita:

> Caiu serenamente o bravo Queto
> Os lábios a sorrir, direito o busto
> Manhune que o seguiu mostrou ser preto
> Morrendo como Queto a rir sem custo.
> Faz-se silêncio lúgubre, completo

---

3. *Apud* Manoel de Souza e Silva, *Do Alheio ao Próprio: A Poesia Moçambique*, Goiânia/São Paulo, Editora da UFG/Edusp, 1993.
4. David Hedges (org.), *História de Moçambique*, Maputo, Universidade Eduardo Mondbone, 1993.

No kraal do vátua celere e vestuto
E o Gungunhana, em pé, sereno aspecto
Fitava os dois, o olhar augusto.
Então Impincazamo, a mãe do vátua
Triunfando da altivez humana e fátua
Aos pés do vencedor caiu chorando
Oh dor da mãe sublime que se humilha
Que o crime se não esquece a luz que brilha
Oh mães nas vossas lágrimas gritando.

Como se pode notar, a dimensão heroica do chefe africano é recuperada, demonstrando que, utilizando-se de instrumentos cunhados pela cultura do adversário, o escritor investe na glorificação de uma das figuras de sua história, posicionando-se contra uma das máximas do discurso oficial. Nos dois casos, a língua portuguesa e a forma do soneto carregam o gérmen da contestação, antecipando o movimento que se fortaleceria nos anos 1960.

Identificados inicialmente com a colonização, muitos dos elementos cunhados no Ocidente, tal como o soneto e outras formas ou gêneros literários, seriam apropriados num processo em que a incorporação de objetos e modelos não equivalia a uma renúncia do seu universo de referências. Com base em experiências penosas e complicadas, entre as quais afirma-se a opção pela luta armada de libertação, os africanos reincorporam a língua portuguesa, fazendo com que ela participe da transformação, num processo em que se percebe a atenção ao alerta de Frantz Fanon na abordagem do problema da expressão político-cultural dos africanos comprometidos com a independência de seus países. Voltando a Angola, podemos ir buscar as propostas da famosa Geração de *Mensagem*, que vê na assunção da mesclagem uma estratégia para revigorar as raízes atingidas pela cisão. Na poesia de António Jacinto e de Viriato da Cruz, manifesta-se a consciência de que a identidade não poderia prescindir daquilo que, sendo decorrência da invasão, havia sido apropriado e integraria já o patrimônio cultural da terra e suas gentes.

Na mesma época, de Moçambique, viria a voz de José Craveirinha a anunciar que a sua africanidade não excluía o legado do seu lado paterno, um português do Algarve, ele próprio trazendo em seu sangue a marca de muitas misturas. Poeta, militante, Craveirinha fez da sua poesia um espaço da chamada moçambicanidade. Não hesitou em se aproximar dos movimentos políticos e culturais comprometidos com a libertação do continente e seus homens. Por isso, seu nome aparece ligado à Negritude, um vínculo que o autor não nega, mas seus laços são temperados pelo apreço ao mundo que o pai trouxe no corpo de emigrante pobre:

> Oh, Pai
> Juro que em mim ficaram laicos
> mas amar por amor só amo
> e somente posso e devo amar
> esta minha bela e única nação do mundo
> onde minha Mãe nasceu e me gerou
> e contigo comungou a terra, meu Pai.
> E onde ibéricas heranças de fados e broas
> se africanizaram para a eternidade nas minhas veias
> e o teu sangue se moçambicanizou nos torrões
> da sepultura de velho emigrante numa cama de hospital
> colono tão pobre como desembarcaste em África
> meu belo Pai ex-português[5].

A pista dada por Craveirinha no belíssimo poema faz compreender que a consciência da fragmentação não seria diluída ou aprisionada na coexistência de valores em princípio associados a mundos diversos e até antagônicos. Como ele, muitos poetas acreditaram que, num contexto liberto da hierarquização das diferenças, as trocas e as mesclagens iriam enriquecer o processo de formação das identidades. No entanto, enquanto fermentava-se esse novo tempo, o influxo virá de outro lado,

---

5. José Craveirinha, "Ao Meu Belo Pai Ex-migrante", *Karingana ua Karingana*, pp. 107-110.

outra ponta da terra, onde a cultura latina foi saudavelmente contaminada pelas referências africanas que conseguiram vencer a tragédia dos navios negreiros. Invertendo a rota que trouxe os escravos que viriam construir o Brasil, daqui seguiram, sobretudo a partir da década de 1950, páginas e páginas de ficção e poesia que seriam recebidas com muito entusiasmo pela intelectualidade de Angola e Moçambique.

Percorrendo rotas sinuosas para evitar a censura, os livros levavam notícias de nossa experiência cultural, alimentando imagens que, sem corresponder à realidade de um cotidiano ainda amargo no terreno das contradições sociais e da discriminação racial, foram catalisadas pelos escritores africanos na clave progressista e participaram da formação do pensamento nacionalista urbano nesses dois países. Jorge Amado, Graciliano Ramos, José Lins do Rego, Rachel de Queiroz, Érico Veríssimo, e poetas como Manuel Bandeira e Ribeiro Couto tornaram-se nomes de grande densidade no repertório de leituras nas duas costas africanas. O próprio Craveirinha, em entrevista concedida em fevereiro de 1998[6], faz a síntese do seu percurso que é, afinal, o trajeto de mais de uma geração:

> Nós, na escola, éramos obrigados a passar por um João de Deus, um Dinis, os clássicos de lá. Mas, chegados a uma certa altura, nós nos libertávamos. E, então, enveredávamos por uma literatura errada: Graciliano Ramos... Então vinha a nossa escolha, pendíamos desde o Alencar. Toda a nossa literatura passou a ser um reflexo da Literatura Brasileira. Então, quando chegou o Jorge Amado, estávamos em casa. [...]

Em casa, com Jorge Amado e, sobretudo com a inspiração do nosso modernismo, os escritores africanos impulsionam as mudanças que a atividade literária reclamava. O culto do verso livre, a pluralidade de formas, a incorporação de persona-

---

6. Esta entrevista foi concedida a mim e a Omar Thomaz em Maputo, e está publicada neste volume.

gens extraídos das camadas populares da população, o canto da dor do homem comum, o cultivo de uma linguagem que desabridamente se aproxima do registro coloquial e rompe com os padrões engessados da norma culta seriam abrigados pelos movimentos da ficção e da poesia integrados por aqueles que criavam pensando no país a ser inventado.

Esses traços que seriam importantes para a constituição da literatura pátria a que se referia Cordeiro da Matta não se resumiam a um código de comportamento artístico. Na realidade, a contribuição principal que daqui seguia estava precisamente nas sugestões para uma relação mais fecunda entre os vários lados de um universo multifacetado. Insisto que as projeções captadas pelos receptores tinham pouco lastro no chão de onde emanavam, mas o fato é que a travessia operava uma transformação produtiva. Para compreender tal enigma, talvez seja positivo recorrer a uma velha dupla, cuja lucidez talvez seja bom recuperar nesse momento de prepotência e sectarismo. O método dialético de Marx e Engels também aqui, no universo das artes, ajuda a compreender a flexibilidade e o sentido vertical de certas trocas.

Ao analisarem a apropriação por parte dos intelectuais alemães da literatura socialista e comunista francesa, os dois pensadores, no famoso Manifesto[7], observam que os alemães empreenderam uma espécie de tradução, sem impedir as interferências do ambiente cultural no resultado. Essa repercussão do ambiente que acolhe as ideias importadas na sua nova formulação atesta a relevância do espaço da recepção, responsável, assim, pela ressignificação das ideias. Desse modo, o ato de receber deixa de ser passivo, pois permite a rearticulação dos significados implícitos do material que chega. Marx e Engels defendem assim a ideia de que a importação de paradigmas e valores não significa necessariamente alienação. O problema da positividade ou negatividade do ato estaria no condicionamen-

---

7. Karl Marx & Friedrich Engels, "Manifesto do Partido Comunista", *Sobre Literatura e Arte*.

to mobilizador do gesto e da escolha. Em remissão ao fenômeno, Flora Sussekind, no seu inteligente estudo sobre o romance brasileiro, concluiria: "Quando há apropriação de elementos culturais estrangeiros é porque correspondem a algum *vazio* existente na cultura que os acolhe"[8].

Sem contestar a pertinência da afirmação da ensaísta, considero interessante discutir a delimitação de vazio no caso da realidade de Angola e Moçambique. Penso que o encontro com o Brasil apresenta-se como um ato frutuoso, como forma de preencher o espaço resultante da recusa de se constituírem as identidades como extensão do sentimento de portugalidade a que a cultura portuguesa estava naturalmente associada. Nesse sentido, não era a coexistência com os valores do ocidente que estava em causa, era, sim, a adesão ingênua a um mundo identificado com a desagregação de suas matrizes.

Para os escritores africanos, a consciência da diferença será reforçada no mergulho às raízes. A imersão no universo complexo da tradição e a afirmação dos valores mais genuínos das sociedades africanas definiram-se como movimentos de encontro com uma realidade da qual ele se sentia parte. Todavia, a sua relação com a modernidade dependia de um aparato que essa dimensão não poderia oferecer. É essa possibilidade que ele parece encontrar na materialização da cultura brasileira, e daí a vontade com que confessa a identificação. A tônica da declaração de José Craveirinha pode ser encontrada em entrevistas de escritores como Luandino Vieira, Calane da Silva, Pepetela, Jofre Rocha, Manuel Rui e Mia Couto, para ficarmos com poucos.

Essa leitura de algo que é constante na história da humanidade pode orientar-nos na interpretação desse conceito que motivou a organização desse encontro. Com as lições aprendidas da literatura, a ideia da afro-latinidade só faz sentido se inserida num contexto de troca real, em que aqueles que com ela se relacionam assumem o lugar de sujeito e participam desse

---

8. Flora Sussekind, *Tal Brasil qual Romance?*, p. 58.

debate como parceiros atuantes no processo de delimitação de seus contornos.

A herança da greco-latinidade integra o patrimônio cultural que, com a independência, passou a ser administrado pelos escritores africanos dos países de língua oficial portuguesa. A conscientização e os gestos para reconquistar o seu espaço permitiram, de certo modo, a integração do grande inventário cultural português no universo de referências dos povos africanos. Se recorremos uma vez mais a José Craveirinha, vamos perceber em sua obra os caminhos trilhados para dissociar o poeta Camões do tristemente famoso Dia da Raça. Percorrendo a beleza de seus textos, aprendemos que, para o poeta, a independência seria uma forma de libertar também todo um conjunto de bens culturais que a situação colonial estigmatizava, entre eles a língua portuguesa, e mesmo a própria literatura da metrópole, que precisava se distanciar da negatividade de que era contaminada.

Para concluir, penso que a ideia de afro-latinidade, como uma resposta à massificação que os ventos da globalização vêm impondo, só pode repercutir se, retomando a utopia que cercou a atmosfera das independências africanas, apostarmos numa ideia de identidade plural, contrariando, inclusive, o raciocínio, tão comum no ocidente, de fertilizar as generalizações e as determinações que se recusam a compreender a diversidade e a dinâmica das coisas. Talvez o mais indicado seja apurar os ouvidos, para impedir a repetição do erro fatal que contaminou as relações lá naquele final do século xv. Retornando à beleza da imagem de Manuel Rui, é preciso não desperdiçar a oportunidade de sentar e ouvir as histórias que todos temos para contar.

REFERÊNCIAS BIBLIOGRÁFICAS

Chaves, Rita. "José Craveirinha, da Mafalala, de Moçambique, do Mundo". *Via Atlântica*, 3:140-168, São Paulo, usp, 1999.
Craveirinha, José. *Karingana ua Karingana*. Lisboa/Maputo, Edições 70/Instituto Nacional do Livro e do Disco, 1982.

ERVEDOSA, Carlos. *Roteiro da Literatura Angolana*, 3. ed. Luanda, União dos Escritores Angolanos, 1979.

HEDGES, David (org.). *História de Moçambique*. Maputo, Universidade Eduardo Mondlane, 1993.

MARX, Karl & ENGELS, Friedrich. "Manifesto do Partido Comunista". *Sobre Literatura e Arte*. Lisboa, Editorial Estampa, 1974.

RUI, Manuel. "Eu e o Outro – o Invasor". *In:* MEDINA, Cremilda. *Sonha, Mamana África*. São Paulo, Epopeia, 1987.

SILVA, Manoel de Sousa e. *Do Alheio ao Próprio: A Poesia Moçambicana*. Goiânia/São Paulo, Editora da UFG/Edusp, 1993.

SUSSEKIND, Flora. *Tal Brasil, qual Romance?* Rio de Janeiro, Achiamé, 1984.

2

Imagens da Utopia: O Brasil e as Literaturas Africanas de Língua Portuguesa[*]

Evidentes em tantos níveis, as relações entre a África e o Brasil mantêm-se numa esfera de nebulosidade. Sua história, apesar do indiscutível interesse para maior conhecimento do próprio país, tem sido estudada quase como uma via de mão única, com os pesquisadores procurando refazer as rotas durante séculos percorridas por navios responsáveis pelo tráfico da mão de obra escrava, que produziu o Brasil e interferiu intensamente na gestação de uma sociedade caracterizada pela marca negativa que ainda hoje recai sobre o trabalho. Se os números significam algo, vale referir que mais de 30% dos negros escravizados destinaram-se às terras brasileiras, muito mais do que chegou a qualquer outro país. Essa quantidade considerável solicitou do colonialismo estratégias especiais para a administração do quadro de conflito que poderia emergir; no entanto, nem mesmo a alta taxa de mestiçagem que particulariza a população brasileira

---

[*] Texto apresentado no Painel Arte e Sociedade, no v Congresso Luso-afro-brasileiro de Ciências Sociais, realizado em 1998, na Universidade Eduardo Mondlane, em Maputo.

tem sido capaz de banir o racismo como norma. Embora suas manifestações venham envolvidas em mil roupagens diferentes, o preconceito contra a parcela negra da população acaba por se articular a atitudes preconceituosas também em relação ao continente africano, sobre o qual comumente se projetam sombras diversas. Ora é o continente paradisíaco (por ser ainda descoberto e, consequentemente, ocupado), ora é o infernal, sede das catástrofes naturais, do atraso, da miséria e da crueldade das guerras sem fim.

Desconhecido, o espaço vai gerando imagens que contribuem para alimentar a ideia de que a história das relações se pode fazer somente através do inventário do legado que coube ao Brasil nesses séculos de importação de gente para transformar em mercadoria. A despeito de ter merecido já a atenção de notáveis estudiosos como Florestan Fernandes e Roger Bastide que, em perspectivas diferentes, produziram trabalhos fundamentais, a presença do negro e da África na cultura brasileira continua a ser encarada como uma fonte de aspectos residuais em nosso patrimônio. Assim se explica, por exemplo, o registro da contribuição do negro em atividades ligadas ao lúdico, ao emocional, ao artesanal, permanecendo como raros os trabalhos que destaquem o lugar do negro em áreas associadas à tecnologia, à ciência. Numa sociedade em que o selo da urbanização distingue-se como traço de prestígio, essa insistência tem graves consequências. Com base no facciosismo desse enfoque, alimentam-se os estereótipos e eterniza-se a exclusão dos descendentes dos africanos na ordem social brasileira.

A verticalização dos estudos de nossa própria história leva-nos a compreender que a intensidade das ligações entre o Brasil e a África, sobretudo a África de língua portuguesa, desce a terrenos mais profundos e por um período bastante alargado. A travessia entre as terras brasileiras e as costas angolanas, por exemplo, foi cumprida desde muito cedo e realizada em nome de práticas nem sempre afinadas com a vontade da própria Coroa Portuguesa, interessada em outros projetos para aqueles cantos do Império. As palavras de Luis Felipe de Alencastro, importante historiador brasileiro, jogam luz sobre o relevante papel desempenhado pelo Brasil no processo histórico de Angola desde há muitos séculos:

> Nesse livro que estou acabando, mostro como a pilhagem em Angola, na segunda metade do século XVII, foi feita por gente saída do Brasil. A destruição dos reinos africanos foi feita contra a vontade do próprio colonato angolano e da Coroa Portuguesa, que tinha ali uma política de feitorias e não queria encrenca com os reinos africanos. Essa gente saída do Rio, de Pernambuco, da Bahia os destruiu. Isso é importante para mostrar quanto é necessário fazer uma história extraterritorial, até do ponto de vista dos vencidos, porque estes não estavam todos aqui, não foram todos vencidos em território nacional[1].

As últimas palavras indicam que, não se tratando, naturalmente, de um caso de violência gratuita, essa atitude, saindo do Brasil, inscrevia-se numa ordem maior, enquadrando-se no funcionamento do capitalismo em consolidação. No que é hoje o nosso território, instaurava-se uma representação peculiar da ordem em vigor para além do continente americano. Assim, segundo o mesmo historiador:

> Se se crê numa humanidade difusa, vítima do capitalismo, ela também escapa do território, ela não tem mais nada a ver com a história nacional. É necessário olhar também para o Paraguai e Angola, onde era a demanda brasileira que estava desencadeando um cataclisma sobre esses povos. O Brasil participou ativamente na pilhagem da África. Navios de bandeira brasileira foram pilhar aldeias africanas no começo do século XIX, depois da Independência. Nós temos uma responsabilidade diante dos estragos feitos à África Portuguesa em particular. Uma visão humanista deveria levar em conta isso também[2].

---

1. Em Fernando Haddad, *Desorganizando o Consenso: Nove Entrevistas com Intelectuais à Esquerda*, Petrópolis/São Paulo, Vozes/Fundação Peseu Abramo, 1998, pp. 49-65.
2. *Idem, ibidem.*

Antigos e fortes, como podemos notar, os laços estão vincados, materializando-se na condução da História, na formação cultural e na fisionomia viva das gentes que habitam esses dois lados do Oceano Atlântico. Iniciadas sob a égide da violência, as relações entre o Brasil e os países africanos moveram-se também por outras águas, cuja dinâmica requer atenção para que se compreenda melhor também a complexidade dos canais identitários que nos ligam. E, para a compreensão mais funda de toda essa situação, afirmamos que a leitura das Literaturas Africanas de Língua Portuguesa pode ser um caminho para se perceber que as rotas inauguradas pelo tráfico instauraram vias de mão dupla, que foram revitalizadas pelos escritores africanos desde o século passado. A partir de seus textos, pode-se depreender o que eles não hesitam em confirmar em entrevistas e depoimentos: a força do Brasil como uma das matrizes da utopia que seria fundamental na formação da consciência nacionalista que aqueceu as lutas de libertação nos países de língua portuguesa.

No terreno literário, a primeira ponte entre os dois lados do Atlântico se fez através de José da Silva Maia Ferreira, escritor angolano, autor de *Espontaneidades de Minha Alma – às Senhoras Africanas*, o primeiro livro de poesias em português publicado por um africano no continente. Natural de Benguela, o poeta, em meados do século XIX, viveu algum tempo no Brasil. Mais especificamente no Rio de Janeiro – a capital do Império e palco das relevantes manifestações artísticas e intelectuais –, entra em contato com o ambiente dos escritores românticos que ocupavam a cena naquele animado, embora acanhado, ambiente cultural. Os sintomas dessa convivência e, sobretudo, da atmosfera da época fazem-se sentir na elaboração de sua poesia. Vislumbramos em seus textos certamente os primeiros sinais da postura romântica de apego à terra, de apreço pela natureza, elementos indicadores de um sentimento nativista que, maturado, se vai transformar em semente da consciência nacionalista a surgir com os anos. Reforçando os laços com o panorama brasileiro, os poemas desse primeiro livro indicam a ligação com Gonçalves Dias, um dos poetas paradigmáticos do Romantismo no Brasil. Para além da constância da temática amorosa, a proximidade fica assegurada com "A Minha Terra", em cujos versos é fácil depreender ecos da famosa "Canção do Exílio", do escritor brasileiro.

Marcada por contradições expressivas ainda da dependência cultural em relação à metrópole portuguesa, a poesia de Maia Ferreira pode, no entanto, ser lida como um instante inicial do processo de enraizamento no território angolano. Mesmo se, numa primeira leitura, diversamente da "Canção" de Gonçalves Dias, saltem aos olhos do leitor elementos que denotam a superioridade da matriz, invertendo-se, então, a postura típica de quem homenageia a terra. O senso de negatividade, orientando a sequência de imagens em que se apoia o texto, espelha em certa medida o desconforto de quem conhece e reconhece as carências do lugar. Aos poucos, porém, é possível detectar o grau de ambiguidade que os versos comportam e perceber, inclusive, na referência ao Brasil uma ponta de ironia a temperar a atitude reverente que comprometeria a sua postura como angolano. Na alusão aos "encantos" brasileiros, já quase no fim do poema, sem dúvida pode ser detectada uma notinha de provocação, considerando que a recente independência do país constituía um caso de mal-estar para a metrópole inconformada.

O Brasil como catalisador de impulsos de mudança reapareceria de maneira intensificada décadas depois, quando a consciência nacionalista começa a se formar. Ampliando sua área de irradiação, os raios irradiam-se pelos vários países africanos e do Arquipélago de Cabo Verde ao distante Moçambique projetam-se imagens positivas de um país cuja realidade estava longe de corresponder aos ventos da utopia que espalhava pelo mundo. Vivendo uma ditadura impiedosa, o Brasil dos anos 1930 e 1940, aos olhos dos africanos ainda sob o domínio do colonialismo português, aparece como um espaço onde "já raiou a liberdade" e a democracia racial é quase uma realidade.

Essa imagem de país que conquistou a sua autonomia e é capaz de oferecer um quadro sociorracial muito diferente do ambiente de segregação predominante nas então colônias é potencializada, e o universo cultural brasileiro assoma como um quadro de referências a ser observado. O pesadelo colonial enseja o desejo de independência, fazendo crescer a necessidade de encontrar modelos fora da matriz opressora. Valorizando as afinidades que a participação africana na população brasileira havia semeado, prevalece – principalmente entre os escritores angolanos, cabo-verdianos e moçambicanos – a convicção de que no Brasil havia um patrimônio apto a inspirar a criação de um movimento cultural integrado ao projeto sociopolítico voltado para a libertação.

A atração pelo Brasil manifesta-se em muitos planos, e a literatura exerce um papel fundamental. Destacam-se como alvo de interesse as obras de Graciliano Ramos, José Lins do Rego, Rachel de Queiroz, Érico Veríssimo e principalmente Jorge Amado. Por caminhos complicados, para fugir ao cerco da censura, os livros desses autores atravessavam os mares e eram, no depoimento de muitos dos escritores africanos, devorados com grande ansiedade. A produção reconhecida pela nossa história literária como a "prosa regionalista dos anos 1930" oferecia, sem dúvida, um lado bom da sociedade brasileira: ao denunciarem as gravíssimas contradições sociais, o sofrimento da gente pobre, as injustiças de toda ordem, a literatura como que apostava na transformação necessária. Esse desejo de mudar as leis que mantinham e legitimavam as desigualdades encontrava eco entre os homens de letras, em sua maioria já comprometidos com um projeto libertário.

A admiração provocada pelos brasileiros não se limitava aos regionalistas, nem mesmo aos ficcionistas. Também a poesia conquistava espaços. O lirismo de Manuel Bandeira apaixonou os escritores africanos e "Pasárgada", o topônimo da fantasia cantado pelo poeta pernambucano num de seus mais famosos textos, tornou-se uma recorrência da poesia cabo-verdiana. As temáticas da evasão e da antievasão, que mobilizaram tantos escritores do Arquipélago, tinham nas imagens cantadas por Bandeira uma referência de base. Ao seu lado, situavam-se ainda Carlos Drummond de Andrade, Jorge de Lima e Ribeiro Couto, para citar apenas alguns.

Essa identificação funda, explicada também pela raiz colonial da história de nossos povos, era alimentada pelos meios de comunicação, mesmo em tempos anteriores à famigerada globalização. Vale citar, por exemplo, o papel notável que exerceu a revista *O Cruzeiro* na formação cultural dos africanos nas décadas de 1950 e 1960. As crônicas de Rachel de Queiroz e Carlos Heitor Cony, as reportagens de David Nasser, as páginas de humor de Péricles são lembradas ainda hoje como leituras destacadas naqueles anos. A música popular e o futebol eram outras fontes de encantamento, despertando um apreço que não se perdeu de todo. Nesse caso, a questão se ampliava e ganhava adesão popular. Se os intelectuais (e eram poucos os alfabetizados) buscavam a literatura, nas zonas suburbanas da cidade a música e o esporte provocavam fenômenos também de muito interesse. O poeta José Craveirinha, intelectual que viveu sempre a atmosfera de dominância popular, é voz autorizada sobre a questão. Ao falar sobre a Mafalala, um subúrbio especial da então Lourenço Marques, faz bem a síntese:

> Eu devia ter nascido no Brasil. Porque o Brasil teve uma influência grande na população suburbana daqui, uma influência desde o futebol. Eu joguei a bola com jogadores brasileiros, como, por exemplo, o Fausto, o Leônidas da Silva, inventor da bicicleta. Nós recebíamos aqui as revistas. Tem um amigo meu que era mais conhecido como Brandão, futebolista brasileiro do que pelo nome dele. Até as pessoas da família o tratam de Brandão. Havia essas figuras anteriores a um Didi. E também na área da literatura. Nós, na escola, éramos obrigados a passar por um João de Deus, um Dinis, os clássicos. Mas chegados a uma certa altura nós nos libertávamos. E, então, nos enveredávamos por uma literatura *errada*: Graciliano Ramos... Então vinha a nossa escolha, pendíamos desde o Alencar. Toda a nossa literatura passou a ser um reflexo da literatura brasileira. Então quando chegou o Jorge Amado estávamos em casa. Jorge Amado marcou-nos muito por causa daquela maneira de expor as histórias. E muitas situações existiam aqui. Ele tinha aqui um público[3].

---

3. Fragmento da entrevista de José Craveirinha, realizada por mim e por Omar Thomaz, em fevereiro de 1998, em Maputo, publicada neste livro.

Para o poeta, a identificação entre a Mafalala e o Brasil estava no fato de, numa cidade dividida e segregada, o bairro constituir um lugar de misturas nos vários planos. Ali habitavam pessoas de muitos pontos do país e imigrantes pobres de outras partes da África, numa convivência que excluía os preconceitos regionais, raciais e religiosos. A coexistência sem fundamentalismos e o apreço pelas festas com muita música, nas quais eram frequentes o samba e as modinhas, sugeriam o Brasil, como declara o poeta na mesma entrevista (realizada em sua casa em fevereiro de 1998): "Aqui deste lado, a vivência, o comportamento era mais abrasileirado que português. Aqui era uma réplica do Brasil". A comparação com Portugal aponta para indícios de que a imagem do Brasil suscitava já a ideia da ruptura com a metrópole. Para ser mais parecido com o modelo impunha-se estender a atmosfera do bairro aos outros lugares da cidade e do país. Ou seja, para completar o quadro, era necessário fazer a independência.

Essa apropriação popular do Brasil, baseada na dimensão mais generosa de nossa cultura, ganha maior interesse quando se pensa que, do outro lado, os ideólogos do poder colonial também encontrariam, em aspectos da história brasileira, elementos que lhe permitiam a formulação de imagens da ex--colônia favoráveis à manutenção da ordem. Os ensaios sobre a especificidade da colonização portuguesa seriam aproveitados para veicular a crença de que o luso-tropicalismo constituía uma realidade nas terras africanas, noção que a empresa colonial instrumentaliza com o objetivo de diluir impulsos de ruptura. A hipotética existência da democracia racial no Brasil comprovaria uma outra hipótese: os portugueses eram os únicos colonizadores capazes de se inserirem sem preconceito numa sociedade multirracial. A obra do brasileiro Gilberto Freire, controversa mesmo para o contexto brasileiro, emprestava legitimidade científica ao pensamento que se queria difundir. Na "perfeita integração dos portugueses em África" baseava--se a convicção de que os territórios ocupados eram parte de Portugal, justificando os planos de manutenção do Império. A imagem positivada da sociedade brasileira servia, então, como prova de que a independência das colônias de tão desnecessária tornava-se absurda.

Visto de vários prismas, o Brasil seria também fonte de inspiração para aqueles que propugnavam uma forma especial de ruptura com a metrópole. Em Moçambique, por exemplo, o modelo brasileiro de independência povoava o pensamento de figuras importantes que, insatisfeitos com a efetivação do projeto colonial, desejavam uma independência protagonizada pelos portugueses e seus descendentes, ou seja, um corte que assegurasse à burguesia branca o controle do país a ser fundado. Com ressalva para as diferenças em seus pensamentos e atos, o ilustre Bispo da Beira, D. Sebastião de Resende, e Jorge Jardim, um ex-Secretário de Estado em Portugal, que organizou, já nos anos 1970, um movimento pela autonomia do país, são exemplos dessa tendência. O impulso nacionalista nesse caso desconsiderava a dimensão africana da terra, defendida com garra pelos que de fato viriam conquistar a independência em 1975. O espírito conciliatório que presidiu o gesto de D. Pedro I, em 1822, marcando, de forma excepcional, a história da sociedade brasileira, estava na base desses projetos que secundarizavam o papel e os direitos dos moçambicanos.

A despeito da força do discurso colonialista, a formulação e a difusão dessas imagens não influenciaram os nacionalistas africanos em sua opção por apanhar do Brasil e da cultura brasileira aqueles aspectos que poderiam contribuir para a sua luta. Felizmente, para os movimentos nacionais e para a nossa autoestima, seria triunfante a imagem propícia à ruptura, à libertação. No plano sociopolítico prevaleceria a aposta na certeza de que uma sociedade mais democrática e com justiça social era incompatível com a manutenção do império. No terreno literário, os princípios escolhidos por Mário de Andrade (o brasileiro) para uma síntese do nosso Modernismo – a atualização da inteligência brasileira, a estabilização de uma consciência nacional e o direito permanente à pesquisa – adequavam-se ao momento em que se pode detectar um processo de modernização da literatura africana de língua portuguesa.

Em Angola, por exemplo, sem que formalmente se fale do Modernismo Brasileiro, é perfeitamente possível detectar a presença norteadora desses pontos. A produção reunida em torno do "Vamos Descobrir Angola" preconizaria o enraizamento na terra angolana, a valorização da cultura africana num diálogo bem afinado com as correntes externas. Os poemas de Viriato da Cruz e António Jacinto, para citar apenas dois, evocando a tradição oral e propondo uma transformação de fundo realizam de maneira notável a relação entre o localismo e a universalidade, ou seja, incorporam as contribuições que vêm de fora, sem excluir os chamados bens de raiz. As questões da afirmação de uma identidade, presente em nossos modernistas, eram um dado central nas reflexões dos africanos. A própria frase "Vamos Descobrir Angola", usada como palavra de ordem, faz lembrar um dos lemas de nossos escritores românticos, reiterado de outro modo, pelos modernistas.

Graças às ligações estabelecidas entre os grupos empenhados na libertação de seus países e setores progressistas brasileiros, o diálogo no campo da literatura seria também reforçado no plano da política. Partidos políticos e associações culturais, contrários ao fascismo e ao colonialismo, procuravam oferecer algum tipo de apoio aos movimentos de libertação. Vale lembrar que muitos portugueses, perseguidos pela ditadura salazarista, exilavam-se no Brasil e dali buscavam implementar ações contra o governo de Salazar. No que tange aos movimentos africanos, uma das estratégias era a divulgação de textos literários através da imprensa brasileira. O caso da revista *Sul*, embora ainda esteja por ser estudado a fundo, oferece elementos interessantes para a história dessas relações[4]. Publicada, durante dez anos, entre os anos 1940 e 1950, em Florianópolis, a revista conheceu trinta números e, além dos brasileiros, contou com a colaboração de portugueses e africanos. Segundo Salim Miguel, um de

---

4. Sobre o tema, indico os seguintes artigos: "Raízes de um Intercâmbio", de Salim Miguel; "Revista Sul (Uma Ponte com a África)"; e "A Revista Sul e o Diálogo Literário Brasil-Angola", de Tania Macêdo.

seus idealizadores e responsáveis, através do escritor e desenhista Augusto dos Santos Abranches, português que viveu em Moçambique e no Brasil, onde viria falecer, foi feito o contato com os africanos dos quais seriam publicados muitos textos.

Noémia de Sousa, Viriato da Cruz, António Jacinto, Francisco José Tenreiro foram alguns dos muitos que frequentaram as páginas da revista. A eles juntava-se um certo José Graça, que mais tarde seria conhecido pelo nome de José Luandino Vieira. Em entrevista a Michel Laban, Luandino esclarece que muitos dos textos marxistas lidos por ele em sua fase de formação política chegavam através de edições brasileiras. Envolvendo o mesmo autor há um fato curioso que integra o repertório de casos que a clandestinidade imposta à atividade literária semeou nos últimos anos do colonialismo na África. Para despistar a temível polícia política, a coletânea de contos *Luuanda*, editada numa gráfica em Angola, tinha como indicação oficial uma editora fantasma de Belo Horizonte. Assim, também nas estratégias contra a repressão, ao Brasil os angolanos atribuíam um papel.

O nome de José Luandino faz pensar num outro tipo de laços. Naqueles que se tecem no interior do próprio texto literário. Autor importantíssimo na história da literatura de língua portuguesa, Luandino declara a relevância da obra de João Guimarães Rosa na sua trajetória de escritor. De acordo com o escritor, a leitura do mineiro teve para ele o efeito de uma revelação. Preso por atividades subversivas, escrevia um livro de estórias, quando recebeu pelas mãos do amigo Eugénio Ferreira um exemplar de *Sagarana* e sentiu ratificada a validade do trabalho que vinha fazendo. No livro iniciado, antes da leitura de Rosa, ele investia na criação de uma linguagem que fugia ao modelo da prosa mais referencial que, em geral, caracteriza os textos engajados num projeto ético. Inseguro pela novidade do que começava, segundo seu próprio depoimento, viu nos contos do brasileiro uma espécie de confirmação do que estava a fazer. A renovação da linguagem, a elaboração dos personagens, os procedimentos para articular os sentidos da tradição e os caminhos da modernidade são pontos de convergência nos rumos percorridos por esses dois escritores tão inseridos na ordem que testemunham.

Desse encontro, viria participar, um pouco mais tarde, o moçambicano Mia Couto, para quem Luandino foi uma espécie de mestre, tendo provocado a descoberta de Rosa. Se o conceito de influência faz emergir noções complexas de dependência cultural, a leitura comparativa de tais autores tem o mérito de revelar que a ligação pode ser feita sem que se leve em conta o senso da hierarquia. A obra desses três grandes escritores oferece-nos a oportunidade de examinar características de universos periféricos, nos quais o imaginário solicita formas particulares de expressão. Em sociedades como as nossas, as relações culturais conhecem dimensões peculiares e sugerem aos escritores modos diversos de dizer o mundo. Entre o tradicional e o moderno, entre o campo e a cidade, as fronteiras são tênues, e a tradução desse fenômeno requer elementos específicos, parece ensinar a produção desses autores.

Inaugurada sob o signo da dor e da exploração, a travessia entre o Brasil e a África, cruzando os séculos, realizou-se no compasso de diferentes ritmos, materializando-se em trocas de natureza vária. Nesses séculos de história comum, o Brasil – inicialmente o local do exílio, do sofrimento e da morte –, pelos caminhos do imaginário, converte-se em lugar da boa convivência racial, da liberdade, da alegre solidariedade, apontando para o terreno utópico que era preciso ter no horizonte. Para os escritores tocados pela vontade de fazer seus países independentes, aquele era também o espaço onde se expressava o desejo de uma sociedade mais justa, como podiam ler nas páginas de nossos melhores autores. Revitalizadas pela literatura, as rotas refundaram-se na crença nesta utopia que desempenhou uma função excepcional na real transformação da realidade das ex-colônias africanas. Estudar esses outros caminhos por onde circularam ideias é, sem dúvida, uma forma de conhecer melhor essa história que nos une e nos define.

REFERÊNCIAS BIBLIOGRÁFICAS

HADDAD, Fernando. *Desorganizando o Consenso: Nove Entrevistas com Intelectuais à Esquerda*. Petrópolis/São Paulo, Vozes/Fundação Peseu Abramo, 1998.

MACÊDO, Tania. "Revista Sul (Uma Ponte com a África)". *In:* Iaponam Soares (org.). *Salim Miguel, Literatura e Coerência*. 1 ed., Florianópolis, Lunardelli, 1991, pp. 73-78.

_____. "A Revista Sul e o Diálogo Literário Brasil-Angola". *Angola e Brasil – Estudos Comparados*. São Paulo, Arte e Ciência; Programa de Estudos Comparados de Literaturas em Língua Portuguesa, 2002, pp. 41-52 (Coleção Via Atlântica, 3).

MIGUEL, Salim. "Raízes de um Intercâmbio". In: PADILHA, Laura Cavalcante (org.). *Anais do I Encontro de Professores de Literaturas Africanas de Língua Portuguesa. Repensando a Africanidade*. Niterói, EDUFF, 1995.

3
O Brasil na Cena Literária dos Países Africanos de Língua Portuguesa*

*Para o Eduardo, que acompanhou
as primeiras viagens*

O inventário das relações entre o Brasil e o continente africano é um capítulo ainda a ser escrito em nossas histórias. Pela natureza do processo, pelas lacunas deixadas, pelos traumas provocados em séculos de laços tão confusamente atados, o tema ainda hoje suscita paixões e mexe com sensibilidades muito acesas, o que, traduzindo a dificuldade da abordagem, confirma a urgência de algumas tentativas. No campo da economia, da sociologia, da antropologia e da história, felizmente, vão se acumulando os estudos, com os resultados a reiterar a força das trocas no passado e a firmeza da herança no presente de muitos povos. No domínio cultural, as marcas africanas aqui são visíveis e justificam o interesse já manifesto nas pesquisas realizadas, no interior da academia ou fora dela, no exercício militante de diversos grupos ou individualidades.

---

* Texto apresentado ao Congresso Internacional da Aladaa, realizado em novembro de 2000, na Universidade Cândido Mendes.

O lançamento de livros como *Os Agudás*, de Milton Gurán, e de *Diálogos Brasileiros: Uma Análise da Obra de Roger Bastide*, de Fernanda Peixoto, editados em 2000 (pela Nova Fronteira e pela Edusp, respectivamente), demonstra a vivacidade do assunto e a oportunidade da discussão. Ambos os trabalhos apresentam elementos confirmadores da presença do Brasil em países africanos, sobretudo no Benin e na Nigéria. A leitura de obras literárias dos países africanos de língua portuguesa e o contato, seja pessoalmente, seja através de entrevistas com escritores desses países, permitem perceber outra dimensão dessas relações que explicam, entre outras coisas, a realização de um encontro como esse. Trata-se da projeção do Brasil, em imagens diferenciadas, na formação do pensamento nacionalista de países como Angola, Cabo Verde e Moçambique. Principalmente através da literatura, mas não só, a cultura brasileira desempenhou um forte papel no processo de conscientização de muitos setores da intelectualidade africana, fornecendo parâmetros que se contrapunham ao modelo lusitano.

Ex-colônia portuguesa, liberta desde as primeiras décadas do século XIX, o país, cujo desenvolvimento havia contado com tantos africanos, oferecia-se como uma referência importante no debate sobre as mudanças a serem implementadas nos vários territórios ocupados por Portugal. Aos olhos dos angolanos, dos cabo-verdianos e dos moçambicanos, o Brasil emergia como um espaço onde se projetavam os sonhos de uma sociedade marcada pelas limitações presentes no quadro de exclusão da realidade colonial. Principalmente entre os anos 1940 e a década de 1950, quando se reforçou a contestação da dominação colonial, o roteiro de construção da identidade cultural incorporou sugestões associadas a um universo que, evocando aspectos de uma história comum, apontava para a possibilidade de um presente mais alentador.

Como decorrência da circulação de ideias e informação, ou apoiados simplesmente no plano das sugestões ditadas pela afetividade, setores intelectualizados ou segmentos populares buscavam no Brasil traços de inspiração e/ou elementos de compensação para as insuficiências do cotidiano. Fermentadas pela distância, as imagens se multiplicavam no imaginário, e muitas faces eram incorporadas e reinventadas num processo que acabaria por apresentar resultados muito diversos. Não raro, erguia-se a fisionomia de um lugar ameno, beirando o paradisíaco, quase sempre poderoso na capacidade de potencializar aquilo que esses territórios reuniam como força adormecida. Sob o signo da paixão, por exemplo, Ernesto Lara Filho declara a energia de sua ligação, o que ficará patente nas páginas de suas brilhantes crônicas. Numa delas, o verbo é enfático:

Sou uma espécie de brasileiro. Um angolano, nascido em Benguela, filho de pai minhoto. Um português de Angola, que conhece melhor Erico Veríssimo, José Lins do Rego e Graciliano Ramos do que Eça de Queiroz e Aquilino Ribeiro.

Sou um angolano capaz de sentir o Brasil, capaz de recitar de cor um poema de Manuel Bandeira, capaz de sambar com intenção ao som de uma marchinha de Luiz Gonzaga, ouvindo o bater ritmado dum tambor com acompanhamento de reco-reco. O mesmo reco-reco que foi exportado no bojo das caravelas com os escravos de Angola. Sou capaz de entender tão bem uma noite de luar, uma noite de batuque, como Catulo da Paixão Cearense.

[...]

Amo o Brasil. Um amor que não tem explicação. Aliás, em amor, nada se pode explicar. É uma paixão de branco pela mulata do engenho. É uma paixão de negra pelo branco do roçado[1].

É fato que amor não se explica; mas, quando esse sentimento aparece coletivizado, como um dado unificador num universo de muitas fissuras e assimetrias, vale a pena pensar nos elementos que presidem a escolha do objeto de uma paixão dessa natureza. Se deixarmos por uns tempos o sabor poético da crônica e partirmos para o discurso histórico, vamos encontrar outras bases para essa ligação, pois o tráfico de gente gerou um trânsito

---

1. Ernesto Lara Filho, *Crónicas da Roda Gigante*, pp. 61-62.

excepcional entre os dois lados. O milho, a mandioca, a banana, o abacaxi e a poderosa cachaça, entre muitos outros produtos, compunham a bagagem dos navios negreiros, contribuindo para a consolidação de um palpável universo de convergências. Com os produtos, viajavam procedimentos, hábitos, formas de estar no mundo. Em *O Trato dos Viventes*, Luiz Felipe de Alencastro explicita a dimensão desse comércio que intervinha na organização econômica, repercutindo intensamente na ordem sociopolítico-cultural das duas margens. A análise do fenômeno não deixa dúvida: fomos, durante muitos séculos, parte integrante de um sistema. Não poderia ficar sem consequência essa comunhão de muitas experiências, que nem mesmo a distância verificada no presente chega a apagar. Em síntese, o reco-reco, referenciado por Ernesto Lara Filho, pode ser visto como uma metonímia de um extraordinário sistema de trocas que mobilizou o sul do Oceano Atlântico.

O sentimento expresso na crônica de 1960 era partilhado nas duas costas africanas, com firme passagem pelo Arquipélago de Cabo Verde. Por cima das enormes diferenças que caracterizavam os territórios por onde se espalhou o colonialismo português, as diversas formas de representação do Brasil surgiam compondo um eixo que seria expressivo no projeto de transformação a ser desencadeado nos vários pontos. Um olhar atento sobre os anos que se seguiram ao fim da Segunda Grande Guerra ajuda-nos a compreender essa relação na sua funcionalidade, ou seja, permite-nos avaliar alguns aspectos que orientavam aquelas sociedades para essa projeção. E vamos encontrar pontos de apoio nos debates sobre a questão da identidade nacional, que ganhava corpo naquele agitado período.

Quem conhece minimamente as Literaturas Africanas de Língua Portuguesa pode reconhecer em *Mensagem*, *O Brado Africano*, *Certeza* e, mesmo, *Claridade* signos de uma postura estética que não minimizava a dimensão ética de uma ação cultural votada à mudança. Aprendemos ali que, antecipando outras formas de luta, a atividade literária inseria-se na discussão da nacionalidade. A emergência de um sentimento nativista, com ênfase na descoberta e valorização dos chamados "bens de raiz", situava-se entre as operações que visavam adotar os futuros países de uma base em que as pessoas, separadas por fundas diferenças, pudessem encontrar uma plataforma comum. Convictos, como bem argumenta Stuart Hall, de que "a nação não é apenas uma entidade política mas algo que produz sentidos – um sistema de representação cultural"[2], os africanos sentiam a necessidade de um estabelecer pontos que permitissem uma identificação.

A relação entre o conceito de Estado nacional e os valores da modernidade, nós sabemos, constituiu um tópico importante nas formulações sobre o nacionalismo e a necessidade de independência nos vários pontos do continente africano. Segundo Basil Davidson, teria sido útil que os africanos empenhados na luta anticolonial tivessem percebido as armadilhas das campanhas nacionalistas na Europa, no entanto "a compartimentalização cultural do Imperialismo foi de tal ordem, que se partilhou muito pouco, ou mesmo nada, dessa experiência"[3]. E as contingências históricas do continente situariam o problema num contexto extremamente complicado, com fissuras de muitas ordens incidindo sobre o processo. Compreendida como um pressuposto para pôr fim à exploração, a construção do Estado nacional abrigava conteúdos sociais e foi assumida num cenário conturbado, cortado pela variedade étnica, pela pluralidade linguística, pelas divergências históricas, pela diversidade de projetos e concepções políticas a serem incorporados na agenda em curso. O conceito de "comunidade imaginada", de que nos fala Andersen, exigia um enorme esforço de representação ao mesmo tempo que se evidenciava a urgência de um discurso capaz de costurar minimamente as franjas desse tecido multifacetado que era a tônica de todos os territórios ocupados.

Em oposição à padronização ditada pela ordem colonial, a valorização dos elementos internos apresentava-se natural-

---

2. Stuart Hall, *A Identidade Cultural na Pós-modernidade*, p. 49.
3. Basil Davidson, *O Fardo do Homem Negro*, p. 158.

mente como um fator de aglutinação. Ao mesmo tempo, era essencial investir na assimilação de códigos associados à modernidade, operação de grande complexidade em função da experiência efetiva dos territórios. Resultado, sem dúvida, da terrível interferência dos europeus em sua história, esses povos tiveram que formular a sua ideia de futuro amparados num instrumental forjado fora de seu mundo. A ruptura, ou apenas o desejo de romper com os valores da metrópole, acabava por exprimir a necessidade de um outro espelho onde mirar o próprio rosto. Ou seja, mostrava-se importante dialogar com outro universo cultural; e caberia à cultura brasileira a interlocução principal. Não se trata, evidentemente, de afirmar que o nosso repertório cultural alterou o quadro cultural nos países africanos, mas apenas de reconhecer que o diálogo que se estabeleceu dinamizaria as reflexões, animando, inclusive, as relações internas.

São muitas as vozes que nos confirmam a relevância desse diálogo. No caso de Angola, Antonio Jacinto e Luandino Vieira são dois dos escritores que serenamente reconhecem a literatura brasileira como uma das matrizes de sua formação. Sem reduzir a importância de outros repertórios, como a literatura de reivindicação dos chamados afro-americanos e dos neorrealistas portugueses, por exemplo, podemos verificar que a literatura brasileira é a mais frequentemente apontada por autores de países, épocas e tendências diferentes. Ao avaliar a produção da década de 1950, Carlos Ervedosa, em seu *Roteiro da Literatura Angolana*, não hesita em assinalar:

> Desenvolvia-se um fenômeno literário original, no âmbito das literaturas de expressão portuguesa, ativado por um conjunto de jovens talentosos e cultos, espalhados por Luanda e pelos centros universitários de Lisboa e Coimbra.
> Eles sabiam muito bem o que fora o movimento modernista brasileiro de 1922. Até eles havia chegado, nítido, o "grito do Ipiranga" das artes e letras brasileiras, e a lição dos seus escritores mais representa-

tivos, em especial de Jorge de Lima, Ribeiro Couto, Manuel Bandeira, Lins do Rego e Jorge Amado, foi bem assimilada[4].

Também entre os escritores cabo-verdianos e o Brasil podemos observar sinais de uma notável ligação. As similitudes entre as paisagens, com destaque para a do Nordeste, e a força da mesclagem racial configuravam um panorama que animava as aproximações. Isso explica a ressonância, por exemplo, do poema "Pasárgada", de Manuel Bandeira, transformado em verdadeira matriz poética no Arquipélago. Depoimentos de inúmeros escritores, como Osvaldo Alcântara, Manuel Lopes, Luís Romano, Orlanda Amarilis e Gabriel Mariano ratificam o fato. Vejamos o que diz este último:

> [...] os poetas cabo-verdianos sempre estiveram a par dos movimentos poéticos e literários do Brasil: do Olavo Bilac, do baiano... não é o Gregório de Matos, é o Castro Alves... [...]
> Estivemos sempre a par. Mas nessa altura, nos anos 40, 41, do Modernismo Brasileiro não tinha conhecimento. Só tive conhecimento do Modernismo aí a partir de 1947, pelo meu tio Baltasar, que me deu os livros. Então comecei a conhecer o Mário de Andrade, o Manuel Bandeira, o Ribeiro Couto, o Jorge de Lima, o Frederico Schmidt, depois dele o Drummond, o Ledo Ivo, o Melo Neto e também a ficção em prosa. Em 1947 comecei a conhecer os contos admiráveis do Marques Rebelo [...] Bom, o Jorge Amado em 48. O primeiro livro que li do Jorge Amado foi *Terras do Sem Fim* ... Aquela passagem "Eram três Marias numa casa de putas pobres". Nessa altura eu tinha... 20 anos, foi quando conheci o Jorge Amado e o modernismo brasileiro.
> [...]
> [...] Foi um alumbramento porque eu lia um Jorge Amado e estava a ver Cabo Verde. De Jorge Amado, o *Quincas Berro d'Água*, quando eu o li pela primeira vez, a personagem, as características psicológicas da personagem, a reação das pessoas, quando souberam da morte de

---

4. Carlos Ervedosa, *Roteiro da Literatura Angolana*, p. 84.

Quincas Berro d'Água, eu li isso tudo e eu estava a ver a Ilha de São Vicente, Cabo Verde [...] Estava a ver a Rua de Passá Sabe [...][5].

Para além do Atlântico, ainda que tivessem sido menos intensas as trocas, a aproximação mostrava seus sinais: aos escritores moçambicanos também chegavam os ecos de uma sociedade mitologicamente construída sobre a mesclagem de raças. Sob o peso de uma segregação muito mais pesada que a existente em Luanda, a senhorial Lourenço Marques abrigava um bairro singular na mistura de etnias, religiões, raças e tradições culturais. A lendária Mafalala, localizada na fronteira com a cidade de cimento, constituía uma espécie de local mítico onde a diversidade e a tolerância davam o tom. Por essa capacidade de juntar diferenças numa convivência pacífica, o bairro foi sempre associado ao Brasil. Viveiro de músicos, poetas e jogadores de futebol, também era conhecido como bairro de mulatos, embora ali vivesse gente variada e predominasse a religião muçulmana. José Craveirinha, uma de suas vozes mais sonantes, é categórico ao afirmar:

> Eu devia ter nascido no Brasil. Porque o Brasil teve uma influência muito grande na população suburbana daqui [...] desde o futebol. Eu joguei a bola com jogadores brasileiros, como, por exemplo, o Fausto, o Leônidas da Silva, inventor da bicicleta. [...] Nós, na escola, éramos obrigados a passar por um João de Deus, um Dinis, os clássicos de lá. Mas chegados a uma certa altura, nós nos libertávamos. Enveredávamos por uma literatura errada: Graciliano Ramos... Então vinha a nossa escolha; pendíamos desde o Alencar. Toda a nossa literatura passou a ser um reflexo da Literatura Brasileira. Então, quando chegou o Jorge Amado, estávamos em casa. Jorge Amado marcou-nos muito por causa daquela maneira de expor as histórias. E muitas situações existiam aqui. Ele tinha aqui um público[6].

---

5. Michel Laban, *Cabo Verde. Encontro com Escritores*, pp. 331-332.
6. Trecho da entrevista que José Craveirinha concedeu a mim e a Omar Thomaz, em 1998, publicada na presente obra.

As palavras do Craveirinha, numa outra chave, corroboram o peso dessa ligação, expressa com ênfase no desabafo amoroso que recheia os textos de Lara Filho. Naquela mesma crônica, ao assumir apaixonadamente a identificação, o angolano vai arregimentando pontos diversos de uma admiração profunda, o que o faz juntar o famoso Didi "chutando folhas secas" ao *Itinerário de Pasárgada*, de Manuel Bandeira. E o relato prossegue citando Millor Fernandes, Rachel de Queiroz, Nelson Rodrigues, Rubem Braga, David Nasser, todos desembarcando em Angola nas páginas do famoso *O Cruzeiro*. Todos se convertendo em ícones de um repertório que iria atuar na formação da resistência e da busca de uma identidade que escapasse às linhas propostas pela cultura lusitana.

As letras de um lado e o esporte de outro compunham um quadro de referências de grande utilidade para a configuração de uma identidade já encaminhada para a ruptura com os padrões em vigor. Essa projeção seria ainda alimentada pela música. Isso significa que o repertório atingia os diferentes estratos sociais, penetrando de forma abrangente no imaginário de significativas parcelas da população urbana ou periurbana desses territórios. Assim tão amplo, o conjunto de imagens acabava por se caracterizar pela versatilidade. Eram muitos os brasis que chegavam. E com eles chegavam recortes utópicos que funcionavam como elementos dinamizadores de uma já firme aposta na transformação. Em entrevista a Michel Laban, Calane da Silva, também de Moçambique, oferece outras pistas que vêm confirmar a pertinência do tema. Escritor de uma outra geração, formado na agitação dos anos 1960, também habitante de zonas periféricas de Maputo, ele argumenta:

> O Brasil funcionou de uma maneira muito interessante. Havia, da parte do próprio governo português, uma maneira de amolecer um pouco os nossos corações: pondo música brasileira. Eu, uma vez, dei uma explicação interessante: nós, negros e mestiços, rejeitávamos a totalidade da cultura portuguesa – no sentido de que ela queria impor o fado na cabeça […] Por outro lado, não nos deixavam esgrimir publicamente as culturas de que nós éramos originários, sejam elas macuas ou rongas […] E então parece-me que a cultura e a música entravam aqui perfeitamente. Portanto

davam uma no cravo e outra na ferradura, encaixavam-se perfeitamente a esta miscigenação. Ia aliviando as tensões[7].

A expressão "dar no cravo e na ferradura" parece-nos verdadeiramente muito adequada para ilustrar o papel que o Brasil, mesmo se involuntariamente, desempenhou no espaço da colonização portuguesa na África. Uma relação dialética se atualizou, uma vez que tanto a metrópole quanto os que a ela se opunham viam no Brasil uma fonte de inspiração para os seus argumentos e expectativas. Portugal, com amparo nas formulações de Gilberto Freyre, sempre simpático à colonização lusitana, vendia a hipotética "harmonia racial" como resultado de sua especial vocação para lidar com outros povos, qualidade que não reconhecia entre franceses e ingleses, por exemplo. Os nacionalistas, naturalmente, apostavam na independência como um pressuposto para realizar a utopia que o Brasil parecia representar. Os mais críticos incorporavam a concepção de literatura de denúncia que sobretudo o chamado romance de 1930 praticava. Atraía-os a possibilidade de transformar em personagem os seres socialmente excluídos, os negros e mulatos marginalizados pelo código colonial. Convertê-los em protagonistas de mudanças, em contraposição ao lugar de mero elemento do cenário que lhes era reservado na literatura colonial, era um modo de defender a sua humanidade.

Com a perspectiva que o afastamento temporal propicia, podemos retocar a interpretação de Calane da Silva, pois, mais do que como uma força de relaxamento, a ressonância da cultura brasileira disseminou energia para a ruptura protagonizada pelos nacionalistas africanos. No campo da literatura, talvez seja mais correto dizer que as opções em curso na produção de nossos escritores viriam confirmar algumas aspirações já presentes entre os escritores de Angola, Cabo Verde e Guiné Bissau. O nosso "grito do Ipiranga", como se refere Carlos Ervedosa, chegava a esses territórios como uma força legitimadora da

---

7. Michel Laban, *Encontro com Escritores. Moçambique*, p. 773.

identificação da atividade literária com o destino da gente mais oprimida. Era esse um dos sentidos da autonomia desejada, o que colocava em foco o sério problema do tratamento da língua a ser usada na expressão de seu mundo.

A leitura das obras desde os fins dos anos 1940 comprova a afinidade das escolhas. A valorização do registro popular em detrimento do respeito à gramática da norma culta, um dos tópicos defendidos pelos modernistas, definiu-se como uma boa solução ao impasse gerado pela situação linguística, pois, se a expressão em língua portuguesa colidia com a busca de valores refratários à cultura imposta pela colonização, por outro lado, por outras razões, o recurso às línguas nacionais mostrava-se inviável. A apropriação da língua, aproximando-a da "língua errada do povo / língua certa do povo", nos famosos versos de Bandeira, adequava-se ao sentimento experimentado pelos escritores africanos.

Voltando à discussão sobre as questões que envolvem o tema da identidade, vamos encontrar, entre os mais representativos pensadores, a convicção de que, sobretudo entre os povos vitimados pela empresa colonial, a sua construção é um processo em curso. Nesse itinerário, os efeitos dos gestos práticos interagem com os de cariz simbólico, o que significa que ao teatro do real associam-se as voltas do imaginário, espaço importantíssimo na relação entre o colonizador e o colonizado. Precisamente nesse espaço, o Brasil como representação projetou-se de maneira extraordinária. E, felizmente, inclusive para nossa autoestima, contrariando a perspectiva da metrópole, dentre os vários brasis que lá iam desembarcando, os escritores africanos souberam catalisar numa chave progressista as imagens que convidavam à mudança. E o seu impulso para a transformação permite, inclusive, compreender como a nossa realidade – povoada pelas injustiças e pelos preconceitos que conhecemos – acabou por se converter num vetor de mobilização para a consecução de um projeto conduzido pelo sentido da liberdade e outras utopias.

Maputo, outubro de 2000.

REFERÊNCIAS BIBLIOGRÁFICAS

ALENCASTRO, L. Felipe de. *O Trato dos Viventes*. São Paulo, Companhia das Letras, 2000.

CHAVES, Rita & THOMAZ, Omar Ribeiro. "Mafalala, a Terra de Outros Mulatos". *Boletim da Associação Brasileira de Antropologia*. São Paulo, ABA, 1998.

DAVIDSON, Basil. *O Fardo do Homem Negro*. Lisboa/Luanda, Campo das Letras/Chá de Caxinde, 2000.

ERVEDOSA, Carlos. *Roteiro da Literatura Angolana*. 3. ed. Luanda, União dos Escritores Angolanos, 1979.

GURÁN, Milton. *Os Agudás: Os Brasileiros do Benin*. Rio de Janeiro, Nova Fronteira, 2000.

HALL, Stuart. *A Identidade Cultural na Pós-modernidade*. Rio de Janeiro, DP&A, 2002.

LABAN, Michel. *Cabo Verde. Encontro com Escritores*. Porto, Fundação Engenheiro António de Almeida.

_____. *Encontro com Escritores. Moçambique*. Porto, Fundação Engenheiro António de Almeida.

LARA FILHO, Ernesto. *Crónicas da Roda Gigante*. Lisboa, Afrontamento, 1990.

PEIXOTO, Fernanda. *Diálogos Brasileiros. Uma Análise da Obra de Roger Bastide*. São Paulo, Edusp, 2000.

4

Vida Literária e Projeto Colonial: Tradição e Contradição no Império Português[*]

Uma incursão pela bibliografia dedicada à literatura brasileira deixa clara a preocupação com o caráter de sua formação, destacando-se o problema da origem, durante muito tempo motivo de inquietação entre aqueles que se detiveram seriamente na constituição do projeto literário no Brasil. E se é verdade que, hoje, essa questão parece muito bem conduzida – e o reconhecimento do "nosso vínculo placentário" com as literaturas europeias já não nos tira o sossego, como bem demonstrou Antonio Candido[1] – passados quase dois séculos de nossa independência política, os fundamentos da nacionalidade e a sua repercussão no processo cultural brasileiro permanecem como objeto de instigantes ensaios. Na base dessa discussão inscrevem-se os laços estabelecidos pela condição colonial que determinou de modo tão marcante a sociedade brasileira.

---

[*] Texto apresentado no VII Congresso Luso-afro-brasileiro de Ciências Sociais, realizado em setembro de 2002, no Rio de Janeiro.
1. Antonio Candido, *Formação da Literatura Brasileira. Momentos Decisivos.*

Sem perder de vista a diversidade, no que diz respeito sobretudo à dimensão do tempo e ao ritmo de diferentes processos históricos, observamos um fenômeno similar, tingido por cores mais fortes, no quadro dos países africanos colonizados por Portugal. Tendo conquistado a independência política em meados dos anos 1970, países como Angola e Moçambique confrontam-se ainda com o legado do processo colonial, que se prolongou para além de outros e pautou-se por um sistema de exploração intensificado também pela precariedade da metrópole, ela própria cada vez mais empobrecida e atrasada. Além de reforçar a ideia de que a opressão e a espoliação são dados constitutivos da empresa colonial, a realidade desses países permite-nos compreender que, bem distante do que procurou disseminar o discurso colonialista lusitano, sua forma de estar naqueles trópicos foi caracterizada por uma alta taxa de violência. Isso significa que, contrariando o mito do cordial colono português, a experiência africana conduz-nos à seguinte equação: metrópole fraca/colonialismo feroz.

Alcançada pela via das armas, a independência, perseguida por tanto tempo, não conseguiu pôr fim a um quadro complicado de acirradas contradições. O peso das relações fundadas a partir da ocupação portuguesa se arrastou e ainda repercute no presente, seja sobre a sua realidade diária, seja sobre os bens simbólicos ali gerados e/ou que por ali circulam. Sem receio de cair no excessivo, podemos afirmar que de tal forma os esquemas coloniais penetraram na composição sociocultural do continente que se torna difícil elaborar qualquer análise, sobre qualquer que seja o objeto, sem passar pela indagação da natureza e dos efeitos do colonialismo naquelas sociedades.

O que se passa na relação entre os homens tem inequívocas marcas no domínio das obras por eles produzidas, e desse sistema não pode escapar a construção literária. Examinar a trajetória da vida literária nesses países é, portanto, um modo de compreender a verticalidade da contradição como marca constitutiva do processo colonial.

Quando enfocamos os projetos de literatura nacional dos países africanos, logo nos deparamos com a inevitável questão da língua a ser adotada pelos escritores e com a relação que se estabelece entre esses repertórios e as matrizes culturais africanas, entre as quais a tradição oral e o universo que ela carrega consigo. Se acompanharmos um pouco o debate realizado nessas terras, percebemos como a definição da língua em que se pode e/ou deve escrever e a caracterização do leitor que se tem em mira se situam na viva e angustiada discussão a que se vão entregando os escritores africanos, imersos num mar de problemas relacionados ao delineamento de sua própria tradição. Vale lembrar que a pluralidade linguística, combinada aos altíssimos índices de analfabetismo (uma das "prendas" deixadas pela história colonial), produz uma mistura que só pode tornar bastante complexo o panorama em que se insere o exercício literário, o que dificulta bastante a própria escolha do instrumental a ser utilizado na abordagem dos textos e na consideração dos problemas colocados por essa produção.

A despeito do reduzido número de leitores que se pode ter como horizonte, a literatura na história desses países definiu-se como um instrumento relevante de transformação social. Como espaços em que a diversidade cultural é temperada por uma certa dose de incomunicabilidade – resultado de uma atroz e prolongada política de intensificação das diferenças entre os variados grupos etnolinguísticos –, os escritores acabam por cultivar na literatura sua possibilidade de costurar uma unidade algo fugidia, reconhecendo-lhe a função de aglutinar os fragmentos gerados pela História construída numa sequência de cisões.

Em todos os territórios africanos colonizados por Portugal, a produção literária chamada nacional nasce sob o signo da reivindicação, trazendo para si a função de participar no esforço de construir um espaço de discussão sobre a condição colonial. O que temos em Angola, desde os meados do século XIX, é o que vamos encontrar em Moçambique a partir dos anos 30 do século XX. A prática literária surge, desse modo, mediada pelo compromisso com algo que, sem desconsiderar a dimensão estética dos textos, busca ultrapassá-la, empenhada em potencializar seu poder de intervenção. Esse traço leva-nos a acreditar num processo de ruptura radical entre tal repertório e aquele conjunto que genericamente se reconhece como literatura colonial, fato, aliás, apontado por alguns escritores em seus manifestos e em seus discursos de intenção. Para muitos deles tratava-se de fundar um projeto novo que assegurasse ao homem da terra um papel primordial, retirando-lhe a carga exotizante com que o discurso colonial o apresentaria. A ideia de ruptura parecia-lhes, portanto, fundamental para a emergência de uma palavra nova que correspondesse ao sentido da nacionalidade que se começava a vislumbrar.

Ao focalizarmos o processo de formação daquilo que já se apresenta como um sistema literário, verificamos, contudo, que estamos diante de relações mais complexas, sensação que pode ser confirmada com a análise de um conjunto de obras e autores identificados com os projetos nacionais que os movimentos de independência procuraram lançar. Na verdade, no domínio da literatura, os nomes e grupos que se associaram ao projeto de dinamizar o exercício da palavra lançaram-se fundamentalmente contra o silêncio a que estavam devotadas as terras africanas e suas gentes. Pobre em recursos econômicos, o Império português era parco na produção de conhecimentos sobre seus domínios, e nessa carência incluía-se o repertório literário. Apesar de algumas iniciativas, como a instalação da Sociedade de Geografia no século XIX, a consciência da necessidade de se alterar esse quadro ganhou força apenas nos anos 1920 quando o governo do Estado Novo procura relançar a propaganda dos feitos coloniais, fazendo do Império um elemento de relevo político em seu projeto. A partir de então, em torno do tema organizam-se exposições e congressos, são criadas a Agência Geral do Ultramar e a Junta de Investigação do Ultramar, instituem-se programas escolares, tudo a compor um movimento de associação do regime à grandiosidade do Império. Nesse concerto integra-se a criação do Concurso de Literatura Ultramarina, que, instituído em 1926, foi realizado até os anos 1970, numa permanência que indica o seu prestígio no acanhado cenário cultural possível nas colônias.

De caráter completamente oficial, tendo o júri constituído segundo portarias ministeriais, a iniciativa atendia a objetivos muito nítidos: "intensificar por todos os meios a propaganda das nossas colônias e da obra colonial portuguesa" por intermédio da literatura que "em forma de romance, novela narrativa, relato de aventuras etc. constitui um excelente meio de propaganda, muito contribuindo para despertar, sobretudo na mocidade, o gosto pelas causas coloniais", como se pode ler na portaria que o regularizava. A ideia era incentivar, na metrópole e nas colônias, a produção de textos que, além do conhecimento sobre as terras invadidas, pudessem reforçar o que Raymond Williams chamou de "estruturas de sentimento", conforme refere Edward Said, importante nome nos estudos acerca da matéria, em *Cultura e Imperialismo*[2].

As mudanças na direção política do projeto colonial não foram, todavia, capazes de promover a transformação pretendida. O conhecimento sobre as terras ocupadas permanecia residual e a questão colonial continuou a compor um quadro de indefinições na sociedade portuguesa. Os textos produzidos, contudo, constituem um conjunto de referências que nos ajuda a compreender algumas das singularidades do colonialismo português na África.

A leitura das obras premiadas dá-nos, por isso, excelentes pistas para a compreensão da complexidade das relações entre esse repertório e os textos comumente identificados como fundadores das literaturas nacionais em países como Angola e Moçambique. De um modo geral, elas exprimem o espírito que presidiu à implantação do concurso, pois, longe de manifestar qualquer preocupação com a valorização da literatura enquanto fato estético e/ou cultural num sentido amplo, a iniciativa caracterizava-se pela dimensão da propaganda. Tratava-se, efetivamente, de expandir para o imaginário a justeza da posse sobre as terras. No centro da operação girava o desejo de difundir a glória dos feitos iniciados no século xv.

---

2. Edward Said, *Cultura e Imperialismo*, p. 61.

A ideia de grandiosidade que precisava ser disseminada exprimia-se já nos títulos das narrativas, com muita frequência indicando a relevância do espaço na composição da obra. A *Terra da Esperança, Terra Conquistada* e *Terra Ardente* integram uma lista que pode ainda ser ampliada com títulos em que o continente é uma referência explícita: *África Portentosa, África Misteriosa* e *África, Terra de Promissão*. Vale ainda observar a natureza dos adjetivos ali presentes, apontando sempre para uma apreensão externa do espaço, apoiada constantemente numa visão que não ultrapassava as fronteiras do estereótipo.

Outro dado a ser assinalado sobre tais obras diz respeito à circulação dos autores pelos vários territórios ocupados, sendo possível encontrarmos um mesmo autor assinando romances com enredos passados em Angola e em Moçambique. Eduardo Correia de Matos e Emílio de San Bruno são exemplos desse procedimento: o primeiro é autor de narrativas cujos enredos se passam em diferentes colônias africanas; o segundo assina romances com tramas que ocorrem em cenários que vão das terras africanas a territórios ocupados no Oriente[3]. Desse fato pode-se inferir que a noção de império como algo uno e indivisível era uma constante entre essas manifestações culturais. No entanto os textos revelam-nos, ao mesmo tempo, a exterioridade dos pontos de vista, uma vez que o sentido da experiência que informa certos narradores configura-se como a projeção de uma experiência externa à identidade do universo a ser captado. A própria linguagem utilizada funciona como indício da distância que, no fundo, separava o narrador daquele mundo sobre o qual ele queria oferecer um testemunho. Não é raro o aparecimento de um termo corrente em Angola em enredos situados em Moçambique, revelando-se aí a artificialidade do conhecimento que essa literatura deveria registrar. A diversidade cultural e geográfica, a variedade dos territórios ocupados, as diferenças em muitos domínios eram ignoradas, num jogo de

---

3. Eduardo Correia de Matos publicou *Terra Conquistada* e *Aconteceu em África*; Emílio San Bruno é autor de *Zambeziana* e de *O Caso da Rua Valong*.

diluição das particularidades que conduziam à apresentação de uma África delineada pelos clichês.

Registrando a pluralidade do material que compõe essa produção, podemos assinalar alguns traços comuns. O mais importante, muito embora nem sempre muito visível, revela-se a partir da montagem do ponto de vista das narrativas. É no modo de organização do enredo que se indicia o grau de comprometimento do autor, nem sempre atento às suas amarras e/ou nem sempre desejoso de evidenciá-las. Na realidade, o foco narrativo, mais que qualquer outro elemento estrutural, demonstrando a posição do narrador, põe em relevo a condição de estrangeiro que o autor não consegue dissimular. A identidade entre o colono e a terra colonizada aparece como um mito que a ideologia procura criar. Denunciados pela linguagem, porém, os limites apresentam-se. Em muitos textos o que vemos é precisamente a incapacidade de ultrapassar determinadas barreiras e de superar o lugar da origem, dados que dificultam em muito o próprio trabalho de promover o conhecimento que era, afinal, uma das razões de ser dessa literatura. Ao abordar o fenômeno, Helder Macedo argumenta:

> Os pioneiros europeus levavam consigo a sua língua e, dentro dela, os seus conhecimentos, as suas metáforas, as suas crenças. Quando o que se lhes deparava excedia os limites dos conhecimentos, recorriam às metáforas, quando estas ameaçavam subverter a ordem da razão estabelecida, sempre havia a fé para bloquear os abismos do ininteligível[4].

Com as metáforas a que se refere Helder Macedo, esses autores deveriam compor a expressão mais refinada da expansão colonial. Assim se passa especialmente nos textos em que o exotismo constitui a base do olhar lançado sobre o outro. É o que Bernard Mouralis destaca a respeito dos franceses no ensaio "O Texto Exótico como Revelador da Diferença". Para ele:

---

4. Helder Macedo, *Partes da África*, p. 161.

O discurso exótico ordena-se assim segundo uma retórica que visa a expressão e a caracterização de uma realidade considerada como fundamentalmente diferente. Trata-se, em primeiro lugar, de uma retórica que pretende fazer ver – e sentir – esta realidade que é, muitas vezes, necessário explicar ou "traduzir" ao leitor[5].

O trabalho de "tradução" seria realizado com o recurso dos glossários, das notas de pé de página, de todos aqueles esclarecimentos que pudessem mediar a relação entre o universo em foco e o público a que o texto se destinava. Rompendo com os preconceitos que rodeiam o exotismo como modo de encarar o outro, o texto do Mouralis investe na recuperação desse tipo de olhar, argumentando que seria essa a primeira forma possível de aproximação entre os diferentes. Ressaltando a limitação que tal abordagem implica, poder-se-ia considerar o esforço de integração da alteridade que ali se verifica. Mouralis aponta como exemplos que validam suas afirmativas obras como *Oromoko* (de Mrs. Behn, século XVII) e *Ourika* (de Mme. De Duras, século XIX).

Ao contrário do que ocorre no panorama dos impérios britânico e francês, a literatura colonial reunida pelo império português pode ser caracterizada pela presença tímida e acidental do chamado texto exótico. Trata-se de um conjunto que não consegue dissimular a enorme dificuldade de ver o outro. Diferentemente do que podemos acompanhar nos textos assinados por escritores como Saint-Lambert, também citado por Mouralis[6], os heróis dos autores portugueses são predominantemente os colonos e os enredos giram em torno da aventura colonial. A chegada à nova terra, o investimento – físico, emocional e financeiro – para transformá-la, as vicissitudes enfrentadas para torná-la um exemplo de sucesso, as dificuldades, sempre vencidas, para se adaptar ao meio e, não raro, a conquista do direito de voltar à "terrinha", engrandecido pela convicção de ter cum-

---

5. Bernard Mouralis, *As Contraliteraturas*, p. 95.
6. *Idem*, p. 91.

prido um dever (o que é compensado pela fortuna acumulada) são as situações trabalhadas pela maioria dos romances que encontramos. Raríssimas vezes vamos deparar com histórias vividas por personagens negros. A estes nem sequer é comum atribuir o papel de coadjuvantes; são quase sempre elementos do *décor*, reificados pela literatura, numa operação que reproduz placidamente o movimento de reificação efetivado pelo sistema colonial.

Toda essa obstinação pelo mesmo pode ser compreendida como índice de uma enorme indisponibilidade para lidar com a diferença e tentar compreender minimamente a lógica que precedia a ordem que a presença estrangeira tinha alterado. Nesse sentido, as "estruturas de sentimento" geradas por essa produção literária iriam predominantemente confirmar os valores definidos aprioristicamente. O encontro com o outro ficava destituído de riscos porque nada podia acrescentar ao já conhecido, relação que se transferia para o espaço. Embora tendo reconhecida a sua grandiosidade, a natureza com que se depara o homem tem um destino marcado: deveria ser domesticada, transformando-se em fonte de renda e justificativa material e moral para a mudança que o sujeito impôs à sua vida. Essa luta pela domesticação da natureza será quase sempre coroada com a construção de um local bem semelhante à aldeia natal, em geral compondo-se da pracinha a rodear a igrejinha caiada de branco erguida em homenagem à Nossa Senhora de Fátima. A eleição desse modelo, completamente decalcado da metrópole, traduz a dificuldade de se reconhecer como integrante de uma outra ordem.

Nessa perspectiva, o exotismo faz-se moeda rara e, de fato, será incorporado como procedimento por alguns autores em cujas obras pode-se vislumbrar um tom crítico em relação aos desígnios da matriz. No caso de Angola vamos encontrar uma visão preocupada em incorporar aspectos da alteridade em autores que representam uma certa aristocracia crioula, insatisfeita com as práticas discriminatórias da sociedade local. Alfredo Trony (homem nascido em Portugal mas avesso às propostas do colonialismo em vigor) e Cordeiro da Matta (mestiço nascido em Angola) são dois dos nomes cujas atividades nos fins do século XIX exprimem a decisão de mergulhar na terra, procurando apreender a mesclagem já dominante naquela ordem sociocultural. Em seus textos, nos quais o homem negro constitui um elemento muito importante, afirma-se a defesa de iniciativas voltadas para a preservação do patrimônio cultural africano. São da autoria de Cordeiro da Matta um dicionário e uma gramática da língua kimbundo e uma coletânea de provérbios veiculados pela tradição oral. Trony é autor daquela que é considerada a primeira novela da literatura angolana[7].

Muito frequentemente esses homens, que trabalharam na direção de uma coexistência integradora, tornaram-se incômodos ao sistema de poder, o que aponta para a falácia do discurso autojustificativo encontrado nas incontáveis páginas da história colonial portuguesa. Mais ainda, tal ocorrência leva-nos a estabelecer um paralelo com a constituição de outros impérios como o britânico e o francês, instituindo-se aí um contraponto interessante. Nesses casos o exotismo define-se como um elemento constitutivo do imaginário colonial em que se apoia a noção de império a ser defendida, em cuja rede de associações vamos encontrar enraizado o culto do pitoresco que se inseriu nas literaturas metropolitanas e tingiu o romantismo nas artes. No universo lusitano, a abordagem exótica das colônias acaba por ser uma atitude de ruptura com o código que regula a ideia de império construída com parcos recursos, inclusive no plano da imaginação.

Recorrendo às colocações de Helder Macedo citadas alguns parágrafos atrás, podemos dizer que no universo português, como o diferente parecia incompreensível, até mesmo o recurso às metáforas tornava-se distante, e a fé era o meio mais viável para mediar as análises, fazendo com que o sentido de missão se sobrepusesse a outro tipo de compromisso histórico. A formação do conhecimento baseada na prática da pesquisa e no

---

[7]. Cordeiro da Matta é autor de *Ensaio de Dicionário Kimbúndu-Português* e da *Philosophia Popular em Provérbios Angolenses*. Alfredo Trony publicou *Nga Muturi*, editada na forma de folhetins em 1882.

exercício de linguagem perdia espaço para a crença religiosa num destino – que os tempos e o desenvolvimento histórico não confirmaram. Desse modo, os autores identificados com uma perspectiva crioula das sociedades em que se integravam viriam percorrer os caminhos do exotismo na direção do Outro, quer dizer, o homem africano, que, segregado, permanecia, desconhecido por aqueles que se acreditavam portadores de sua salvação.

Na trilha de Alfredo Trony e de Cordeiro da Matta, vamos encontrar, ao longo do século xx, autores que, descontentes com a realidade de uma sociedade fraturada, procuram compor fios de ligação e investir em mudanças. Como vetor de seus textos, ergue-se a crítica ao colonialismo ou, pelo menos, ao modelo de colonialismo em vigor. Em obras de escritores como Castro Soromenho, Manuel Ferreira e Nuno Bermudes, o africano está presente já como personagem, focalizado numa dinâmica que faz saltar aos olhos a tensão entre dois universos culturais. Não raro, vamos encontrá-lo como protagonista de narrativas que tematizam os encontros e as colisões que o projeto colonial propiciou. Sobretudo nos romances de Soromenho, o colonialismo é visto em seu fracasso e a própria marginalização do homem africano, excluído pelo sistema, reflete-se em seu silêncio nas obras, numa ausência que se preenche de sentidos.

A lançar um pouco de confusão no quadro em foco, temos o fato de alguns dos autores que optaram por itinerários contrários ao espírito que regia a organização do concurso citado terem tido suas obras selecionadas. É o caso de Castro Soromenho, contemplado com *Nhári – O Drama da Gente Negra*, *Homens sem Caminho* e *Rajada e Outras Histórias* respectivamente em 1939, 1942 e 1943; e de Manuel Ferreira, premiado por *Morabeza*, em 1957. Poderíamos pensar na hipótese de uma abertura no setor das iniciativas culturais, todavia a perseguição de que esses mesmos escritores foram vítimas por parte da ditadura que os premiou leva-nos a refletir acerca da falta de organicidade do programa colonial, o que atesta a precariedade do Império cantado e decantado em prosa e verso desde sua origem.

Num terreno de relações centradas na exclusão do outro, inclusive no domínio do imaginário, esses escritores, ainda que não expressem uma intimidade de raiz com o mundo africano, abrem espaço às gentes da terra e aos problemas por elas enfrentados. Nesse sentido, a dimensão exótica, que em certos momentos permeia seus textos, deve ser lida não como uma simples marca da recusa do diverso, mas como resultante de uma aproximação da qual, naturalmente, a dificuldade de compreensão faz parte. Pode-se mesmo registrar que esse repertório que realmente se volta para o universo tocado pelo colonialismo é que mais teria desempenhado a função de dar a conhecer o novo mundo que o discurso colonial português insistia em declarar como parte integrante de Portugal.

A denominação "províncias ultramarinas", como modo de amenizar a essência da relação, sendo um artifício, era também a expressão da dificuldade da matriz de lidar com o projeto que, afinal, era o seu. Num contexto assim conturbado, essas páginas, de certa forma, realizavam a tarefa de revelar as diferenças culturais, exercendo vicariamente o papel dos tratados de antropologia, história, geografia, sociologia, enfim das ciências sociais não desenvolvidas pela gestão colonial. A tais textos deve-se a incorporação de formas de estar no mundo que a metrópole desconhecia.

Acompanhados com certa desconfiança, os escritores que trilharam tais caminhos foram quase sempre vistos como detentores de uma visão perigosa sobre as colônias e seu enquadramento no império português. Muito frequentemente seu ponto de vista colidia com o ângulo de visão dos textos que assumiam com ênfase as propostas motivadoras do concurso de literatura colonial. Com as limitações inevitáveis quando o foco do discurso recai sobre o outro (ainda sem voz, privado, portanto, da condição de interlocutor), textos como *Nhári: O Drama da Gente Negra* e *Homens sem Caminho* (ambos de Castro Soromenho, premiados respectivamente em 1939 e 1942) lançaram-se sobre o universo a ser compreendido, escapando ao fervor colonial. Tal como nas obras dos já citados Manuel Ferreira e

Nuno Bermudes, os riscos e os erros do programa colonial são dados relevantes na obra de Castro Soromenho, que não hesita em abordar as questões em torno da própria falência do sistema, avaliando criticamente suas trágicas consequências na vida de negros e brancos.

Se é verdade que não conseguiram romper completamente as amarras impostas pelo sistema, esses autores empenharam-se no delineamento de um mundo em que as contradições ganhavam espaço, apontando de certa maneira as inviabilidades de uma ordem calcada na ambivalência, na extremada desigualdade e na incomunicabilidade entre os seres ali instalados. Nesses textos – cumpre apontar ainda – em que as diferenças indiciam o grau do inconciliável, cuja denúncia ganharia peso nas ações do corpo social, emergiam os sinais da mudança temida pelo poder.

As ambiguidades de que as narrativas eram, sem dúvida, portadoras, não impediram que alguns autores, já orientados por uma perspectiva nacionalista, tivessem encontrado nesse repertório muitos dos traços com que desenvolveriam seu trabalho. Esse fenômeno constitui um dos sintomas da complexidade que envolve as relações entre a literatura nacional e essa produção de fronteira que, em certa medida, aparece associada ao império e que, de certa maneira, teve a ligação reconhecida pelos gestores do processo. Essa aproximação, um tanto insólita à primeira vista, consolida-se com a inclusão no sistema das literaturas nacionais dos países africanos de escritores como os já apontados aqui. Alfredo Trony, Cordeiro da Matta e Castro Soromenho são serenamente reconhecidos como integrantes da literatura angolana. Manuel Ferreira é um dos nomes destacados na construção da literatura cabo-verdiana.

O processo de formação das literaturas nacionais nas ex-colônias lusitanas revela-nos, assim, que é importante relativizar a verticalidade da ruptura a que aludiam os escritores que protagonizaram os momentos de mudança. Hoje, passadas algumas décadas e asseguradas algumas conquistas, é possível captar certos sinais estruturadores do diálogo que o projeto da nacionalidade literária realizou com o passado de terras ocupadas.

Arriscamo-nos mesmo a dizer que o conceito da causalidade interna, a que se refere Antonio Candido[8] ao analisar a constituição das literaturas identificadas como periféricas, quando examinado no quadro dessas literaturas africanas, indica a necessidade de se atentar para os nexos entre a literatura nacional e textos identificados sob o rótulo da literatura colonial.

O reconhecimento de tal ligação significa, em parte, discordar de críticos como Salvato Trigo[9], para quem as literaturas africanas fundam uma indiscutível oposição com a literatura colonial, opinião partilhada ainda por Manuel Ferreira[10]. Comungando com ambos a ideia de que os anos 1960 marcam a grande cisão entre os diferentes modos de conceber o fenômeno literário no interior do drama colonial, pensamos ser adequado considerar os matizes que tingem a rede de contatos envolvendo a produção literária que se vê, e deve ser vista, como nacionalista e um elenco de obras que, sem se despir de um referencial lusitano, acabou por se colocar contra os desígnios do Império e dar início a uma operação de desvendamento desse outro universo, ocupado por outros seres a que o sistema fingia considerar portugueses de outra raça.

Definido por Albert Memmy e Frantz Fanon como um fenômeno total, o colonialismo revela-se capaz de contaminar todo o material que com ele faz contato[11]. O exame da realidade dos países africanos e um olhar mais demorado sobre o terreno da produção simbólica que ali encontramos confirmam, com nitidez, que a *violência atmosférica* – expressão muito cara ao notável estudioso da situação argelina – penetra o mundo das relações, não deixando de atingir, como se vê, o universo da criação artística. Sobre essa questão, de acordo com Edward

---

8. Antonio Candido, *A Educação pela Noite & Outros Ensaios*.
9. Salvato Trigo, "Literatura Colonial/Literaturas Africanas". *Literaturas Africanas de Língua Portuguesa – Colóquio sobre Literaturas dos Países Africanos de Língua Portuguesa*.
10. Manuel Ferreira, *Morabeza*.
11. Albert Memmy, *Retrato do Colonizado Precedido do Retrato do Colonizador*; Frontz Fanon, *Os Condenados da Terra*.

Said[12], o grande exemplo seria Joseph Conrad, cujas obras, produto de um inegável talento, não escapam a uma espécie de fatalidade histórica:

A limitação trágica de Conrad é que, mesmo podendo enxergar com clareza que o imperialismo, em certo nível, consistia essencialmente em pura dominação e ocupação dos territórios, ele não conseguia concluir que o imperialismo teria de terminar para que os nativos pudessem ter uma vida livre da dominação europeia. Como indivíduo de seu tempo, Conrad não podia admitir a liberdade para os nativos, apesar de suas sérias críticas ao imperialismo que os escravizava[13].

Para Said nem mesmo a genialidade do autor de *Coração nas Trevas* conseguiu superar uma espécie de consenso imperialista que dominou o mundo. Isso indica que nesse terreno, onde a desigualdade e a reificação predominam, a própria noção de transcendência da arte pode ser comprometida se ela se torna funcional ao projeto colonial. O repertório literário acumulado nas metrópoles oferece-nos uma grande quantidade de exemplos. Conhecendo, no entanto, a ambiguidade que cerca a linguagem literária, e a dimensão polissêmica que constitui o discurso artístico, reconhecemos que alguns textos e autores, sem conseguirem ultrapassar os limites ditados pelo clima, puderam introduzir cores e formas novas a um painel desgastado pela falta de sentido da realidade em que se inseria.

Captando ou, ao menos, tangenciando a complexidade do mundo em que estavam inseridas, algumas obras conseguiram cumprir uma espécie de travessia, e seus passos, mesmo se limitados quando comparados às propostas que surgiam a partir do final do anos 1940, foram compreendidos pelos escritores que se empenharam na construção de uma literatura que correspondesse ao estatuto de país libertado. Essa teia de laços densos e difusos existente entre conjuntos de certa forma contrapostos conduz-nos à convicção de que acerca do universo fraturado pelo co-

---

12. Edward Said, *Cultura e Imperialismo*.
13. *Idem*, p. 63.

lonialismo, nos mais diferentes campos, dizer que a tradição é a contradição significa ir muito além do jogo de palavras.

REFERÊNCIAS BIBLIOGRÁFICAS

Bermudes, Nuno. *Gandana e Outros Contos*. Beira, Notícias da Beira, 1959.

Branco, Emílio Castelo. *A Terra da Esperança: Novela Colonial*. Espinho, A. Tavares Carvalho, 1940.

Bruno, Emílio de San. *Zambeziana*. Lisboa, Tipografia do Comercio, 1927.

_____. *O Caso da Rua Valong*. Lisboa, Tipografia do Comercio, 1928.

Candido, Antonio. *A Educação pela Noite & Outros Ensaios*. São Paulo, Ática, 1987.

_____. *Formação da Literatura Brasileira: Momentos Decisivos*. 6. ed. Belo Horizonte, Itatiaia, 1981.

Dias, Gastão Souza. *África Portentosa*. Lisboa, Ed. do Autor, 1926. (2. ed., Lisboa, Seara Nova, 1928).

Fanon, Frantz. *Os Condenados da Terra*. Lisboa, Ulisseia, 1961.

Ferreira, Manuel. *Morabeza*. Lisboa, Lisboa/Ag. Geral do Ultramar, 1958.

_____. "Uma Perspectiva do Romance Colonial *vs* Literaturas Africanas". *O Discurso no Percurso Africano*. Lisboa, Plátano, 1989, pp. 159-231.

Lopes, Norberto. *Terra Ardente: Narrativas da Guiné*. Lisboa, Marítimo-Colonial, 1947.

Macedo, Helder. *Partes de África*. Lisboa, Editorial Presença, 1991.

Matta, J. D. Cordeiro da. *Ensaio de Dicionário Kimbúndu-Português*. Lisboa, António Maria Pereira, 1893.

_____. *Philosophia Popular em Provérbios Angolenses*, 1891.

Matos, Eduardo Correia de. *Aconteceu em África*. Lourenço Marques, ETEL, 1955.

_____. *Terra Conquistada*. Lisboa, Gleba, 1946.

Memmy, Albert. *Retrato do Colonizado Precedido do Retrato do Colonizador*. Rio de Janeiro, Paz e Terra, 1977.

MOURALIS, Bernard. *As Contraliteraturas*. Lisboa, Almedina, 1982.
NOA, Francisco. *Império, Mito e Miopia: Moçambique como Invenção Literária*. Lisboa, Caminho, 2003.
QUINTINHA, Julião. *África Misteriosa*. Lisboa, Portugal Ultramar, 1929 (2. ed., Lisboa, Nunes de Carvalho, 1931).
RODRIGUES JR., Manuel. *África: Terra de Promissão*. Lisboa, Gráfica Lisbonense, 1949.
SAID, Edward. *Cultura e Imperialismo*. São Paulo, Companhia das Letras, 1995.
SOROMENHO, Fernando de Castro. *Nhári: O Drama da Gente Negra*. Porto, Livraria Civilização, 1938.
_____. *Homens sem Caminho*. Lisboa, Portugália, 1941.
_____. *Rajada e Outras Histórias*. Lisboa, Portugália, 1943.
TRIGO, Salvato. "Literatura Colonial/Literaturas Africanas". *Literaturas Africanas de Língua Portuguesa – Colóquio sobre Literaturas dos Países Africanos de Língua Portuguesa*. Lisboa, Fundação Calouste Gulbenkian, 1987, pp. 129-146.
TRONY, Alfredo. *Nga Muturi*. Lisboa, Edições 70, 1973 (1882).

IV

Passagens para o Século XXI

1

Os Rios e os Guerrilheiros de José Luandino Vieira: Sobre a Mobilidade do Vivido e Alguns Cantos Heroicos*

Como falar do pós-colonial sem pensar o colonial e a reação mais imediata a este?

Manuela Ribeiro Sanches

O Livro dos Rios, de 2006, e *O Livro dos Guerrilheiros*, de 2009[1] – que, a acreditarmos nas declarações do escritor, integram uma trilogia chamada "De Rios Velhos e Guerrilheiros" – assinalam o regresso de José Luandino Vieira à arena literária. Com eles, o autor angolano retomou, na primeira década do século XXI, o seu projeto literário, depois de anos e anos afastado do universo que marcou sua atuação na luta contra o colonialismo. São textos que, pondo fim a um silêncio de décadas,

---

* Uma versão inicial desse artigo, com o título de "De Rios Velhos e Guerrilheiros: Guerras e Subjetividades na Narrativa Africana", foi publicada no livro *Itinerâncias: Percursos e Representações da Pós-colonialidade*, organizado por Elena Brugioni, Joana Passos, Andreia Sarabando e Marie-Manuelle Silva, publicado pela Universidade do Minho, em 2012.
1. Utilizaremos aqui a edição da Ndjira, de Moçambique, que traz as duas narrativas num só volume.

uma vez mais impõem-nos uma certa perplexidade, resultado da capacidade que Luandino demonstra de estabelecer rupturas sem que isso signifique a negação daquilo que o forma como escritor. Ao regressar tematicamente a um tempo anterior, os quentes anos 1960, ele não se instala no passado, mas procura elos com o presente, e, no jogo radical que propõe, reforça o significado da pergunta formulada por Manuela Ribeiro Sanches na introdução ao volume *Malhas que os Impérios Tecem – Textos Anticoloniais, Contextos Pós-coloniais* que escolhemos como epígrafe para essa reflexão. Ao mesmo tempo, o foco na atualidade vem colocar problemas e provocar respostas que nos conduzem a questões como: que sentido e/ou sentidos encontrar para essa retomada da guerrilha quando a ideia de nação em Angola parece tão consolidada? Como encarar esse tempo povoado de passado e ancorado à sombra da violência? O que fazer de tudo isso?

Trinta e um anos após o fim da luta de libertação, quatro anos após o término da guerra entre o governo e a UNITA, quando o empenho parece ser pela celebração da paz, exercitando a sua tendência para a insubordinação, Luandino Vieira regressa ao reino dos conflitos, como a nos recordar dos riscos guardados sob a atmosfera de pacificação de um passado que ele sabe inacabado. Mas também a nos sugerir a legitimidade de outras vozes que vêm desafinar o coral empenhado em se recompor nos numerosos textos que, tematizando o império ou ilustrando algumas formas de resistência, vêm procurando recuperar a "verdade" daqueles anos difíceis de confrontação entre a ordem colonial e a tentativa de destruí-la e construir um novo mundo.

Caminhando na direção das matas que abrigaram os movimentos da guerrilha, Luandino surpreende por afastar-se de Luanda, a cidade consagrada como espaço essencial da literatura de seu país, antes mesmo que ele se constituísse como Estado Nacional. Essa primeira surpresa muitos de seus leitores já a apontamos. Deixar a quase mítica Luanda, todavia, não equivale a abandonar problemas que já o atormentavam no período da luta, na fase de preparação da mudança. Se o cenário muda, outros dados indicarão a noção de permanência que traduz a coerência de uma perspectiva de leitura do mundo inerente ao seu projeto literário. Por isso, ao entrarmos com ele na mata, sentimo-nos, ao mesmo tempo, reconduzidos à reflexão convulsionada que é a base de *Nós, os do Makulusu*, narrativa de 1967, na qual a guerra é assunto e vetor estrutural. O conturbado exercício de recordação, acompanhando os passos do Mais--Velho no funeral do Maninho é, de certo modo, reencenado na rememoração de Kene Vua, que revê a guerrilha e nela se revê. Na fala de ambos, na constituição de um percurso tonalizado pela dor, a perda puxa o nó das contradições e as narrativas exprimem essa necessidade crucial de compreender o inaceitável.

Separados no tempo por décadas, *Nós, os do Makulusu* e *De Rios Velhos e Guerrilheiros*, aproximam-se em vários aspectos. Em ambos, a guerra eleva-se como fato essencial. Obviamente, a guerra e a violência que ela implica não são referências raras no repertório literário angolano. Basta recordar a chamada literatura de guerrilha, essa espécie de subgênero das Literaturas Africanas de Língua Portuguesa, com exemplos tão bem selecionados por Mário Pinto de Andrade na seminal *Antologia Temática de Poesia Africana*, coletânea publicada em dois volumes, aos quais deu os sugestivos subtítulos de *Na Noite Grávida de Punhais* e *O Canto Armado*. Ao erguer sinais que apontam, contudo, para a dimensão estrutural assumida pela guerra na história angolana, Luandino propõe uma diferença e constrói certa dissonância em relação a linhas predominantes no itinerário da Literatura Angolana em dois momentos: no duro período da luta de libertação e na melancólica fase de diluição da épica libertária que sucedeu à independência.

Nos poemas reunidos por Mário de Andrade e mesmo em uma narrativa já considerada clássica como é o caso de *Mayombe*, de Pepetela, a guerrilha se evidencia, traduzindo os impasses e a glória de um tempo histórico. A despeito da intensidade do que se aborda, na maior parte dos textos a carga de violência assume contornos de um quadro transitório, quase sempre justificado como passo indispensável para superar aquelas fronteiras da exclusão que era definidora da sociedade colonial. Aliás, o próprio Luandino trabalha nessa linha em *A Vida Verdadeira de Domingos Xavier*, publicado em 1961. Em todos esses textos, encontram-se ecos do pensamento de Amílcar Cabral, que, convicto da força do processo, afirmava:

> A luta armada de libertação, desencadeada como resposta à agressão do opressor colonialista, revela-se como um instrumento doloroso mas eficaz para o desenvolvimento do nível cultural, tanto das camadas dirigentes do movimento de libertação como das diversas categorias sociais que participam na luta[2].

Elevada à categoria de "ato cultural por excelência", como destacou Mário de Andrade, no prefácio ao primeiro volume da referida antologia, a luta de libertação nacional converte-se num processo legitimador do conflito e das ações extremadas que ele potencializa. Vendo-a como uma verdadeira "marcha forçada no caminho do progresso cultural"[3], Cabral compreendia-a como um "fator de cultura" e enxergava nas conquistas vislumbradas na independência "a primeira compensação aos esforços e sacrifícios que são o preço da guerra". Essa ideia de recompensa, depositada num tempo "depois", já presente na poesia dos anos 1950, é acionada pelos poetas das guerrilhas, seja em Angola, seja em Moçambique. Paradigmático desse projeto é o poema "Se nas Tardes Calmas", de Nicolau Spencer, como se nota nos seguintes versos:

> Vozes
> convidativas vozes
> e eu surdo
> alheio a tudo
> aos acenos
> impassível aos sorrisos as saudades que se vão
> (meneio a cabeça)

---

2. Amílcar Cabral, "Libertação Nacional e Cultura", p. 372.
3. *Idem*, p. 373.

Alheio a tudo
Não ao presente
nas dimensões grandiosas do futuro
sublime exaltação
bodas maná fino delicioso
favos de leite e mel
entre sinfonias de sonhos
transformando o lamento do quissange
o ribombar magoado das marimbas
as mensagens das batucadas ao luar
em marchas guerreiras
de golpes
vingativos golpes construtores
cantos heroicos de vitória
(p. 60)

A imagem dos "favos de leite e mel entre sinfonias de sonho" pode ser associada, de certo modo, ao tempo de reflorescimento das buganvílias com que António Jacinto conclui o seu emblemático "O Grande Desafio". São imagens que no plano do simbólico, de que a literatura é tributária, exprimem o caráter compensatório da transformação "prometida" de que a guerra constituía um passo inevitável. Essas "dimensões grandiosas de futuro" atravessam o continente e também ecoam em "O Mundo que Te Ofereço", do moçambicano Jorge Rebelo:

O mundo que te ofereço, amiga,
tem a beleza de um sonho construído.

Aqui os homens são crentes –
não em deuses e outras coisas sem sentido
mas em verdades puras e revolucionárias,
tão belas e tão universais,
que eles aceitam
morrer
para que elas vivam.

É esta crença, são estas verdades
que tenho para te ofertar.
[...]
Aqui não nascem rosas coloridas.
o peso das botas apagou as flores pelos caminhos
aqui cresce o milho, mandioca
que os esforço dos homens fez nascer
na previsão da fome.

É esta ausência de rosas,
este esforço, esta fome
que tenho
para te ofertar.
[...]
O mundo em que combato
tem a beleza de um sonho construído.

É este combate, amiga, este sonho
que tenho
para te ofertar.
(pp. 80-81)

Nesses exemplos, multiplicados nas páginas dessas duas antologias e na obra de muitos autores como Costa Andrade e Agostinho Neto, acende-se a dimensão épica da luta, em cujo movimento o militante parecia não incorporar outros custos. A visão otimista guardava-se numa ética que Cabral via apoiada na práxis da qual a poesia não se afastava. Ou seja, temperadas pela consciência, as armas redimiam-se da violência que o seu uso em princípio significa. Seriam elas as portadoras do novo mundo, do mundo a ser erguido a partir do desmantelamento da ordem protagonizada já na luta anticolonial.

Embora o panorama sociopolítico-cultural do presente em Angola e/ou Moçambique não confirme nem de longe a "beleza de um sonho construído", vamos encontrar franjas dessa visão da luta armada em obras da autoria de representantes dessa mesma geração que fez a luta e assinou alguns desses poemas. Já completamente afastadas do território da poesia, pontas da ideia da "pureza", ou pelo menos, da "justeza" da luta dominam as páginas dos textos de caráter memorialístico publicados, sobretudo já em nosso conturbado século XXI, nos vários países africanos de língua portuguesa. Exemplos dessa tônica podemos detectar seja nos *Adobes da Memória* (2002), do angolano Costa Andrade, seja em *Participei, por Isso Testemunho* (2010), do moçambicano Sérgio Vieira, textos nos quais o recurso à escrita apresenta-se como um ato para recuperar a "verdade" desses anos que precederam à formação de seus países. Ciosos do direito à lembrança como base para o resgate do passado, os protagonistas dessa decisiva fase da história das independências africanas recuam como que a tentar trazer para esses tempos "pós-coloniais" algumas razões inscritas em sua raiz.

No interior de uma verdadeira explosão autobiográfica, podemos perceber os trilhos da memória como uma espécie de caminho preferencial para uma suposta recuperação do tecido que perante certos olhos parecem viver os dilemas do esgarçamento. Assumindo-se, inclusive porque de fato são, personagens relevantes da história recente desses países tão novos, os autores de tantas autobiografias que, desde o começo do nosso século, têm vindo a público reforçam as águas da revalorização da primeira pessoa, incursionando fortemente pelos terrenos do testemunho direto, insistindo na possibilidade e na urgência de repor as coisas nos seus lugares. De algum modo, a associação experiência e narrativa, tão bem trabalhada por Benjamin, emerge. Mas é difícil esquecer que o campo da memória é também um território de conflito, dado pouco considerado por esses que agora se "recordam".

É essencial ressaltar que a valorização da primeira pessoa não isola o cenário editorial dos países africanos. Em "Crítica do Testemunho: Sujeito e Experiência", o segundo capítulo de *Tempo Passado – Cultura da Memória e Guinada Subjetiva*, Beatriz Sarlo coloca-nos em confronto com a extremada tendência de se apostar na primeira pessoa como portadora de uma legitimidade inabalável. Ao constatar a "primazia do subjetivo e o papel a ele atribuído na esfera pública"[4], a estudiosa argentina, que tem como referência a situação de seu país (saído há poucas décadas de uma feroz ditadura), elabora uma série de perguntas que também podem ajudar a refletir sobre a natureza e o lugar da narrativa nas ex-colônias portuguesas:

> Que relato de experiência tem condições de esquivar a contradição entre a *firmeza* do discurso e a *mobilidade* do vivido? A narração da experiência guarda algo da intensidade do vivido, da *Erlebnis*? Ou, simplesmente, nas inúmeras vezes em que foi posta em discurso, ela gastou toda a possibilidade de significado? Em vez de reviver a experiência, o relato seria uma forma de aniquilá-la, forçando-a a responder a uma convenção?[5]

Se no caso do país sul-americano, a eclosão dos testemunhos ergue-se como uma resposta ao silenciamento imposto nos anos de chumbo que devastaram a sociedade argentina, é preciso observar que no caso dos países africanos, esse investimento na memória, de que os relatos são uma inegável expressão, parece querer, por um lado, cobrir a lacuna de uma História que ainda não teve tempo nem recursos para ser escrita e, na visão desses protagonistas, estaria sob ameaça de desaparecer. Por outro lado, podemos também identificar um desejo de produzir uma recuperação não propriamente dos fatos mas de um tempo que se vai apagando. As décadas que se passaram e as mudanças que a história processou puseram na ribalta, tanto em Angola quanto em Moçambique, novos atores sociais e políticos e a sensação da cena roubada surge e traduz a indisfarçável vontade de que não ignorem a sua atuação, e, assim, possam reconhecer a legitimidade de sua voz.

Com o foco posto numa ilusória objetividade, eles narram a sua experiência particular, tendo no horizonte a utopia de um discurso totalizante. Levando em conta o peso do coletivo como

---

4. Beatriz Sarlo, *Tempo Passado – Cultura da Memória e Guinada Subjetiva*, p. 23.
5. *Idem*, pp. 24-25.

uma ideia prevalecente na fabulação da identidade nacional – contraface evidente dos projetos que informam o presente dos novos estados –, é curioso verificar como no resgate do vivido ressalta o desejo do singular, que quer vincular a noção de verdade à experiência direta de quem viveu e agora conta porque pode contar. E pode contar porque viveu. E porque venceu. Na dimensão sempre muito alentada, atestada nas numerosas páginas que caracterizam os registros, a força da minúcia e o apego à precisão reforçam a ilusão de que a experiência foi captada pela palavra e poderá ser aquilatada por quem lê.

Da leitura de narrativas como as já citadas de Costa Andrade e Sérgio Vieira, ambos incluídos por Mário de Andrade em sua antologia – integrantes portanto daquela geração de poetas que armou o canto –, depreendemos que no ato de lembrar insinua-se a convicção de que são eles portadores de um arquivo que deve ser partilhado com os que não presenciaram fatos excepcionais e decisivos na história maior. O sentido de construção que se assinala no título da obra do primeiro – *Adobes da Memória* – e o traço de protagonismo presente no título da narrativa do segundo – *Participei por Isso Testemunho* – são marcas que poderíamos localizar em outros textos dessa natureza. Militantes e poetas durante a luta, figuras públicas de destaque depois da independência, convertem-se em narradores empenhados em dar a conhecer o que viveram. É mesmo o que anuncia Costa Andrade logo à primeira página:

> As narrativas que nesse livro se reúnem são uma tentativa de resgatar, para a lembrança de muitos e o conhecimento de todos, episódios acontecidos, que a História não registra, nem registrará, mas que pelo fato de terem sido vividos e protagonizados por pessoas que foram nossas conhecidas, conhecemos ainda, ou com as quais fomos parte, talvez encontrem algum espaço na diferente atenção dos dias. Decididamente contadas, com recurso ao romance e à ficção em torno da fogueira, nem por isso é menos rigorosa a verdade do seu acontecimento[6].

---

6. Fernando Costa Andrade, *Adobes da Memória*, p. 11.

Menos incisivo do que a maioria, o autor é cauteloso ao referir o recurso à ficção e prevenir que o seu relato pode *contribuir* para a escrita da História, todavia não deixa de insistir na verdade como pauta a orientar o seu projeto. Trata-se, pois, de uma escolha que utiliza a linguagem da crônica para tornar a leitura mais leve sem renunciar ao "respeito absoluto da verdade", admitindo, embora, que dos mesmos fatos outros possam ter perspectivas diversas. Propondo-se como uma voz apta a "resgatar para a lembrança de muitos e o conhecimento de todos, episódios acontecidos", esse narrador oferece-se como ponte entre um passado recente e um presente ainda sacudido pelas mudanças.

O lugar de vanguarda que os guerrilheiros reconheciam para si é pretendido aqui noutra dimensão pois, identificados como protagonistas das transformações, eles agora se candidatam a formuladores da memória, esse capital social em fase de formação. Se no período anticolonial, a voz do guerrilheiro era contra-hegemônica, característica que selava o gênero testemunho em seu surgimento, o discurso da memória tem seu porto em setores da elite desse presente pós-independência. O desenho é complexo mas permite ver que aqueles que se ergueram contra a exclusão hoje falam da outra ponta, do centro do poder. Feita a travessia, eles encontram-se instalados em outro ponto, inserindo-se, portanto, em outro "lugar de fala", para usar o conceito que é já candidato a jargão nos debates contemporâneos. Ou seja, do lugar do privilégio, eles falam sobre o tempo que habitavam a outra margem. Mesmo que não estejam no centro das decisões político-administrativas, os autores estão conectados aos partidos no governo e não manifestam desejo de deles se distanciarem. Integrados em uma espécie de coro, mesmo sem a preocupação de afinar completamente as vozes, tais textos assumem a verdade como monopólio do grupo que conquistou o poder e se vê como gestor do tempo pós-colonial.

Diferentemente do que aconteceu na América Latina nos anos 1970, por exemplo, quando os silenciados fizeram emergir a sua voz para alterar o tecido da história das sociedades que integravam, no repertório, um tanto variado, que se fortaleceu desde o começo do século XXI, percebe-se um conjunto de procedimentos para validar a macronarrativa que fez da luta armada a grande gesta na conquista da independência. Na síntese de João Paulo Borges Coelho: "Em suma, a luta de libertação era uma ideia do passado que veio a formar o núcleo e a substância do processo de construção da nação, e a determinar o desenvolvimento político nos quinze anos que se seguiram à declaração da independência, em 1975"[7].

Girando à volta da luta de libertação, com grande destaque para a sua dimensão armada, essas narrativas legitimam o núcleo da memória política do país. Alimentada fortemente pelas referências à atuação desses narradores, a sua tematização exprime também um desejo de controlar o passado, reverberando-o segundo certos critérios, prática não muito rara em muitos processos históricos. A vontade, ainda que inconfessada, de intervir no campo político e ideológico, que encontramos refletida nessas obras, revela por parte de quem as assina uma séria disposição de atuar no quadro em que se disputa a legitimação de verdades e posições. No fenômeno patenteia-se a ideia de que, em sua encenação, a memória "não é uma imanência, um ente pairando univocamente asséptico sobre os conflitos atuais e passados e sobre as paixões e as escolhas que eles exprimem"[8].

Ao reiterar, mais que a prevalência, a quase exclusividade do combate que fizeram, mantendo fora de foco outras formas de luta que também participaram da vida nacional, os autores insistem na sagração da aura reivindicada pela liderança dos movimentos que governam os países desde a independência, isto é, essas autobiografias reiteram aspectos estruturantes do discurso oficial, recusando-se a "abrir a fábula". Depois de algumas décadas, a cena editorial abriga o empenho para cristalizar "verdades" disseminadas e fazer da memória um outro porto de abrigo

---

7. João Paulo Borges Coelho, "Abrir a Fábula. Questões de Política do Passado em Moçambique", *Revista Crítica de Ciências Sociais*, n. 106, p. 3.
8. Fernando Rosas, *História e Memória*. Última Lição de Fernando Rosas, p. 53.

para a hegemonia de uma elite que ficou responsável pela sua gestão e pelas mudanças impostas ao projeto inicial. É interessante notar que esse movimento também indica a transferência para o mundo da escrita (e da letra impressa) de uma arena onde se afirmam versões de um processo necessariamente marcado por diferenças e até contraposições. O que se vê, contudo, é precisamente uma certa convergência que procura diluir as possibilidades de tensão que não pode ter sido uma ausência, como, aliás, algumas páginas literárias já traziam à luz. Em Moçambique, por razões que ainda reclamam maior atenção dos estudiosos, a luta armada não foi um tema cultivado pela literatura[9], mas o surgimento de dissidências ao longo do processo aponta para a emergência de conflitos que permaneceram um pouco no limbo da história. E continuam obliterados pelo exercício da memória que se desdobra nesses relatos. No caso de Angola o exemplo mais representativo da presença da luta armada está no *Mayombe*, de Pepetela, já aqui referido, mas podemos localizar em autores como Jofre Rocha, Boaventura Cardoso e Manuel Rui, para citarmos apenas três. E agora, tantos anos depois, os dois volumes da trilogia de Luandino colocam-nos diante de uma aguda percepção para os dilemas que atravessaram a possibilidade de harmonia tão celebrada por essas autobiografias, insinuando-se, inclusive, na dificuldade de narrar:

> Escrevo assim, porque na terra que nos nasceu, muitos séculos e tradição e lutas dão de gerar grande conformidade entre nosso entendimento das coisas e as próprias coisas dela, sejam vivas sejam mortas. Então, tendo que contar essas algumas coisas nossas, ou por gabo ou por maldizença, nunca lhes poderia diretamente contar. Porque, se dou gabo, sempre tem quem vai duvidar que foi mais do que poderia ser, se dou maldizer, sendo eu próprio ex-guerrilheiro, que são invejias do feito e vivido nos outros alheios[10].

---

9. Sobre o problema ver Luís Bernardo Honwana, "A Difícil Gestão de Mitos Fundadores", *A Velha Casa de Madeira e Zinco*, Maputo, Alcance, 2018.
10. José Luandino Vieira, *De Rios Velhos e Guerrilheiros*, pp. 153-154.

Já nesse parágrafo, impresso na primeira página do segundo volume da trilogia, Luandino nos deixa ver que é no contraponto da proposta discursiva das narrativas memorialistas que ele retoma o seu projeto literário. A alusão ao tempo aponta para uma outra leitura da história: a expressão "muitos séculos e tradição e lutas" expande o conceito de resistência e sugere a inclusão de muitos personagens ao longo da história do colonialismo. Do mesmo modo, a associação entre tradição e luta coloca em questão o tom exclusivista que baliza o discurso. Na sequência, o narrador traz o problema dos conflitos que estão inscritos na própria formulação do que se pode narrar: qualquer tonalidade pode despertar a suspeição.

Entre as autobiografias e o texto de Luandino podemos identificar como ponto de convergência o peso da angústia de lidar com um momento tão rico e penoso da História, atravessado tanto pelo desbotamento das cores da inquestionável mudança quanto pela ameaça da finitude que paira sobre os atores que a agenciaram. Para eles, distantes do período solar da vitória contra o colonialismo e também da sua própria juventude, a escrita assoma como um modo de vencer a morte, condição que, sobretudo em contextos de forte instabilidade, a ela é atribuída com muita intensidade. Publicadas já no século XXI, todas essas narrativas emergem quando o mundo, imerso no caldo do neoliberalismo, respira a diluição das utopias libertárias que informaram as lutas de libertação no continente africano[11]. O clima de desalento que contamina o pensamento e as práticas da Esquerda, em que se enquadravam os guerrilheiros do Movimento Popular de Libertação de Angola e da Frente de Libertação de Moçambique, não parece repercutir nos relatos que a memória produz, como se fosse possível manter a âncora de seus projetos no território da utopia. Como se escrevessem no dia seguinte à vitória contra a dominação. Como se não tivessem participado de outras lutas e vencido ou perdido outras batalhas. Até mesmo por valores antagônicos àqueles pelos quais

---

11. Enzo Traverso, *Melancolia de Esquerda: Marxismo, História e Memória*, p. 38.

investiram sua vida. Assim, fica banida a melancolia, que traz consigo o movimento da hesitação e a hipótese de um certo dilaceramento. Não se pode deixar de notar uma espécie de fuga ao confronto do presente com os sonhos que foram decisivos no passado sobre o qual se detêm os relatos. Ou talvez seja melhor dizer os sonhos que, detidos no passado, parecem refratários a sua própria reinvenção. Esse fechamento aparta os atores (e autores) da atmosfera que respiram os militantes de muitas partes do mundo que partilhavam uma visão marxista da história que informava os projetos revolucionários nos quais eles estiveram envolvidos. A modulação regressiva de suas memórias, afastando-se da complexidade das sensações e perspectivas que emergem com as mudanças que tiveram um marco em 1989 e a queda do muro de Berlim, parece traduzir um desejo de evitar o luto pelo eclipse das utopias. Como se assim se anulasse a perda.

Nas narrativas de José Luandino Vieira, ao contrário, nota-se a disposição para o duro confronto com o sentimento de pesar que o tempo e suas mudanças impõem. Para vencer a morte o ato de narrar deve ser também pensar a fundo no vivido e procurar outros modos para afinar a relação entre a "*firmeza* do discurso e a *mobilidade* do vivido", na instigante expressão de Sarlo anteriormente referida. Escritor, como, aliás, Costa Andrade e Sérgio Vieira também são classificados na ainda breve história das literaturas de seus países, Luandino escolhe uma vez mais a ficção como via para tratar desse passado que interfere forçosamente na leitura do presente de seu país e, em alguma medida, no seu próprio presente. Pela via da invenção temos a abertura de outros terrenos nos quais, contrapondo-se à atmosfera de certeza que marca o timbre das autobiografias que nos são apresentadas, inserem-se as lacunas que a dúvida faz irromper.

A insistência no plano ficcional não significa, como é quase uma garantia no nosso autor, uma repetição no campo dos elementos estruturais. Pela primeira vez em sua obra, ele faz do guerrilheiro o narrador protagonista, penetrando no mundo em que circulam os autores dos relatos autobiográficos a que aludimos. Afastando-se, contudo, da linha dominante nesses textos, nos dois volumes de Luandino, mesmo ancorado na sua convicção maior, o homem que recorda vê-se em sobressalto, aturdido por dúvidas sobre as crenças que determinaram gestos no tempo da luta pela libertação, deixando ver os limites não contemplados pela ética entusiasmada de Amílcar Cabral. Em *O Livro dos Rios*, Kene Vua habita o território dos impasses e da perplexidade: a execução do Batuloza, companheiro julgado traidor, atravessa sua memória e o condena a refletir sob a pressão das lembranças:

> E no entanto de meu ressequido coração, eu, Kene Vua, simples guerrilheiro, procuro a resposta: o ódio é quem empurra o peso da minha alma, no meu pensamento deu de crescer sangue doméstico? Hoje, aqui, ainda é tempo de calar e ser calado – ainda não ganhei minha voz de falar, gritar, procurar saber se quanto daquele barro que lhe fizeram com ele no Amda-Tuloza não saiu na cacimba de todos em nossa vida das matas, nosso caminho, nossos pambos desencruzilhados no tempo: *o njila ia diiala mu'alunga*[12].

No ato de rememorar, o ex-guerrilheiro (como se apresenta esse narrador) reconhece o caráter relativo da verdade, ou melhor, a existência de perspectivas diversas e, ainda, um certo grau de insuficiência ou mesmo de arbitrariedade nas palavras com que poderia querer contar o que viveu ou viu viver. Já nos parágrafos iniciais do segundo livro, como vimos, registra-se a consciência de que o terreno das recordações é movediço, assim como vemos que o sangue do tempo, tingindo a memória, adverte para a inviabilidade do monopólio da verdade. Em síntese, a convicção da legitimidade da luta não apaga os rios de violência por onde ela navegou, nem deve silenciar as vozes que se interrogam sobre tantos acontecimentos. Na pluralidade das falas convocadas espelha-se a consciência de que muitas águas se mesclaram ao muito sangue que a história carrega pelas vol-

---

12. José Luandino Vieira, *De Rios Velhos e Guerrilheiros*, p. 54.

tas que ela imprime ao destino dos homens e aos projetos pelos quais muitos investem a vida.

Já pautada no primeiro volume, a ideia de inviabilidade de um projeto sem fissuras é radicalizada no segundo, justamente para esvaziar qualquer leitura interessada em acolher só o imediato da vida nacional. É essa consciência da complexidade que pode nos oferecer a chave da aproximação entre António Cadornega e Agostinho Neto. E, entre ele e Kibiaka, Diamantino Kinhoca, Eme Makongo, Zapata, melhor dizendo: Ferrujado e Kadisu... Desenhado desse modo, o memorial rasura a primazia dos eleitos, põe em causa a ideia de uma insofismável hegemonia e faz da interrogação um método, como bem sintetiza Margarida Calafate Ribeiro,

[...] portanto, o narrador que tanto pergunta saber ao longo da narrativa, narra uma possível história a partir das muitas estórias que compõem a história coletiva de todas as nações, alertando-nos assim para a impossibilidade e o perigo de uma história única[13].

Coerentemente, ele, o narrador, afirma-se múltiplo e assina: "Eu, os guerrilheiros". No campo declarado da ficção, o camponês conta os "feitos, sucedos e vidas" que comungou com outros como ele, excluídos socialmente e participantes da guerra, e em sua fala expressa-se uma identidade que se dissocia de uma concepção de intelectual:

Se os verdadeiros escritores da nossa terra exigirem a certidão da história na pauta dessas mortes, sempre lhes dou aviso que a verdade não dá se encontro em balcão de cartório notarial ou decreto do governo, cadavez apenas nas estórias que contamos uns nos outros, enquanto esperamos nossa vez na fila de dar baixa de nossas pequeninas vidas[14].

13. Margarida Calafate Ribeiro, "De Rios e Guerrilheiros por José Luandino Vieira", *África – Dinâmicas Culturais e Literárias*, p. 155.
14. José Luandino Vieira, *De Rios Velhos e Guerrilheiros*, Maputo, Ndjira, 2010, p. 154.

Também a desvalorização do "balcão de cartório notarial ou decreto do governo" poderia sugerir uma aproximação entre *De Rios Velhos e Guerrilheiros* e as narrativas de cariz memorialista que se multiplicam em torno do fim do império e dos primeiros anos depois da independência, no entanto a hipótese é inviabilizada pela própria constituição do foco narrativo na maior parte das obras integradas nessa espécie de coleção autobiográfica. A radicalidade na proposta ficcional, fundada a partir de um especial protocolo da narração, vai além, fazendo da inclusão de processos que ultrapassam os limites da escrita como fonte – "notícias, mujimbos, mucandas" – uma espécie de compromisso com outras dimensões do conhecimento. A distinção é, desse modo, evidenciada, sobretudo porque, a despeito de alguns sinais que trazem a presença do autor para o texto, temos marcada a quebra do pacto referencial que se oferece como base do discurso autobiográfico.

Citando Paul de Man, Sarlo assinala que a autobiografia não pode produzir mais que a ilusão de que é possível existir um sujeito unificado no tempo, que seria o vetor desse gênero de escrita. Ciente da intangibilidade de discursos que acreditam na recriação do passado, Luandino na própria linguagem que usa enfatiza o circuito da invenção e propõe outra forma de visitar o passado, evitando entrar no perigoso e às vezes sedutor caminho da celebração tão a gosto das falas oficiais. Daí a opção pela elipse como figura primordial na economia textual, impondo ao texto o compasso da *cesura*, um dos conceitos trabalhados por Benjamin. Isso nos permite reconhecer na trilogia a força da *rememoração*, que para Jeanne Marie Gagnebin:

> [...] implica uma certa ascese da atividade historiadora que, em vez de repetir aquilo de que se lembra, abre-se aos brancos, aos buracos, ao esquecido e recalcado, para dizer, com hesitações, solavancos, incompletude, aquilo que ainda não teve direito nem à lembrança nem às palavras. A rememoração também significa uma atenção precisa ao presente, em particular a estas estranhas ressurgências do passado no

presente, pois não se trata somente de não se esquecer do passado, mas também de agir sobre o presente[15].

No desvio intenso que atualiza em relação aos marcos da história oficial, o *Livro dos Rios e dos Guerrilheiros* resiste à tentação de revisitar o vivido pela via das certezas, ao mesmo tempo que, com os "brancos" e os "buracos", referidos por Gagnebin, elucida-nos quanto à impossibilidade de se captar a experiência lisa do que foi vivido. Fecha-se a hipótese de apego patológico ao passado, na mesma medida em que se refuta a adesão à perversa lógica do presente, assumindo, de maneira densa, uma conexão com os derrotados da História. Em síntese, misturado, de algum modo, aos fatos que recorda, o eu que assume a escrita não pode desfrutar do lugar seguro que lhe permite reconquistar a serenidade da contemplação. As imagens à volta do naufrágio, tão recorrentes nos estudos literários, que Traverso vai buscar a Chateaubriand podem ser aqui convocadas como figuração desse lugar em que o narrador se vê:

> O alívio daqueles que escaparam à catástrofe e a elas assistem de longe é um privilégio que não conhecemos; nós próprios naufragamos; temos que lutar para não nos afogarmos e reconstruir nosso barco afundado. Melancolia de esquerda é o que resta após o naufrágio; seu espírito molda os escritos de muitos de seus "sobreviventes", redigidos de seus botes salva-vidas, depois da tempestade[16].

Com os avanços e recuos, o esforço rememorativo associa a interdição do registro à problematização de um tempo que ressurge e se insurge contra um presente carregado de passado, a sugerir insistentemente que no mundo pós-colonial, seja no universo das relações entre a ex-metrópole e a ex-colônia, seja no contexto angolano contemporâneo, a partícula "pós" não deve ser lida como corte ou interrupção. A marca dos rastros indica a permanência e

---

15. Jeanne Marie Gagnebin, *Lembrar Escrever Esquecer*, p. 55.
16. Enzo Traverso, *Melancolia de Esquerda: Marxismo, História e Memória*, p. 74.

a energia da ligação. Que o digam os rios de sangue que cortam a terra e recortam a fala conturbada do Kene Vua. E que o confirme a inquietante imagem dos "ossos dispersos" com que Luandino fecha o segundo volume da sua anunciada e bem-vinda trilogia.

REFERÊNCIAS BIBLIOGRÁFICAS

ANDRADE, Mário Pinto de. *Antologia Temática da Poesia Africana de Língua Portuguesa*. "Na Noite Grávida de Punhais", Lisboa, Sá da Costa, 1975.

_____. *Antologia Temática da Poesia Africana de Língua Portuguesa*. "O Canto Armado", Instituto Caboverdeano do Livro, 1980.

BORGES COELHO, João Paulo. "Abrir a Fábula. Questões de Política do Passado em Moçambique", *Revista Crítica de Ciências Sociais*, n. 106, Coimbra, CES, 2015.

BRUGIONI, E.; PASSOS, J.; SARABANDO, Andreia e SILVA, Marie-Manuelle. *Itinerâncias: Percursos e Representações da Pós-colonialidade*, Braga, Humus, 2012.

CABRAL, Amilcar. "Libertação Nacional e Cultura". In: SANCHES, Manuela Ribeiro. *Malhas que os Impérios Tecem. Textos Anticoloniais, Contextos Pós-coloniais*, Lisboa, Edições 70, 2011.

COSTA ANDRADE, Fernando. *Adobes da Memória*, Luanda, Chá de Caxinde, 2002.

GAGNEBIN, Jeanne Marie. *Lembrar Escrever Esquecer*. 2ª. ed., São Paulo, Editora 34, 2009.

HONWANA, Luís Bernardo. *A Velha Casa de Madeira e Zinco*, Maputo, Alcance, 2018.

RIBEIRO, Margarida Calafate. "De Rios e Guerrilheiros por José Luandino Vieira". In: FONSECA, Maria Nazareth Soares e CURY, Maria Zilda. *África: Dinâmicas Culturais e Literárias*, Belo Horizonte, Editora PUCMINAS, 2012.

ROSAS, Fernando. *História e Memória*. Última Lição de Fernando Rosas, Lisboa, Tinta da China, 2016.

SANCHES, Manuela Ribeiro. *Malhas que os Impérios Tecem. Textos Anticoloniais, Contextos Pós-coloniais*, Lisboa, Edições 70, 2011.

SARLO, Beatriz. *Tempo Passado – Cultura da Memória e Guinada Subjetiva*. São Paulo/Belo Horizonte, Companhia das Letras/Editora da UFMG, 2007.

TRAVERSO, Enzo. *Melancolia de Esquerda: Marxismo, História e Memória*. Belo Horizonte/Veneza, Editora Âyiné, 2018.

VIEIRA, José Luandino. *De Rios Velhos e Guerrilheiros*. Maputo, Ndjira, 2010.

_____. *Nós, os do Makulusu*, 4ª. ed. Lisboa, Edições 70, 1985.

VIEIRA, Sérgio. *Participei, por Isso Testemunho*. Maputo, Ndjira, 2010.

2

Ruy Duarte de Carvalho: Antropologia e Ficção na Representação do Mundo*

> *A vantagem do artista, o seu luxo, assim como seu tormento e sua responsabilidade, é a de que não há limites para o que ele quiser tentar como executante – não há limites para seus possíveis experimentos, esforços, descobertas, conquistas.*
>
> HENRY JAMES

Uma das características mais constantemente apontadas na Literatura Angolana é precisamente a sua capacidade de conversar com a história, conversa muitas vezes direta, carecendo em muitos casos daquele espaço de mediação que permite que a linguagem ilumine de maneira mais eficiente a realidade dos tempos. Ao optar por um enfoque em bruto, pautado por uma compreensível urgência de informar, a escrita literária vive o risco de renunciar perigosamente a sua capacidade de oferecer muitas leituras do mundo.

---

* Uma versão inicial desse artigo foi publicada no *Africa Review of Books*, publicado por ocasião da Assembleia Geral do CODESRIA, realizada de 06 a 10 de dezembro de 2005, Maputo (Moçambique).

Essa vinculação tão nua entre o trabalho artístico e o desejo de explicitar um compromisso com a realidade circundante tende a privilegiar a narrativa uma vez que o poema, pela natureza de sua linguagem frequentemente empenhada na busca de uma certa autonomia em relação ao mundo que lhe serve de referência, parece melhor protegido das tentações de mergulhar de maneira desabrida no desvendamento do cotidiano. Ainda que atravessada pela "poesia do coração", a narrativa, mais especificamente o romance, como "prosa de circunstância" – para lembrar de duas belas expressões de Hegel em "Os Diferentes Gêneros Poéticos"[1] – revela-se mais permeável ao cenário sociocultural que é o fundamento de sua matéria.

Entretanto, porque menos compromissado com padrões estabelecidos, o romance se, por um lado, abre-se mais facilmente às pressões do universo em que o autor está inserido e do qual vai procurar tratar páginas afora, por outro, revela-se capaz de dar corpo a uma sábia mistura em que se condensam a necessidade de documentar e o desejo de criar. Nessa potencialidade própria do gênero reside a noção de generosidade que Roland Barthes reconhece em sua estrutura e assim resume:

> O romance ama o mundo porque ele o abarca e *abraça*. Há uma generosidade do romance (que não é negada pela sociologia goldmaniana, em sua linguagem), uma *efusão* não sentimental porque mediatizada (pensar em *Guerra e Paz*)[2].

Em síntese, articular produtivamente a dimensão do real com a dose de fantasia adequada ao jogo das revelações é um procedimento marcante na estruturação do romance como gênero literário. Se combinarmos o termo fantasia com invenção no domínio da linguagem, podemos chegar a uma espécie de equação que medula o trabalho de escritores destacados nos mais variados sistemas literários. No terreno da literatura ango-

---

1. Hegel, *Estética*, p. 190.
2. Roland Barthes, *A Preparação do Romance*, p. 29.

lana, por exemplo, podemos pensar em Ruy Duarte de Carvalho e nos modos diversos de abordar os problemas que estão no seu horizonte de preocupação, como homem, como cidadão, como intelectual, como artista. Suas últimas narrativas (*Vou Lá Visitar Pastores*, *Os Papéis do Inglês*, *Actas da Maianga* e *As Paisagens Propícias*), sem abrir mão do testemunho de um tempo – o seu no país que vive – abrigam e potencializam uma concepção própria da arte de representar o mundo no trabalho literário.

Entre essas quatro narrativas, que guardam entre si fundas diferenças, há pontos de aproximação, como a presença de um discurso mesclado, elaborado sobre a atenuação das fronteiras entre os gêneros que o escritor pode cultivar. Diante delas, o leitor experimenta um sentimento afim, que é uma certa perplexidade nascida da dificuldade de distinguir na tipologia convencional a modalidade literária que tem diante dos olhos. E essa é uma sensação que não se desfaz, pois a complexidade estrutural de cada texto reforça a nossa hesitação, muito embora nos vá, ao mesmo tempo, conduzir a algumas convicções. A primeira delas é a qualidade da escrita. Temperada pelo domínio de quem conhece o ofício, a linguagem de Ruy Duarte de Carvalho é densa, singularizada pela recusa a certos facilitarismos tão a gosto do mercado. Não vamos encontrar ali nem a repetição de fórmulas poéticas conhecidas nem o esforço de inovações que, ao atingir um determinado grau de voracidade, pode se voltar contra a própria obra e afastar o leitor.

A segunda convicção a que o contato com a obra nos leva está ligada à possibilidade de se verificar que essa mesclagem de modalidades narrativas não é apenas um compromisso programático circunscrito ao plano da fatura de cada obra, mas reflete uma concepção de leitura do mundo centrada em olhares que se movem para exprimir de múltiplas maneiras o que é captado. Podemos dizer que explorando as potencialidades do romance, o autor angolano oferece-nos uma narrativa que, ao aproximar de modo inequívoco ensaio e ficção, inscreve-se como um "terceiro gênero", expressão a que recorre o já citado Roland Barthes ao se referir a *Em Busca do Tempo Perdido*, de Marcel Proust.

Em se tratando de Ruy Duarte de Carvalho, seu próprio trajeto sugere pistas para interpretação de algumas marcas inscritas em sua obra. Poeta, ficcionista, cineasta e antropólogo, ele é desses homens para os quais a multiplicidade de instrumentos não significa superficialidade de gesto. Em cada atividade, a linha do rigor é decisiva e assegura a força de um trabalho que requer sempre novas análises. Não é raro, inclusive, vê-lo em confronto com processos marcantes em sua atuação, procurando explicitar algumas ideias a respeito de sua atividade no campo da poesia, do cinema e da antropologia, como podemos ver em *A Câmara, a Escrita e a Coisa Dita...*[3]

É o que encontramos, por exemplo, no texto intitulado "Poesia, Cinema e Antropologia, Três Polos de um Exercício em Ação", apresentado em forma de palestra em algumas universidades italianas em 1990. Partindo do rendimento que pode extrair dos jogos entre o som e o sentido, graças aos quais, segundo suas declarações, a palavra se autonomiza e supera os limites do referencial, Ruy Duarte, passando pelo caráter ritualizante do cinema, expõe o seu roteiro na direção de um universo cultural balizado por parâmetros que reclamam a sua atenção e, de certo modo, a sua intervenção:

> Sou cidadão e agente social num país em que a grande maioria da população se move e se reconhece num quadro conceptual, ou cultural, se quiserem, a que só tem acesso por duas vias. Ou pela via da enculturação, isto é, de uma aprendizagem integrada enquanto sujeito desse mesmo quadro, o que não é evidentemente o meu caso, ou pela via de uma aprendizagem que recorra aos instrumentos do conhecimento que possibilita a sua apreensão. Ora esses instrumentos são os da antropologia[4].

Tal processo de aprendizagem, que é, claramente, uma via para se aproximar do universo que fez seu, pode ser encarado

---

3. Essa obra teve uma primeira versão, editada em 1997 pelo INALD, em Luanda. Em 2008, a Editora Cotovia, de Lisboa, publicou uma edição revista e ampliada.
4. Ruy Duarte, *A Câmara, a Escrita e a Coisa Dita*, p. 113.

como um elemento constitutivo da sua inserção no país. Bastante presente no terreno da antropologia, a noção de desempenho será trazida para as outras práticas e, com a radicalidade que caracteriza seus resultados, o trabalho de Ruy Duarte de Carvalho vai procurar remover o visto e/ou esperado e caminhar na direção nem sempre cômoda da ruptura, com reflexos visíveis na estruturação de seu discurso sobre Angola, sobre os angolanos, sobre si próprio e sobre o outro, em suas mais variadas materializações[5].

Integrados a uma espécie de roteiro em que a coerência não dispensa as necessárias mudanças, os sentidos da ruptura atravessam essa obra literária, na qual se combinam influxos vindos dos mais diferentes campos. A dimensão de movimento que está na base da linguagem cinematográfica, a energia conferida ao espaço que o cinema também costuma cultivar e o sentido da viagem, que é fundamental na experiência etnográfica, inscrevem-se na sua produção, ganhando maior ênfase nos quatro livros acima indicados. Leitor arguto, Ruy Duarte traz para os seus textos a voz de outros que, nomeados ou não, vêm integrar o seu produtivo diálogo com tradições culturais muito significativas no processo de sua formação, como angolano, como escritor, como antropólogo, como cineasta, como cidadão de um mundo que precisa investir contra certos sectarismos. Nesse sentido, comunga com o Clifford Gertz de "O Mundo em Pedaços":

> O que precisamos, ao que parece, não é de ideias grandiosas nem do abandono completo das ideias sintetizadoras. Precisamos é de modos de pensar que sejam receptivos às particularidades, às individualidades, às estranhezas, descontinuidades, contrastes e singularidades,

---

[5]. Questões associadas aos impasses da reflexão acerca da identidade estiveram, de diferentes maneiras, no horizonte de preocupação do autor. A construção identitária e os sentidos da alteridade atravessaram sua obra e os problemas que rondam a definição e a figuração do *Outro* foram discutidas por ele no excelente "Tempo de Ouvir o 'Outro' Enquanto o 'Outro' Existe, Antes que Haja Só o Outro... ou Pré-manifesto Neoanimista" (2011).

receptivos ao que Charles Taylor chamou de "diversidade profunda", uma pluralidade de maneiras de fazer parte e de ser, e que devam extrair deles – dela – um sentimento de vinculação, uma vinculação que não é abrangente nem uniforme, primordial nem imutável, mas que, apesar disso, é real[6].

Em sua prosa, assim como em sua poesia, há um foco sobre as particularidades, as estranhezas, as descontinuidades, espelhando-se na escrita alguns desgovernos da contemporaneidade, definida por outro poeta, o brasileiro Carlos Drummond de Andrade, como "tempo de partidos/ tempo de homens partidos"[7]. A consciência desse estilhaçamento do mundo percorre todas as suas narrativas, sedimentando a crença de que é preciso conjugar as partes para melhor compor o conhecimento que é sempre parcial e, portanto, sempre sujeito a novos aportes. Daí a presença da viagem que adquire nesse quadro uma função primordial. Já em 2001, após a publicação de *Vou Lá Visitar Pastores* (1999) e *Os Papéis do Inglês* (2000), em um breve texto apresentado em uma mesa-redonda em Póvoa de Varzim, ele deteve-se na interessante relação entre viagem e livro, uma forma de abordar os laços entre o ato de viajar e a produção de saber:

Viagens, a nós, aqui e agora, importam-nos são aquelas que geram livros. Há mesmo até viagens que o que visam é só livros. O que seria de uma viagem sem o livro que a aviva, que lhe prolonga o rasto – e sem todos os livros, também que a guiaram e lemos antes de nos metermos a caminho?[8]

Como é comum no universo da antropologia, a viagem pode ser mais que a oportunidade de contato, do desembarque em um outro mundo. Basta lembrar seu papel no percurso de Lévi-

---

6. James Clifford, *A Experiência Etnográfica...*, p. 196.
7. Carlos Drummond de Andrade, *Reunião*, p. 82.
8. Ruy Duarte de Carvalho, "Talvez Porque na Vida É Como uma Viagem ...". *A Câmara, a Escrita e a Coisa Dita...*

-Strauss e de Michel Leiris, duas referências fundamentais no percurso intelectual de Ruy Duarte de Carvalho. Em um paralelo entre *Tristes Trópicos* e *L'Afrique Fântome*, Fernanda Peixoto assinala a relevância do ato de viajar na formação desses dois etnógrafos franceses:

> A riqueza do cotejo das duas narrativas reside também na possibilidade de compreensão do processo de formação do etnólogo na França dos anos 30, quando se realizam as primeiras grandes pesquisas de campo. O caminho seguido por ambos, sem formação básica em etnologia, foi a viagem. Ela representou o instrumento necessário para a formação dos profissionais, que na mesma época iniciavam-se no ofício, em campos diferentes: no americanismo, no caso de Lévi-Strauss, no africanismo, no de Leiris[9].

Na trajetória do escritor angolano o trabalho de campo propriamente dito não antecede a busca da antropologia como instrumento de interpretação das realidades que pretende compreender, todavia não podemos afastar de seu itinerário a experiência dos deslocamentos por Angola, seguindo roteiros inusitados no quadro da vida no país. No começo dos anos de 1960, ele, que tinha vivido em Moçamedes, é pelo trabalho de regente agrícola levado a morar no Uíge e no Kwanza Sul, tendo depois se deslocado para Moçambique, a antiga colônia índica de Portugal. As atividades de cinema, depois do curso realizado em Londres, propiciaram andanças novamente pelo sul do país. É, no entanto, em outro tipo de percurso que ele próprio vincula a travessia para a prática etnográfica. O doutorado em antropologia foi feito em Paris, cidade, aliás, a que estão indiscutivelmente vinculados Lévi-Strauss e Leiris, mas, segundo ele mesmo, o caminho para a etnografia foi preparado pela poesia e pelo cinema. Talvez por isso, em seus textos o ato de viajar também esteja tão diretamente ligado aos atos de conhecer e de

---

9. Fernanda Peixoto, "O Nativo e o Narrativo – os Trópicos de Lévi-Strauss e a África de Michel Leiris", *Novos Estudos* n. 33, p. 171.

conceber, tornando-se central na própria elaboração da narrativa, como demonstra muito especialmente *Vou Lá Visitar Pastores*. A viagem como elemento constitutivo do saber que se acumula interfere na construção da escrita de que tal saber não pode ser separado. Em nenhum dos textos. Tanto em *Os Papéis do Inglês* como em *As Paisagens Propícias*, duas narrativas tonalizadas pela melodia da ficção, a errância é nota dominante. Temos um narrador em primeira pessoa que circula pelo sul de Angola e não só. A marca do movimento abre ambos os textos:

Saí sozinho, logo que cheguei, para fotografar pedras à volta do acampamento, no regresso atravessei uma linha de água em sítio errado e desfiz o rumo [...] quer dizer, perdi-me. [...] Andei às voltas por me julgar bastante em terreno alheio[10].

Partimos então no jipe, o Paulino e eu, a caminho de Opuho, na Namíbia, pela fronteira de Namacunde, Sta. Clara... Essa foi a primeira viagem... A que estou a fazer agora é a segunda[11].

Em *Vou Lá Visitar Pastores*, a ideia manifesta-se já no título, metaforizada na visita a uma terra distante, muito bem sugerida pelo advérbio "lá". E são muitas as viagens aí contempladas. Na verdade, o gesto narrativo é despoletado pela viagem falhada do Filipe, o amigo jornalista que vive em Londres. O combinado era que partissem juntos para os terrenos já muito palmilhados pelo autor em suas pesquisas etnográficas. Todavia o Filipe se atrasa e o tempo interdita a espera. Para preparar a viagem do amigo, que, entretanto, ainda pode aparecer, ficam gravadas umas fitas cassetes que vão orientar o itinerário do novo visitante. Da transcrição de tais cassetes nasce o texto.

Levando em conta que no transcorrer de toda viagem a bagagem carregada pelo viajante se transforma no contato com os mundos que se cruzam, o narrador faz questão de prevenir:

---

10. Ruy Duarte de Carvalho, *Os Papéis do Inglês*, p. 13.
11. Ruy Duarte de Carvalho, *As Paisagens Propícias*, p. 11.

Vais viver situações novas e uma conveniente disponibilidade poderá colocar-te, se o permitires, não só perante o desconhecido que a prática dos outros te há de revelar mas também face àquele que a tua experiência e a tua sensibilidade vierem a colocar à consciência que é a tua, tributária ela mesma dos tempos e das idades que te tiver sido dado cumprir[12].

Ouvir as cassetes – ou ler a sua transcrição – conduz a outra forma de viagem. Aquela que se faz pelas palavras, percorrendo, sob a orientação de quem já conhece o espaço, o universo do Outro. Sem dúvida, é o mundo do Outro, esse dos pastores os quais o autor pretende dar a conhecer. Ao leitor do roteiro que o amigo não pôde seguir abrem-se muitas possibilidades de compreender e reorganizar o conjunto de sensações que a experiência comporta.

Rigoroso em sua proposta, o narrador estende-se por uma combinação de dados que oferecem uma descrição detalhada do quadro em que vem investindo sua atenção há tantos anos. As rondas, como ele muitas vezes refere, teriam começado em 1992, porém o fim da transcrição das cassetes gravadas em 1997 ocorre em 6 de maio de 1998, como está assinalado no fim de seu texto. No decurso desse tempo, sua memória acumulou referências e possibilita um registro de informações que vão da geografia física da região aos resultados das pesquisas a respeito dos kuvales. As questões relativas à mobilidade, à endogamia grupal, à noção de propriedade plural, a laços de parentesco, à relevância do boi na estruturação daquela sociedade, às possibilidades de sobrevivência de quem vive à margem, aos impasses que o contato com outras formas de estar no mundo impuseram estão no texto tratados seriamente pelo autor. Mas não é só daquelas áreas afeitas ao universo etnográfico que ele nos fala. Outros conhecimentos e expectativas de outra natureza são partilhados com os leitores.

---

12. Ruy Duarte de Carvalho, *Vou Lá Visitar Pastores*, p. 103.

Os recursos que a literatura disponibiliza são, então, acionados. A metalinguagem, a força imagética da linguagem, as símiles e outras figuras de linguagem quebram a expectativa de um discurso monolítico para dar lugar a uma abordagem orientada pela polifonia, que traz para o interior da narrativa questões que a investigação não esgota, dúvidas de quem, a despeito do rigor e do cuidado empenhados, sabe das limitações que o próprio olhar comporta diante da inesgotabilidade do assunto. O próprio uso do verbo "visitar" no título do livro é indicativo da consciência de seus limites. A preferência pelo substantivo "ronda" confirma esse gesto de cerimônia a exprimir respeito pela complexidade do universo cultural de que se quer aproximar. Nesse aspecto, os laços de parentesco entre a antropologia e a literatura se apertam: ambos falam do Outro, ambos procuram ter em conta a alteridade.

Ao cultivar intencionalmente essa ligação, Ruy Duarte de Carvalho oferece-nos um texto claramente empenhado em romper com procedimentos viciados, num exercício investigativo de que não podemos afastar a tentativa de também se compreender na dinâmica que examina. São significativas as passagens em que o olhar do narrador dirige-se também a si próprio, atualizando um processo de autorreflexão alimentado neste diálogo com o Outro. Para isso concorrem procedimentos articulados aos efeitos da mobilidade temporal e espacial, ao conceito da viagem como rito iniciático, ao caráter autobiográfico e à estrutura dialógica que preside a abordagem do que não é completamente apreensível. Tais marcas, identificadas por Mohamadou Kane como expressões da sobrevivência da oralidade no romance moderno[13], não deixam de ser frequentes no texto etnográfico a partir dos anos de 1920. Desse modo, a obra de Ruy, ao mesmo tempo que nos acompanha nas travessias que o

---

13. Devo essa referência à Ana Mafalda Leite que a citou em um seminário na Área de Pós-graduação em Estudos Comparados de Literaturas de Língua Portuguesa, na USP, em 2005. O texto foi, depois, publicado com o título "Modelos Críticos das Representações da Oralidade", no livro *Cenografias Pós-coloniais & Estudos sobre Literatura Moçambicana*.

desejo de compreender Angola nos impõe (tal como teria ocorrido com o Felipe) não deixa de nos conduzir também a outras discussões: o papel do antropólogo como ator das pesquisas que desenvolve, a constituição da etnografia como um discurso dialógico, as relações entre antropologia e literatura.

Já em *Ondula Savana Branca* (1982), o crescente diálogo entre o escritor e o antropólogo se materializa no desenvolvimento de uma proposta radical, que combinava o universo das matrizes orais e a inscrição dessas linhas da tradição no universo da modernidade. Acreditando no caráter dinâmico da tradição, ele tinha na conexão entre esses mundos um objeto de vivo interesse, manifesto em vários trabalhos. Em 2004, em um seminário ministrado na Universidade de São Paulo, ele recordava a convergência entre a etnologia, o surrealismo e a psicanálise como expressão do interesse pela apreensão do "outro", característica que ganhou força no cenário cultural parisiense nas décadas de 1920/1930, contexto de grande repercussão na sua maneira de conceber a produção da arte e do pensamento. A busca desse outro "interior" e "exterior", manifesta nesses três campos, segundo suas palavras, não dispensava a imaginação como um aporte para aproximação do objeto a ser analisado. Os procedimentos que daí emergiram colocavam em causa a razão clássica ocidental e traziam para o debate formas de responder às pressões das experiências traumáticas da guerra de 1914 que haviam levado ao questionamento da ideologia do progresso dominante no século XIX. A racionalidade, própria do pensamento científico, não se devia estabelecer em oposição aos instrumentos e métodos da arte, quer dizer, a complementaridade propiciava outros códigos, cuja emergência poderia gerar consequências positivas para a instituição de novas linguagens.

Essa crença instituiria também uma diferente relação entre o emissor e o destinatário, isto é, no caso da literatura entre aquele que escreve e aquele que recebe o texto. Tendo como referências Lévi-Strauss, Michel Leiris, Clifford Gertz, Ruth Benedict, Gregory Bateson, Roland Barthes, sem dispensar a experiência de Darcy Ribeiro e a sedução de Jorge Luis Borges, o autor angolano desempenha o seu papel de produtor de um texto que requer de quem lê uma atitude também produtiva. São várias as leituras que propõe, completando-se todas na relação viva com o leitor, ou melhor, com os leitores, pois é na diversidade do contato que a palavra pode reafirmar a sua legitimidade. Desse modo, refinando a ligação entre a ficção e o ensaio, entre a ciência e a poética, Ruy Duarte de Carvalho trabalha para a demissão da chamada autoridade etnográfica, confirmando a argumentação de James Clifford para quem:

> É intrínseco à ruptura da autoridade monológica que as etnografias não mais se dirijam a um único tipo geral de leitor. A multiplicação das leituras possíveis reflete o fato de que a consciência etnográfica não pode mais ser considerada como monopólio de certas culturas e classes sociais no Ocidente[14].

Em certa medida, em obras como *Vou Lá Visitar Pastores* e *Desmedida*, para ficarmos apenas com dois exemplos, o autor radicaliza esse processo de alargamento do método de examinar realidades, cruzando de maneira incisiva tempo e espaço e confrontando linguagens cujo domínio já havia demonstrado na poesia e no cinema. Ao aproximar, sempre no compasso da tensão, documento e arte, ele aposta em modos de figurar o mundo que se abre diante de seu olhar tão atento. Ao romper tantas fronteiras, Ruy Duarte de Carvalho assume os riscos que a representação coloca e deixa evidente a sua coragem diante do "luxo" e do "tormento" do artista para o qual nos alerta Henry James na epígrafe que abre esse texto.

REFERÊNCIAS BIBLIOGRÁFICAS

ANDRADE, Carlos Drummond de. *Reunião*. Rio de Janeiro, José Olympio, 1973.

---

14. Ruy Duarte de Carvalho, *Actas de Maianga*, p. 57.

BARTHES, Roland. *A Preparação do Romance*. São Paulo, Martins Fontes, 2005.

CARVALHO, Ruy Duarte de. *A Câmara, a Escrita e a Coisa Dita...* Luanda, INALD, 1997.

_____. *Actas da Maianga*. Lisboa, Cotovia, 2002.

_____. *As Paisagens Propícias*. Lisboa, Cotovia, 2005.

_____. *Desmedida*. Rio de Janeiro, Língua Geral, 2010.

_____. *Os Papéis do Inglês*. Lisboa, Cotovia, 2000.

_____. *Vou Lá Visitar Pastores*. Rio de Janeiro, Gryphus, 2000.

CLIFFORD, James. *A Experiência Etnográfica – Antropologia e Literatura no Século xx*. Rio de Janeiro, Editora da UFRJ, 2002.

GERTZ, Clifford. "O Mundo em Pedaços: Cultura e Política no Fim do Século". *In: Nova Luz sobre a Antropologia*. Rio de Janeiro, Jorge Zahar Editor, 2001.

HATOUN, Milton. "Laços de Parentesco". *In:* PEIXOTO, Fernanda Arêas; PONTES, Heloísa & SCHWARCZ, Lilia Moritz (orgs.). *Antropologias, Histórias, Experiências*. Belo Horizonte, Ed. UFMG, 2004.

HEGEL. *Estética*. Lisboa, Guimarães, vol. 7, s.d.

JAMES, Henry. *A Arte da Ficção*. São Paulo, Imaginário, 1995.

LEITE, Ana Mafalda. *Cenografias Pós-coloniais & Estudos sobre Literatura Moçambicana*. Lisboa, Colibri, 2018.

PEIXOTO, Fernanda Arêas. "O Nativo e o Narrativo – os Trópicos de Lévi-Strauss e a África de Michel Leiris". *Novos Estudos* n. 33, São Paulo, Cebrap, 1992.

_____; PONTES, Heloísa & SCHWARCZ, Lilia Moritz (orgs.). *Antropologias, Histórias, Experiências*. Belo Horizonte, Ed. UFMG, 2004.

3
Ruy Duarte de Carvalho em Sua Desmedida Viagem*

Tão palmilhado por estudiosos de tantas especialidades, o campo das ligações entre Angola e o Brasil permanece um terreno aberto a reflexões que tenham em foco a complexa rede de relações que desde o século XVI envolve as duas margens do Atlântico. Colônias da maior relevância para Portugal, em seus itinerários ao longo da História, inseriram dados interessantes à dinâmica do Império Lusitano, cujo eixo girava à volta de um sistema de trocas que alcançou níveis surpreendentes. Ainda no século XVII, a importância dos laços refletiu-se na retomada para o domínio português da cidade de Luanda por uma esquadra saída de terras brasileiras para combater os holandeses que ali se tinham instalado[1]. O excepcional volume do tráfico de escravizados é o selo mais sinistro desse quadro, e aquele que evidentemente mais marcas deixou na construção do que viria

---

* Uma versão desse artigo foi publicada no número 16 da *Revista de Estudios Portugueses y Brasileños*, da Universidade de Salamanca.
1. O episódio é tematizado por Pepetela no romance *A Gloriosa Família: o Tempo dos Flamengos* (1996).

a ser o Brasil, na espoliação do que viria a ser Angola e na formação do imaginário daqui e de lá[2].

O traçado dessas rotas, com expressiva repercussão no património cultural e na vida social dos dois lados, apontando convergências, semelhanças e/ou contiguidades, tem constituído objeto de atenção em incontáveis trabalhos na academia brasileira. No terreno da História, da Sociologia e da Antropologia é possível verificar, inclusive, a ampliação e a verticalização do interesse, plasmado em pesquisas realizadas sob diversos ângulos, sobretudo nas últimas décadas. Também no campo da literatura é patente o investimento na análise dos laços que, a despeito da distância geográfica, se construíram e se renovam. Vale referir que já em meados do século XIX tivemos a presença no Rio de Janeiro de José da Silva Maia Ferreira, poeta benguelense, que viveu na então Corte por alguns anos e ali beneficiou-se da atmosfera cultural batida pelos ventos do Romantismo, como comprovam as ressonâncias de Gonçalves Dias em vários de seus poemas. Se recorremos à interessante distinção proposta por Antonio Candido entre *inspiração* e *citação*[3], podemos, sem risco de exagerar, afirmar que ambos os fenómenos presentificam-se na obra de Maia Ferreira como efeito dessa vivência. Um olhar diacrônico focalizaria outros momentos em que os diálogos literários ganham força. A opção do presente texto, entretanto, é concentrar-se no nosso século XXI e chamar a atenção para algumas das veredas percorridas por Ruy Duarte de Carvalho, um nome fundamental da Literatura Angolana, ao delinear os seus mapas e, a partir deles, ler o Brasil.

Ao narrar em seu *Desmedida*, de 2006, uma viagem realizada aos sertões brasileiros, Ruy Duarte de Carvalho dá-nos conta também do processo de composição de um olhar sobre um espaço que desde a sua adolescência guardava uma certa magia. Desembarcando em Moçâmedes (onde vivia o futuro escritor),

---

2. Ver Luiz Filipe Alencastro, *O Trato dos Viventes*, São Paulo, Companhia das Letras, 2000.
3. Antonio Candido, "Ressonâncias", *O Albatroz e o Chinês*, p. 81.

através da literatura, da música, das imagens de revistas de variedades como *O Cruzeiro*, o Brasil ganhava materialidade e acionava a fantasia do jovem. Em 2005, em conferência proferida na Universidade de Coimbra, ele declarava:

> Chego aqui hoje depois de ter saído há três meses de Angola e estou a vir agora, quase direto, de um lugar programado há muito tempo para me encontrar lá com o sertão brasileiro, ou para o sertão, aí, me encontrar a mim... [...] a vida terá assim, finalmente, querido garantir-me que ainda me era dado franquear algumas das paisagens literárias que desde a adolescência se constituíram como substância do meu imaginário[4].

A expressão "substância do meu imaginário" é forte e reveladora do lugar ocupado pela Literatura Brasileira na sua formação intelectual. Ao longo da narrativa, ele indica também que o seu não é um caso isolado. Ao contrário, também pela sua memória, podemos captar os vários aspectos da presença brasileira no repertório cultural dos angolanos. Perseguindo as pistas disseminadas em seus depoimentos e narrativas, é possível chegar à dimensão do Brasil no processo de constituição de uma certa rebeldia muito produtiva para a emergência do movimento que conduziria à independência de Angola no celebrado novembro de 1975. Em fins dos anos de 1940, embaladas pela vitória contra o nazifascismo na Europa e a atmosfera que nasce do fim da Segunda Grande Guerra, algumas vozes articulam-se na colônia lusitana para colocar fim à dominação ainda fortemente instalada. Não se pode ignorar que a crise econômica enfrentada por Portugal nos anos 1920 provocou um reforço da emigração, fenômeno que tornaria mais tensas as relações sociais e humanas em cada território ocupado.

As respostas à pressão do invasor, vindas de vários setores, ganhariam novos contornos, com ecos significativos no universo cultural que conquistava algum espaço no ambiente aca-

---

4. Ruy Duarte de Carvalho, *A Câmara, a Escrita e a Coisa Dita...*, p. 12.

nhado de Angola, sobretudo em Luanda, Benguela e Huambo, cidades onde já fervilhava algum inconformismo libertário. A energia da censura, a mais evidente expressão da violência política, fazia com que a insubmissão visse nas atividades culturais um caminho para se consolidar e provocar mudanças de maior fôlego. Esse contexto impulsiona o movimento protagonizado pelos "Novos Intelectuais de Angola" e faz eclodir a frase "Vamos Descobrir Angola", *slogan* que aproxima produções literárias orientadas para um tipo de escrita empenhada em reverter as bases da escrita da chamada literatura colonial que, desde o fim dos anos 1920, recebia um forte incentivo do poder metropolitano.

Acerca do desejo de ruptura presente nas propostas que animavam os escritores e o conteúdo ético que os mobilizava são muitas as páginas publicadas. Nos vários depoimentos dos escritores e em trabalhos como os de Maria Aparecida Santilli, Manuel Ferreira e Alfredo Margarido encontramos muitas abordagens da questão, sobretudo na análise da poesia de Agostinho Neto, Aires de Almeida Santos, António Jacinto, Mario António e Viriato da Cruz, para citar apenas alguns. Em seu pioneiro *Roteiro da Literatura Angolana*, o crítico angolano Carlos Ervedosa é enfático no reconhecimento:

> Em 1948, aqueles rapazes, negros, brancos e mestiços, que eram filhos do país e se tornavam homens, iniciam em Luanda o movimento cultural "Vamos Descobrir Angola!" Que tinham em mente? Estudar a terra que lhes fora berço. A terra que eles tanto amavam e tão mal conheciam.
>
> [...]
>
> Enquanto estudam o mundo que os rodeia, o mundo angolano de que eles faziam parte mas que tão mal lhes haviam ensinado, começa a germinar uma literatura que seria a expressão de sua maneira de sentir, o veículo de suas aspirações, uma literatura de combate pelo seu povo[5].

---

5. Carlos Ervedosa, *Roteiro da Literatura Angolana*, pp. 81-82.

Em 1998, por ocasião dos cinquenta anos do movimento, Ana Paula Tavares empresta sua sensibilidade poética para confirmar o significado das ações do grupo:

> Entre quarenta e cinquenta, os quintais de Luanda acendiam-se ao ritmo do N'Gola Ritmos e a palavra prolongava-se em torno da discussão de temas angolanos em busca de um movimento de renovação que colheria os seus primeiros frutos no "Movimento dos Novos Intelectuais de Angola".
> Conciliar um imaginário poético com uma práxis é caminho que começa apresentar-se profícuo para uma geração que, se ainda não tem respostas, assumiu, por inteiro, o direito de se interrogar[6].

Apostando no futuro, essas vozes não deixavam de buscar o passado, como um esteio para o programa que mesmo de maneira informal pretendem colocar em prática. Situando no movimento "A Voz de Angola Clamando no Deserto", do começo do século, uma matriz de inspiração, os novos atores propõem, pela primeira vez, a captação de uma linha de continuidade entre os vários momentos de insubordinação que marcam a dinâmica das relações sociopolíticas no território. A crença nessa organicidade confere uma energia performativa ao corte que procuram atualizar, convertendo o recuo no tempo em um avanço na decisão de fincar raízes na terra e a partir daí construir a transformação.

Esse mergulho no passado complementava-se com um salto no espaço à procura de modelos que favorecessem o corte com os paradigmas metropolitanos. Mais uma vez recorremos à voz autorizada de Ana Paula Tavares que pondera: "Serve de esteio a esta tomada de posição iconoclasta o modelo brasileiro, mesmo se, como alguns estudiosos o afirmam, mal conhecido"[7]. A observação da escritora e historiadora angolana pode ser

---

6. Ana Paula Tavares, "Cinquenta Anos de Poesia Angolana", *Via Atlântica,* n. 3, p. 127.
7. *Idem,* p. 128.

confirmada em artigos e teses acerca da presença da literatura brasileira na literatura angolana. Alguns referem-se a influências, outros, mais afinados com outras perspectivas da literatura comparada, preferem o termo "confluência" ou "interfluência". Outros ainda apostam no "diálogo". De todo modo, diante de tantos sinais, parece-nos infecunda qualquer tentativa de obscurecer as viagens que a Literatura Brasileira, por motivação diversa, logrou fazer até a outra margem do Atlântico.

Ressaltar a importância dessas travessias não implica defender a plena recuperação dos caminhos. A recomposição dos itinerários das obras brasileiras que desembarcaram em Angola e ali foram incorporadas pelos escritores angolanos desse período é tarefa que pode ser mais produtiva se afastamos a hipótese de uma recuperação integral, apoiada na crença de dados inquestionáveis. O mais seguro talvez seja ancorando-nos nos elementos disponíveis, não nos esquecermos da dimensão em certa medida impalpável dos materiais de que nos ocupamos. Pela natureza da matéria e pelas dificuldades metodológicas que a reflexão acerca de contatos culturais coloca, vale a pena não perder de vista que podemos tomar em consideração indícios, sinais, evidências, testemunhos, todo um conjunto de coisas que não esconde o grau de precariedade que nos assombra e desafia. Nesse sentido, o fundamental não é participar do esforço para a confirmação de uma narrativa una e consagradora, mas levantar aspectos que tragam novos pontos para a discussão.

Retomando as palavras de Ana Paula Tavares, alertamos que se não era profundo, o conhecimento da literatura brasileira era, todavia, bastante disseminado entre o pequeno grupo que assumia o compromisso de "descobrir" Angola e escrevê-la, como modo de dar expressão à consciência cultural que ganhava corpo em parcelas da sociedade. Num tempo balançado por contradições de tantas ordens, a atividade literária sob forte tensão procurava constituir uma noção de unidade, refletindo a certeza de que

[…] sob o sistema colonial, a tradição é fraturada, na medida em que na lógica colonial a existência de um sistema literário autônomo, do colonizado, significaria tanto uma maneira própria de representação de si e do outro, a negação de modelos tecnoformais da literatura das metrópoles[8].

Com efeito, no desejo de negação dos modelos metropolitanos estava apoiada a busca de outras referências. Vistos como portadores de uma modernidade que urgia incorporar, os autores brasileiros ganhavam projeção num jogo que não dispensava o resgate de tradições internas subalternizadas pela política colonial. À opção – coerente com a proposta do nosso Movimento Modernista – talvez pudéssemos associar a imagem do acerto das horas na fecunda expressão escolhida por Roberto Schwarz para dar título a um de seus livros. Referimo-nos ao volume *Que Horas São*[9] no qual o crítico elabora uma instigante reflexão sobre as propostas do nosso Modernismo, incluindo as suas conexões com o debate à volta do sentimento nacional.

É fato que não se pode ignorar que na história da literatura brasileira o termo Modernismo congrega um conjunto variado de propostas estéticas e um número também significativo de autores. Sem dúvida, uma discussão à volta da distinção entre as faces do modernismo brasileiro que maior impacto tiveram sobre os intelectuais angolanos seria útil para que melhor se compreendesse a complexidade daquele cenário naqueles anos, como argumenta Roberto Vecchi[10]. Não há dúvida, porém, que um diversificado elenco de escritores foi vivamente consumido, num sistema de rotas que nos surpreende inclusive pelo caráter direto de seu traçado. Pelos depoimentos de muitos deles, as obras viajavam diretamente do Brasil a Angola, dispensando

---

8. Tania Macêdo, "A Presença da Literatura Brasileira na Formação dos Sistemas Literários dos Países Africanos de Língua Portuguesa", *Estudos Comparados: Teoria, Crítica e Metodologia,* p. 446.
9. Roberto Schwarz, *Que Horas São?*
10. Roberto Vechi, "Choques e Poéticas In-betweeness nos Atlânticos Sul: Modernidades em Trânsito na Formação da Poesia Angolana", *Lendo Angola,* pp. 155-175.

a escala no centro do Império. Em entrevista a Michel Laban, José Luandino Vieira ao reafirmar o papel essencial da geração do "Vamos Descobrir Angola" também na formação da sua, relembra:

> Então continuando: António Jacinto foi nos dando outra literatura. Aos domingos, recordo-me que muitas vezes pegávamos nos nossos papéis – quando digo nós: eu, António Cardoso e outros camaradas mais novos – e íamos até São Paulo onde ele morava, e aí estava ele, geralmente estavam com ele outro membros do movimento "Vamos Descobrir Angola"; recordo-me muito bem de encontrar lá Viriato da Cruz, Mário António etc. E discutíamos esses papéis. Discutíamos evidentemente do ponto de vista do conteúdo, da correção política, do enfoque político, da visão do mundo. Por essa altura ele recebia literatura política, não de Portugal. Recebia-se aqui muita literatura brasileira: *Cruzeiro*, *Manchete*, todas aquelas revistas, muitos discos, ouvia-se música brasileira e vinham muitos livros. António Jacinto recebia do Estado de Santa Catarina, da cidade de Florianópolis, de uns amigos que lá tinha, e era daí que vinha literatura política, que nós começamos a ler. [...] Recordo-me ter lido Plekhanov e tudo mais em traduções brasileiras[11].

Nas páginas das revistas citadas, vale enfatizar, escreviam Rachel de Queiroz, Dinah Silveira de Queiroz e outros escritores que viriam marcar essas gerações. Todavia, os ecos mais expressivos seriam deixados por Jorge Amado: "Os escritores do Nordeste, sobretudo Jorge Amado, influenciaram-me". A afirmação é ainda de Luandino, mas poderia ser reiterada por muitos nomes, inclusive de outras ex-colônias. O depoimento acima transcrito é apenas um entre os muitos que poderíamos recolher. Nas memórias de leituras, o escritor baiano é citação constante, atravessando gerações e territórios, que vão do cabo--verdiano Gabriel Mariano ao moçambicano Mia Couto, numa

---

11. José Luandino Vieira, "Encontros com Luandino Vieira em Luanda", *Luandino. José Luandino Vieira e a Sua Obra*, p. 16.

enorme lista que inclui Noémia de Sousa, José Craveirinha, Jorge Barbosa, Pepetela, Jofre Rocha... A esse fascínio não resistiria um escritor tão particular como Ruy Duarte de Carvalho:

> Tinha uma livraria no Lobito que fazia importação direta de material brasileiro e distribuía pelo resto da colônia. Meu pai comprava livros desses e *O Cruzeiro* e a *Manchete* também. Foi assim que lidei muito cedo com os *Capitães da Areia* e ainda estremeço quando deparo, nos sebos de agora, com as capas que a Livraria José Olympio praticava na altura[12].

São palavras suas em *Desmedida*, obra que reitera e repropõe o(s) sentido(s) da viagem entre o continente africano e o Brasil. Os próprios subtítulos ("Luanda – São Paulo – São Francisco e Volta" e "Crônicas do Brasil") evidenciam o foco na rede de travessias entre tais espaços, na realização de viagens que não dispensando as paisagens físicas vão para muito além delas. Na primeira edição do livro, de 2006[13], desde a capa observamos as alusões aos trânsitos por sobre as águas do Atlântico. A confirmação de uma já antiga tradição por um escritor que tem no cultivo da originalidade uma de suas características coloca-nos necessariamente uma indagação sobre o significado de mais uma confessada incursão a esse território. Ou seja, depois de tantas idas e vindas por tantos e de tantas formas, o que pode permanecer como ponto de interesse a ponto de gerar uma narrativa da dimensão dessa a que o autor se aplica?

A obra de Ruy Duarte de Carvalho, que nos traz algumas respostas, legitima-se também pelas perguntas que levanta, configurando-se como um texto que, ao refazer uma viagem inscrita na história que liga os dois países, tem a indiscutível capacidade de produzir um movimento de renovação nos debates que se devem atualizar acerca dessas relações e tem sido tantas vezes esvaziados nas águas da nostalgia e do folclore. Recordando a

---

12. Ruy Duarte de Carvalho, *A Câmara, a Escrita e a Coisa Dita...*, 2010, p. 68.
13. A edição brasileira, de 2010, apresenta apenas um subtítulo na folha de rosto.

energia que a literatura angolana soube colher de nossos poemas e da nossa prosa de ficção, o autor propõe novas formas de olhar esse espaço. A rigor, podemos dizer que ele vai além da reflexão a respeito dos laços entre o Brasil e Angola, pois, do seu *locus* enunciativo, capta e produz imagens que dão outros contornos ao nosso solo tão visitado por tantos viajantes. O Brasil que se ergue é muito mais que o parceiro desejado por alguns angolanos e é também mais que o lugar de passagem de estrangeiros que, cansados de outros níveis de desenvolvimento, para essas terras acorrem a fim de atender a sua certa sede de desfastio. O número de viajantes europeus que desde o século XVI por aqui passaram e do Brasil procuraram elaborar um retrato é imenso. A tentações como essas Ruy Duarte não sucumbe.

Reiterando a sua escolha por um tipo de produção literária que escapa à tipologia convencional, em *Desmedida*, oferece-nos mais um exemplo do que ele chama "meia ficção erudito-poético-viajeira". Esse diário de viagem, de uma viagem que o autor empreende a um ponto geográfico – para ele carregado de magia – na realidade supera em muito as fronteiras do gênero e define-se como uma modalidade de escrita refratária aos selos classificatórios. De alguma forma, a feição mesclada da narrativa a que temos acesso pode ser vista como um reflexo de sua figura múltipla como intelectual e artista. Regente agrícola por formação escolar e atuação profissional, poeta, cineasta, ficcionista e antropólogo, para não falar nas artes do desenho e da aquarela, a que também se dedicou, Ruy Duarte de Carvalho aplicou-se em muitas atividades e em todas elas imprimiu a marca do rigor e da originalidade. Nessa leitura que ensaia dos ecos do Brasil na formação de Angola e na sua própria formação impõe-se o peso de seu pensamento crítico. Com o costumeiro rigor, ele defende a imprescindibilidade de trazer para o presente a força de tal projeção no quadro angolano, e não só.

A partir de uma apreensão que conecta espaço e tempo, opera-se ali um movimento de leitura sob um ângulo que foge à abordagem privilegiada pela maioria dos viajantes: o foco não está na paisagem grandiosa, no cenário de natureza exuberante, no celebrado repositório de exóticas potencialidades. A ele também não seduz a ideia da fonte de perigos à espreita de incautos atraídos pelo senso de aventura. Em outras palavras: não o move o espírito de desbravador. Ao contrário, já na primeira página ele esclarece:

> [...] a estória então, ou a viagem que tenho para contar, começaria assim:
> [...] tem um lugar, dizia eu, tem um ponto no mapa do Brasil, tem um vértice que é onde os estados de Goiás, de Minas Gerais e da Bahia se encontram, e o Distrito Federal é mesmo ao lado. Aí, sim, gostaria de ir [...] é lá que se passa muita da ação do *Grande Sertão: Veredas*... e depois descer para o alto São Francisco, que é o resto das paisagens de Guimarães Rosa... e ao baixo São Francisco, podendo, ia também... porque encosta aos Sertões euclidianos... sou estrangeiro aqui e nada me impede de incorrer no anacronismo de querer ir ver, de perto, Guimarães Rosa e Euclides da Cunha...[14]

Nas referências a Guimarães Rosa e a Euclides da Cunha, está situada a motivação mais aparente da incursão: ver de perto e de maneira meticulosa os sertões a que tinha tido acesso pela literatura desses dois autores. Esse ponto preciso, onde se ligam três Estados, seria uma espécie de metonímia do Brasil inscrito em seu imaginário desde há muito. A condição de *estrangeiro*, assinalada, funciona, desde já, como uma espécie de salvo conduto para ir atrás de um velho desejo. Mas é também mais que isso, pois o exercício explícito dessa alteridade é que prenuncia a ponte que será estabelecida com outros que o precederam. A começar por Blaise Cendrars, escritor nascido na Suíça e com nacionalidade francesa, que teve sua passagem marcada entre nós pela forte convivência com os modernistas. É famosa na história das nossas artes nos anos 1920 a viagem às cidades mineiras em que foi acompanhado por Mário de Andrade, Oswald

---

14. Ruy Duarte de Carvalho, *Desmedidas*, p. 19.

de Andrade, Tarsila do Amaral e Paulo Prado, ícones do nosso Modernismo.

Ao irromper na lembrança do escritor angolano, a figura de Cendrars destrava a sensação de "bolha de temporalidade e de velocidade de pensamento dessas que não tem nada a ver com as durações comuns"[15]. Desdobrada em vários pontos, uma "certa ideia" vai se materializar na viagem aos sertões e na escrita do livro que o leitor tem nas mãos. Tal como a incursão ao interior do país, a construção da "estória" faz-se de escalas, atalhos, identificações, avanços e recuos que o narrador com maestria vai explorar e converter em matéria literária, tratada no conteúdo e na forma.

Depois de Cendrars, virá Richard Burton, que surge também no decorrer da primeira noite na "soberba fazenda de café do interior paulista", cenário dessa espécie de encontro em que o escritor vê-se apanhado pela voragem da convergência com outros estrangeiros que visitaram, conheceram e abrigaram o Brasil em suas memórias. A referência a Burton vem da proprietária; segundo sugere o arguto narrador, como uma forma de testar os seus conhecimentos. Pela fina ironia do autor, podemos deduzir que, como aqueles que vêm de territórios tão periféricos, ele foi submetido a um pequeno teste de suficiência. Da aprovação pela velha e poderosa senhora viria uma espécie de credencial, de que ele não precisava, para se associar a Cendrars e a Burton, em cujas vidas surpreende aproximações:

> Também como Cendrars e cinquenta e seis anos antes da *Antologia Negra*, Burton deu conta de uma África que poderia ser proposta ao consumo europeu sem vir engrossar a imagem imperial e desdenhosa de uma reserva de recursos fabulosos encravados num parque de insalubridades, abafado por miasmas e horrores, um campo fértil em expressões de primitivismo e selvageria, um espetáculo de exaltações exóticas. [...] Tal como Cendrars, Burton fabricava também a sua própria imagem com obstinação e desabrido recurso à efabulação e ao delírio[16].

---

15. *Idem*, p. 20.
16. *Idem*, pp. 31-32.

Como os outros dois, ele é estrangeiro aqui e tem na África uma referência viva. Como os outros dois, ele experimenta o desejo de incursionar pelo território brasileiro. Diferentemente dos outros dois, todavia, o seu desembarque no país não passa pela sensação da "descoberta", que, via de regra, sela os contatos pautados por notas de desequilíbrio. Os outros dois vinham da Europa, onde, sem dúvida, qualquer aproximação com o Brasil filtrava-se por doses de exotismo. Ele vem de Angola, que é, por sua vez, lugar apreendido entre nós por filtros exotizantes. Se não é o efeito da descoberta, o que ele busca? O que o move é verificar algumas confirmações, testar hipóteses inferidas da rica bibliografia que tem consultado ao longo da vida – na qual Burton e Cendrars ocupam lugar importante –, examinar suposições alimentadas na sua própria trajetória da qual fazem parte as várias viagens realizadas a diferentes pontos do Brasil e a convivência com os diferentes brasis que desembarcaram em Angola. Em suma, nas suas palavras:

[...] essa viagem, como programa ou como ficção de narrativa a haver, não esteve nunca destinada a "procurar encontrar"... ela só se impôs quando a dada altura vi que dava para querer ir curtir e ver; ir ver, em Minas Gerais, se os sorrisos, agora lá, rimavam ainda com os que eu tinha andado a vida inteira a decifrar em livros brasileiros[17].

Distanciando-se da tônica das análises, sua reflexão descola-se dos efeitos do tráfico de angolanos para o trabalho escravizado e elege outro eixo para o itinerário dos dois países: ambos resultam da expansão europeia. Para ele é este o nó que une as pontas, alertando, assim, para o conceito de longa duração trabalhado por Fernand Braudel, a partir do qual ele evita também a argumentação um tanto pantanosa que faz das emotividades e dos discursos demagógicos uma base para pontes que, na sua

---

17. Entrevista concedida a Maria Leonor Nunes, do *Jornal de Letras*. 17 a 30 de janeiro de 2007, pp. 17-18

perspectiva, não conduzem a lugar algum. A crítica aponta para o rumo certeiro que a atenção deve considerar:

> [...] de que forma os processos que haveriam de conduzir à configuração dos Estados modernos em presença, ao mesmo tempo, que se implicavam, se distinguiam também logo à partida: expansão europeia, triangulação atlântica, interpenetrações demográficas e culturais. A invocada, ao tempo, inadequação ou insuficiência numérica, ou a marginalização e a dizimação do indígena e a articulação ao processo brasileiro da mão de obra africana. Implicações: o Brasil, durante um extenso e marcante tempo das histórias comuns desempenha o papel de efetiva metrópole em relação a Angola... Outros dirão, melhor do que eu...[18]

A preocupação não é recente, pois em texto publicado em 1996, ela já se fazia notar, contudo agora ganharia outros contornos. Convencido de que não se pode conhecer efetivamente a origem e tantos caminhos dessa história comum, ele registra a convergência:

> Todo mundo, e eu também, parece estar hoje de acordo que tanto Angola como o Brasil, no que diz respeito a passados discerníveis, não dá de fato para entender um sem entender o outro. Haverá sem dúvida pelo menos um período inaugural, no quadro da expansão ocidental, em que o que se sabe e o que pode vir a saber-se de Angola e do Brasil [...] terá muito necessariamente que decorrer daquilo que Portugal foi sabendo e do que se souber de Portugal. [...] De qualquer maneira não há, parece, quem não retenha, refira e sublinhe, ou pelo menos deixe de ter em conta, a asserção peremptória e célebre do padre António Vieira segundo a qual o Brasil teria a alma na África e o corpo na América (com a cabeça implícita e evidentemente, muito bem instalada na Europa), já que a principal riqueza do Brasil naquela altura, que era o açúcar, não existiria sem os escravos de Angola e Portugal não subsistiria sem o açúcar do Brasil[19].

18. *Idem*, p. 291.
19. *Idem*, pp. 178-179.

Reconhecida e registrada, a convergência será apenas um ponto, e não será tratada como um porto de chegada no passado, um lugar pacificado, inscrito em qualquer tábua sagrada. Ao contrário, a intenção é confrontar os trajetos e explorar a possibilidade de estabelecer analogias e diferenças. Ao iniciar a parte denominada "Segunda Metade", o narrador antecipa a conversa que terá com o Paulino, o assistente de suas pesquisas pelo sul de Angola, onde andou por muitas vezes e por longos períodos, a estudar os pastores cuvale[20]. Ao falar do Brasil, para ele, no segmento "Lutas", observa:

> A independência lá, Paulino, e mesmo no resto das Américas todas, não foi assim como aqui. Têm coisas que sim, foi como aqui. Também lá ficou independente a certa altura, virou Estado, mas a nação não estava ainda, nem podia, constituída. O Brasil, para os colonizadores portugueses, era o conjunto dos territórios que Portugal ia controlando, como podia, na América do Sul. O mesmo, portanto, que Angola era para eles. Nesta parte da África do Atlântico Sul. E os brasileiros, tal como nós, ficaram com uma nação a constituir.
> Tem portanto aspectos sim, que é igual. Mas tem também, e volume e peso delas parece muito maior, grandes diferenças[21].

Como se vê, não se trata de inventariar as semelhanças, mas de perceber o que cada um fez do processo e do legado colonial. Da comparação é possível extrair o que pode ser útil na reflexão sobre o presente e o futuro de Angola. Isso significa que, ao inverter a mão, Ruy Duarte de Carvalho não escava o passado brasileiro à procura do substrato africano que nos forma, como é tão corrente, mas perscruta o presente brasileiro como modo de melhor perceber o presente angolano e perspectivar o seu futuro. Dessa maneira, investe na relativização da presença do colonizador comum, para pensar nos condicionalismos que

---

20. Resultados dessas pesquisas estão finamente trabalhados em *Vou Lá Visitar Pastores*.
21. *Idem*, pp. 237-238.

decorrem do grande motor da História: a expansão europeia que alterou o rumo das coisas e a vida das pessoas nos outros continentes:

> Fico-me pelas interrogações que a viagem me suscita e, para poder também eu seguir em frente, inscrevo tudo nessa aritmética e cômoda evidência de que todos nós, angolanos e brasileiros, negros, índios, brancos ou de qualquer outra marca, somos todos, hoje, produto do fenômeno colonial ou filhos da expansão ocidental[22].

Interessa-lhe especialmente observar o que o Brasil fez do lugar que é o seu no concerto das nações, interessa-lhe observar de perto essa capacidade de gerar diferenças significativas e abrir espaço para o novo, o insólito. Para essa constatação, é fulcral a intervenção de um personagem que, sendo companhia nas deambulações pelo interior, não veio de fora. Depois de Cendrars e Burton, o narrador depara-se com Teodoro Sampaio, figura insólita no Brasil do século XIX. Filho de um padre e de uma escrava, nessa combinação que pode soar estranha mas não era rara no Brasil patriarcal e escravocrata, Teodoro tem um percurso absolutamente incomum. Na sociedade estruturalmente racista, o mulato consegue estudar, formar-se em engenharia na Escola Politécnica do Rio de Janeiro e, mais tarde, participa da fundação da Escola Politécnica de São Paulo. O narrador acerca-se dos conhecimentos do engenheiro que trabalhou na construção da estrada de ferro da Bahia e ajudou a Euclides da Cunha a munir-se de saberes para a aventura de Canudos. Mas é também o seu perfil invulgar que o fascina.

O engenheiro Teodoro Sampaio, já bem colocado na vida, sem largar o paletó e destinado a integrar a breve trecho a elite nacional que são as elites operativas paulistas, o engenheiro Teodoro Sampaio alforria seus irmãos, negros e escravos! É mesmo demais o Brasil! E eu vou atrás...

---

22. *Idem*, p. 251.

[...]

O engenheiro Teodoro alforria os irmãos. Vertiginoso. Teodoro alforria os irmãos e está assim a protagonizar uma situação típica no quadro acabado daquilo que produz a mudança social, ou daquilo a que a mudança social conduz, o que é, aliás, a mesma coisa[23].

Portador de privilégio, que era, afinal, a metade branca de seu sangue, Teodoro distingue-se no gesto de libertar os irmãos e assim projetar-se como uma imagem emblemática de uma sociedade onde o racismo institucionalizado e o liberalismo coexistiam como se não fossem antagônicos. Essa convivência tão esdrúxula aparece de diversos modos na obra de Machado de Assis, como indica Roberto Schwarz em vários trabalhos[24]. Para Machado essa sociedade que discutia as ideias liberais na sala enquanto os escravos espalhavam-se pelos jardins é uma das chaves da volubilidade de nossas elites, que julgava-se com (e tinha) direito a tudo. E seria esse um dos vetores da identidade nacional brasileira. Ruy Duarte de Carvalho, com olhos de antropólogo, é menos incisivo e vê na emergência de personagens como Teodoro Sampaio uma hipótese para acreditar na superação. Como se do fundo das contradições, sem perdê-las de vista, enxergasse a possibilidade da diferença que o Brasil poderia significar.

Tal articulação entre tempos que se chocam e se complementam é a face do Brasil que talvez mais lhe traga inquietação. Essa situação de fronteira ele vê não só na dimensão espacial, mas nas simultaneidades temporais que nos desenham o território e nos marcam as identidades:

> O Brasil continua a ser um país de fronteira (ao mesmo tempo que São Paulo é um laboratório de incubação de humanidade a haver), área de penetração territorial ainda em curso da ocidentalidade e da "modernidade civilizacional". Há regiões brasileiras e habitantes delas a viverem os mesmos exatos impactos que a costa experimentou ao tempo dos de-

---

23. *Idem*, pp. 188-189.
24. Ver, entre outros, *Um Mestre na Periferia do Capitalismo*.

sembarques europeus, e o recente referendo que manteve a legitimidade do comércio livre e do uso privado e pessoal de armas não veio se não confirmar a evidência de que a manutenção de uma cultura de fronteira faz parte de uma plena atualidade brasileira. Não é crime, é condição[25].

É mesmo sobre a *condição* que ele se debruça. E aí está certamente uma chave para se refletir mais profundamente a respeito das relações entre o Brasil e Angola, parece nos advertir o autor. Na "desmedida" brasileira, ele acredita ver, com lentes de aumento, as potencialidades do "inédito", a capacidade de produzir o inesperado. Vale enfatizar que nessa perspectiva, o inesperado não vem da natureza, do que se impõe ao homem, mas vem do homem que exercita o papel de sujeito, como fez Teodoro Sampaio.

Desse jogo entre natureza e cultura, o antropólogo vislumbra a *condição* em sua conexão com a ideia de trânsito, distanciando-a dos conceitos que sugerem essencialismos e autenticidades. A ideia de uma imanência colada aos Estados e povos não resiste à convicção de o Brasil e Angola precisam ser entendidos como peças de uma engrenagem maior. Mesmo as relações que percebemos como bilaterais são tributárias de um movimento mais amplo, no qual estão inscritas as leis da ocidentalização que desde o século XIV se consolida. A hipótese de um outro papel nesse jogo ele antevê e reclama, considerando, sempre, todavia, a necessidade de superar o alcance das estratégias de legitimação identitária e sublimação das referências comuns. Em sua viagem, Ruy Duarte de Carvalho atualiza uma pergunta que havia colocado anos antes a respeito da criação da Comunidade dos Povos de Língua Portuguesa (CPLP):

> [...] o que nos move (e pode fazer mover as relações entre Angola e o Brasil, por exemplo) institui-se como "uma proposta de comunhão identitária tributária de exaltações românticas de passados, culpas, desculpas, ou atenta a uma equivalência de respostas perante incidentais dinâmicas presentes e futuras?"[26]

---

25. *Idem*, p. 196.
26. Ruy Duarte de Carvalho, *A Câmara, a Escrita e a Coisa Dita...*, p. 254.

Nas estradas que percorreu, na companhia de viajantes que o precederam nas deambulações pelo Brasil, Ruy Duarte de Carvalho remexeu inventários, produziu muito material e, sem medo, convulsiona imaginários consagrados. A viagem pelos sertões e a viagem da escrita que a narrativa nos traz nos dizem muito da singularidade de um olhar sempre desconfiado do que imagina ver diante de si. Tal desconfiança mobiliza, sem dúvida, o seu desejo e a sua capacidade de "dominar a forma, encadear as imagens, a ordenar os conceitos"[27], pressupostos da concepção de um texto como aquilo que "não pode ser reduzido a contextos"[28]. Fiel ao objetivo de escapar às prescrições, além de todos os aspectos destacados, em *Desmedida,* o escritor realiza a proposta que anos antes, em um colóquio acerca das relações entre literatura e viagem, sintetizara:

[...] minha proposta, nem que fosse só para meu uso pessoal, seria a de que literatura e viagem se conjugassem em aventura experimentada tanto em extensão como em profundidade para ser então vivida como exaltação e narrada depois como a estória verdadeira de uma tal vontade[29].

Difícil para o leitor, após a leitura de *Desmedida*, não perseguir essa "tal vontade" e/ou não cobiçar o lugar de passageiro entre as paisagens e as escritas que o verbo preciso de Ruy Duarte de Carvalho converte em exercício de reflexão e aprendizagem.

REFERÊNCIAS BIBLIOGRÁFICAS

ALENCASTRO, L. Filipe. *O Trato dos Viventes*. São Paulo, Companhia das Letras, 2000.

CANDIDO, Antonio. "Ressonâncias", *O Albatroz e o Chinês*. 2 ed. Rio de Janeiro, Ouro sobre Azul, 2010.

---

27. *Idem*, p. 122.
28. *Idem, ibidem.*
29. *Idem.*

CARVALHO, Ruy Duarte de. *A Câmara, a Escrita e a Coisa Dita... Fitas, Textos e Palestras*. Lisboa, Cotovia, 2008.

_____. *Desmedida*. Rio de Janeiro, Língua Geral, 2010.

_____. *Vou Lá Visitar Pastores*. Lisboa, Cotovia, 1999.

ERVEDOSA, Carlos. *Roteiro da Literatura Angolana*. Luanda, União dos Escritores Angolanos, s.d.

MACÊDO, Tania. "A Presença da Literatura Brasileira na Formação dos Sistemas Literários dos Países Africanos de Língua Portuguesa". *In*: ABDALA JÚNIOR, Benjamin. *Estudos Comparados: Teoria, Crítica e Metodologia*. Cotia, Ateliê Editorial, 2014.

PEPETELA. *A Gloriosa Família*. Rio de Janeiro, Nova Fronteira, 1999.

SCHWARZ, Roberto. *Que Horas São?* São Paulo, Companhia das Letras, 1987.

_____. *Um Mestre na Periferia do Capitalismo*. São Paulo, Companhia das Letras, 1990.

TAVARES, Ana Paula. "Cinquenta Anos de Poesia Angolana". *Via Atlântica* n. 3, Revista do Programa de Pós-Graduação em Estudos Comparados de Literaturas de Língua Portuguesa, n. 4. São Paulo, USP, 1999.

VECHI, Roberto. "Choques e Poéticas In-betweeness nos Atlânticos Sul: Modernidades em Trânsito na Formação da Poesia Angolana". *In*: PADILHA, Laura e RIBEIRO, Margarida Calafate. *Lendo Angola*. Porto, Afrontamento, 2008.

VIEIRA, José Luandino. "Encontros com Luandino Vieira em Luanda". *In*: LABAN, Michel. *Luandino. José Luandino Vieira e a sua Obra. Estudos, Testemunhos, Entrevistas*. Lisboa, Edições 70, 1980.

4
Notas sobre a Ficção e a História em João Paulo Borges Coelho*

*Para o Nazir Can, também por suas
lições sobre o Índico*

Autor de quatro romances, uma novela e de dois volumes de contos, João Paulo Borges Coelho estreia no universo da ficção em 2003, com o lançamento de *As Duas Sombras do Rio*[1]. Já em 2004, com *As Visitas do Dr. Valdez*, assinala-se a continuidade dessa carreira fermentada no exercício da História como espaço profissional. Do ofício de historiador, percebe-se o legado da intimidade com a reflexão sobre uma realidade marcada por fundas transformações, o que se vai projetar nessa nova forma de escrita que é também um modo de investigar. Por variadas trilhas, João Paulo propicia-nos o acesso a um universo pautado pelo senso da ruptura, marca da vida no seu jovem país,

---

1. Desde o momento em que o artigo foi escrito, do autor foram editados os seguintes títulos: *O Olho de Hertzog* (2009), *Cidade dos Espelhos* (2011), *Rainhas da Noite* (2013), *Água. Uma Novela Rural* (2016), *Ponta Gea* (2017) e *Museu da Revolução* (2021), além de alguns contos publicados esparsamente.

mas que não deixa de ser, noutros enquadramentos, um selo dos nossos tempos em diferentes geografias.

Como não é nada raro nas ex-colônias portuguesas na África, o percurso biográfico do escritor se mistura ao de seu país. João Paulo Borges Coelho tinha cerca de vinte anos em 1975, data da independência, o que significa que o tempo de sua maturação como indivíduo foi vivido no clima das grandes mudanças que acompanharam a derrocada do império e a emergência do novo Estado. Mudanças políticas, mudanças econômicas, mudanças sociais, mudanças culturais, ou seja, um grande e variado conjunto de alterações viria a interferir também no imaginário que integra os projetos identitários que modulam a vida nesses quadros de crise. Não se pode esquecer ainda que no caso moçambicano tal quadro foi intensificado pela instabilidade da guerra que atravessaria as décadas seguintes. Profissionalmente, é como professor e historiador que ele vivencia grande parte de tal período. Ao fim desses quatro anos, a alta produtividade do escritor permite ver esses anos também como um tempo de formação do escritor que em 2003 entrega-se maduro ao público. Em *As Duas Sombras do Rio*, o romance de estreia, temos um trabalho que, apostando na força da narrativa, abre à literatura moçambicana algumas novas veredas.

Abordando o conflito que se desdobrou numa prolongada guerra civil, o autor focaliza uma zona situada na província de Tete, ali bem junto à fronteira com a Zâmbia e o Zimbabwe, o que fará sentido no desenrolar do enredo, mas também na constituição de um projeto cultural de que a literatura precisa ser parte. Essa demarcação espacial torna-se um dado importante na medida em que promove o deslocamento em relação ao interior e ao norte de Moçambique, ampliando também o que podemos reconhecer como a territorialidade literária do país. Assim como os investimentos econômicos e sociais, que estavam até então concentrados no sul, o território literário, com raríssimas exceções, não ousava expandir-se. O primeiro romance de João Paulo enfrenta esses limites e investe na ocupação de outras regiões, incorporando em seu imaginário espaços que o país independente ainda conhece pouco.

A importância da geografia confirma-se na presença do mapa que se segue ao índice. Trata-se de uma carta que se desdobra: no canto inferior direito há um desenho do país, em que se assinala a região do Zumbo, detalhada em legendas que complementam a apresentação do lugar que é palco das ações a serem narradas. A escolha do Zumbo talvez leve aqueles que conhecem a vida do escritor a associá-la à ligação com a sua trajetória biográfica. Na província de Tete, onde se situa a região, o escritor viveu parte de sua infância e ali trabalhou muitas vezes após a Independência. Mas é o próprio escritor que nos anima a pensar noutros aspectos ao declarar numa entrevista:

– Com Tete eu tenho afinidades desde criança, que onde pela primeira vez tive a noção do mundo, com um ou dois anos de idade, foi em Moatize, onde o meu pai trabalhou nas minas de carvão. Em Moatize nasceram dois irmãos meus, portanto foi isso. Com o Zumbo é uma afinidade relativa, apesar de ser especial, porque é um sítio que eu visitei muitas vezes em trabalho. É um sítio que é muito difícil de chegar, está mais para lá, na confluência do Zimbabwe e da Zâmbia, numa espécie de fim do mundo pelas condições em que vive. Então eu decidi fazer um pouco de barulho à volta do Zumbo tal como se podia fazer por muitos outros lugares deste país nas mesmas condições[2].

Sem atribuir à palavra do autor maior autoridade sobre sua própria obra, identificamos no texto traços que nos levam a confirmar a abordagem do Zumbo como um lugar emblemático do que ocorre (ou poderia ocorrer) em vários pontos do país. Longe de ser tratado seguindo as coordenadas da exotização que com incômoda frequência determinam a apreensão do território africano, principalmente aquelas áreas nas quais são pouco visíveis os traços da penetração do patrimônio cultural

[2]. *Jornal de Notícias*, 15.8.2006.

que chegou com a colonização, em *As Duas Sombras do Rio*, o espaço é construído também como linguagem, constituindo uma fonte de sentidos para o conjunto de experiências a ser organizado pela narrativa.

A apreensão da paisagem que então se desenha é presidida por princípios muito diversos daqueles que orientam a chamada literatura colonial, incluindo-se aí aquelas páginas que continuam a ser produzidas na atualidade por um olhar que não consegue ir além da situação de enfrentamento e/ou de perturbador saudosismo. Sem renunciar ao patrimônio urbano que o informa, o narrador do romance procura uma aproximação com aquela paisagem que, não lhe sendo completamente familiar, não é também estrangeira. Chama, pois, a atenção a disposição para viver os impasses que essa inserção impõe. Complexa, a expressão de algumas peculiaridades dessa situação dispensa a opção pelo subterfúgio. Há entre o narrador e os elementos que compõem a sua narrativa uma espécie de confronto que vai ser serenamente vivido e convertido em matéria. Essa experiência do estranhamento, que não se confunde com o desejo da dominação – tão presente em muitos textos coloniais – projeta-se em alguma obsessão descritiva, cujo resultado é uma certa morosidade no desenvolvimento do enredo.

Consciente de que escreve para um leitor que com certeza partilharia a sensação do novo, o narrador empenha-se em descrever minuciosamente as ações, detalhando características dos lugares e perscrutando traços, procedimentos, sensações que imagina para seus personagens. Como se não fizesse sentido também a pressa na incursão por um território onde o ritmo da vida segue outros parâmetros. Essa ênfase nas minúcias, manifesta no texto inclusive pelo uso constante dos parênteses, reflete certamente o desejo de fazer da literatura um espaço de conhecimento e interpretação da realidade com que se depara. Nesse sentido, para compreensão do fenômeno, com muita atenção às diferenças entre processos desenvolvidos em épocas e sob circunstâncias tão diversas, vale a pena lançar mão do comparativismo como estratégia de leitura e recordar o processo de formação do gênero romance no Brasil.

Ao se debruçar sobre a literatura brasileira do século XIX, período em que o Brasil vivia o fortalecimento do sentimento nacional, Antonio Candido aponta a ligação entre a literatura e a dimensão geográfica como um fator essencial no processo de representação da terra. Fato que pode ser explicado pela independência recente e a necessidade de reapropriação do território liberto da ocupação, decorrência da tomada de consciência da realidade brasileira:

[...] o nosso romance tem fome de espaço e uma ânsia topográfica de apalpar todo o país. Talvez o seu legado consista menos em tipos, personagens e peripécias do que em certas regiões tornadas literárias, a sequência narrativa inserindo-se no ambiente, quase se escravizando a ele. Assim o que se vai formando e permanecendo na imaginação do leitor é um Brasil colorido e multiforme, que a criação artística sobrepõe à realidade geográfica e social. Essa vocação ecológica se manifesta por uma conquista progressiva do território[3].

Bem vistas as diferenças, como é prudente nos paralelos que a literatura comparada propõe, é possível localizar no conjunto da obra de João Paulo esse movimento que Candido reconhece na produção brasileira. Se não se pode propriamente reconhecer essa subordinação dos demais elementos ao espaço em todos os textos do autor moçambicano, é perfeitamente possível detectar no conjunto da obra essa "conquista progressiva do território". A publicação de *Índicos Indícios*, duas coletâneas de contos intitulados *Setentrião* e *Meridião* (2006), parece-nos um sinal dessa evidência. Espalhando seu olhar pelas várias províncias de Moçambique, o autor disponibiliza quadros de referência das paisagens que visita, ampliando, entretanto, o campo de visão sobre elas à medida que foge das descrições e articula muito bem as perspectivas do narrador e os materiais da ficção.

---

3. Antonio Candido, *A Formação da Literatura Brasileira*, p. 101.

Fátima Mendonça chama-nos a atenção para algumas de suas características como

[...] por um lado, o seu caráter de novidade, enquanto portador de uma consistência ontológica até agora apenas visível na poesia e, por outro, uma expressão de cristalina limpidez que devolve à língua uma espécie de pureza inicial próxima do sagrado, o que sintomaticamente também a aproxima da poesia[4].

Esse trânsito pelo país como dado constitutivo do foco narrativo é reforçado ainda pela escolha da Ilha do Ibo (no norte) e pela cidade da Beira (no centro) para palco das ações em *As Visitas do Doutor Valdez*, de 2005. Assinale-se ainda que, em 2006, chegou ao público a *Crônica da Rua 513.2*, uma sagaz representação da cidade de Maputo. *Hinyambaan*, uma novela publicada em 2008, centra-se no deslocamento entre a vizinha África do Sul e a província de Inhambane, num alargamento para além das fronteiras nacionais.

A variedade espacial num território particularizado pela pluralidade etnolinguística não significa efetivamente apenas diferenças nos aspectos físicos de cada região. A captação da diversidade de que o país é portador inscreve-se como uma espécie do compromisso do escritor com seu próprio projeto literário/intelectual. Cabe, entretanto, observar que, em certa medida, dada a intensidade do ritmo da contemporaneidade, talvez a estratégia não esteja, como no caso da literatura brasileira, definida como uma vontade de responder às lacunas criadas pela empresa colonial, mas, talvez principalmente, pelo desejo de empenhar a atividade literária no processo de integração nacional, investindo, portanto, na proposta que as forças políticas responsáveis pela independência defendiam mas não foram capazes de realizar. E talvez porque não tenham sabido compreender a dinâmica cultural com que se defrontou.

---

4. Fátima Mendonça, *Literatura Moçambicana: As Dobras da Escrita*, p. 198.

Na obra em causa, a incorporação das múltiplas paisagens que compõem o país não condiciona a conversão das personagens em seres exóticos, ou seja, os homens e mulheres que transitam pelas terras focalizadas não são reificados por um olhar perplexo diante da diversidade dos mundos. Tanto em *As Duas Sombras do Rio*, como em *As Visitas do Dr. Valdez*, há da parte do narrador uma postura que tempera a autoridade da terceira pessoa com a inquietação de quem se vê incapaz de penetrar completamente aqueles universos. Assim, a diferença, ainda que, em alguns momentos, se possa fazer notar em certa impropriedade da linguagem discursiva dos diálogos, não converte as personagens em estereótipos a serviço das "verdades" que o narrador pretenderia veicular. Talvez seja mais acertado pensar que a distância entre a voz que narra e o mundo narrado, se por um lado, assoma como um problema, por outro lado, ergue-se como matéria para reflexão. Como se o narrador não escamoteasse a consciência de que fala para um leitor que pouco conhece daquela paisagem, uma das razões porque faz sentido buscar o equilíbrio entre a incursão no desconhecido e a ponta de estranhamento que impede a diluição da alteridade que é preciso considerar.

Com base nessas indicações, podemos arriscar uma leitura da montagem textual centrada na alternância entre "cena" e "sumário narrativo", os dois modos básicos de narração definidos por Norman Friedman. A "cena", segundo o autor do conhecido estudo sobre o ponto de vista da narrativa, constrói-se fundada na apresentação de detalhes concretos e particulares, situando-se num nítido contexto espácio-temporal. Já o sumário ancora-se na exposição generalizada de um conjunto de acontecimentos localizado num dado período de tempo e numa pluralidade de locais. Estruturado na terceira pessoa, o foco narrativo em *As Duas Sombras do Rio* não se exime da ambiguidade que caracteriza um narrador consciente da perplexidade causada pelo mundo que se desponta diante de seus olhos. O aturdimento que envolve alguns personagens não poupa aquele a quem cabe ordenar os fatos e encadear o fio narrativo. Assim, a presença forte da cena, que surge quando interessa o acontecimento em si, é delineada pelo sumário, no qual podemos detectar as nuances que compõem a tonalidade com que os eventos são narrados.

É certo que a tendência à precisão patenteada na presença de outros referenciais concretos também faz suspeitar que o historiador talvez quisesse orientar o ficcionista. Entretanto, se concentramos nossa atenção na questão dos gêneros literários, ressalta-se, ao mesmo tempo, o senso de historicidade que, independentemente da formação de quem o produz, remarca o romance, tal como tem sido apontado pelos grandes estudiosos do gênero como Walter Benjamin, Roland Barthes, Marthe Robert e Michel Zeraffa, para quem "o aparecimento do gênero romanesco significa que não há sociedade sem história nem história sem sociedade"[5]. Assim, em lugar de se acomodar à obviedade da relação determinada pelos dados biográficos do autor, o leitor pode se conduzir pelos domínios mais complexos da relação entre literatura e história e, desse modo, enveredar pela produtiva discussão sobre o lugar da atividade literária e das formas cultivadas numa sociedade em que a contradição ainda parece ser a marca essencial.

Mesmo nos dispensando de um regresso ao século XIX, quando a Literatura e a História eram vistas como partes de um mesmo ramo do saber, podemos observar a proximidade existente entre elas. Temos, sobretudo, na própria concepção do romance elementos para pensarmos na articulação entre os vínculos com a História, vínculos que se atenuam ou se reforçam segundo os passos de cada época, segundo as peculiaridades de cada espaço. Em se tratando de literaturas produzidas em espaços periféricos, não é temerário defender que eles se afirmam. No processo de formação da literatura brasileira, por exemplo, podemos localizar sinais que ilustram muito bem a dimensão desse diálogo, tal como comprovam estudos de grande qualidade como aqueles que oferecem Roberto Schwarz e Flora Sussekind,

---

5. Michel Zeraffa, *Romance e Sociedade*, p. 18.

para ficarmos com dois grandes conhecedores da matéria, além do já citado Antonio Candido[6].

Alguns procedimentos adotados pelo arguto narrador de *As Duas Sombras do Rio* vêm confirmar a força desses laços que não são construídos apenas no diálogo com dados externos à estrutura romanesca que ali se abre. As referências a lugares (como Tete, Zambeze, Zumbo, Kanyemba etc.), a personagens históricas (como *Frei Pedro de Santíssima Trindade, Choutama, Chissaka* e *Caetano Pereira*), bem como a datas históricas como 1820 e 16 de outubro de 1985, se, por um lado, sugerem a veracidade do que se conta, por outro lado, o modo como aparecem organizados sustenta a verossimilhança do enredo e assegura densidade à matéria narrada. Enraíza-se, exatamente, nessa organização dos dados, corporificada numa linguagem eficiente, a energia dessa narrativa que segundo Francisco Noa não nos traz "propriamente a representação ficcionada de um fato histórico, mas sim a dimensão humana, ou desumana, de uma situação histórica"[7].

A síntese bem formulada pelo crítico moçambicano aponta para aquela concepção de História defendida por W. Benjamin como "objeto de uma construção cujo lugar não é o tempo homogêneo e vazio, mas um tempo saturado de 'agoras'"[8]. O afastamento da dimensão positivista pode sugerir a aproximação entre a proposta de Borges Coelho e a direção destacada por Linda Hutcheon para quem "reescrever ou reapresentar o passado na ficção e na história é – em ambos os casos – revelá-lo ao presente, impedindo-o de ser conclusivo, de ser teleológico"[9]. Mas não vai muito longe essa ligação com a pós-modernidade e talvez seja mais acertado dizer que nos caminhos seguidos pelo

---

6. Entre as obras indicadas podemos destacar *Tal Brasil Qual Romance*, de Flora Sussekind, 1984; *Um Mestre na Periferia do Capitalismo: Machado de Assis*, de Roberto Schwarz, 1990; e *A Educação pela Noite*, de Antonio Candido, 1997.
7. Passagem retirada do texto de apresentação do livro *As Duas Sombras do Rio*, por ocasião de seu lançamento em Maputo. Agradeço ao autor a cessão do texto ainda não publicado.
8. Walter Benjamin, *Obras Escolhidas*, p. 229.
9. Linda Hutcheon, *Poética do Pós-modernismo*, p. 197.

romancista, sem procurar abrigo em seus terrenos algo movediços, João Paulo do legado da pós-modernidade sabe selecionar aquilo que lhe parece útil para o seu projeto ficcional.

A opção pela narrativa que é, sem dúvida, uma boa notícia num contexto de poetas, como a cena literária moçambicana é usualmente apresentada, pode ser lida como uma espécie de senha para o trânsito entre esses dois domínios que cultivam a diluição das fronteiras: a história e a literatura. Diferentemente do que surpreendemos na produção literária angolana, em que o romance histórico apresenta-se como uma vertente cortejada por muitos escritores, essa não tem sido a tendência da prosa moçambicana. Em Angola o passado mais recuado tem ocupado a atenção de autores como Pepetela, Arnaldo Santos e José Eduardo Agualusa, multiplicando-se os textos que buscam em tempos remotos, muitas vezes na fase ainda de consolidação do Império, pontos que ajudem a refletir sobre o que define a sociedade contemporânea. Em Moçambique, com exceção aberta por Ungulani Baka Khosa e seu incontornável *Ualalapi*, e *O Outro Pé da Sereia* (2006), romance de Mia Couto, que faz uma incursão pelo século XVI, a estratégia mais corrente tem sido a de uma concentração num período mais recente, que vai do tempo em que a marca da mudança é já uma realidade, como é o caso de *Vinte e Zinco*, até a dura fase da guerra movida pela Renamo ou os primeiros anos depois do Acordo de Paz, assinado em 1992, como comprovam *Os Ventos do Apocalipse*, de Paulina Chiziane; *Milandos de um Sonho*, de Bahassan Adamodjjy; *Terra Sonâmbula* e *O Último Voo do Flamingo*, de Mia Couto.

Sem fazer romance histórico, João Paulo revela-se preocupado com alguns elementos que fazem parte do reino de sua outra função, entre as quais destaca-se o universo da memória. A natureza do fenômeno, as veias abertas, os focos sobre os quais se lançam os olhares da contemporaneidade, tudo isso atravessa a matéria moldada em seus textos, que, ao mesmo tempo, têm como alvo o presente. O passado, e sempre o mais próximo, quando neles irrompe é para tornar mais nítidas as forças que definem o código dessa atualidade que lhe cabe viver, ou seja, o tempo flagrado em seus romances é aquele que assiste à emergência do país e as mudanças por que ele tem passado.

Podemos destacar duas obras que trabalham muito bem a ideia da transformação: *Crônica da Rua 513.2* e *As Visitas do Dr. Valdez*. Em ambas a concepção de memória está articulada a uma sutil noção de movimento que apanha as personagens no exercício mesmo da percepção de que vivem um tempo limite. Em franca e produtiva coexistência com o espaço, o tempo será um elemento essencial na estruturação de tais narrativas. Na *Crônica da Rua 513.2* ele investe na representação de uma fase da história recente do país, situando o jogo narrativo num espaço urbano, onde as transformações foram mais evidentes desde o início do processo instalado com a independência. Não se trata de qualificar as modificações que o processo histórico legou à vida das pessoas, de classificar as marcas com que alguns destinos foram selados, mas de tentar apreender os novos quadros em que tiveram, precisaram ou quiseram se inserir. Ou do qual não puderam escapar.

Nessas poucas décadas que se passaram após a independência, a História impôs verdadeiros saltos à sociedade moçambicana e, nesse compasso, a segunda metade dos anos 1970 é focalizada sob a moldura de um passado que o império das regras atuais faz parecer distante e que o exercício da memória quer reter. O tempo encarado como presente nas duas narrativas é cronologicamente próximo, mas distinguem-se pelo selo da ruptura de que o ano de 1975 é emblemático. Em *Crônica da Rua 513.2*, 1975 é marco inaugural e o olhar do narrador centraliza-se nas consequências do momento histórico que aí se instala, sentindo-se a pulsação desses tempos no ritmo que modula a narrativa, enquanto em *As Visitas do Dr. Valdez* podemos acompanhar a gestação desse momento. A respeito, vale transcrever uma passagem do texto com que Almiro Lobo apresentou o livro em seu lançamento em Maputo:

> Mucojo e Beira, dois microcosmos em erosão, são testemunhas do encontro e desencontro de uma categoria avassaladora: o tempo. Ator

múltiplo e complexo, age e assiste à transformação das personagens e dos cenários, das existências e das lógicas que sustentam os mundos em confronto. Elaborado ao gosto e à habilidade do escritor (entre analepses e prolepses) o discurso reinventa o único tempo que importa: o do narrado, confirmando a ideia de que mais importante do que a cronologia dos acontecimentos está a disposição temporal na ficção[10].

A ruptura entre esses dois mundos, materializada nas páginas finais, é, de várias maneiras, anunciada durante o desenrolar da estória que tem seu início fincado lá no começo do século xx. A imagem da "grande ave molhada" utilizada para descrever o avião do qual vão desembarcar as principais personagens do romance sugere muito bem os contornos contraditórios que guarda esse singular momento da História. A máquina tem o seu poder e a sua força reduzidos, tal como qualquer grande ave vê sua majestade subtraída pelo efeito da água. A partir daí, o leitor entrará em contato com a fase em que se despede uma ordem e outra se aproxima. Os fatos podem sugerir alguma celeridade, mas o ritmo da narrativa parece lento, refletindo, em certo sentido, a cadência da vida entre os coqueirais e o balanço da memória das duas senhoras que constituem o vetor da matéria trabalhada pelo narrador.

Diferentemente do que ocorre no primeiro romance, este segundo caracteriza-se por uma economia textual centrada na contrição. São poucas as personagens e restrito é o espaço por onde elas circulam naquilo que podemos identificar como o presente das ações. O essencial se passa no interior da pequena casa da cidade da Beira que abriga as duas senhoras e Vicente, o criado, que com elas se deslocou do Ibo. Apenas algumas cenas, protagonizadas pelo criado, vão transcorrer nas ruas da cidade. As largas paisagens e os grandes deslocamentos estão associados ao passado e vivem apenas sob a moldura da memória. É, pois, através da memória que esses mundos já desfeitos

---

10. Texto de apresentação de *As Visitas do Dr. Valdez*, de João Paulo Borges Coelho, por Almiro Lobo. Texto ainda não foi publicado.

se reerguem e vêm se reinstalar nessas vidas que experimentam a convulsão da contemporaneidade.

Caetana, Amélia e Vicente compõem o núcleo da estória que tem na casa da Beira um lugar de passagem, um espaço intermediário, imprensado entre o passado identificado pelas duas velhas senhoras e o futuro associado ao moço negro. No trio está representada a velha ordem que caminha para a mudança. A composição das duas senhoras, se não é pautada pela constância da riqueza material que convencionalmente caracteriza o universo do poder num mundo dividido pelo peso da dominação – como é próprio da condição colonial –, é tocada pela ideia da abundância que permite que se conheçam as suas origens, as relações familiares, o seu itinerário nas vidas que viveram. Os afetos e os objetos preenchem o local das recordações que são agora o seu patrimônio. Vicente emerge sob o signo da carência. Do passado apenas o velho pai, Cosme Paulino, é uma marca significativa. Além do pai, somente a fantasia que o leva a incorporar a vida de outro – o Dr. Valdez, com que busca amenizar a solidão desestabilizadora de Sá Amélia. A diferença entre seus universos fecha-se na contraposição entre passado e futuro que é uma das chaves do romance. O presente é um fio, tênue e transitório, pelo qual se atam essas duas pontas.

Centrado no percurso dessas três personagens, a ficção recupera a história de um tempo. Contrapondo-se ao código da literatura colonial, a narrativa de João Paulo Borges Coelho retira à pureza o estatuto da superioridade. Em *As Visitas do Dr. Valdez* a hegemonia da família de Ana Bessa não está, nem de longe, associada à origem portuguesa. Em suas vidas misturam-se sangues e culturas, produzindo-se um mundo mesclado que embora estivesse na base do país que se construía era apagado pelo discurso oficial, sempre interessado em subalternizar a presença negra e em diluir outras presenças que pudessem abalar a exclusividade da matriz lusitana. O universo que se abre e se fecha em torno das irmãs é revelador da falácia com que o discurso colonial procurava legitimar sua presença salvadora.

Importa observar que a alusão à mistura não se faz segundo os moldes da interpretação luso-tropical formulada por Gilberto Freyre e que animou setores da empresa colonial portuguesa a partir dos anos 1960. A nota da crueldade que a desigualdade impõe ali está representada e atenta contra o império da nostalgia que não raras vezes se ergue do exercício da recordação. O castigo imposto ao fiel criado Cosme Paulino por ter cedido à tentação de comer um pouco do açúcar de propriedade do patrão e a aliança entre Ernestino e o régulo Chimarizene ilustram a natureza das relações que definiam a sociedade colonial. Os laços, com suas contradições e ambiguidades, são costurados pelo fio da memória que na rede ficcional busca resgatar a lógica tão difusa da velha ordem e, ao mesmo tempo, fazer compreender a dinâmica desse tempo em mutação.

A ideia de resgate, contudo, não conduz a uma recomposição voltada à celebração. O papel da memória aqui é escavar pontos submersos e, a partir dos fragmentos que tal operação levanta, ir compondo o mosaico que pode ressignificar a experiência que não se reatualiza, mas pode apenas ser representada pela imaginação que alicerça o romance. Aqui talvez seja produtiva a noção de "rastro" que Jane Marie Gagnebin localiza em Ricoeur e reconhece como fundamental para a reflexão acerca da memória na contemporaneidade:

Notemos primeiro que o rastro, na tradição filosófica e psicológica, foi sempre uma dessas noções preciosas e complexas – para não dizer em boa (?) lógica cartesiana, obscuras – que procuram manter juntas a presença do ausente e a ausência da presença. [...] Sua fragilidade essencial e intrínseca contraria assim o desejo de plenitude, de presença e de substancialidade que caracteriza a metafísica clássica. [...] Por que a reflexão sobre a memória utiliza tão frequentemente a imagem – o conceito – de rastro? Porque a memória vive essa tensão entre a presença e a ausência, presença do presente que se lembra do passado desaparecido, mas também presença do passado desaparecido que faz sua irrupção em um presente evanescente[11].

---

11. Jeanne-Marie Gagnebin, *Lembrar. Escrever. Esquecer*, p. 44.

Eis aí uma das senhas para se analisar a composição do Dr. Valdez, ou melhor, as composições: a que é obra do narrador e a que deve sua existência à *performance* de Vicente, graças a quem a lembrança do médico ganha corpo e ressurge no cotidiano algo assombrado das duas irmãs. Saída do terreno encantado da memória, a personagem reencarna-se na figura estranha que Vicente lhe empresta e assegura uma estranha materialidade ao rastro da matéria que aspira à recuperação de uma suposta totalidade mas que, simultaneamente, confirma a irreversibilidade do passado e, portanto, a incompletude do gesto.

A consciência dessa incompletude é, precisamente, uma das fontes da angústia que nos leva a atribuir à memória um papel revitalizador. Mas é a mesma consciência que nos conduz à certeza dos limites que o investimento nos devolve. Também nesse aspecto, a contemporaneidade assiste a uma aproximação entre a ficção e a história, pois como argumenta Beatriz Sarlo:

> [...] toda reconstituição do passado é vicária e hipermediada, exceto a experiência que coube ao corpo e à sensibilidade de um sujeito. [...] toda experiência do passado é vicária, pois implica sujeitos que procuram entender alguma coisa colocando-se, pela imaginação ou pelo conhecimento, no lugar dos que a viveram de fato. Toda narração do passado é uma representação, algo dito no *lugar* de um fato[12].

Ao se apossar da figura do Dr. Valdez, recompondo-a com os recursos materiais organizados segundo a sagacidade de sua imaginação, Vicente, a personagem que remete à ideia de futuro no romance, ensaia uma leitura original do passado que gestou esse presente ainda feito de ansiedades, recordações e fragmentos de vidas que estão diante da transformação anunciada. O jovem negro acaba por em alguns momentos funcionar como uma espécie de alter ego do narrador, pois ambos fazem da invenção um modo de rememorar o que não foi vivido.

---

12. Beatriz Sarlo, *Tempo Passado*, p. 95.

Em seu instigante estudo sobre a cultura da memória, Beatriz Sarlo analisa a prevalência que os discursos testemunhais ganharam na abordagem de processos dolorosos da história da humanidade como é o caso do Holocausto, como é o caso da recente ditadura na Argentina, o seu país. O aparecimento de tantos textos memorialísticos nos últimos anos em países como Moçambique e como Angola faz pensar na necessidade que os protagonistas da sua História sentem de oferecer novas leituras, com todos os riscos que esses exercícios implicam. A emergência dessa vertente reflete a tendência de propiciar novos aportes à construção da história desses povos que foram durante séculos silenciados pela dominação estrangeira.

O aspecto positivo dessa tomada de posição não pode entretanto – alertam-nos Sarlo e Jeanne Marie Gagnebin – ser absolutizado, sob pena de "o dever da memória [...] recair na ineficácia dos bons sentimentos ou, pior ainda, numa espécie de celebração vazia, rapidamente confiscada pela história oficial"[13]. É preciso ter atenção e considerar a subjetividade desses documentos que, como é comum, aspiram à totalidade mas são sempre reveladores do caráter fragmentário de cada gesto humano.

E, talvez por essa via, se reafirme uma das funções da ficção nesses tempos de reavaliação da história. Sua carga inventiva permite que mesmo o apego ao detalhe e à tendência da precisão, mais que uma garantia da verdade perseguida pelas concepções positivistas da História, se revelem formas de consolidar a ilusão romanesca que faz sobreviver a utopia da imaginação. Nesse sentido, parece-nos legítimo afirmar que a energia da literatura alimenta-se do que poderia fragilizá-la como ato de conhecimento da natureza humana e dos avanços e recuos de cada processo histórico – a certeza da sua limitação:

A literatura, é claro, não dissolve todos os problemas colocados, nem pode explicá-los, mas nela um narrador sempre pensa de fora da

---

13. Jeanne-Marie Gagnebin, *op. cit.*, pp. 54-55.

experiência, como se os humanos pudessem se apoderar do pesadelo, e não apenas sofrê-lo[14].

Essa convicção o escritor moçambicano parece partilhar, incorporando no exercício da ficção o compromisso com um projeto que tangencia e se distingue daquele que move o historiador. Em síntese, com *As Duas Sombras do Rio* e *As Visitas do Dr. Valdez*, atualiza-se uma concepção de literatura que não quer se confundir com História, nem substituí-la no que ela tem de particular. Daí a sua capacidade de fundar outros mundos com os quais ajuda a revelar a complexidade do universo em movimento que é um traço do nosso tempo, em Moçambique e outras latitudes.

REFERÊNCIAS BIBLIOGRÁFICAS

BENJAMIN, Walter. *Obras Escolhidas. Magia e Técnica, Arte e Política.* 7ª. ed. São Paulo, Brasiliense, 1994.

CANDIDO, Antonio. *Formação da Literatura Brasileira.* 2 vols., 8ª. ed., Belo Horizonte, Itatiaia, 1997.

_____. *A Educação pela Noite & Outros Ensaios.* São Paulo, Ática, 1987.

COELHO, João Paulo Borges. *As Duas Sombras do Rio.* Lisboa, Caminho, 2004.

_____. *As Visitas do Dr. Valdez.* Lisboa, Caminho, 2004.

_____. *Índicos Indícios. Setentrião.* Lisboa, Caminho, 2005.

_____. *Índicos Indícios. Meridião.* Lisboa, Caminho, 2005.

_____. *Campo de Trânsito.* Lisboa, Caminho, 2006.

_____. *Crônica da Rua 513.2.* Lisboa, Caminho, 2006.

_____. *Hinyambaan.* Lisboa, Caminho, 2008.

_____. *O Olho de Hertzog.* Lisboa, Caminho, 2009.

_____. *Cidade dos Espelhos.* Lisboa, Caminho, 2011.

_____. *Rainhas da Noite.* Lisboa, Caminho, 2013.

14. Beatriz Sarlo, *op. cit.*, p. 119.

_____. *Água. Uma Novela Rural*. Lisboa, Caminho, 2016.

_____. *Ponta Gea*. Lisboa, Caminho, 2017.

_____. *Museu da Revolução*. Lisboa, Caminho, 2021.

_____. Entrevista. *Jornal Notícias*, Maputo, 15.8.2006, pp. 4-5.

FRIEDMAN, Norman. "Point of View in Fiction". *In*: STEVICK, Phillip. *The Theory of the Novel*. New York, The Free Press, 1967.

GAGNEBIN, Jeanne Marie. *Lembrar Escrever Esquecer*. São Paulo, Editora 34, 2006.

HUTCHEON, Linda. *Poética do Pós-modernismo*. Rio de Janeiro, Imago, 1991.

MENDONÇA, Fátima. *Literatura Moçambicana: As Dobras da Escrita*. Maputo, Ndjira, 2011.

SARLO, Beatriz. *Tempo Passado. Cultura da Memória e Guinada Subjetiva*. São Paulo/Belo Horizonte, Companhia das Letras/Editora UFMG, 2007.

SCHWARZ, Roberto. *Um Mestre na Periferia do Capitalismo: Machado de Assis*. São Paulo, Duas Cidades, 1990.

SUSSEKIND, Flora. *Tal Brasil, Qual Romance*. Rio de Janeiro, Achiamé, 1984.

ZERAFFA, Michel. *Romance e Sociedade*. Lisboa, Estudio Cor, 1974.

5
Cidades em Cena na Ficção Africana: Luanda e Maputo em Contraponto[*]

As questões à volta do espaço que vem merecendo tanta atenção no campo das ciências humanas encontram nas literaturas africanas um grande material para debate. Motivo evidente de disputa entre ocupados e ocupantes, o território projeta-se na escrita que ao longo dos séculos acabou por constituir uma arena importante no processo de dominação e reconquista da terra como demonstram Mary-Louise Pratt e Chinua Achebe ao alertarem, por caminhos diferentes, para o papel de tantos textos científicos, jornalísticos e literários na representação da África. Produzido a partir de um continente que durante tanto tempo teve a sua história encarada como algo à parte, o repertório revela de maneira especial a rede de conexões que a empresa colonial teceu, assim como as diversas formas encontradas pelos povos submetidos para responder ao sistema de imposições que

---

[*] Texto inicialmente publicado no livro *Memória, Cidade e Literatura: De São Paulo de Assunção de Loanda a Luuanda, de Lourenço Marques a Maputo*, organizado por Margarida Calafate Ribeiro e Francisco Noa, publicado em 2019, pela Editora Afrontamento, do Porto.

foi a base dessa história tão violenta e prolongada. Não surpreende, portanto, que em todo esse processo, na literatura e, mais ainda na chamada vida literária, espalhem-se as sombras das contradições que desenham o capitalismo e interferem fortemente nas dinâmicas sociais, com intensa repercussão nas relações entre o homem e as narrativas.

Se centramos nosso olhar no império lusitano, logo podemos perceber como a constituição do espaço se define como um tópico fundamental para a compreensão do mundo abordado pela literatura colonial. Diego Marques e Francisco Noa discutiram aspectos centrais dessa produção em suas teses de doutorado, apontando ambos o dado contraditório dessa produção: a maioria dos colonos vivia nas cidades, mas era no campo, mais precisamente no "mato" que situavam seus enredos. Ao selecionarem esse cenário, sentiam-se mais à vontade em sua crença de que o espaço a ser colonizado caracterizava-se como um vazio que só a ação "missionário-civilizadora" poderia preencher. Sobretudo a partir da década de 1940, a emergência do espaço urbano como um *locus* privilegiado na literatura angolana indicaria que a relação entre a cidade e a literatura compõe uma matéria muito produtiva para a leitura das transformações em curso nos anos que cercam a independência, assim como para a compreensão das diferenças nos processos de dominação nas duas costas do continente africano. A presença dominante de Luanda na produção literária de Angola e as referências tão rarefeitas da capital moçambicana são uma base interessante para o reconhecimento das particularidades que marcam as letras dos dois países, envolvendo os sentidos da nacionalidade em cada um. No presente artigo, a partir da visita a quatro autores angolanos (José Luandino Vieira, Manuel Rui, Pepetela e Ondjaki) e a um autor moçambicano (João Paulo Borges Coelho) procuramos observar a força que Luanda vai revelando ao longo dos anos, atravessando diferentes fases da história da ex-colônia, e, em contraponto, a timidez de Maputo, que só nos últimos anos vem conquistando terreno no imaginário do tecido romanesco do país às margens do Índico.

Mais antiga, a efetiva ocupação da costa ocidental acabou por estimular a criação de núcleos urbanos por uma faixa de território bem mais alargada. No contexto angolano, cidades como Benguela, Huambo (antiga Nova Lisboa) e Lubango (antiga Sá da Bandeira) emergem nas lembranças dos escritores que surgiram desde os anos de 1940 e eles, em suas referências à experiência de vida pessoal, aludem a processos em que a conscientização política mistura-se à formação literária nas últimas décadas da sociedade colonial. Iniciativas como a publicação da coleção Imbondeiro, recordada, por exemplo, por Leonel Cosme, ou as livrarias de Moçâmedes (hoje Namibe), de onde vinham os livros de Literatura Brasileira adquiridos pelo pai de Ruy Duarte de Carvalho[1], são marcas de uma vida cultural espalhada que teria reflexos no desenvolvimento do sistema literário angolano. A despeito dessa ramificação, todavia, no roteiro da literatura anticolonial é Luanda, a eterna capital, que assoma como palco privilegiado para abrigar os enredos que vão figurar a resistência e a ideia de uma viçosa angolanidade presente em tantos textos.

LUUANDA E *NÓS, OS DO MAKULUSU*

Já desde o final dos anos de 1940, a Calçada da Missão, o Bairro Operário, a Ilha do Cabo, a Rua da Maianga, a Baixa, a praia de Boavista apresentam-se como marcas de um movimento de apropriação da cidade pela escrita de poetas diversos como António Jacinto, Viriato da Cruz e Mário António, antecipando o que viria a ocorrer nos domínios da narrativa. Assim, em certa medida, evidencia-se no movimento do "Vamos Descobrir Angola" uma invenção de Luanda que seria decisiva na literatura angolana. Um pouco mais tarde, o Kinaxixe, o Makulusu,

---

1. Em *Desmedida*, o autor observa: "Tinha uma livraria no Lobito que fazia importação direta de material brasileiro e distribuía pelo resto da colônia. Meu pai comprava livros desses e o *Cruzeiro* e a *Manchete* também" (Ruy Duarte Carvalho, *Desmedida,* Rio de Janeiro, Língua Geral, 2010, p. 68.)

o Rangel, o Sambizanga, espaços habitados por pessoas vindas de várias partes de Angola, serão trabalhados por António Cardoso, Arnaldo Santos e José Luandino Vieira, completando esse quadro de ocupação que traz para o imaginário o projeto de ruptura que a formação do sentimento nacional pressupunha. Como se sabe, Luandino seria o representante máximo dessa proposta de atualizar na capital o sentido da diferença para dar corpo à independência: desde *A Cidade e a Infância*, o seu livro de estreia, *Luanda* surge como uma espécie de ícone da transformação necessária. Nos contos que compõem o volume, observam-se os gestos de cumplicidade com o espaço, que ligado ao tempo, aponta na direção da mudança. O movimento é duplo, pois à medida que o exercício da memória capta sinais de uma experiência mais amena, já tematizada no conhecido poema "O Grande Desafio", de António Jacinto, patenteia-se sutilmente um convite para um futuro contaminado pelo desejo de libertação. Um bom exemplo temos na indicação do Bairro do Café que aparece no conto que dá nome ao livro: sucedendo o *musseque* Braga como índice do "desenvolvimento" o *bairro* consagra a força do tempo na quebra de uma ilusória harmonia. A cidade que permitia algumas misturas impregnou-se de uma ordem segmentada, materializando a cidade colonial tão bem concebida nas reflexões de Fanon. Em outras palavras, podemos dizer que já em sua construção a "fronteira do asfalto" reclama a sua derrubada e a evocação dessa cidade anterior, como a insinuar uma esperança possível, funciona como senha a ser potencializada em *Luuanda*.

Nas três estórias desse livro da sagração da escolha do autor, cuja relevância permanece mobilizando a crítica, o olhar do narrador persegue as linhas da cidade que vai sendo imprensada pelo avanço colonial e que na sua resistência desvela a incompatibilidade entre as formas de ocupação e as formas culturais que definiam a vida entre os antigos habitantes da área. A transferência de modelos europeus para outras latitudes e longitudes já havia ocorrido, com grande peso para os nativos, como podemos observar nas Américas. Séculos antes, no movimento de conquista do chamado Novo Mundo, o grau de arbitrariedade concretiza-se com o abandono do "processo fundacional de cidades que havia sido a norma europeia, invertendo-a"[2]. Ou seja, a constituição do polo urbano não partia do desenvolvimento agrícola e da necessidade de se organizar o mercado e as comunicações com o exterior. Ao contrário, outros fatores, como o acesso à água, determinavam a fundação da urbe, esperando-se que daí viesse o desenvolvimento agrícola. Às cidades competia dominar o que estaria a sua volta. Acentuando radicalmente a operação que tivera curso na América hispânica (muito bem analisado em *A Cidade das Letras*), a implantação das cidades nas colônias portuguesas na África reitera o "sonho de uma ordem [que] servia para perpetuar o poder e conservar a estrutura socioeconômica e cultural que esse poder garantia"[3]. Ou seja, no III Império, agudiza-se a extrema violência baseada na contraposição entre abstração, racionalização e sistematização, de um lado e individualidade, imaginação e invenção local do outro[4]. Em se tratando de cidades como Luanda, embora o planejamento não tenha sido marcado pela reconhecida rigidez do império espanhol, em sua localização foi determinante a questão da defesa do território, objeto da cobiça de outros candidatos a ocupantes e também alvo da reivindicação dos próprios habitantes invadidos. A tensão daí derivada conferia destaque à situação topográfica. A necessidade de assegurar a posse da terra disputada implicava necessariamente uma dose suplementar de violência na ordenação do espaço.

O descontrole do crescimento de Luanda que gerava uma considerável proximidade entre as faixas da cidade que abrigavam os colonos e os colonizados, não significou uma atenuação de barreiras nessa coexistência pautada pelo conflito e pela desigualdade. As várias referências aos limites entre a cidade de alcatrão e os musseques, em narrativas de autores como António Cardoso, Arnaldo Santos, Boaventura Cardoso e Jofre Ro-

2. Ángel Rama, *A Cidade das Letras*, p. 35.
3. *Idem,* p. 32.
4. *Idem,* p. 34

cha confirmam a força representativa da expressão "fronteira do asfalto" utilizada por Luandino em seu primeiro livro. Nas estórias de *Luuanda* ressaltam os traços de diferenciação e os esforços dos personagens para escapar à normatização ameaçadora e manter a ordem fundada no seu plano de valores, na sua história. A comunhão com a natureza manifesta tanto na relação com a chuva como na capacidade de lidar com os animais remete a essa maneira de estar que de alguma maneira contesta o ritmo que a transposição cultural queria modelar. A correspondência entre a secura da terra e a fome que maltrata os moradores do musseque em "Vavó Xixi e Seu Neto Zeca Santos" e o concerto entre os meninos e as aves em "A Estória da Galinha e do Ovo" funcionam como índices de uma relação perturbada pela opressão em seus diversos níveis. Se é verdade que as cidades no quadro contemporâneo são vistas como espaço de tensão, onde tempos e presenças diversas coabitam, não se pode ignorar que no contexto colonial, a questão atinge o paroxismo, inclusive porque mais do que de uma sociedade de classes, a situação se aproxima de um sistema de castas, balizado pela diferenciação racial, que se torna responsável pelo agenciamento e pelos regimes de deslocamento de cada grupo[5]. No limite o selo da incomunicabilidade era o que orientava as relações.

Nas estórias de Luandino, observamos que em várias situações narrativas, a mobilidade é condicional e condicionada, e a ultrapassagem de certos limites constitui uma transgressão, que, como tal, pode ser punida. A vigilância e a condenação a que estão sujeitos os excluídos desautorizam a aproximação entre o caminhar das personagens pobres (e negras) pelas ruas e o deambular do *flâneur* que na obra de Baudelaire, de acordo com Benjamin, configura o desenho da modernidade europeia. Na capital angolana nos anos que antecedem a independência a circulação dessas personagens significava um gesto ousado e pontificava a rebeldia cujos frutos viriam.

---

5. José Luís Cabaço, *Moçambique. Identidades, Colonialismo, Libertação*, p. 224.

A ligação entre resistência, raça e circulação será magistralmente trabalhada por Luandino em *Nós, os do Makulusu*. Em suas páginas o exercício da memória conjuga espaço e tempo e empreende um doloroso processo de apropriação da cidade, ensejando, sob o céu colonial, uma outra relação entre a narrativa e os sentidos do urbano. O movimento da deriva protagonizado por Mais-Velho, o angustiado narrador, é orientado pela dor da perda e pela consciência de que a morte de seu irmão mais novo consagra o estilhaçamento de uma experiência de comunhão que a infância partilhada parecia guardar. Na memória, a ideia de totalidade associada ao passado se contrapõe à fragmentação que o presente determina e a cidade percorrida é agora também uma coleção de ruínas e suspeitas lidas sob a perplexidade causada pela morte do Maninho, o alferes do exército colonial.

Na composição de seu itinerário para acompanhar o funeral, Mais-Velho, ao percorrer as ruas, escava as camadas temporais de que a cidade é feita: a Rua dos Mercadores, a Rua das Flores, a Calçada dos Enforcados, "ruas escondidas ao progresso... ruas de utopias... ruas personalizadas, coloniais, colonialistas, ruas de sangue ..."[6], a que se juntam a Cidade-Alta, o Bê-Ó, o Makulusu, ponto fulcral na narrativa do que deve ser recordado. Do desembarque do Colonial, o navio que transportara a família da metrópole à colônia, até o cemitério do Alto das Cruzes, local de sepultamento do irmão, Luanda será atravessada, num percurso que inclui espaços e tempos, como se fosse possível recompor o fio da vida que o tiro no Maninho rompeu em definitivo. O cenário é, portanto, de fraturas, com algumas cicatrizes expondo a diferença do que era a cidade para cada um. Ao relembrar o irmão, Mais-Velho relembra também o jogo entre as duas maneiras de lidar com o presente e o passado:

[...] Maninho que me gozas o meu gosto de ruas antigas, quatro ou cinco restadas no furor cego que tu aceitavas com alegria de ver os catrapilas a limpar o largo, batia palmas do coração, dizias: tudo de novo!

---

6. José Luandino Vieira, *Nós, os do Makulusu*, p. 13.

Apaga esse sangue de escravos que ainda luz no meio desses sobrados e dessas pedras de calçada[7].

Na diferença instaura-se a contraposição entre os modos de se relacionar com a terra, os projetos de identidade e os métodos para compor a nova sociedade. Os tempos eram de conflito aberto, barrando, portanto, qualquer hipótese para a indiferença: o Maninho lutando no exército colonial, o Kibiaka na guerrilha, o Paizinho na clandestinidade e o Mais-Velho a fazer trabalho paralelo estavam inseridos no desejo de mudança e a integração de cada um no processo exprimia o impasse a que o presente tinha chegado. A cidade pode aqui ser lida como um emaranhado de experiências que, se um dia uniu, hoje aparta os quatro reconhecidos no "nós" do título. Se foram do Makulusu, hoje embrenham-se em veredas não só diversas como antagônicas. O resgate pela via da memória faz-se no espaço aberto, através das ruas que acolhem as derivas de Mais-Velho que, ao passar por elas, guiado pelas lembranças desataviadas parece redesenhar outros trajetos. No confronto, arriscamo-nos ainda a dizer que tal mobilidade é autorizada pelo lugar que ele ocupa na ordem social: ainda que a extração de classe não seja a do privilégio, a sua pertença racial o eleva e ele pode ir captando os cheiros e as cores que povoam "essa nossa terra de Luanda".

Diferentemente das personagens de *Luuanda*, mais afeitas a espaços circunscritos, inclusive o imprensado da prisão na "Estória do Ladrão e do Papagaio", nessa narrativa escrita em 1967 já no campo do Tarrafal, o sentido de movimento é a nota dominante. A expressão "nossa terra", que já havia aparecido na epígrafe do livro e na dedicatória da última estória, é aqui reiterada e ressurge também pelos sentidos, seja na variação dos cheiros (do café, de rosas, de bacalhau assado, do sabonete de Maria, do capim verde, da morte), seja na diversidade dos sons (o zumbido das moscas, o burburinho da estação, as canções como o *Summertime* acelerado ou o "Kabulu", na voz do Ngola

---

7. *Idem*, p. 31.

Ritmos…). A adesão explícita à cidade se desdobra nas muitas referências, fazendo do Makulusu uma metonímia gritante da inviabilidade de uma sociedade regada pelo sangue. A indagação final dá conta dessa perplexidade que é a outra face da dor que a narrativa registra.

Entusiasmada ou problematizada, a ligação com a cidade constitui uma das marcas da relação que as narrativas de Luandino incorporam. O contraste entre o fechado e o aberto, o apertado e o amplo, a imobilidade e a circulação será notado na organização de outras obras. Em *João Vêncio; os Seus Amores* a situação de encarceramento está no enunciado e na enunciação. É ainda no Tarrafal que o livro é escrito, entretanto em suas páginas a força discursiva se particulariza pelas pontas de liberdade que asseguram ao texto um ritmo especial. Preso, Vêncio arma voos pela memória de Luanda (ou de Luuanda?), fazendo a cidade chegar ao texto por imagens delineadas pelo prazer que a evocação lhe provoca. Mais uma vez, a linguagem assume as linhas do desgoverno das regras gramaticais lusitanas e corteja deliberadamente a transgressão. Com esses procedimentos, Luandino consolida essa especial cartografia que faz de Luanda o cenário de uma possível e desejada transformação.

QUEM ME DERA SER ONDA E *O CÃO E OS CALUANDAS*: A CIDADE EM EBULIÇÃO

Logo após a independência, quando se assiste ao desmoronar de algumas propostas utópicas que a libertação trazia, de Luanda, tocada pela desilusão, vão sair os primeiros gritos de alerta para os descaminhos. A passagem de colônia a estado nacional pressupôs alterações significativas e o balanço entre as propostas anunciadas e a realidade possível efetiva-se em narrativas que mantêm a capital como palco, ou melhor, como uma personagem que vive os dramas do presente. Em *Quem Me Dera Ser Onda*, de Manuel Rui, e *O Cão e os Caluandas*, de Pepetela, a cidade, mais uma vez, não é apenas o cenário, requerendo para si uma certa capacidade de atuação, tal como ocorrera na geração anterior. Publicados na primeira metade dos anos de 1980, os dois títulos surpreendem não só pelo admirável olhar crítico mas também pela capacidade de temperar o exame das condições objetivas da vida com uma réstia de esperança. Poucos anos após o glorioso novembro de 1975, quando os dilemas do presente já deixavam transparecer a inviabilidade dos planos acalentados e já ecoavam os sinais do desencanto, os sopros da utopia, um tanto abatidos, insistiam em dar o ar da graça, ainda que filtrados pela doce e aguda ironia com que os narradores vão pintando as cenas. Os deslimites da burocracia, os pequenos abusos de poder, a incompetência associada ao oportunismo são alguns dos pecados a marcar a dinâmica de uma sociedade que tem o "desenrasque" como seu norte.

Escritas no calor da hora, as duas narrativas estruturam seus enredos com as linhas do cotidiano da população que vive na capital para quem ganhar a vida tornou-se um confronto com um jogo em que as regras não são muito claras, mesmo que em alguns momentos possam sentir que elas não são completamente contra si. O desmantelamento do sistema colonial gerou uma certa mobilidade de classe e, sobretudo, desfez a rigidez da racialidade, entretanto sem a solução efetiva da discriminação racial, a situação tem agora outros contornos. Chama-nos a atenção o grau de segurança com que as personagens se mexem, revelando um à vontade na circulação pelos espaços. Se nas duas obras, percebemos a precariedade como o sinal mais constante do dia a dia, o que faz eclodir os muitos sintomas de insatisfação, podemos observar outros ângulos do problema e enxergar no exercício da queixa e/ou da denúncia marcas da conquista de um lugar no concerto social. Assim, ao revelar seu descontentamento, os excluídos, os queixosos, os reivindicadores assumem-se como sujeitos de seus atos e, esgueirando-se entre as fronteiras da legalidade, borrando-as com frequência, vão exercitando um grau de autonomia que era, quando muito, uma miragem nos textos contracoloniais.

De fato, no confronto entre as estórias de *Luuand*a e as narrativas de Manuel Rui e Pepetela ressalta a diferença na configuração dos espaços pelos quais se movem, ou não se movem, as personagens. Em *A Estória da Galinha e do Ovo*, o espaço mais significativo é o quintal em que se dá a contenda e onde ocorrem as tentativas de solução para o problema. Nele estão integradas as mulheres e as crianças que ao final se revelam soberanas na resolução. Nesse caso, inclusive, notamos que o deslocamento é restrito às personagens externas à comunidade que vem tentar intervir. No segundo conto, "A Estória do Ladrão e do Papagaio", as apertadas paredes da prisão delimitam o cercado que abriga as cenas principais. Percebem-se, desse modo, certos sentidos do emparedamento que caracteriza a vida na cidade para essas camadas mais exploradas, em contraposição ao direito à circulação reservado ao ocupante, ou àqueles que com ele tem alguns laços estabelecidos. É o caso, reiteramos, do Mais-Velho, filho de colonos, por sua origem, quase insuspeito na adesão ao projeto de independência pelo qual clandestinamente trabalhava. Exatamente essa sua origem torna-o portador da licença para palmilhar as ruas de Luanda.

Em *Quem Me Dera Ser Onda* e em *O Cão e os Caluandas*, evidencia-se a extensão do direito de "flanar" aos antigos ocupados que, com a elevação da nova bandeira, viram desfazer-se a naturalização das barreiras consagradas pela cor da pele. Erguem-se agora novas referências, ou melhor, sente-se o apelo a outras balizas que colocam em tela a dificuldade de convivência entre negros, mulatos e brancos. Em meio a ressentimentos historicamente acumulados, a competitividade e tantas disputas vão fazer emergir sem filtro as alusões à raça como condicionante de comportamentos sociais e acesso a privilégios. Na narrativa de Pepetela, as referências às antigas e gritantes diferenças entre os brancos e os outros aparece ironicamente tratada:

> Nos tempos, só os brancos que andavam com um mamífero atrás. Mas agora é a independência, até um patrício já pode.
> [...]

Era isso. Agora com a abolição de classes sociais, ao que diziam, não havia mais diferenças. Por isso mesmo, um patrício podia ter um cão desses. Que dantes só os brancos podiam ter. Por que o patrício tinha enriquecido? Não, mas porque o cão tinha proletarizado[8].

Nesse novo cenário, a diferença deixou de ser sacralizada e o domínio dos espaços abertos indicia a atenuação dos constrangimentos que o código colonial naturalizava. Em outras condições, as personagens andam pelas ruas e a cidade vai se materializando nas citações: Mutamba, Corimba, Hotel Trópico, Ilha, Baixa, Marginal, Maianga... Curiosamente, encontramos a cidade referida por antigos nomes, nomes coloniais, como a Avenida Antonio Barroso, batizada pelo novo estado nacional de Marien N'Guabi, um antigo presidente da República do Congo. A insistência no antigo nome deixa ver o sentimento de permanência de uma outra ordem, como se nos avisasse de que os arrufos da transformação não tinham sido suficientes para afastar todo o passado de uma só vez. Como o apego ao nome antigo, sem anular profundamente as alterações que foram operadas, outras formas de ligação ao passado se vão inserir na vida pós-independência.

Nas duas narrativas, a cidade mostra sua face um tanto desfigurada nas ruas sujas, na desordem manifesta na gestão do bem público e nas dificuldades de abastecimento. Em *O Cão e os Caluandas*, enquanto acompanhamos as incursões do cão por tantas ruas, já na página 15, ficamos a saber que o direito à cerveja está condicionado ao consumo da refeição. No decorrer, a confusão na porta de uma fábrica reitera a crise. Em *Quem Me Dera Ser Onda*, a carência que condiciona a restrição de alimentos é o móvel do enredo: um porco é levado para um apartamento no alto de um prédio para depois ser morto e permitir a variedade da dieta alimentar da família. No deambular do cão que percorre incansavelmente as ruas de Luanda (e arredores) e no movimento das crianças que se empenham na busca de alimen-

---

8. Pepetela, *O Cão e os Caluandas*, pp. 13-14.

tos para o porco descortinam-se os problemas que os habitantes encontram, ao mesmo tempo que se desenha o novo lugar que ocupam na sociedade que vive os primeiros anos do novo país. Sob o compasso da revolução, a cidade vive uma espécie de ebulição, associando-se os signos da permanência e da mudança, do apego é do choque, da renovação e da ruína.

Na novela de Manuel Rui, temos uma voz narrativa em terceira pessoa que acompanha as ações das personagens, revelando aqui e ali a sua simpatia por alguns, projetando no humor a complexidade da relação com os novos tempos. A alusão a alguns *slogans* de cariz revolucionário, ao lado do uso de neologismos como "peixefritismo" e "funjismos", quebra o caráter reverente que parecia estar na ordem do dia daqueles anos. Sobretudo o poder é alvo da acuidade do narrador que passa em revista as marcas de seu exercício, com especial atenção à linguagem. Helena Riáusova, ao ressaltar que se trata da primeira narrativa na qual "está plasmada a realidade nacional após a independência", assinala:

> Ao descrever a vida de Luanda, [o escritor] nota muitos defeitos: pouca instrução e ainda insuficiente nível de consciência dos funcionários do MPLA – partido do trabalho, os seus erros, e o abuso de *slogans*. Este um recurso preferido de Manuel Rui – a repetição de *slogans* revolucionários na vida quotidiana, nas circunstâncias mais prosaicas, quer a propósito quer fora de propósito, provocando muitas vezes um efeito cômico[9].

O recurso ao humor ajuda a balançar a crença no monolitismo e faz da literatura um lugar de discussão capaz de colocar em causa as agruras de uma sociedade que tem agora sua estrutura mental dividida entre o direito ao desejo e a impossibilidade da conquista, característica presente também em *O Cão e os Caluandas*. A dimensão multifacetada da narrativa que se materializa pela divisão do foco narrativo, estratégia já utilizada

---

9. Helena Riáusova, *Dez Anos de Literatura Angolana*, p. 86.

por Pepetela em outros títulos, reforça a volatilidade do momento que a obra parece querer agarrar. O fio condutor vamos encontrar no cão em deriva que estabelece laços com vários personagens e desses laços e/ou da leitura desses laços se compõe o enredo. O escritor, responsável por estruturar a obra e contar a história desse cão, oferece-nos na verdade a história dos caluandas face a face com sua realidade cotidiana, abrindo-nos o mundo das repartições públicas, das fábricas, das famílias, das relações conjugais, dos bares de Luanda, delineando com sutileza e graça matrizes e contornos do "socialismo esquemático" que é o selo daquela sociedade.

Tal como em *Quem Me Dera Ser Onda*, a linguagem é um dos alvos, e a ironia salta a cada página na repetição das frases feitas, sobretudo na frequência das alusões à cartilha política ("pois a sinceridade é o primeiro princípio do marxismo e informar com verdade é fazer a revolução" [p. 21]). A reiteração um tanto aleatória retira às palavras de ordem a força que elas deveriam carregar e, ao mesmo tempo, vai operando a dessacralização do momento revolucionário num movimento que deixa clara a distância entre o discurso e a prática. Entre o verbo dos dirigentes e a vida das pessoas, em nome das quais teria sido feita a Revolução, existem a realidade e a sua almejada transformação. Para a mudança, era imprescindível, evidentemente, muito mais que a hipotética boa intenção anunciada nos discursos.

É interessante observar a diferença na construção das estratégias de abordagem do mesmo problema que não deixa de ser a distância entre o projeto que mobilizou a luta de libertação e o que foi efetivamente construído. Manuel Rui escolhe centrar o foco na vida de uma família e seus vizinhos, fazendo de um prédio o microcosmo de um tempo em ebulição. A partir de conflitos desencadeados pela presença do porco em um apartamento montam-se os quadros de uma rede de contatos que, guardando traços comunitários, começa a conhecer certos deslocamentos, provocados pela intervenção de protocolos instituídos pela nova ordem institucional. Inseridos em um espaço regulado por normas mais ou menos inéditas, os habitantes dessa nova cidade se defendem de alguns atropelos do cotidiano lançando mão de expedientes que se chocam com a moral que, em princípio, seria o pilar desse novo projeto de sociedade cantado pela vitória sobre o colonialismo. Para dar conta desse abismo, as personagens recorrem a pequenos golpes, ensaiados em cima do logro para dos parcos recursos que têm em mãos extrair o máximo. Como em outras obras de Manuel Rui, em *Quem Me Dera Ser Onda* desfilam diante de nós as crianças que exploram a sua capacidade de construir alternativas heterodoxas para alcance de seus propósitos, ao mesmo tempo que são, na realidade, um repositório da esperança tingida pela utopia do país livre. Esse jogo de permanência e inviabilidade é projetado no trabalho com a linguagem que traz as sombras dessa Luanda machucada e resistente, captada por uma abordagem que não dispensa o empenho em uma admirável recriação linguística, como esclarece Tania Macêdo:

[...] pois para a prosa do autor, Luanda, além da cidade, é também a linguagem de sua gente, feita dos falares das ruas da cidade capital de Angola que se tornam a matéria de sua escrita. Assim, encontramos em suas estórias a síntese das conversas diversas que percorrem as ruas, trazendo o sinete da criação do autor: ágil pelas gírias que apresenta, heterogênea, revelando a marca social de seus falantes de classes e idades sociais diversas, inovadora na capacidade de exercitar as potencialidades da língua portuguesa em contato com o quimbundo e outras línguas, e que acaba por transformar-se em uma espécie de personagem privilegiado de todas as histórias, de forma a também estabelecer para o leitor uma forte marca de pertença não apenas luandense, mas também nacional[10].

Em *O Cão e os Caluandas*, Pepetela recorre a outros procedimentos, mantendo, entretanto, o esforço por fazer da cidade um espelho dinâmico no qual se plasmam esses novos rostos que a modelam. No cão especialmente se reflete a diversida-

---

10. Tania Macêdo, *Luanda, Cidade e Literatura*, p. 200.

de, expressa na variação dos nomes que ganha: Jasão, Leão dos Mares, Cupido e Lucapa surgem como marcas de um papel que ele vai trocando, remetendo, ao mesmo tempo, a universos variados. Ao procurar focalizar diferentes camadas e espaços diversos, Pepetela aplica-se na tarefa de favorecer uma espécie de diagnóstico dessa sociedade que vive o espanto do novo tempo. Com suas especificidades, as duas narrativas confirmam a centralidade de Luanda na história da literatura angolana, característica que se vai reforçar em outras obras desses e de outros escritores, como João Melo e José Luís Mendonça, para citar apenas dois. O prolongamento da guerra e a incapacidade de oferecer respostas às demandas de uma população cada vez maior, multiplicada pelos deslocamentos que os conflitos determinam, farão de Luanda uma espécie de lugar síntese desse tempo que se afirma sob o signo da voragem.

BOM DIA, CAMARADA

Vista entre os sustos que provoca e uma certa nostalgia, a capital vai manter a sua aura e reclamar outros olhares. É como podemos compreender *Bom Dia, Camarada*, de Ondjaki, publicado em 2001, sob encomenda da Editora Chá de Caxinde, para integrar uma coleção à volta da ideia da independência. O pretexto comemorativo, na verdade, dá ensejo a um esforço rememorativo da infância e da adolescência de um menino que, tendo nascido em 1978, cresce com o seu país. Esse dado estabelece à partida uma diferença, pois, ao contrário dos autores aqui visitados, Ondjaki não é mais velho que o Estado nacional.

Filho de um casal empenhado na luta pela independência, ele vive sob a atmosfera da mitologia da libertação e é desse lugar que ele nos vai trazer um testemunho que, não obstante a origem do livro e a sua própria origem, vem marcado por referências críticas, com sutis ressonâncias do desencanto que já percebemos nas narrativas de Manuel Rui e Pepetela. Ou melhor, que já se prenunciava no texto pungente de Luandino. Os dados biográficos importam aqui porque eles se inscrevem no texto e definem o gênero escolhido pelo jovem autor que, ao fim e ao cabo, vem nos oferecer mais um painel da cidade capital, confirmada, uma vez mais, como uma poderosa metonímia da realidade nacional. Superpovoada, Luanda, entre as sombras de um passado longínquo e as marcas de um passado recente, ostenta um presente operado por gente de muitos pontos do país e não só. Os refugiados de outras províncias, os recém-chegados dos campos de guerrilha, os antigos habitantes dos musseques que migraram para a cidade do colono, os cooperantes estrangeiros de tantas nacionalidades compõem uma fauna dividida entre o desejo de integrar uma nova ordem e o imperativo de partilhar um espaço tantas vezes hostil, outras vezes sedutor. Nas contingências que definem essa realidade, radicaliza-se a visão algo pesada que José Lira registra da cidade como forma de ocupação:

> De suas fundações e estruturas, a suas superfícies mais visíveis, ela está perpetuamente marcada por mutilações e desfigurações, às vezes traumáticas, produzidas pelas forças elementares da destruição, catástrofes naturais, oscilações demográficas, ciclos civilizatórios, guerras, genocídios, conquistas, incêndios, revoluções, pelo passar do tempo e as intervenções humanas, que ao fim e ao cabo se conectam a todas as outras motivações[11].

Ao longo da narrativa de Ondjaki, vamos nos deparar com as suas várias tentativas de agarrar aspectos dessa estranha urbe onde, de maneira convulsionada, vemos emergir um local "de progresso e ruína, de abandono e criação, de permanência e demolição"[12]. Em confronto e em comunhão com essa materialidade urbana, temos a composição de um sujeito que faz do gesto de narrar um ato de construção de si e do seu mundo, assumindo a via autobiográfica como uma estratégia medular

---

11. José Tavares C. de Lira, "De Patrimônios, Ruínas e Existências Breves", p. 169.
12. *Idem*, p. 168.

do discurso que ilumina um itinerário em que se articulam as ideias de infância e independência. Não se trata propriamente de um livro de memórias, mas se pode facilmente reconhecer a experiência como suporte da efabulação de um espaço e de um tempo. Desse modo, a particularidade subjetiva de seu depoimento insinua-se como um testemunho coletivo, o testemunho de uma geração, aquela – enfatizamos – que é contemporânea do próprio país.

Inventando-se como personagem, como é próprio do regime de autoficção que cultiva, Ondjaki se inventa também como escritor e procura integrar-se, sem hesitação, em uma linhagem de escritores, situando-se como um da "família". E o elo de ligação é precisamente a cidade. Essa cidade, que é uma espécie de porto de abrigo para a criação de uma identidade, surge também como marca de origem. Ao assumir-se como escritor, o autor de *Bom Dia, Camarada* encena um rito de passagem que traduz uma mudança no estatuto de sujeito da escrita. É fundamental não esquecer que quem visita a cidade, com seu olhar agudo, já não é o habitante do musseque ou das zonas de fronteira, já não é o que se desejava companheiro de estrada dos excluídos e aceitava o risco de defendê-los. Temos agora o olhar de um menino que vive em um bairro de elite, filho de gente ligada à gestão do novo Estado nacional. A despeito das dificuldades aludidas, percebe-se a sua inserção em certos privilégios. Mas percebe-se igualmente a convivência com outros meninos situados em outros planos da nova sociedade. O peso da fronteira do asfalto diluiu-se e o trânsito entre as várias partes tornou-se viável. Como já vimos em *Quem Me Dera Ser Onda* e *O Cão e os Caluandas* implantaram-se novos códigos e, com a diluição das cercas rígidas que dividiam Luanda, paira agora uma atmosfera de partilha, do positivo e do negativo. Como se as construções e as ruínas fossem de todos. Evidentemente isso não é propriamente uma verdade mas é a sensação que a criança experimenta e ela é que estará na base da matéria que vai acionar a escrita. Em seu tributo, o jovem autor aproxima-se do itinerário que nos deu Luandino, Arnaldo Santos, Antonio Cardoso, Manuel Rui e

Pepetela... E, antes deles, Óscar Ribas, que de uma posição bem diversa também faz de Luanda um posto central. A cidade convertida em letra bebe dessas águas: da vivência entre os pares e da leitura dos mais velhos.

Partindo desse lugar, ancorado na incorporação de elementos da biografia do autor, o narrador de *Bom Dia, Camarada* sugere que estamos diante, em muitos momentos, de uma transposição do real como se pudesse convencer o leitor de que o narrado é o vivido. No movimento particular, que daí deriva, alimenta-se a ligação sutil entre o desejo de veracidade e a base da verossimilhança, que é própria da literatura; tudo isso a requerer um especial pacto de leitura do leitor que não pode desconsiderar a comunhão de identidade nominal entre autor, narrador e protagonista. O jogo entre a referência ao nome próprio do autor – Ndalu – e a instituição do pseudônimo literário – Ondjaki – remete-nos à discussão em torno da distinção entre a autobiografia e a autoficção, que coloca em discussão a definição dos gêneros literários[13]. Sem descer às polêmicas que integram o debate acerca das diferenças entre tais modalidades narrativas, constatamos que estamos frente a uma proposta de ficcionalização da experiência vivida em que a cidade, mais uma vez, é captada sob uma forma de apropriação: a reorganização do espaço e do tempo sugere uma especial ligação entre ela e aquele que narra.

Percorrida de muitas formas, a velha e nova capital surge figurada em espaços abertos e fechados, tendo a casa e a escola como eixo da formação do menino. Sobretudo a escola afirma-se como um lugar que marca diferença em relação ao tempo colonial. Outrora dominado pela imagem da professora arrogante e racista, de que a menina Vitória, do conto homólogo de Arnaldo Santos, é uma espécie de emblema, o local é agora ocupado pelos professores cubanos, presença suave e solidária entre os alunos que de algum modo revelam a ideia de uma infância

---

13. Vicente Colonna, "Tipologia da Autoficção". *In:* Jovita Noronha (org.). *Ensaios sobre a Autoficção*, p. 47.

amena e divertida, na qual as dificuldades são enfrentadas sem amargura, insinuada aí a notável associação entre a infância e a independência. Adultos e crianças vivendo um tempo de formação, um processo de travessia. Nesse sentido, espalham-se os fios de um discurso que, sendo individual, oferece-se ao mesmo tempo como um testemunho de uma geração, a geração que praticamente nasceu com o país e vive de forma intensa um tempo de profundas rupturas, a despeito de indesejadas continuidades.

Na contemporaneidade entre o(s) menino(s) e o país podemos localizar uma explicação para a opção pelo gênero narrativo apoiado na memória. As autobiografias e gêneros próximos costumam ser praticados por escritores mais velhos, autores experientes, gente com muita vida para contar. Ondjaki tinha menos de 25 anos quando publicou o *Bom Dia, Camarada*[14]. Como explicar a possibilidade de fazer da memória uma chave para tratar de um tempo curto e recente, se pensarmos nos modelos dominantes? Possivelmente o ritmo da história em Angola nos faz compreender a opção do jovem escritor. Para Marc Augé, a aceleração da História é um dado da segunda metade do século xx; no caso de Angola o fenômeno ganha intensidade. O cenário abarca 31 anos de guerras, um período bélico que se prolongou até 2002, em nome de vários projetos, desdobrando-se em situações que traziam sempre o selo da exceção e imprimia ao país um quadro de violência e instabilidade. Entre avanços e recuos, empurrados por pressões externas e circunstâncias internas, os angolanos viviam em confronto direto com a "superabundância factual" de que nos fala o antropólogo francês[15].

Para responder a essa aceleração, o narrador procura a recordação e a comunhão com aqueles que antes dele e da independência buscaram a mudança. Antes vista como condenação aos africanos, a precariedade passa a ser a nota do cotidiano, como

---

14. Na cena literária de países como Angola e Moçambique, só recentemente começou a surgir.
15. Marc Augé, *Não-lugares*, p. 31.

mostraram Manuel Rui e Pepetela. Espalhada por todos os bairros, os sentidos da desordem se refazem e ganham novos significados na leitura do menino, herdeiro do projeto de revolução e do compromisso que mobilizou a geração de escritores dos anos 1950/1960. Projetada também no espaço doméstico, reiteramos, a cidade é também a casa e a escola, lugares onde parece processar-se a identidade do "miúdo" que cresce com o seu país. Assim, na adolescência a saudade constitui uma nota decisiva da escrita que em toda a narrativa deixa claro o seu amor pela cidade, sem escamotear as notas da contradição, que tendo sido medular no sistema colonial, não se foi com os invasores.

CRÔNICA DA RUA 513.2

O movimento populacional que se inicia em direção à cidade com a independência de Moçambique não teve um reflexo imediato na literatura do país. Especialmente no romance, foram necessárias algumas décadas para que Maputo, a capital do país, assomasse como palco, o que veio a acontecer em 2006, com a publicação de *Crônica da Rua 513.2*, de João Paulo Borges Coelho. O escritor, que havia estreado com *As Duas Sombras do Rio*, em 2003, em 2004 nos ofereceu *As Visitas do Dr. Valdez*, um romance que tem uma grande parte do enredo na cidade da Beira, situada no centro do país. Nele o foco recai sobre o processo de mudança que a vitória sobre o colonialismo desencadearia, mas será na *Crônica* que teremos acesso a diversos aspectos que a ruptura, nos moldes em que se processou, iria promover. Dedicando sempre grande atenção ao espaço como elemento estrutural da narrativa e como fonte de significado, nos títulos anteriores João Paulo Borges Coelho privilegiara o centro e o norte do país, escolha que produz, portanto, uma notável diferença em relação ao que se passa na literatura angolana com a sua obsessão por Luanda. Assim, apenas mais de trinta anos após a independência, teremos uma narrativa longa quebrando a presença rarefeita da cidade capital no universo literário.

Alguns aspectos aproximam a *Crônica da Rua 513.2* e *Bom Dia, Camaradas*. Os dois enredos se passam nos primeiros anos após a independência e pode-se localizar em suas páginas os sinais de desencontro entre a utopia desenhada e a realidade do possível. O exercício da memória, contudo, é tonalizado por matizes muito diferentes, tanto no que diz respeito ao conteúdo quanto à estrutura. Como observamos, em *Bom Dia, Camaradas* o cariz autobiográfico se inscreve trazendo para o texto a presença autoral, e, por consequência, a explicitação da carga de subjetividade que marca a relação do narrador/personagem com o tempo e o espaço. Na narrativa de JPBC, o narrador em terceira pessoa sugere um certo afastamento de algum modo problematizado pelo sentido da crônica. Em entrevista concedida quando da publicação do livro, o autor afirma que as recordações que atravessam o texto não são exclusivamente suas, defendendo, de certa maneira, a ampliação do sentido memorialístico subjacente àquelas páginas. Assim, a diversificação do centro da matéria narrada quebra a identificação de um eu absoluto e aciona o processo de ficcionalização de várias ações, colocando a narrativa em uma faixa de fronteira, na qual fica muito bem instalada a definição de crônica, tendo em vista a sua relação com a objetividade jornalística e o seu parentesco com a literatura. A dimensão de incompletude que a particulariza articula-se com a dicção informal bastante adequada para percorrer os limites do cotidiano. Para dar conta da tarefa que a esfera documental não pode apreender, intervêm os rasgos da imaginação, sem a qual o trabalho narrativo não sobreviveria.

A superabundância de fatos já apontada em *Bom Dia, Camaradas* aqui ressurge. E não poderia ser diferente em um universo sacudido por alterações de tantas ordens. Decorridos cerca de trinta anos desde o tempo em que situam os fatos abarcados pelo enredo, o narrador em terceira pessoa parece querer nos dizer que revestido de alguma distância, o seu olhar permite responder com serenidade a certas demandas da história. Curiosamente, diante do projeto de narrar a atualização da enorme empreitada que transformaria o território ocupado em Estado nacional, o autor seleciona uma rua, um pedaço pequeno de uma cidade que não foi nunca a representação do país. Essa opção pela metonímia confirma a faculdade de inventar e sintetizar que a literatura exercita, e pode ser agudizada em momentos de efetiva transitoriedade. Essa proposta que a obra quer e vai realizar já se desvela no título, como muito bem apreende Nazir Can:

> O título, de resto, sintetiza o programa da obra; aliar o espaço minúsculo de uma rua ao imenso tempo (perdido) da Crônica. Desde o primeiro capítulo, altamente proustiano, intitulado "Prólogo: Sobre os Nomes e a Rua", notamos a importância dada a três componentes: o tempo, o nome e o espaço. [...] Já no título, portanto, se articulam as estratégias fundamentais da obra: fabricação literária de sentido múltiplo contra a fabricação ideológica de sentido único a partir de um nome, da junção do espaço-tempo e do jogo irônico[16].

Na fusão espaço-tempo espelha-se uma espécie de tela pela qual transitam fatos, experiências, sentimentos, desejos, frustrações..., num ritmo que faz pensar em um vendaval, cuja expressão ficcional não dispensa referências concretas. Símbolos e ícones do período, inclusive o próprio presidente Samora Machel, surgem em diversas cenas como índices de verossimilhança. Os tempos são de agitação e sente-se em várias passagens a marca dos choques entre o passado e o presente, como se observa no embate entre os personagens do Inspetor Monteiro e Filimone Tembe. O segundo é um representante do novo poder e o primeiro, um antigo funcionário da odiosa PIDE, permanece como uma fantasmagoria a ensombrar os tempos novos. A casa partilhada/disputada por ambos inscreve-se como uma arena onde a nociva esperteza de um se contrapõe ao despreparo de quem vive de modo atabalhoado a nova situação e mostra-se vulnerável aos apelos do poder.

A atmosfera de contenda projetada na tensão tempo/espaço ganha força na questão dos nomes, problema que será tratado

---

16. Nazir Ahmed Can *et al.*, *Visitas a João Paulo Borges Coelho*, p. 203.

ironicamente pelo narrador. A possibilidade de varrer o passado que deu algum tônus ao processo de libertação estimularia também o desejo de apagar os sinais do colonialismo na toponímia, depositando-se na palavra a crença de uma energia transformadora. As águas da inviabilidade que viriam a cobrir o projeto diluiriam a força do gesto e esse enfraquecimento é apanhado com poderosa ironia pela voz que conta. E podemos pensar que também na escolha pela designação da rua por um número, relativizando a relevância atribuída aos nomes, sugerindo a hipótese de outros recursos como forma de apropriação do espaço, também se pode observar que, com a velada crítica fica, de qualquer modo, insinuada a taxa de violência que significou a mudança no processo da dominação. O novo poder, na realidade, dá corpo ao gesto que viveu como intenção no processo de construção identitária que não podia renunciar à ruptura com ecos imperiais, desejo antigo, selado, por exemplo, no famoso poema "África", de José Craveirinha. A intensidade investida nessa prática em Angola e Moçambique não nos impede de notar que se trata de uma experiência comum até mesmo como resultado de transformações menos radicais. Em cenários de turbulência, o nome intensifica-se como ícone e funciona como uma ideia de monumento que urge abalar.

Na seleção dos personagens com que se conta a história, a narrativa procura justamente mostrar a lentidão, a dificuldade, até mesmo a inviabilidade de certas mudanças. Confundindo, em certa medida, entusiasmo com consciência política, o discurso oficial não ultrapassa certos limites e estabelece com o mundo que pensa administrar uma relação descompassada, sem perceber a profundidade dos laços entre o passado e o presente. Em texto que focaliza *As Visitas do Dr. Valdez* e a *Crônica da Rua 513.2*, Leonor Simas observa o modo como no confronto entre personagens dessas narrativas, Borges Coelho trabalha uma espécie de espelhamento entre elas:

Ainda em relação à troca de papéis entre as personagens, lembre-
-se novamente que, se não assistimos aqui a algo semelhante à teatra-

lização das *Visitas do Dr. Valdez*, observamos em contrapartida uma certa contiguidade entre Arminda e Antonieta, Monteiro e Filimone, Aurora e Judite, Guilhermina e Eulália, além de muitos outros, abrindo espaço à proximidade emotiva/cognitiva entre criaturas por inerência de sinal oposto. Uma contiguidade que, não menos significativamente, sublinha analogias possíveis entre eras distintas, e permite a revisão da História numa perspectiva sincrônica. Muda-se o nome dos lugares, das cidades, das ruas e das pessoas, como forma de exorcizar os demônios do passado, mas as mudanças estruturais são mais lentas e, nalguns casos, improváveis[17].

A ideia da contiguidade não deve ser associada a uma total continuidade, mas, sem dúvida, indicia certa correspondência e desvela a complexidade de um período pautado pela força das contradições e pela ingênua crença por parte do poder que se instala em sua capacidade de em pouco tempo dar saltos tão grandes. Na rua, como figuração do presente, temos projetada a soma e a multiplicação dos males que vieram de um passado violento, pois nela desnuda a falácia das intenções civilizatórias de uma empresa colonial que tivera seu impacto ampliado nas últimas décadas. E, ao mesmo tempo, a incompreensão política dos efeitos dos "demônios do passado", a que se refere Maria Leonor Simas-Almeida.

A concentração na rua dos muitos acontecimentos que definem a vida nessa fase convulsionada funciona, como já referimos, como um recorte de um processo maior, oferecendo-nos o complicado panorama nesse período de grande aceleração da vida nacional. Sob efeito de rupturas e permanências, a rua movimenta-se nos movimentos de moradores que vivem inquietos a transitoriedade de um tempo limiar. Nesse percurso, a cidade não tem propriamente um rosto, ela apenas se insinua, apresentada por um espaço fora da zona central, palmilhada por personagens em confronto com um código movediço.

---

17. Maria Leonor Simas-Almeida, "Opacidades Históricas...", p. 114.

PARA CONCLUIR

Vista como uma narrativa que de algum modo inaugura o universo urbano no romance moçambicano, a *Crônica da Rua 513.2*, ao contrário do que pudemos propor no caso de *Bom Dia, Camaradas*, não estimula paralelos com narrativas escritas logo após a independência, ou seja, trazidas à luz no calor da hora. Produzida sob o efeito da distensão temporal, ela já não apresenta os traços do entusiasmo que evidentemente a conquista provocou e, com alguma sutileza ou não, parece alertar para a sensação de desconforto que a experiência no espaço urbano traz àqueles que foram mantidos à margem da cidade de cimento. A complicada relação com a chamada cidade do caniço, como é referido o espaço suburbano onde se concentrava a imensa margem de excluídos, aqui se manifesta através das notas de incompatibilidade das pessoas com o aparato que a independência, de certa forma, deveria disponibilizar. Sem "dar nome aos bois", a narrativa realiza, assim, uma das tendências da escrita do autor que é, como aponta Nazir Can, "discutir os silêncios da história através do olhar do indivíduo comum e indagar os interstícios da memória por via da fruição literária"[18]. Muito embora a acidez da crítica mire principalmente esse presente meio perdido no emaranhado dos códigos culturais e nas interdições que tornam quase inviável o diálogo entre o plano privado e o público, ao leitor mais atento não deve escapar essas indicações de que o passado guardava os males que o novo tempo teria que viver.

A presença exuberante de Luanda, em paralelo com um evidente acanhamento de Maputo, aponta não só para os enormes descompassos entre os processos históricos que marcaram a ocupação dos territórios colonizados, mas também para a variedade de relações que encontramos entre os habitantes de cada um desses espaços. A despeito da feroz dominação como marca central da empresa colonial, com inequívoco recurso às práticas racistas,

---

18. Nazir Can, "Os Fantasmas da Revolução...", p. 202.

a velha capital angolana valeu-se de um grau de porosidade bastante superior àquele que caracterizou a antiga Lourenço Marques, mesmo em sua nova denominação. A atribuição do novo nome do rio presente em uma das palavras de ordem da luta de libertação ("Do Rovuma ao Maputo") num gesto que pretendia ligar o espaço ao tempo novo, o da integração entre o norte e o sul do país que nascia, não esgotaria, como é óbvio, o campo das incomunicabilidades em que se tinha apoiado a gestão colonial. A gênese rural da liderança da FRELIMO, em oposição ao caráter mesclado e marcado pelos fortes elos com a cidade que definia o perfil do MPLA, apontava para a desconfiança que cercava a cidade e seus valores no contexto moçambicano.

No roteiro sugerido pelos textos angolanos, dos anos de 1940 ao século XXI, o leitor pode captar sinais que presentificam movimentos de aproximação, ainda que sob o signo de alguma desilusão e/ou angústia, entre os personagens e a cidade que emerge como palco de desejos, projetos, atos e frustrações. O que aparece na obra de João Paulo Borges Coelho principalmente como sombra de uma ordem desfeita, de uma desordem sem qualquer solução aparente, nas narrativas angolanas indiciam pontas de um sentido comunitário que deixa no ar a possibilidade de um resgate. A cidade em ruína é também um lugar de aposta na plausibilidade de algum futuro. Tal como em *Crônica da Rua 513.2*, o espaço da épica foi interditado, mas sobrevive uma sombra de comunhão, que repousa não na familiaridade objetiva entre personagens e espaços, mas na convicção de que o novo quadro histórico-institucional abre-se à possibilidade de uma nova etapa. Parafraseando Manuel Rui, podemos arriscarmo-nos a dizer que ser onda, aspiração das crianças que se empenharam tanto na salvação do porco, é já uma hipótese.

REFERÊNCIAS BIBLIOGRÁFICAS

AUGÉ, Marc. *Não-lugares. Introdução a uma Antropologia da Super-modernidade*. Campinas, Papirus, 1994.

CABAÇO, José Luís. *Moçambique. Identidades, Colonialismo, Libertação*. São Paulo, Editora da Unesp, 2009.
CANDIDO, Antonio. "A Vida ao Rés-do-chão". *Recortes*. São Paulo, Companhia das Letras, 1993.
CAN, Nazir Ahmed *et al*. *Visitas a João Paulo Borges Coelho*. Lisboa, Colibri, 2017.
_____. "Os Fantasmas da Revolução em *Crônica da Rua 513.2*, de João Paulo Borges Coelho". *Via Atlântica*. Revista do Programa de Pós-graduação em Estudos Comparados de Literaturas de Língua Portuguesa, da Universidade de São Paulo, n. 21, 2012.
COELHO, João Paulo Borges. *Crónica da Rua 513-2*. Maputo, Ndjira, 2006.
COLONNA, Vicente. "Tipologia da Autoficção". *In*: NORONHA, Jovita (org.). *Ensaios sobre a Autoficção*. Belo Horizonte, Editora da UFMG, 2014.
LEJEUNE, Philippe. *O Pacto Autobiográfico. De Rousseau a Internet*. Belo Horizonte, Editora UFMG, 2008.
LIRA, José Tavares C. de. "De Patrimônios, Ruínas e Existências Breves", *Redobra – Laboratório Urbano: Experiências Metodológicas para a Compreensão da Complexidade da Cidade Contemporânea*. n. 12, Salvador, 2010.
MACÊDO, Tania Celestino de. *Luanda, Cidade e Literatura*. São Paulo/Luanda, Editora da Unesp/Nzila, 2008.
MONTEIRO, Manuel Rui. *Quem Me Dera Ser Onda*. São Paulo, Griphus, 2018.
NORONHA, Jovita Maria Gerhein (org.). *Ensaios sobre a Autoficção*. Belo Horizonte, Editora UFMG, 2014.
ONDJAKI. *Bom Dia, Camaradas*. Rio de Janeiro, Ediouro, 2003.
PEPETELA. *O Cão e os Caluandas*. Luanda, UEA, 1984.
RAMA, Angel. *A Cidade das Letras*. São Paulo, Brasiliense, 1985.
RIAUSOVA, Helena. *Dez Anos de Literatura Angolana*. Luanda, UEA, 1986.
SIMAS-ALMEIDA, Maria Leonor. "Opacidades Históricas e Transparências da Ficção. O Moçambique de *As Visitas do Dr. Valdez* e de *Crónica da Rua 513.2*." *In*: CAN, Nazir Ahmed *et al*. *Visitas a João Paulo Borges Coelho*. Lisboa, Colibri, 2017.
VIEIRA, José Luandino. *A Cidade e a Infância*. São Paulo, Companhia das Letras, 2007.
_____. *Luuanda*. Lisboa, Edições 70, 1974.
_____. *Nós, os do Makulusu*. São Paulo, Ática, 1991.

6
De Rios Velhos e Guerrilheiros, os Novos Livros de José Luandino Vieira*

Essa edição de *O Livro dos Rios e dos Guerrilheiros* pela Editora Ndjira merece ser celebrada por muitas razões. A começar pela publicação de um título que marca um acontecimento mais que positivo na história da literatura angolana. Refiro-me ao regresso de José Luandino Vieira ao mundo editorial com material inédito. Desde 1981, ano da publicação de *Lourentinho, Dona Antónia de Sousa Neto & Eu (Estórias)*, os leitores de José Luandino Vieira estivemos condenados a um prolongado e incômodo jejum, parcialmente quebrado apenas pela publicação de *Kaapapa*, *Pássaros e Peixes,* narrativa integrada a uma coleção lançada pela Expo 98, e de *Nosso Musseque*, romance editado em 2003, mas, segundo o autor, escrito nos anos 1960.

Entre os fenômenos interessantes do mundo da literatura situa-se a existência de escritores de mérito indiscutivelmente reconhecido que se calam. O mexicano Juan Rulfo, com seus impressionantes *Pedro Páramo* e *Lhano em Lamas*, é um des-

---

* Texto publicado como prefácio da edição moçambicana do volume *De Rios Velhos e Guerrilheiros*, pela Ndjira, em 2010.

ses casos. No terreno da literatura moçambicana lembramo-nos logo de Luís Bernardo Honwana, que, depois do excepcional *Nós Matamos o Cão Tinhoso*, deixou-nos uma expectativa que o tempo não dilui. A qualidade extraordinária desses textos, entretanto, já coloca seus autores num lugar de destaque no mundo em que se situam e onde podemos ir buscá-los quando nos vem a sede de boa literatura. Era aí que Luandino parecia instalado. E também não parecia pouco, pois os textos por ele assinados compunham já um notável conjunto de questões a respeito de Angola, da literatura em língua portuguesa e do universo contemporâneo. Grávida de inquietações, sua escrita permanecia desafiando leituras e análises, como é próprio de obras essenciais. Todavia bons ventos vieram trazê-lo de volta aos leitores que insistentemente continuávamos à espera de seu verbo poderoso.

Assim, saudamos em 2006 a primeira edição, em Portugal, de *O Livro dos Rios*, com que o autor prometia abrir uma trilogia intitulada *De Rios Velhos e Guerrilheiros*. No mesmo ano, o livro é publicado pela Editora Nzila em Angola, com um lançamento que motiva a primeira volta do autor a sua terra, depois de treze anos de retiro em Vila Nova de Cerveira. Em 2009, viria *O Livro dos Guerrilheiros*. No intervalo – certamente longo para a voracidade do mercado em nossos dias – o tempo de amadurecimento a sugerir o rigor e o cuidado como valores que se devem combinar ao compromisso com a literatura em sua dimensão estética e cultural. Reunidos agora nesse volume lançado a partir do Índico, os dois textos favorecem aos moçambicanos o reencontro com a impressionante linguagem que marcou profundamente o itinerário da ficção africana em língua portuguesa. Mais uma vez, nos confrontamos com uma sintaxe que cultiva o estilhaçamento das normas e se associa a um léxico povoado de neologismos e expressões em quimbundo. Curta e densa, essa prosa nos conduz pelas veredas da oralidade, cujas matrizes selam o projeto narrativo de obras como *Luuanda* e *Nós, os do Makulusu*, dois títulos do autor cuja importância se redimensiona com os anos, nas sucessivas edições e no interesse demonstrado pelos estudiosos em diferentes países.

Na viagem conduzida pelo novo livro, logo percebemos que a expectativa do reencontro com o autor não nos levará à sensação de repetição. A originalidade, traço incontornável da sua obra, ganha aqui outros desenhos. O escritor de Luanda, a velha capital com seus musseques de tanto sentido na história da libertação e na história literária de Angola, embrenha-se pela mata e, décadas depois, propõe um diálogo com aqueles que estavam no teatro da guerra, em confronto direto com a enorme taxa de violência que se inscreveria no desenvolvimento de seu país. Ao revisitar o universo da guerrilha, Luandino recoloca-se e recoloca-nos questões fulcrais para se compreender o presente algo opaco de uma sociedade que parece ter consolidada a ideia de nação, mas que se depara com fundas contradições, num quadro a ressaltar a urgência de novas e mais profundas reflexões.

A radicalidade do projeto, expresso na cultivada polissemia das construções verbais e no recurso à pluralidade de tempos e vozes na organização narrativa, indica, uma vez mais, a sua capacidade de fundir gêneros literários, reinventando modalidades da prosa que vão buscar ao universo da poesia traços aptos a potencializar o significado de uma experiência que o presente tem dificuldade de avaliar. A intertextualidade, as alusões autobiográficas, o aproveitamento do espaço em branco, os jogos da memória e a circulação um tanto desgovernada de imagens estão na base de uma escrita que tem no movimento não apenas um objeto de interesse mas um vetor estrutural. Mais uma vez, nada é supérfluo em seu texto. Mais uma vez, o "despojo de guerra", como considerou a língua portuguesa em famosas entrevistas logo após a independência, é utilizado com sabedoria e elegância para contar de um mundo que faz da busca a sua própria expressão.

Em seu diálogo com a contemporaneidade, Luandino investe na metalinguagem, trazendo para dentro de seu texto o gosto pela reflexão, o que justifica a ruptura com a ilusão referencial, marca que, aliás, não é rara na literatura de algumas décadas para cá. Não há, contudo, na medida qualquer concessão a modismos. Na trajetória do escritor a docilidade a mecanismos de mercado é ponto fora do horizonte. Firme e ágil, a escrita, como seu autor, parece apostar no improvável, driblando evidências e desvios sedutores, na procura teimosa de sentido para homens e gestos construídos sob o signo da contradição que o código colonial impunha. Confirmando um traço de sua literatura, Luandino oferece-nos uma obra que não ilude o leitor nem o pacifica. A força da resistência – que delineia o perfil dos seus guerrilheiros e o desenho dos rios que ele nos traz, depois de tantos anos de tão eloquente silêncio – é mais um nó no impressionante pacto desse escritor com a palavra, com o seu país, com o nosso tempo. Tempo, como já ensinava Drummond, de "homens partidos".

Sem dúvida, o regresso de José Luandino Vieira a um novo tempo da escrita é motivo de celebração. Mas reafirmo que há vários a cercar essa edição. E, entre eles, assinalo a publicação de um autor angolano em Moçambique, sem dúvida, um modo produtivo, no melhor sentido, de aproximar as duas costas de um continente que ainda se confronta com os abismos da incomunicabilidade. Fazer chegar pela via da literatura as águas do Atlântico às costas do Índico ajuda certamente a construir um diálogo desejável e desejado. Quando isso se faz pela obra de um grande autor, como encontramos nas páginas do *De Rios Velhos e Guerrilheiros*, a possibilidade cresce. Além desse fato tão pleno, outras razões para celebrar o gesto da Editora Ndjira e o "seu novo" e fabuloso autor, os leitores certamente terão descoberto ao fim da leitura.

7
Ondjaki e Seu Espanador de Tristezas*

Após produtivas incursões pelo mundo da prosa narrativa, Ondjaki retoma o caminho da poesia que já havia percorrido em *Actu Sanguíneu*, de 2000, e em *Há Prendisajens com o Xão*, de 2002. Com *Materiais para Confecção de um Espanador de Tristezas* o escritor confirma o que alguns de nós já identificamos em seu trabalho: a indiscutível capacidade de, sem nunca renunciar ao céu de Angola, captar sinais de outras terras, num movimento que procura integrar a diversidade dos universos que lhe vão compondo a forma de estar no mundo. Fazendo-se presença decisiva, o seu país mistura-se às referências vivamente incorporadas no percurso acumulado. Pelas ruas e veredas de muitas cidades, ou pelas páginas dos livros, as viagens se realizam e o poeta não economiza na aquisição da bagagem que será filtrada e participará na construção dos poemas. Armada

---

* Resenha inicialmente publicada na revista *Ipotesi* (vol. 14/ n. 2), da Universidade Federal de Juiz de Fora, em 2010, organizada por Enilce Albergaria Rocha, Edimilson de Almeida Pereira e Prisca Agustoni de Almeida Pereira, aos quais volto a agradecer a acolhida.

com uma delicadeza fortemente pontuada por aquela acertada dose de ironia, sua escrita coloca-nos a todo momento diante da relação entre poesia e experiência, recordando-nos um dado essencial das literaturas de nossos tempos.

Escritor de uma sociedade que aos olhos dos habitantes do chamado mundo ocidental se marca pelo traço da excepcionalidade, seja pelo curto tempo de sua independência, seja pela cruel presença das guerras, seja pelo ritmo voraz das transformações que a História lhe vai impondo, Ondjaki não faz do exotismo um capital, preferindo revelar traços do cosmopolitismo que também circulam pelos terrenos da periferia. Relaciona-se desse modo com a contemporaneidade, a cujos impasses deve responder. A partir do seu chão, reconhece serenamente que é preciso encarar os dilemas da vida concreta e os problemas da expressão que nenhum escritor que se queira maduro pode ignorar. Mesmo no universo dessas literaturas reconhecidas como jovens, é fundamental que o frescor não se confunda com aquele espontaneísmo fácil. A simplicidade é, ao contrário, qualidade que se cultiva e que nasce da famosa luta com palavras que nos faz lembrar Drummond e seus notáveis metapoemas.

Nesse *Materiais para Confecção de um Espanador de Tristezas*, salta aos olhos o cultivo do familiar como atitude que integra a constituição do lirismo na maior parte dos poemas, procedimento que, aliás, não causa surpresa ao leitor de *Bom Dia, Camarada* e *Os da Minha Rua*. Observamos que na trajetória do autor a vivência inscreve-se como uma atitude definidora modelando a própria concepção de literatura que quer exercitar. E o cotidiano constrói-se como uma fonte de imagens a partir da qual ele modula as palavras, procurando talvez revelar o que há de cotidiano no inesperado e o que há de inesperado no cotidiano. Assim se constroem os movimentos que tendem a anular barreiras entre o trivial e o insólito, o sagrado e o profano, o mágico e o corriqueiro. E assim se explica que referências inquestionáveis do mundo da arte integrem um espaço habitado por insetos de nenhum prestígio, como podemos observar acerca de Jorge Luis Borges em "Certo Personagem" e a lesma de "O Início". Sem banalizar o sagrado ou o sacralizado, o poeta busca aproximá-lo do comum, do imperfeito, do que escapa ao círculo algo limitador do exemplável. Por isso negocia com a garça gaga. E demonstra que ambos podem ganhar com a troca que dá origem a "A Garça e as Tardes"[1], um dos belos poemas do livro. Essa espécie de paronomásia que vem particularizar a ave, frequentemente referida pela sua elegância, tonaliza a linguagem reveladora do projeto poético que anima o livro.

No aparente despojamento que se confirma em tantos poemas, o autor vai tecendo a rede com que prende a nossa atenção e nos conduz ao centro de seu trabalho, alimentado pela consagração de uma certa intimidade (com personagens do ciclo familiar, com seres do mundo animal que ganham ares mitológicos, com nomes da literatura) que também se materializa no mundo da poesia pela força e graça de um jogo estilístico apoiado na condensação. O ritmo quase narrativo não dilui a energia da linguagem; ao contrário, retesa o gesto de captar os movimentos com que as palavras constroem as verdades da poesia. E é como se estivesse apenas a contar uma história que Ondjaki nos coloca, por exemplo, diante da penosa lição da morte em "Lembranças da Casa de Tia Anita". Mais uma vez como no itinerário de sua ficção, ele vai buscar a companhia de seus mais velhos e renova a tradição, remexendo no baú de instrumentos que foram tão bem utilizados pela famosa Geração de Mensagem. Na esteira de Antonio Jacinto, Viriato da Cruz e Aires de Almeida Santos, seus "mais-velhos", ele incorpora procedimentos do ato de narrar. Também como eles, convoca o espaço da infância e dos afetos para explicar coisas de si próprio e do mundo, menor ou maior, que o rodeia.

Num hábil contraponto ao desenho dessas quase narrativas, o poeta trabalha cortes significativos, iluminando sentidos a partir de fragmentos. Com algumas pinceladas, dispensando a ideia da continuidade, procura – na economia dos nexos sintáticos, quer dizer, contrariando os preceitos gramaticais – sugerir

---

1. *Manual para Confecção de um Espanador de Tristezas*, Lisboa, Caminho, 2009, p. 14.

mapas de sua identidade. O rio Kuanza e a cidade de Luanda são signos que o seu verbo busca redesenhar, livrando-os do desgaste com que são ameaçados pela rala apologia do discurso publicitário, fartamente presente no cenário político. Pode-se vislumbrar, então, um frutuoso diálogo com José Luandino Vieira, um de seus autores preferidos. Aqui, a geografia se constitui pela via da História e com base numa linguagem que recusa a linearidade como princípio. O contato com a oralidade reside na opção pela elipse como um princípio da comunicação, cujo resultado traduz-se numa convenção poética que recusa o excesso, pautando-se pela força de um contido lirismo, ancorado na dimensão do essencial. Ou mesmo no sentido da falta: a "garça gaga", as "teias imperfeitas de uma aranha preguiçosa" ("Em Carta para Isabel", p. 28), e até a "borboleta futuramente surda" ("Uma Borboleta em Sondela", p. 29) são imagens que ilustram essa tendência.

Ainda a respeito de diálogos, pode-se reiterar a presença indisfarçada da intertextualidade como força motriz dessa poética. Indiciados ou explicitados, os jogos intertextuais compõem a estratégia de Ondjaki que, como já assinalamos, não teme trazer para dentro do universo que constrói com palavras seres com os quais comunga afetos, crenças, concepções, na vida e na literatura. E desse modo podemos compreender o significado de "esquinas", ponto em que o poeta se encontra com aqueles que elege como parceiros, de que a referência no posfácio, a Paulinho Assunção, outro de seus "cambas", é um exemplo. Sem restrições no que tange a línguas e linguagens, ele incorpora referências: a par dos brasileiros Manoel de Barros e Adélia Prado, temos o já citado Borges e Chet Baker. De Angola, Arlindo Barbeitos vem fazer companhia a Luandino, presença fortemente evidenciada no belíssimo "Manipular a Grande Ardósia" (p. 24). Nesse aspecto talvez esteja uma marca significativa do livro, pois o gesto observado em textos anteriores alcança um nível que reflete o amadurecimento de seu trabalho. Confirmando suas lealdades, o poeta constrói uma atmosfera de cumplicidade já distante da noção de paráfrase que por vezes percebíamos em algumas outras obras. Isso significa que na confirmação de algumas características, inscreve-se, ao mesmo tempo, um processo de superação em sua trajetória, projetada sobretudo nas formas com que são utilizados os recursos da escrita.

Conjugada ao cultivo da intertextualidade, Ondjaki exercita a metalinguística, um dos modos de resistência da poesia em tempos de grande aspereza segundo o célebre ensaio de Alfredo Bosi em *O Ser e o Tempo da Poesia*. Como quem sabe que é preciso espanar a tristeza, o poeta atira-se a tais exercícios, debruçando-se francamente sobre a construção da poesia. Em "Corpo" e em "Confecção de um Poema Esfarrapado", o eu lírico confunde-se com o poema, numa projeção que, todavia, limita a entrega com o ato reflexivo a barrar a possibilidade de um devaneio escapista. Talvez se possa dizer que a subjetividade intensamente construída, inclusive pela recorrência do registro da memória, deságua numa prática poética que permite ao autor fugir às armadilhas de um romantismo extemporâneo. Conduzida por imagens como as manchas da infância que se convertem em varicela, ou as borboletas que, afinal, são ramelas a indicar o estado desperto de quem escorrega do sonho ("Apalpar Manhãs", p. 19), a ironia empenha-se em impedir os deslizes a que o sentimentalismo poderia levar.

Atento ao seu trabalho, Ondjaki permite-se, inclusive, um diálogo com sua obra, e alimenta uma reflexão sobre seu próprio percurso. Sinal de maturidade, a autoconsciência assegura uma camada crítica a um olhar que poderia se limitar à devoção. Assim evita-se o perigo dos excessos e corrige-se o tom. Um bom exemplo vamos encontrar em "Pequeno Espanador de Tristezas (a Derradeira Confissão)", texto com que fecha "A Noite Seres", a primeira parte do livro. Numa espécie de síntese, o escritor entrega-se a um ato reflexivo, a partir do qual desnuda-se, apontando referenciais que definem o seu horizonte, remetendo-nos a águas e pedras que estariam por baixo da (sua) "poesia seja salobra ou salgada" (p. 59). Cabe ao leitor perseguir a exploração dos materiais. Dos que ele nos indica e de outros que podemos descobrir em solo tão fértil.

8
As Viagens da (e com a) Poesia de Nelson Saúte*

Sob um céu tão povoado de urgências a turvar os olhos de quem insiste em ver o mundo e suas gentes, a cada novo livro de poesia vem-nos a indagação: por que continuam alguns a escrever poemas? Por que insistem em promover um modo de fugir à brutalidade do cotidiano, sempre e cada vez mais pautado pela voragem do consumo?

O espanto ganha ainda outros contornos se esse livro aparece em países que para os centros de decisão são apenas cenários de carência extrema e fontes de exploração a serem consideradas. Para os integrados pode parecer gesto supérfluo. Para os apocalípticos um ato inútil. Entretanto, quem conhece um pouco dessas terras percebe que em meio à precariedade, enfrentando os vaticínios das estatísticas com que os olhos da economia enxergam o mundo, a literatura sobrevive e segue em frente, indicando a lucidez da suspensão quando a premência dos tempos nos convoca à pressa.

---

* Texto publicado como prefácio na primeira edição do *Livro do Norte e Outros Poemas*, em Moçambique, pela Marimbique.

Diante desse quadro, o aparecimento desse *Livro do Norte e Outros Poemas* em Moçambique é, a um só tempo, uma surpresa e uma confirmação que da palavra poética podemos extrair sempre uma lição de resistência, que se alimenta do chão concreto e do sopro da fantasia da qual a vida não deve e não pode prescindir. Porque é assim que a poesia tem caminhado: entre as dores do mundo e a esperança de favorecer a sua superação, ou melhor, a sua transformação em beleza.

Em seu quinto livro de poemas, Nelson Saúte dá continuidade a um projeto de viagem, confirmando na bagagem os livros que se integraram em seu repertório de leituras. Mais que isso até, em seu roteiro a companhia de outros poetas é praticamente um modo de atravessar terras e construir tempos. Retomando e renovando seus trilhos, ele insiste na conjugação entre a leitura do mundo e um certo apego às referências do lugar em que sua vida se fez. Como em *A Viagem Profana* e *Maputo Blues*, em *O Livro do Norte e Outros Poemas*, os textos confirmam os signos de eleição, que tanto podem ser personagens de sua própria história como os contornos delicadamente poderosos de uma(s) mulher(es) que assombra(m) o olhar e mobiliza(m) o saber e o sabor da palavra. Na mediação de seu contato com um universo muito misturado, projetam-se as pontas de uma erudição que se compraz nas revisitações a esses escritores que lhe explicam e confundem o funcionamento da vida.

Em "Lírica e Sociedade", Adorno observa que "a interpretação social da lírica, como aliás de todas as obras de arte não pode ter em mira, sem mediação, a assim chamada posição social ou a inserção social dos interesses das obras ou até de seus autores"[1]. E ainda aprendemos que "o teor (*Gehalt*) de um poema não é a mera expressão de emoções e experiências individuais. Pelo contrário, elas só se tornam artísticas quando, justamente em virtude da especificação que adquirem ao ganhar forma estéti-

---

1. Theodore Adorno, "Lírica e Sociedade", *Notas de Literatura 1*, São Paulo, Duas Cidades/Editora 34, 2003, p. 67.

ca, conquistam sua participação no universal"[2]. Nessa complexa operação de articular pares dilemáticos, como o individual e o coletivo, o local e o universal, a poesia instaura um movimento que desperta a contradição e revolve a consciência pacificada. É seu modo de conquistar a capacidade de evocar a inteireza que a trivialidade do cotidiano turva.

Ao trazer para o texto os seres e os locais que habitam a sua lembrança, o poeta faz da escrita uma estrada infinda e também por ela segue. No decurso dessa viagem, o Norte, desde o título, assoma como metonímia multiplicada de uma trajetória que se afirma na errância. Os deslocamentos – uma espécie de condição decorrente da supremacia do código da globalização – determinam novos circuitos, inserem praças e pistas, mas não interditam os fluxos que, cruzando espaços e tempos, fazem assomar a memória logo convertida em hipótese de recuperação. Não apenas do que foi, mas sobretudo do que permanece e prepara o que pode vir. A indicação está na abertura do *Livro Terceiro*:

> Proposição:
> Recordo sobretudo o futuro.

Das epígrafes, que ora podemos ler como evidentes chaves de acesso aos textos que diretamente antecedem, ora como veredas a indicar os terrenos pelos quais gosta de se mover o escritor, podemos também colher sinais que apontam para o exercício da memória de que os versos pretendem se fazer abrigo. Ali estão as referências ao tempo, às sombras, a ruínas... Sem dúvida, o autor mostra reconhecer que convertendo o passado em imagens sob o signo da nostalgia ou tornando-o uma espécie de espelho do quase sempre desconfortável presente, o gesto poético pode investir em seu resgate. Como o faz Carlos Drumonnd de Andrade, em *Boitempo*, *Menino Antigo* e *Esquecer para Lembrar*. Pelas páginas dessa excepcional trilogia, Drummond vai

2. *Idem*, p. 66.

ao reencontro das leis mineiras de família e percorre, com angústia, as trilhas do território de ferro que foi cenário de sua atormentada infância. Da infância como reduto de alguma harmonia, entre outros, nos falaram os românticos do século XIX. Os leitores das Literaturas Africanas de Língua Portuguesa logo se hão de lembrar que também se pode fazer da saudade um sentimento revolucionário, a ela recorrendo para falar de tempos menos ásperos do que os que no presente se apresentam. É o que temos em tintas vibrantes, com os angolanos e moçambicanos, que nos anos 1950 assumiram o compromisso de entoar um canto coletivo e construir a utopia da independência. Dessa linha, seria paradigmático "O Grande Desafio", de António Jacinto, marco incontornável na história da escrita daquela época.

Em comunhão com esses mais velhos, já canonizados em seus sistemas literários, o autor identifica na infância o *locus* em que se pode revitalizar o sentimento do mundo e orientar a direção de seus passos na cena contemporânea. E é com as marcas de um dia distante no seu tempo que abre o seu livro:

> No altifalante do aeroporto alguém
> pronuncia o meu nome aditando-lhe
> um vocativo comum à maioridade:
> *Senhor* me chama
> ignorando os meus parcos oito anos.
> Minha mãe e meus irmãos
> serão meus companheiros de viagem.
> É novembro, estamos a caminho do Norte.
> Meu pai, Pedro Francisco Saúte,
> conferente de carga dos CFM,
> transferido para o porto de Nacala,
> espera-nos.
> A expectante fuselagem do boeing 737 da DETA
> prenuncia a partida.
> Abandono a velha Lourenço Marques
> sem me desfazer de toda a mitologia da infância
> ancorada no baldio onde jogávamos futebol

na varanda do Muchina
espreitávamos os insinuantes seios
das moças mais velhas.

Na sequência do ano emblemático – 1975 – estão assinalados pontos de uma vida que já em seu começo se pauta pela viagem e pelo quê de mudança que ela acarreta. Vivida aos oito anos, a viagem não se confunde com aventura e perspectiva de experiências. Parece ter só gosto de perda, aludindo sutilmente a sua dimensão superlativa, isto é, a morte – que ali petrifica a avó exilada no abandono da casa insistentemente guardada na lembrança.

Na simplicidade dos atos recordados emergem traços da mitologia infantil de que a visão dos seios das moças mais velhas é exemplo perturbador. Trata-se daquela sorte de encanto que povoou o imaginário de outro visitador da infância, o pernambucano Manuel Bandeira. A visão da "moça nuinha no banho" foi por ele reconhecida como um verdadeiro *alumbramento*. Projeções do alumbramento se desdobram nas multiplicadas manifestações do lirismo amoroso que o *Livro Terceiro* abriga. Diante do corpo da mulher amada, o eu lírico não contém o susto enlevado:

Revejo-te na tela da imaginação.
Não há muito atravessavas a rua
assomando nos meus dias
Tua voz reverbera
em meu redor
O teu olhar pousado
sobre a amurada do meu espanto.
O dia amanhece nos versos
que te aludem em meus sonhos
de uma noite quase indormida.

Para dar conta dessa sensação de fascínio, vai buscar na paisagem marinha os elementos que talvez possam recortar as escarpas e os precipícios por onde se perdem os olhos da paixão. Com barcos, aves, praias, dunas e casuarinas, procura alimentar a linguagem que deve traduzir a suspensão envolta no momento amoroso:

> O mar ao alcance da mão
> teu corpo elusivo na paisagem
> os barcos de véspera adormecidos
> as inequívocas dunas do meu assombro.

Além de assombro, presente na citação acima, palavras como espanto e perplexidade frequentam esses poemas, a sugerir um certo aturdimento que o poeta não evita, preferindo antes enfatizá-lo, como reflexo de uma consciência inquieta, à qual cabe perceber o mágico na trivialidade de alguns fatos e gestos, a experimentar a surpresa no conhecido encanto de certas visões:

> Passados estes anos
> Ainda acordo assombrado
> Com a baía de Nacala

Na consecução de seu mapa, em que o amor e a História somam pontos, a Ilha de Moçambique reacende-se, perpetuando-se como canto mítico no imaginário poético moçambicano. À Ilha de Próspero regressa o autor, repalmilhando ícones que deslumbraram os que os precederam na revelação lírica desse "lugar de todos os exílios". Nos poemas que têm a ilha como motivo, o cultivado diálogo com outras vozes moçambicanas se explicita. O eu lírico espraia-se por um determinado espaço e o escritor celebra também uma tradição literária que se demorou na observação. Na elevação da Ilha de Moçambique, o norte que se aponta traz Knopfli, Virgílio de Lemos, Patraquim, White... A intertextualidade é, assim, uma das bases que conduz o poeta à modernidade, consagrando o lugar que inventou para si na arte da palavra.

Ao percorrer com Nelson Saúte os caminhos por onde levam as belas imagens que organizam os seus versos e os sons que ele convoca para buscar "nos itinerários do futuro/ o passado que nunca haveria de curar", o leitor pode se ver como um passageiro privilegiado, a quem é concedido o direito de partilhar inusitadas visitas. Na visita que com ele podemos fazer ao passado e ao presente, ao real e ao sonhado, ao novo e ao velho, ao habitual e ao insólito, a poesia é a possibilidade de um reencontro com o território confuso dessa "margem adversa da (sua) infância". Pelas águas do lirismo, a escrita oferece-se como um espaço propício à comunhão com deuses e fantasmas que em desassossego lhe vêm modular o imaginário e o sentido das palavras. Para essa viagem, fica convidado o leitor para uma escapada provisória da brutalidade do mundo. Compensa-nos a chance de regressarmos mais fortes para a dura lida da vida diária que nenhuma arte ainda conseguiu banir.

Título	Angola e Moçambique –
	Experiência Colonial e Territórios Literários
Autora	Rita Chaves
Editor	Plinio Martins Filho
Produção Editorial	Millena Machado
Capa	Plinio Martins e Tomás Martins
Ilustração da Capa	Henrique Xavier
Revisão	Vera Lucia Belluzzo Bolognani
Editoração Eletrônica	Camyle Cosentino
	Victoria Cortez
Formato	12,5 × 20,5 cm
Tipologia	Minion Pro
Papel	Chambril Avena 80 g/m² (miolo)
	Cartão Supremo 250 g/m² (capa)
Número de Páginas	432
Impressão e Acabamento	Graphium